크 리 스 챤 신 서 5 6

역사적 구약개요

Eugene H. Merrill

AN HISTORICAL SURVEY OF THE OLD TESTAMENT

유진 메릴 | 김진영 옮김

최명덕 교수 추천

크리스챤
다이제스트

AN HISTORICAL SURVEY

OF THE

OLD TESTAMENT

Eugene H. Merrill

BAKER BOOK HOUSE
Grand Rapids, Michigan

추천의 말

구약성서를 역사적 관점에서 개관한 메릴교수의 이 저서는 미국 대학의 학부과정의 학생들에게 구약역사에 관한 저서중 가장 사랑받는 책이다. 또한 구약성서를 좀더 심도있게 연구하고자하는 평신도들에게 많이 읽혀온 책이다. 그렇다면 이 책이 1966년도에 출판된 이후 30년 가까이 수많은 독자들에게 지속적으로 읽히는 이유는 무엇일까 이 책이 보수적이며, 학문적이며, 쉽고, 명쾌하게 쓰여졌기 때문이다.

대학에서 구약역사를 가르치다보면 두 가지 어려움에 직면하게 된다. 자유주의적인 입장까지 일일이 소개하며 역사를 가르치다보면 학생들이 구약성서의 전체적인 윤곽을 파악하기도 전에 성서에 대해 가졌던 권위를 포기하며 그 충격으로 신앙까지 무너지는 학생이 있는가하면 성서에 대한 흥미마저 잃어버리는 학생도 생긴다. 반면에 이를 두려워하여 구약역사를 단순히 성서에서 추려 가르치다보면 대학 교육이라기에는 너무나 학문성이 결여된 교회학교 성경공부 차원에 머무르게 된다. 이 두 가지 어려움을 극복한 책이 메릴의 이 저서이다.

메릴은 이 저서에서 구약역사를 보수적인 입장에서 그러나 학문적으로 다루고 있다. 그는 구약의 기록을 역사적 사실로 받아들이며 독자에게 성서 각권에 나타난 이스라엘 역사를 이야기 하듯이 친숙하게 소개한다. 고대 중근동의 배경에서 구약에 쓰여진 역사 전체를 평이하게 소개하는 그는 자유주의적 학설들에 대한 자세한 소개는 배제하고 있다. 보수주의 입장에 서있는 사람들은 구약역사에 대한 자유주의적 학문적 업적에 대해서 무지해도 된다는 말인가? 아니다. 흔히 자유주의라고 비판받는 학자들의 학문적 업적이 없었다면 구약역사에 대한 오늘날의 학문적 업적도 불가능했다고 본다. 그러나 구약역사에 대하여 무지한 학부 학생들에게 자유주의적 역사해석을 무비판적으로 강의한다면 학문적 면역성을 갖추기도 전에 무서운 전염병에 학생들을 노출시키는 결과를 초래할 수도 있다.

그런 면에서 이 저서는 미국 대학의 강의용 교재로 많은 사랑을 받아왔다. 늦은 감이 있지만 크리스챤 다이제스트사를 통하여 이 책이 빛을 보게되어 기쁘다. 대학생들뿐 아니라 평신도 지도자들 또는 구약역사를 보수적 입장에서 쉽게 그러나 학문적으로 정리하고자 하는 목회자들에게 큰 도움이 될 줄 믿는다.

최 명덕 교수
(건국대 히브리학과)
1995 년 1월

차례

6

머리말

수년 동안 구약 개요를 가르쳐 왔는데 이 분야의 다른 책들과 서로 조화되지 않아 이에 필요 적절한 교재가 언젠가는 나와야 한다고 생각했다. 사상적으로 보수주의를 굳게 확신하므로, 구약 연구를 시작하는 초보 단계에 있는 보수적인 1, 2학년 학생들이 비평적 역사적 신학적 경향 때문에 완전히 그대로 수용할 수 없는 부분은 배제하지 않을 수 없었다. 그런데 아직도 많은 보수주의 책자들이 대학에서 사용할 수 있을 만큼 학문적 깊이를 지니고 있지 않거나 아니면 그 책들이 너무 상세하고 전제를 가지고 있어서 초보자의 능력 밖의 것들이다. 더욱이 그러한 책들이 내용, 역사적 배경, 교리 또는 다른 특수 영역들을 강조하는 따위의 접근에 너무 편향된 실정이다.

이 연구는 구약에 대해서 이스라엘을 통해 보이신 세상에 대한 하나님의 계시의 역사 기록으로 접근하기 때문에, 그 역사적 구조가 전체 골격을 이루었다. 그러나 이 골격에 덧붙인 것도 있다. 그것은 성경 이야기에 빛을 비추는 지리적·역사적·고고학적 문제들에 대한 논의를 비롯하여 성경 역사가 발생한 고대 근동 세계에서 취할 수 있는 정보였다. 오늘날 과학적 주장들을 가지고 구약의 신빙성에 대해 비판하기 때문에 이 책을 쓰면서 각별히 주의하였다.

구약 가운데 설화체(說話體) 부분들을 풀어 쓰지 않으려고 가능한 한 애썼지만 물론 일치성과 매끄러움을 유지하기 위해서 어느 정도 이야기를 다른 식으로 바꾸지 않을 수 없었다. 기사의 보고가 아주 자명하지 않은 그러한 곳들에서는 각별히 주의했다. 이 책을 가지고 공부하는 학생은 이를 구약의 한 종으로 삼고 하나님의 말씀에 대한 보조 수단으로 연구하여 구약의 메시지가 더 쉽게 파악되기를 바라는 바이다.

가장 즐거운 이 계획이 다 성취되기까지 오랫동안 노고를 아끼지 아니한 몇몇 분들에게 지면을 빌어 심심한 감사를 표한다. 먼저 아내인 자넷에게 특별히 감사하게 생각한다. 그는 최종 원고 전체를 타자해 주었고 계속해서 용기와 영감을 불어 넣어 주었다. 밥 존스 대학교 영문과의 캔슬러(Pene Cansler) 양에게 진심으로 감사드린다. 그는 짜임새와 문체에 관해서 유익한 여러 가지 조언을 해 주었다. 마지막으로, 많은 내 제자들, 그 중에서도 특별히 윌리엄 앨퍼드가 정성껏 도와준 것을 결코 잊을 수 없다. 본서가 유용하게 사용됨으로써 이러한 노력이 영감된 하나님의 말씀인 구약에 대해 애착을 갖게 할 수 있기를 진심으로 기도하는 바이다.

전국 기독교 학교 연합(National Union Christian Schools)에서 간략한 지도 4개를 사용할 수 있도록 허락해 주신 것에 대해 심심한 감사를 표한다.

제1장

서론

독자가 어떤 책을 정확히 파악하기에 앞서 먼저 그 책의 저자와 목석과 전체의 주제를 잘 알고 있는 것이 좋다. 오히려 그 책을 다 읽기 전에 먼저 그렇게 하는 것이 좋다. 이는 각별히 구약성경의 경우에 더욱 그렇다. 왜냐 하면 저작권과 내용이 독특하여 특히 오해를 받기가 쉽기 때문이다. 다른 작 품들에 적용되는 많은 문학적 규범으로는 단지 이 가장 중요한 작품의 진정 한 본질을 명백히 드러내기에는 부족하다. 예를 들면, 약 40여 명의 저자가 1000여 년이 넘는 시기에 걸쳐 쓴 39권으로 된 책이 과연 얼마나 되는가? 그 책들이 하나님의 특별 계시라는 도저히 믿기 어려운 교리적 주장을 공언 하고 있는 책이 과연 얼마나 되는가? 복합적인 역사 전체가 굉장히 중요한 많은 진리들과 서로 단단히 얽혀 있어서 해결하기 어렵다고 말하는 사람들이 과연 얼마나 되는가? 간단히 말해서, 이천 년이 훨씬 넘도록 존속하며, 여타 의 문학 이상으로 인류사의 과정을 크게 변혁시킨 책이라고 한다면, 하나님 의 말씀이라는 특성은 말할 것도 없고, 평범하게 다루거나 문학으로서 그 중 요성을 충분히 고려하지 않고 다루어서는 안된다. 그러므로 구약 연구는 그 본질 및 내용에 대한 지적이고 철저한 바른 이해에 반드시 필요한 서론적 자 료의 분석이 먼저 이루어지지 않으면 안된다.

구약 자체

구약의 내용.

구약은 성문서의 집성으로서 사실상 유대인들은 줄곧 그 문서들을 자신들의 성경으로 여겨 왔다. 1세기의 기독교 교회는 구약성경을 자신들의 교리와 윤리의 원천으로 인정했고, 신약성경으로 우리에게 알려진 그들의 문학이 만들어지자 그것을 구약성경에 덧붙였으며 그 둘은 모두 기록된 하나님의 말씀으로 받아들여졌다. 이 두 책은 맨 처음부터 바이블(Bible, 헬라어로 '비블로스'〔Biblos〕 또는 '책')로 알려졌다. 기독교 이전 시대부터 줄곧 유대인들은 구약을 셋으로 구분했다. 즉 율법서(토라), 선지서(느비임), 성문서(케투빔)가 그것이다. [1]

히브리 원문으로부터 다양한 자국어로 번역하는 과정에서 그 순서는 다를지라도 유대인들의 구약 구분 방식을 기본적으로 따랐지만, 최근에 이르러 영역본 가운데서 3 구분보다는 오히려 5 구분을 말하는 것이 프로테스탄트 가운데 관례로 돼 있다. 그들은 첫째 부분을 '모세 오경'(헬라어로 '펜타튜코스' Penta-teuchos 또는 '다섯 책')이라고 칭하는데 이것은 히브리 구분 방식으로 토라에 해당한다. 이것이 바로 모세가 기록했다는 오경이다. 두번째 부분은 역사서로서 일반적으로 저작자가 누구인지 밝혀지지 않은 12권인데 히브리 식으로 선지서로 분류되는 것들이다. 좀더 구체적으로 말해, 선지자였거나 적어도 예언의 은사를 받은 초기의 사람들(9세기 이전)이 기록한 것이라고 생각하기 때문에 전선지서(前先知書)라고 부른다. 세번째 부분은 시가서로서 시적 또는 철학적 특성을 띤 문학 형식의 5권으로 이루어진다. 다윗과 솔로몬이 대부분 그 저자이며, 그 중 일부는 유명하지 않거나 전혀 알 수 없는 사람들에 의해 쓰여졌다. 네번째 부분은 대선지서로서 이른바 이 책들은 분량이 많고 그리고 유명한 선지자나 또는 예언 은사를 받은 자들의 산물이기 때문에 그렇게 일컫는다. 이 책들은 다섯 권으로 되어 있는데, 두 권은 동일인이 썼다. 마지막으로, 열두 권으로 모아진 것이 있는데 이는 소선지서 또는 히브리 성경 식으로 '십이서'(十二書)로 알려진 것이다. '십이서'에 '소'(minor)라는 말을 붙이지 않은 이유는 그것들이 비교적 '대' 선지서에 비해 덜 중요해서가 아니라 대개 분량이 훨씬 더 적기 때문이다. 예를

1) *Prologue to Ecclesiasticus*; 눅 24:44; Flavius Josephus, *Contra Apionem* 1:8 in *Josephus' Complete Works*, trans. by William Whiston, London, Tallis, n. d.

들면, 이사야서는 66장으로 이루어진 반면 오바댜는 겨우 한 장에 불과하다.

이 각 부분의 모든 책에서 수많은 유형이 드러나 있는 것을 살필 수 있다. 다섯 권의 율법서, 열두 권의 역사서, 다섯 권의 시가서, 다섯 권의 대선지서, 열두 권의 소선지서, 또는 서른아홉 권 전체에서 많은 유형을 살필 수 있다. 히브리어 구약성경에는 다만 스물두 권(또는 스물네 권, 룻기와 예레미야 애가가 따로 계산된다면)이 들어 있지만, 많은 경우에 이 책들이 영역본에서 둘 또는 그 이상으로 나누어진 상태로 되어 있다. 예를 들면, 영역된 열두 권의 소선지서가 히브리어 성경에서는 단지 한 권에 들어 있는데, 히브리어 성경 전체가 적어도 열한 권 줄어드는 셈이 된다. 사무엘서, 열왕기, 역대기는 상하로 분리되어 있지 않는데, 히브리어 성경 전체가 세 권 이상 줄어들게 되는 요인이 된다.

구약성경의 책들

히브리식 분류	흠정역식 분류
토 라	**모세오경**
창세기	창세기
출애굽기	출애굽기
레위기	레위기
민수기	민수기
신명기	신명기
느비임	**역사서**
여호수아	여호수아
사사기 (와 룻기)	사사기
사무엘	룻기
열왕기	사무엘상
이사야	사무엘하
예레미야 (와 애가)	열왕기상
에스겔	열왕기하
십이서 (十二書)	역대상
케투빔	역대하

14

시편

잠언

아가

룻기 (사사기에 포함되지 않을 경우)

애가 (예레미야에 포함되지 않을 경우)

전도서

에스더

다니엘

에스라 느헤미야

역대기

에스라

느헤미야

에스더

시가서

욥기

시편

잠언

아가

전도서

대선지서

이사야

예레미야

예레미야 애가

에스겔

다니엘

소선지서

호세아

요엘

아모스

오바댜

요나

미가

나훔

하박국

스바냐

학개

스가랴

말라기

간략히 이상에서 언급한 각 부분의 명칭들은 그 명칭으로 제시된 자료들만 해당 부분에 들어 있다는 생각을 갖게 하지 못한다. 첫째 부분을 '율법서'로 일컫기 때문에 거기에 율법이나 규칙 또는 의식 이외에는 아무것도 전혀 들어있지 않다는 것을 뜻하진 않는다. 율법 그 자체만으로는 단지 모세오경의 일부만 될 뿐이다. 거기에는 역사, 시, 예언도 들어 있다. 마찬가지로 역사서에도 율법, 시, 예언이 들어 있다. 각 부분의 해당 명칭들은 그 부분의 '주요' 주제들이나 강조점들이 하나 내지 또 다른 것이 들어 있다는 것을 뜻한다.

모세오경에 나타나는 역사 시기는 창조(연대 불명)로부터 BC 15세기 말 이스라엘 사람들의 가나안 정복 초기까지 해당된다. 역사서는 그 역사가 BC 1400년경부터 BC 430년경 곧 느헤미야 개혁 때까지 계속한다. 시가서는 특별히 역사적 순서를 전혀 따르지 않지만 실제로는 이스라엘 역사 모든 시기 곧 처음부터 끝까지 반영한다. 그러나 히브리 시 및 지혜 문학이 다윗과 솔로몬 때인 통일 왕국 시기에 활짝 피어났다고 말하는 것은 틀리지 않다. 왜냐하면 겨우 이 두 사람에 의해 전체의 절반도 훨씬 넘는 시가 창작되었기 때문이다. 대선지서는 BC 740년경부터 BC 540년경 사이에 존속하고 임무를 다했으며, 소선지서는 BC 800년경부터 BC 400년까지라는 장기간 동안에 걸쳐 나타났다. 그런데 확실한 것은 선지자들 가운데 다수가 동시대인이었고 일부는 어쩌면 막역한 친구 사이였을 가능성도 있다.

구약의 형성

그냥 지나갈 수 없는 한 가지 문제는 구약을 형성하는 많은 책들의 선정 과정에 관한 것이다. 이는 특히 성경 역사 시기에 기록된 다른 문서들이 있었다는 사실에 비추어서도 틀림없지만, 몇 가지 경우에는 일부 성경 기자들[2]을 통해서도 생각해 볼 수 있는 점이다. 처음에 히브리인들은 자신들의 성경에 어떤 것은 포함시키고 어떤 것은 배제해야 할지를 어떻게 알았는가? 현재 우리가 가지고 있는 구약성경에 들어 있는 책들이 당연히 거기에 들어 있어야 한다는 것을 우리가 어떻게 확신할 수 있는가? 예를 들면, 나중엔 분실되었지만 예레미야를 통해 기록된 또 다른 책이 고고학자들에 의해 갑자기 발견된

---

2) 참조. 민 21:44; 수 10:13; 삼하 1:18; 왕상 11:41; 16:27; 22:45.

다면 어떤 일이 일어날 것인가? 예레미야의 저작 중 다른 것들을 받아들였다 할지라도 우리는 그것을 현재의 성경에 편입시켜야 하는가 아니면 거절해야 하는가? 이러한 질문들 내지 그 비슷한 질문들은 성경의 '정경성'으로 알려진 성경 연구 분야에 속하는 몇 가지 문제점을 보여 준다. 고대 문서의 전체 집성 가운데 어떤 것이 진실로 하나님의 말씀이며 또 그분의 말씀이어야만 하는가?

'정경'(canon)이라는 말은 히브리어 '카네'(qaneh)에서 유래하는데 '갈대' 또는 '막대기'라는 뜻이다. '카네'는 늪지 강가에서 자라는 갈대 식물로서 그 대는 길고 반듯해서 고대인들이 측량 도구로 쓰는 예가 많았다. 짧은 것과 긴 것을 재 보거나 또는 구부러진 것과 반듯한 것을 식별할 수 있는 척도로 쓰였다. 장차 그것은 무엇인가 잴 수 있는 어떤 표준이 되었다. 특히 저작 문서의 진위를 가려낼 수 있는 표준을 뜻하게 되었다. 성경에 적용해 보자면, 어떤 책은 잘 규정된 확실한 원칙들에 충실하여 표준이 되거나 아니면 충실치 못하여 표준이 되지 못했다. 대부분 이 원칙들은 다소 임의적이었지만 잘 생각해 보면 타당한 것이다.

유대인 학자들, 그리스도 이전 시대에서조차 어떤 학자들은 표준적이라고 하는 어떤 문서가 BC 400년 이전이나 그 어간에[3] 기록된 것이 틀림없다는 데 일치했다. 물론 이것은 AD 1세기 유대인들이 신약을 성경(Scripture)으로 받아들이지 않은 이유 중 하나다. 또 그들은 성경 문서가 선지자나 또는 적어도 예언의 은사를 받은 개인에 의해 기록된 것이 분명하다고 주장했다.[4] 모세는 최초의 저자로서 선지자였고, 구약의 맨 마지막 책인 말라기 이후에 아무 선지자도 일어난 적이 없는 것으로 주장되었다. 그러므로 하나님께서 선지자를 새로 세우셔야 할 적절한 때가 이르기 전까지는 성경에 어떤 새로운 것을 덧붙일 수 없었다. 또 정경이 된 저작은 마땅히 현존해야 했다. 이것은 다음의 사실을 뜻한다. 선지자가 구약에 들어 있는 문서들 이외에 다른 것을 썼다고 할지라도, 만약 그런 저작들이 분실되어 정경

---

3) 에스드라 4서 14:45-46; 바바 바트라 14b-15a. 이 모든 주장에 대해서는, William Henry Green, *Old Testament Canon and Philology*, Princeton, The Princeton Press, 1889, pp. 3-37을 보라.
4) Robert Laird Harris, *Inspiration and Canonicity of the Bible*, Grand Rapids, Zondervan Publishing House, 1957, pp. 170-179.

이 '마감'된 시기(BC 400년경) '이전에' 발견되지 않은 경우엔 성경이 될 수 없었다. 그 추론은 이렇다. 즉 하나님께서 어떤 사람을 감동시켜 거룩한 문서를 쓰게 하셔야 했고, 그리고 그렇게 하실 수 없거나 또는 그 문서를 보전시키지 않고자 하셨다는 것은 도저히 믿기 어려웠을 것이기 때문이다. 일단 성경의 한 책이 기록되면 그것은 기록된 시대뿐만 아니라 모든 다음 세대에 유익을 주었다. 그것이 작성되던 당시의 직접적인 필요에만 부응하고 끝난다면, 그것은 결코 성경이 되지 못한다. 진정한 성문서의 특징인 적시성이 결여된 셈이다.

그러나 아마 정경이 될 수 있는 가장 중요한 요건은 영감이라는 척도였을 것이다.[5] 비록 다른 필요 조건을 모두 구비하고 있을지라도 하나님의 신에 의한 초자연적 영향을 통해 기록되지 않은 것이라면 어떠한 문학도 자연스럽게 정경에서 제외되었다. 이것은 다른 표준보다도 훨씬 막연한 것 같았지만, 동시에 가장 중요했다. 이 영감의 문제에 관해 유대 종교 지도자들이 맨 처음부터 그리고 보편적으로 일치를 보였고, 그들이 영감에 대한 존재의 유무를 확인했던 방법이나 수단을 오늘날 우리가 찾아낼 수 없다고 할지라도 구약의 초자연적 특성을 받아들이는 자라면 어느 누구도 그 문제에서 그들의 견해와 결론에 심각하게 의문을 제기하지 않을 것이다. 훨씬 더 주의해야 할 것은 이제 곧 다루게 될 아주 어려운 문제이다.

분명히 구약의 각 책들은 기록되자마자 또는 잠시 후에 정경이 되었다.[6] 예를 들어, 모세의 직속 후계자 여호수아는 그의 선조가 모세 오경을 기록했을 뿐만 아니라 그것을 권위 있는 하나님의 말씀으로 인정했다(수 1:7-8; 22:5, 9). 사실상 여호수아와 그 시대 사람들은 모세의 책들을 정경으로 삼았다. 마찬가지로 구약의 다른 책들도 그 다음 세대에서 성경으로 인정 받게 되었다. 비록 그들의 인정 자체가 모세 오경의 경우처럼 즉각적으로 일어나지 않았다고 할지라도 말이다. 그러나 늦어도 BC 3세기까지 현재 우리가 유대인의 성경으로 인정하고 있는 모든 책들이 구약 정경에 들어 있었다는 것은 아주 타당한 것으로 보인다. 정경의 발전이 아주 느리고 불확실하다는 문제, 곧 1세기 말이나 또는 더 늦은 시기까지 그 최종 형태가 나타나지 않았

---

5) Ibid., p. 178.
6) Herbert Edward Ryle, *The Canon of the Old Testament*, London, Macmillan and Company, Ltd., 1895, p. 183.

다고 하는 일반적인 주장에 대한 설득력 있는 근거는 하나도 없다.[7]

구약의 본질

외적이고 내적인 증거를 가지고 내릴 수 있는 구약에 대한 가장 공정한 평가는 그것이 영감된 하나님의 말씀이라는 사실이다. 최근까지 비평가들이 이 결론에 대해 논쟁을 벌였지만 한 번도 그 진실성에 대해 성공적으로 괴롭히지는 못했다. 논쟁 시초부터 구약은 이러한 범주 내에서 온갖 비판을 받아 왔고 다수의 변증적 자료들에는 이 모든 비평에 맞서서 구약을 변증하는 글이 실렸다. 비평가들과 우리 자신이 해결하지 않으면 안될 본질적이고 불가피한 질문은 아주 간단하다. 구약은 축자 영감된 하나님의 말씀인가, 아니면 그렇지 아니한가?

세대마다 언제나 아주 정직한 사람들은 성경이 그 스스로 영감을 가르친다는 사실을 입증하기 위해 붓을 들었고 또 그들의 노고가 칭찬할 만한 것이지만, 이것은 오늘날의 논쟁에서 위증자를 세우는 것에 지나지 않는 것처럼 보일 수 있다. 오늘날 근본 쟁점은 성경이 스스로 영감된 것이라고 주장하는지의 여부에 달려 있는 것이 아니다. 왜냐하면 가장 급진적인 일부 성경 비평가들조차 이를 허용하기 때문이다. 문제는 오히려 성경이 그 스스로 그런 교리를 가르친다면 성경에 관해 믿을 수 있을지 아닐지에 달려 있다는 것이다. 만일 성경이 영감되었다면 영감에 대한 것조차 성경이 제시하는 어떤 진술을 믿을 수밖에 없다. 반면 성경이 영감되지 않았다면 영감에 관한 것을 비롯하여 성경이 제시하는 어떤 진술도 의심할 수밖에 없다.

영감되지 아니한 성경은 확실히 자체의 본질에 관하여 권위 있는 진술을 할 수가 없다. 비록 예수님과 사도들의 말씀이 구약에 대해 영감된 것이라고 가르친다 할지라도,[8] 무엇보다도 먼저 우리가 신구약을 영감된 것이라고 믿지 않는다면 예수님과 사도들이 실제로 그렇게 말씀하셨다는 것을 어떻게 확신할 수 있겠는가? 간단히 말해서 우리는 먼저 성경의 영감에 대한 사실을 믿음의 기저에 선험적으로 받아들이지 않으면 안 된다. 그때서야 비로소 우

7) Robert Henry Pfeiffer, *Introduction to the Old Testament*, New York, Harper and Brothers, 1941, pp.50-70; Curt Kuhl, *The Old Testament: Its Origin and Composition*, trans. by C. T. M. Herriott, Richmonf, John Knox Press, 1961, pp. 27-33.
8) 렘 10:35; 마 5:18; 딤후 3:16-17; 벧후 1:20-21.

리는 성경이 영감 이외의 다른 문제들과 마찬가지로 영감에 관하여 말하는 것을 확신있게 믿을 수 있다. 그러나 이 모든 것이 그리스도인들에게 분명히 경종을 울리고 있지는 않다. 최종적으로 말해서 우리가 믿어야 할 모든 것 중에서 믿음의 근거가 아닌 다른 어떤 것을 믿어야 하는가? 기독교 신앙 중에서 다른 몇 가지 교리들을 받아들이지 아니하는 것은 믿음으로 영감 교리를 받아들이는 것이 비합리적이라고 하는 것과 다를 바 없으며, 그 모두를 오직 그런 근거에 두고 취하지 않으면 안된다. 사실 어떤 생활 영역 가운데서 반드시 필요한 진리가 믿음의 구조 속에 도사리고 있지 아니한 어떤 것이 있는가?

성경이 틀림없이 영감을 가르치기 때문에 이것을 가르치는지 가르치지 않는지에 관한 논쟁으로 시간을 허비해서는 안되지만, 그러나 이 기본 전제를 믿음으로 받아들인 신자에게 영감의 개념이 무슨 의미를 갖는지에 관해서는 논쟁을 아끼지 않아야 한다. 그 해답은 신약의 핵심적인 두 곳에서 발견된다. 디모데후서 3:16과 베드로후서 1:20-21이다. 여기서 구약의 출처와 구약이 고대 저자들에게 전달되었던 수단, 이 두 가지를 살펴 볼 수 있다. 전자에서 바울은 "모든 성경"(구약)은 "하나님의 감동으로"(theopneustos) 된 것이며 유익하다고 주장한다. 수동태 분사와 연결된 한정 형용사 "모든"은 구약의 각 부분이 사람의 도움이나 고안과는 상관 없이 하나님에게서 유래했다는 것을 가르친다.[9]

즉 하나님은 구약 전체의 최종 저자시라는 것이다. 그러나 이것은 구약의 계시가 어떻게 하나님으로부터 사람을 통해 양피지나 또는 파피루스에 기록되었는지에 대해선 아무것도 설명하는 것이 없다. 베드로는 계시되는 이러한 과정을 설명해 준다. 그는 "옛적에"(구약 시기에) "예언"(또는 성경)은 인간이 고안해 낸 산물이 아니라고 하여 바울과 일치하지만, "하나님의 거룩한 사람들이 성령으로 말미암아 감동된(pheromenoi) 대로 말하였다"고 기록한다. 이것은 그들이 말한 것임을 뜻하지만 그들이 말한 것은 어쨌든 그들의 메시지가 아니라 하나님 자신의 것이었음을 뜻한다.

이 두 본문으로 성경의 기원과 그 전달 방식을 충분히 보여줄 수 있으

---

9) Benjamin Breckinridge Warfield, *The Inspiration and Authority of the Bible*, Philadelphia, The Presbyterian and Reformed Publishing Company , 1948, p. 296.

며, 하나님의 말씀의 핵심 본질을 알고자 하는 "진정한 탐구자"의 탐구욕을 틀림없이 만족시켜 줄 것이다. 그러나 유용한 자료에 기초한 상당히 많은 재구성과 평가로써만 해결될 수 있는 미해답의 물음들과 문제들이 아직도 남아 있다. 구약 기자들이 사용한 문체와 어휘가 굉장히 다양하다는 따위의 문제들이 남아 있다. 만일 저자들이 단지 계시의 수령자뿐이고 어떤 의미에서 철저히 말만 전하는 수동적인 사람들이라면 이 다양성에 대해서는 어떻게 설명할 수 있겠는가? 하나님께서 친히 구약의 한 가지 기본 계시를 드러내시기 위해 그와 같은 여러 가지 방식으로 기록했을 법하지 않겠는가? 인간 저자들은 자신의 감정과 의지에 둔감한 자동 장치나 로봇에 불과했겠는가? 이러한 대답 중 다수가 모든 증거를 주로 귀납적으로 고찰하여 규명한 것이 틀림없다 할지라도 그런 의문은 온당하고 대답할 만한 가치가 있다.

무엇보다도 먼저 우리는 베드로 사도가 의미한 수동성에는 메시지의 기원에 관한 그 한계가 "하나님의 거룩한 사람들"로 국한된 것에 지나지 않을 뿐이라고 생각한다. 그것은 그 표현을 잘못 번역한 것만 제외한다면 그 메시지의 표현과 아무 상관이 없다. 그들의 메시지가 고안된 것이라고 용인하지 않았지만 동시에 하나님께서 메시지의 내용에 오류를 없게 하시면서 그들의 지적 문화적 공급원이라는 한계 내에서 그것을 표현하게 하셨다는 것이다. 무식하고 투박한 아모스가 하나님의 메시지를 전해 주었지만 자신의 경험을 벗어나는 문체와 단어로써 표현할 것으로 생각되지 않았다. 다른 한편, 교양 있고 세련된 시적 능력이 풍부한 이사야는 자신을 계시에 맡겼고 자신의 저작에 굉장히 찬탄을 보낼 만한 불리한 방식으로 그것을 표현할 수밖에 없었다. 언제나 두 사람 모두 사실의 오류 또는 어떤 성질의 판단에서 보호를 받았다.

바울은 디모데후서 3:16에서 구약이 축자 영감되었다고 말한다. 즉 단어마다 하나님께서 의도하신 대로 하나님의 말씀이 되었다는 뜻이다. 이것은 또한 특별히 여러 저자들의 문체와 어휘의 특성에 관한 이전의 논의를 통해서 비추어 볼 때 관계의 문제이다. 사람들이 계시된 진리를 자기 방식대로 표현하지만 지극히 적은 접속사까지도 하나님의 말씀으로 간주되기 때문에 어떻게 그런 식으로 표현할 수 있겠는가? 만약 저자들이 자신의 방식대로 표현하게 된다면 그 결과가 어떻게 하나님께서 선택하신 단어들로 여겨질 수 있겠는가? 그 최상의 설명은 유추를 통해 이끌어 낼 수 있을 것같다.

어떤 사업가가 함께 일하는 동료나 잠재 고객에게 연락하고 싶을 땐 대체로 자기 비서를 시켜 직접 글을 쓰게 하거나 통신 연락을 하게 한다. 사무실을 빌 무렵인 오전 11시경에 자기 비서보고 김 아무개에게 편지를 보내고 싶은 데 이러이러한 사항을 쓰고 싶다고 일러 준다. 더 나아가 오후에 돌아와서 편지를 부치기 전에 한 번 읽어보겠다고 알려 준다. 여비서는 편지를 쓰게 되는데 자신의 표현 방식과 어휘를 사용하여 마침내 쓴 편지로 흡족하게 될 것이다. 오후에 사장이 돌아와서 그 편지를 검토하고 난 후 마음놓이게 이렇게 말한다. "문장이나 단어나 구두점 하나하나마다 내가 쓰고 싶던 바가 바로 이거예요. 내가 직접 썼더라도 어느 것 하나 다르지 않았을 것같아요." 여비서는 사장의 의중을 정확하게 표현했지만 자신의 방식대로 썼던 것이다.

이와 같은 이야기에 결함들이 있다는 것을 유의하면서 우리는 이것을 가지고 영감의 본질 개념을 여선히 살펴볼 수도 있다. 불가해한 어떤 수단들을 통해 하나님께서 성경 저자들에게 자신의 의중을 계시하셨는데, 그들은 글을 쓰면서 한편 자신의 개성과 하나님의 목적을 동시에 그대로 살리는 차원에서 그분의 의중을 기록했다. 물론 본질적인 한 가지 점은 저자들이 한낱 속기사가 아니었다는 사실이다. 전능하신 하나님께서 그들이 창조되기 전부터 그들을 준비시켜서 당신이 원하시고 정하신 방식대로 쓰게 하셨다.

영감이 때때로 다른 개념들과 혼동되는 수가 있는데 이 양자 사이에 있는 차이점을 적절히 지적해 낼 수 있다. 무엇보다도 먼저, 영감은 위에 언급한 뜻이 아니라면 받아쓰기와 같은 것이 아니다. 영감이 "기계적 받아쓰기"(mechanical dictation)를 뜻하지 않는다면 그것은 받아 쓴 계시라고 말할 수도 있을 것이다. "받아쓰기"라는 말이 신적 진리가 사람에게 적절히 통제되어 중재된다는 포괄적인 말로 넓게 쓸 수 있다면, 그 용어 사용은 정당하다고 할 수 있다. 그러나 성경 저자들이 하나님께서 연주하시는 악기들에 불과하며 그들이 실재와 접촉할 수 없다고 한 아테나고라스의 관념과 관련이 있다면,[10] 그렇게 쓰인 "받아쓰기"라는 말은 서술 용어로서 마땅히 거절되어야 한다.

또 우리는 영감과 특별(또는 성경의) 계시를 서로 혼동해서는 안된다.

---

10) Gustav Oehler, *Theology of the Old Testament*, Grand Rapids, Zondervan Publishing House, 1883, p. 469.

특별 계시는 하나님께 그 기원을 두고 있으며 신적 자기 계시를 통해 사람에게 알려질 수 있는 진리 또는 정보의 대전이다. 영감이란 이러한 계시 전달이 기록된 형태로 일어나는 과정을 의미한다. 계시는 진리이고, 영감은 기록을 통해 인간 경험에 그런 계시가 전달되는 하나님의 수단인 것이다.

자주 오해를 빚은 또 다른 용어는 "조명"이라는 말이다. 이 용어는 성령을 통해 믿는 자의 마음에 빛을 비춘다는 것과 관련이 있으므로 그는 하나님의 말씀을 이해할 수 있다. 바울은 이를 가리켜 모든 믿는 자의 은사이지 비밀한 소수의 사람들의 것이 아니라고 말한다(고전 2:9-16). 그렇다면 온전한 관계는 다음과 같다. 즉 영감으로 말미암은 하나님의 진리 또는 계시는 당신의 종들 곧 성경의 저자들에게 유익하며, 기록 형태로 된 진리에 대한 이해는 성령의 조명의 사역을 통해 이루어지며 성령이 내주하는 모든 자에게 일어날 수 있는 축복이다.

구약의 언어

구약 대부분이 단연 히브리어로 기록되었는데 그것은 셈어로 알려진 큰 어족 중의 하나다. 히브리어는 모음이 없는 알파벳 순의 언어인데 적어도 일찍이 모세 시기(BC 15세기)에 이스라엘 사람들의 공식 지방어였던 것이 분명하다. 아주 적은 부분이 아람어라는 언어로 기록되었는데 다니엘(2:4-7:28)에 주로 있고, 에스라(4:8-6:18; 7:12-26)와 예레미야(10:11)에 있다. 아람어도 셈어이며 히브리어에 대단히 가깝다. 신약 시대 쯤에는 아람어가 유대인 사이에서 통용된 혼성 국제어로서 완전히 히브리어를 대신하게 되었고, 예수님께서도 친히 히브리어를 쓰실 수 있는 회당 강론을 제외하고는 이 언어로 말씀하셨을 가능성이 가장 높다. 구약 정경이 완성되자 구약은 헬라어(BC 250년 경의 70인경), 수리어, 라틴어와 같은 여러 언어로 번역되었다.

구약의 본문

선지자들과 구약의 다른 저자들을 통해 원본이 만들어진 후 얼마 지나자 서기관들이 이 원본을 여러 차례 필사하였으나 그것들은 마침내 사라졌다. 그 사본들은 파피루스와 양피지 같은 쉽게 파손될 수 있는 재료에 기록되었으며, 팔레스타인의 혹독한 기후 때문에 오랫동안 보존될 수 없었던 것 같다. 그러나 이 원본들이 파괴되기 이전에 사본 형태로 정확히 보존할 수 있는 가장 확실한 온갖 대응책이 강구되었다. 성문서를 성공적으로 전수하기 위해 세심한 배려를 한 뛰어난 사례는 예레미야가 쓰고 여호야김 왕이 불태워버렸던 책을 자신의 서기관 바룩을 시켜 둘로 만들었던 예레미야 36장에서 찾아 볼 수 있다. 기록된 하나님의 말씀을 이처럼 존중하는 마음은 해가 갈수록 사라지지 않았다. 어느 편인가 하면 그것은 세대마다 증가되었다. 서기관들은 구약의 책들이 기록된 뒤로 수백년이 지나서 그 두루마리 책들을 정확히 필사하는 것을 보증할 수 있는 가장 정교한 수단들을 창안해 냈다. 예를 들면, 그들은 한 장 또는 한 책의 단어 수를 세어 놓고서 사본을 만들 때 그 단어 수를 가지고 그것을 검토했다. 차이가 있게 되면 그들은 잘못이 있는 곳을 찾아낼 때까지 필사본 전체를 검토했고, 잘못을 찾아내면 주저하지 않고 바로 잡았다. 심지어 그들이 어떤 책의 중간에 있는 단어 또는 문자를 정해 놓고서 그 단어 또는 문자가 원본의 것과 서로 일치하는지를 알아봄으로써 자신들의 필사본을 검토했다는 증기도 있다.[11]

더욱이 필사본들이 작성되고 역본들이 무수히 나오게 되자 본문에서 약간의 차이점들이 나타나기 시작했다는 것을 알기란 그리 어렵지 않다. 특별히 필사와 번역이 필사상의 오류를 세심히 잡아내지 못하는 자들에 의해 이루어졌다면 말이다. 그 결과 오늘날까지 보존된 사본들은 수많은 고대 역본 및 판본들뿐만 아니라 많은 히브리 본문 전승을 대표하는 것으로서 세목마다 서로 다 일치하는 것은 아니다. 그러나 가장 많이 변경된 그런 사본들조차 그 변경이 아주 사소한 문제에 그친다는 것을 유심히 주목할 필요가 있다. 그 차이점들이 하여간 신학적 또는 교리적 중요성에는 아무 문제도 없다고 하는 것은 결코 틀리지 않는 말이다. 더 나아가 히브리 공인 본문(textus receptus)과 가장 많이 차이나는 본문들에 대해서도 전체적으로 볼 때 독자적 권위를 더 갖는 것으로 학자들이 여기지 않기 때문에 그 차이점이란 지극히 적은 것에 지나지 않는다.[12]

바로 수년 전까지만 해도 가장 오래된 히브리어 사본은 AD 10세기의

---

11) Ernst Würthwein, *The Text of the Old Testament*, tras. by Peter R. Ackroyd, New York, Macmillan and Company, 1957, p. 15.

12) D. Winton Thomas, "The Textual Criticism of the Old Testament," *The Old Testament and Modern Study*, Ed. by H. H. Rowley, Oxford, Clarendon Press, 1951, pp. 244-245.

것으로 추정되었고 그보다 약간 늦은 다른 사본들도 몇 가지 있었다. 현재의 히브리어 성경은 이 중세 사본들에 대부분 근거를 두고 있으며, 적어도 보수주의자들조차 그것들을 구약의 원본과 동일한 것으로 믿었지만 완전 무결한 증거로써 이를 입증할 아무 방도가 없었다. 그런데 1947년 사해 북서 해안에 위치한 쿰란 와디에서 혁명적인 발견이 일어났다. 그곳 동굴에서 어떤 목동이 수백의 두루마리로 보이는 4만 개도 넘는 단편을 최초로 발견했는데 거기에 에스더를 제외한 구약의 모든 책의 편린들이 들어 있었다. 큰 기대 속에서 수년에 걸쳐 이 두루마리들을 잘 펴서 번역을 하였다. 발견의 흥분은 그것들이 어떤 경우에는 적어도 그리스도께서 오시기 150년 전부터 있었다는 즉각 확고한 사실로 나타나게 되었다.

이런 점에서 현대 히브리어 본문은 이전에 가장 고대의 것으로 여겼던 본문들보다 1000년도 더 이른 시기에 기록된 어떤 것들과 비교해 볼 수 있는 기회를 갖게 되었다. 그리고 현대 히브리어 본문의 무결성을 내내 주장했던 자들로서 기쁘게도 쿰란의 그것들은 대부분의 경우에 본질적으로 동일했다. 주요한 차이점들이란 (주로 사무엘과 열왕기에서) 쿰란의 서기관들이 어느 경우에 히브리어 본문보다는 헬라어 역본인 70인역을 선호했다는 것을 인지하는 정도로 설명될 수 있지만, 이것은 결코 70인역이 성경 저자들이 기록한 대로 원문들을 아주 정확하게 반영했다고 입증하지는 못한다.[13]

결론적으로, 역사의 시대를 거쳐 경건하고 정확한 서기관들을 통해 신실히 보전되었다는 차원에서 우리는 원본을 소유하고 있다고 주저없이 말할 수 있다. 우리가 선지자들의 구약을 가지고 있다고 말해도 과언은 아니다. 이것이 분명히 그렇다는 것은 원본을 영감하신 하나님께서 그것을 보존할 수 없게 하여 무오한 계시로서 가치를 상실하도록 내버려두셨다고 믿는 것은 신학적으로도 상상하기조차 어렵기 때문이다. 구약의 영감이 바로 충실한 본문의 보존을 보장해 준다.

현대 비평 이론들

특히 과거 100년 동안에 학자들은 성경 현상을 설명한다는 이름으로 다양한 이론들을 발전시켰다. 이러한 가정들은 성경에서 발견된 성경적 진리의

---

13) F. F. Bruce, *Second Thoughts on the Dead Sea Scrolls*, Grand Rapids, Wm. B. Eermans Publishing Company, 1964, p. 96.

기원과 발전에 대한 설명을 거부하며 성경이 어떤 문학적 역사적 철학적 기준에 따라 판단을 받지 않으면 안된다. 성경의 "진정한 본질"을 확인한다는 목적으로 성경을 평가하는 이 전 과정은 대체로 고등비평 — 본문의 형성 및 대조 문제와 관련이 있는 더할 나위 없이 정당한 학문인 저등비평 곧 본문비평과 혼란을 일으키지 않아야 한다 — 이라는 이름으로 알려졌다.

고등비평은 최초로 19세기 중엽에, 독일의 합리주의와 프랑스의 자연주의 시기에 뒤이어, 구약 학자들의 주목을 널리 끌기 시작했다. 의심할 여지 없이 한 가지 특이한 반동은 1862년에 발행한 찰스 다윈의 「종의 기원」으로 생물학계에 일어난 혁명이었다. 줄리안 헉슬리(Julian Huxley)의 주장대로, 지성계의 곳곳에 이 점진적 발전이라는 철학이 침투하는데 오랜 시간이 걸리지 않았다. 종교를 비롯한 모든 것이 그것과 관련되어 설명될 수 있을 뿐이었다.[14]

율리우스 벨하우센(Julius Wellhausen)과 아브라함 퀴넨(Abraham Kuenen)과 같은 사람들의 저술을 통해 구약은 신학적 역사적 진화 발전이라는 가정의 선상에서 재해석되었다. 모세 오경이 더 이상 모세의 저작으로 여겨질 수 없었던 이유는 그것이 전해지는 바에 따르면 모세가 실제로 생존 인물(많은 사람이 의심함)이라고 할지라도 그의 표현 능력 이상의 고등한 신학적 발전을 전제한다는 것이다. 사실 모세 오경이 더 이상 통일성을 갖는 것으로 여겨질 수 없었던 것은 그 교훈의 일부가 다른 것들보다 늦은 후기의 신학적 역사적 개념을 표현하는 것처럼 보였기 때문이다.[15] 비평가들은 구약의 나머지 책들에 대해서 자신들이 결정한 문학적 역사적 기준에 따른 내적 집착에 근거하여 저작 연대와 저작권을 다양하게 주장했다.

이러한 현대의 구약 재구성은 구약 특히 모세 오경이 결국 편집자들 또는 "개정자들"의 손을 통해 능숙하게 모두 짜맞추어진 다양한 문서들로 이루어졌다는 견해에 기초를 두었는데, 이 견해는 일찍부터 그리고 널리 주장되었던 것이다. 많은 경우에 이스라엘 역사상 모세처럼 유명한 사람들의 이름을 이 편집자들이 다른 방식으로는 얻을 수 없었던 권위를 그들에게 빌리기 위해 그 문서들이나 또는 다 완성된 작품에 덧붙였다고 주장된다. 이 "문서

---

14) Henry Morris, *The Twilights of Evolution*, Grand Rapids, Baker Book House, 1963, pp. 14-15.
15) Pfeiffer, op. cit., pp. 50-70.

설"(documentary hypothesis)은 18세기 프랑스 의사 장 아스트뤽(Jean Astruc)에게서 유래했는데 그는 모세 오경이 어떤 장들과 구절들에서는 '엘로힘'을 하나님의 이름으로 사용하며, 다른 곳에서는 야훼(여호와)라는 이름을 사용한 것으로 살폈다. 그는 모세가 다른 두 사람에 의해 기록된 문서를 사용한 것이 분명한데 한 사람은 하나님의 이름으로 엘로힘을 선호하고 다른 한 사람은 야훼를 선호한 것으로 결론지었다. 아스트뤽는 모세가 이 고대 두 문서를 자기 마음대로 혼합하여 오늘날 우리가 모세 오경이라고 부르는 편집 형태를 내놓았다고 주장했다. 그러나 아스트뤽가 모세의 저작권을 부인하지 않은 점을 살필 수 있다는 것은 재미있는 일이다. 그는 단지 모세가 자신의 저술에 기존 문서 자료를 사용했다고만 생각했을 뿐이다.[16]

시간이 흐르자 사람들이 아스트뤽의 주장을 고려하기 시작했는데, 더욱이 학자들은 아주 많은 다양한 문서들이 사용되었을 뿐만 아니라 결국 모세는 모세 오경 저작에조차 전혀 상관하지 않았다고 가르치기 시작했다. 즉 그것의 저작권을 일체 언급하지 않기 시작했다. 마침내 수많은 가정상의 자료들을 가지고 모세 오경을 이리저리 짜맞춤으로써 모든 착상은 간접증명법을 사용할 수밖에 없었다. 왜냐하면 비평가들의 원칙을 준엄히 적용하게 되면 매 구절마다 그리고 구절의 각 부분조차 서로 다른 수법의 결과라는 것이 분명해지기 때문이다.

벨하우젠이 이런 무대에 등장했을 즈음(1877) 비평주의 권내에서 팽배하게 된 견해는 적어도 모세 오경에 쓰인 네 가지 일차 자료가 있었고 이것들은 약어로 J, P, D, P로써 표시되었다. J 문서는 하나님의 이름으로 여호와를 선호한 저자들이 작성한 문서를 가리키고, E 문서는 저자들이 엘로힘을 선호하는 문서를 가리키며, D 문서는 신명기 저자들이 작성한 문서를 가리키고, P 문서는 제사장의 의식, 희생제사 그리고 족보 및 연대기 부문과 특별히 연관된 모세 오경의 유관 부분의 저자들이 작성한 문서를 가리킨다고 주장했다. 일부 학자들은 여호수아를 이 재구성 부분에 포함시키고 그 전체를 육경(Hexateuch)이라고 일컬었다.[17]

---

16) Edward J. Young, *An Introduction to the Old Testament*, Grand Rapids, Wm. B. Eerdmans Publishing Company, 1958, pp. 128-130.
17) Walter J. Harrelson, *Interpreting the Old Testament*, New York, Holt, Rinehart and Winston, 1964. pp. 30 ff.

모세 오경을 다양한 "자료"(비평가들도 각 내용에서 서로 결코 일치하지 않기 때문에 서로 상이한)로 산산조각내지 않은 채 적어도 가장 일반적인 사례들 중 하나만 실례로 들지라도 도움이 될 것이다. 창세기 1장에서 2:4a까지에 있는 창조 기사에서 오로지 하나님의 이름으로 엘로힘이라는 칭호만 나타난다. 또 창조 기사가 있는 2:4b 처음에 야훼라는 칭호가 나타난다(역주 — 한글 개역은 히브리어 본문을 번역할 때 도치시켜 번역하여 "여호와"라는 말이 4절 맨 처음에 나타난다). 그렇지만 대체로 엘로힘과 관련이 없는 것은 아니다.

이로 말미암아 비평가들은 원래 창조 이야기가 둘이 있었고 이 두 이야기가 모세 오경에 편집되어 나란히 놓이게 되었다고 가정한다. 그러나 이 경우에서 비평가들은 E 문서가 창세기 1장을 썼다고 믿지 않고, 도리어 P 문서가 썼다고 믿는데, 이것은 그들이 우주 발생과 역사가 대체로 E 문서보다 늦게 존재하며 P 문서만이 이 창조 기사에서 가정된 지식을 인식할 수 있을 만큼 역사에서 족히 늦게까지 존속했다고 생각하기 때문이다. 그러나 두번째 창조 기사는 J 문서의 것으로 보는데 그 이유는 그것이 여호와라는 칭호를 매우 자유롭게 사용한다는 것이다.

대체로 자유주의 학문에서는 그 문서들의 기원을 BC 9세기 이전으로 보지 않은 것으로 가르쳤다. 그러나 일부 기본 관념들이 일찍이 모세 시기 때부터 구전 형태로 있을 수 있다는 것을 대체로 배제하지 않았다. J 문서가 제일 먼저 작성되었고(BC 850년), 잠시 뒤에 E 문서(BC 750년), 그 다음에 D 문서(BC 7세기 초), 맨 마지막에 P 문서(BC 586년 이후)가 작성되었다는 것이 공통된 생각이었다(지금도 여전히 그렇다). 또 그 문서들에서 식별 가능한 어떤 지리적 구조가 있다는 생각도 있었다. 예를 들면, J 문서는 남 왕국의 견해를 나타내며 그러므로 십중팔구 유다 또는 적어도 친 유다 권에서 기록한 것으로 보였다. 다른 한편, E 문서는 북 왕국 입장 쪽으로 기울었고 거의 이스라엘 사람의 측면을 나타낸 것으로 여겨진다. D 문서의 지리적 성향은, 유다 사람 쪽에 무게를 두었다고 하지만, 아주 그렇게 뚜렷하지는 않다. 물론 포로기 이후 문서인 P 문서는 지나칠 정도로 유다에 편향적이었다. 비록 P 문서가 이스라엘이나 유다 중 어느 하나보다 훨씬 오래된 것이

---

18) Bernhard W. Anderson, *Understanding the Old Testament*, Englewood Cliffs, Prentice-Hall, 1957. pp. 382-383.

므로 더 중립적인 것으로 가정되었다고는 할지라도 말이다. [18]

　구약 연구의 현 상황은 50여 년 동안 기본적으로 변한 것이 거의 없다. 비록 벨하우젠의 발전 이론들을 대체로 포기한 상태이기는 하다. [19] 오늘날의 경향은 네 문서의 주요 개념을 취하고 있는 실정이지만 그 문서들을 이전에 용인했던 것보다도 훨씬 더 고대 구조로 생각하고 있다. 그 문서들에 쓰인 기록된 자료들 중 다수가 이전에 생각했던 것보다 수백년도 더 오래된 것들이며, 일부는 사실 모세 자신에게서 유래하는 것으로 현재 생각하고 있는 실정이다. 스칸디나비아 학파는 특히 모세 오경의 기본 주제들이 그 기원을 모세에 두고 있다고 주장하면서, 동시에 이러한 주제들이 단지 구전으로 전해지다가 최종적으로 후기의 서기관들을 통해 기록으로 남게 되었다고 강조하기도 한다. [20]

　가장 최근의 견해는 율법과 역사의 한 전승을 대표하는 J 문서가 남 왕국에서 BC 850년경에 기록되었다는 것이다. BC 750년경에 E 문서가 북 왕국에서 기록되었는데 경미한 차이만 있을 뿐이다. BC 700년경에 일부 무명의 서기관들이 두 왕국(이스라엘은 이미 패망했지만)의 어떤 종교적 경향을 반대하기 위해 썼으며, 어떤 연유로 이 문서를 잃어버렸는데, 유다 왕 요시야가 성전에서 그것을 발견하고 그의 통치시에 일어났던 영적 대부흥을 위해 크게 사용했다는 것이다. P 문서는 바벨론 포로 기간이 지난 후에도 작성되지 않았으며, 여러 사람의 손을 거쳐 이전에 편집하여 천천히 나타난 JED 문서에 제사장들을 통해서 합쳐지게 되었다. [21]

　구약의 나머지 책들에 관해서도 간단히 살펴 보자. 마틴 노트와 더불어 아주 널리 주장되는 바에 따르면 여호수아에서 열왕기까지의 책들이 신명기 기자(Deuteronomist)의 전집(全集)에 속하는데, 그 이유는 주로 이 책들이 주장된 대로는 신명기와 똑같이 종교 및 역사 철학을 표방하기 때문이라는 것이다. [22] 시가서는 대체로 저자들의 이름이 밝혀지지 아니한 것으로 보며

---

19) John Bright, "Modern study of Old Testament Literature," *The Bible and the Ancient Near East*, Ed. by G. Ernest Wright, Garden City, Doubleday and Company, Inc., 1961, pp. 16 ff.
20) C. R. North, "Pentateuchal Criticism," Rowley, op. cit., p. 70.
21) Anderson, op. cit., p. 383.
22) H. H. Rowley, *The Growth of the Old Testament*, New York, Harper and Row, 1963, pp. 45-46.

그 저작 시기를 다윗 시대로부터 BC 150년 사이의 어디로 잡고 있다. 역대기, 에스라, 느헤미야는 BC 400년경에 "연대기 편자"에 의해 기록되었다. 선지서는 대부분 선지자들 자신의 이름이 붙은 책들을 기록한 것으로 생각된다. 물론 다니엘과 이사야 40-66장과 같은 지극히 예외적인 경우도 있다. 마지막 이 두 책은 자체의 현저한 예언의 성격 때문에 저작 연대를 예언 사건 이후로 잡는데 그 이유는 그것들의 완전한 성취가 다른 식으로는 이해될 수 없기 때문이다. 설명이 없는 이 이외의 나머지 책들에 대해선 저자 미상으로 생각하며 그 저작 연대도 순전히 문학의 내적 증거에 기초를 두고 있다.

비평 학문이 쌓아 올린 "증거"의 축적으로 그 동안 구약의 구조가 논쟁의 여지가 없는 것으로 생각할 수 있게 됐지만, 이것은 사실과 거리가 멀다. 여기서 바람직하지도 필요하지도 않은 개별 사항을 자세히 해결하지는 않았지만, 우리가 단지 말할 수 있는 것은 그 모든 과정을 가장 빈약하고 주관적인 증서에나 근거를 두고 있으며, 모든 것을 진보만이 구약의 현상을 밝힐 수 있는 전제에 기초를 둔다는 점이다. 이런 측면에서 성경이 스스로 말하고, 그리스도와 사도들과 온갖 전승이 단정하는 바가 완전히 거부되고 만다. 그것은 아무리 주관적인 증거일지라도, 가정상의 반박할 수 없는 내적 증거 때문에 그렇게 거부되고 만다. 달리 말하면, 비록 인위적이고 지지할 수 없는 그런 재구성에 대해 매 페이지마다 구약성경이 큰 소리로 항의할지라도, 구약은 미리 짜여진 철학적 역사적 구조에 꼭 맞추도록 만들어졌다.[23]

구약의 신빙성

이와 같이 구약에 대한 비평적 접근을 제시함으로써 적어도 어떤 결정적인 문제들을 겉핥기식으로나마 이제 살필 수 있게 되었다. 구약이 스스로 모세와 선지자들의 저작이라고 주장하는 것인지, 아니면 모세와 선지자들의 이름을 자신들의 저작에 첨부함으로써 그것들을 인정 받으려고 했던, 이름도 알지 못하는 사람들이 모은 문서 집합인지를 규명하지 않으면 안된다.

구약의 신빙성을 세울 수 있는 주요한 두 계통의 증거가 있다. 그것은 내적 증거와 외적 증거이다. 우리는 차례로 이를 생각하겠다. 첫째로, 모세 오경은 모세에 의해 기록되었다고 주장하며(출 17:14; 민 33:1-2; 신

23) O. T. Allis, *The Five Books of Moses*, Philadelphia, The Presbyterian and Reformed Publishing Company, 1943, p. 261.

31:22), 구약의 다른 책들도 이견 없이 이에 찬동한다(삿 3:4; 왕하 21:8; 말 4:4). 더욱이 외경 및 가경과 같은 중간기 유대 문학에도 이와 비슷한 증거가 나타난다(바룩서 2:2; 마카베오 2서 7:30). 또한 예수님과 사도들을 비롯한 신약의 저자들과 화자들도 수차례 모세 오경의 모세 저작권을 언급한다(마 19:8; 롬 10:5; 행 3:22; 요 7:19)는 사실은 매우 중요하다. 그러한 증거를, 특히 우리 주님의 경우에서 간과하기란 불가능하다. 왜냐하면 주께서 모세가 모세 오경을 쓰지 않았다는 것을 모르셨다는 것도 당신의 신적 전능성의 실체를 드러내는 것이 되며, 또한 주께서 "당시 사람들의 무지함에 순응하셨다"는 것도 당신의 정직성을 비난하는 것이 된다고 주장하지 않으면 안되기 때문이다. 아주 엄밀히 말해서, 모세 오경의 모세 저작권을 부인하는 사람은 그리스도 즉 사실상 그의 신적 속성을 부인하는 자라고 단언할 수 있다. 그리고 구약의 다른 곳의 증거도 똑같이 명확하고 설득력이 있다. 예컨대 예수님께서 다니엘(마 24:15)과 요나(마 12:39-40)의 역사성을 믿으셨고, 또 추론으로써 이사야가 그의 이름으로 된 이사야서 전체를 썼다고 주장하셨다(마 12:17-21). 이러한 지식은 유대인, 사도들, 우주적 교회의 전승에서도 공유된 바였다.

외적 증거는 다양하고 흥미롭다. 이를 목적상 세 범주로 나누겠다. 고고학적 역사적 조화, 과학적 정확성, 성취된 예언이 그것들이다. 구약을 하나님의 말씀이라고 믿는 것은 단지 외적 증거들이 그 주장을 지지하여 제시될 수 있기 때문이 아니라, 구약 스스로 그렇다고 주장하고 우리가 그 주장을 믿음으로 받아들이기 때문이라고 처음부터 거듭 강조해야 한다. 다른 한편, 외적 지지는 그것이 유용할 때마다 환영하며, 구약이 영감된 하나님의 말씀이라면 그것이 취급하는 역사적 과학적 모든 문제들에서 정확하다고 예상하는 것이 마땅하다. 그럴지라도 다음과 같은 것은 결정적으로 중요하다. 우리가 늘 명심해야 할 사실은 구약이 항상 20세기 과학 용어를 사용한 것처럼 말하지 않고, 기록될 당시의 과학 이전 언어를 사용한 사실이 많다는 것이다. 해당 본문이 영원한 과학적 진리를 계시하고 있는 것으로 명시하여 말하지 아니하면 그것은 축자 영감에 문제가 있는 것이 아니다. 그것은 말로 표현하기가 어려운 때가 많다. 그것이 분명히 자체의 목적이라면 구약은 틀림없이 과학적 정확성을 가지고 언급한다.

더욱이 역사의 문제에서 구약은 아주 많은 곳에서 역사 자료를 연대기적으로 약술한다고 할지라도, 구약의 목적이 그것을 단지 약술하려는 데 그치지 않고 하나님의 역사 취급을 강조하려는 데 있다는 것을 명심하지 않으면 안된다. 구약은 현대 역사가가 그것을 기술하는 것처럼 쓰여진 것이 아니라 오히려 신학적 진리를 점진적으로 계시할 의도로 쓰여졌다. 이것은 구약이 역사적으로 신뢰할 수 없다는 것을 뜻하지 않고, 다만 대개 포함되어야 할 역사 정보를 실을 만한 특별한 사유가 없는 곳들에서는 연대기적으로 충분하지 않을 수도 있다는 점을 의미한다. 구약이 역사적으로 꼭 언급하지 않으면 안될 어떤 사건에서는 아직도 오류가 있는 것으로 판명된 것은 하나도 없다. 사실 구약은 역사가들에게 수수께끼로 남아 있었던 지극히 까다로운 역사 문제들에도 빛을 비추어 주는 일이 아주 많았다.

구약과 역사

보수주의자는 항상 모든 면에서 구약을 전적으로 신뢰할 수 있는 역사 기록으로 생각했다. 현대의 합리주의 및 자연주의의 도래와 함께, 구약은 역사성이라는 방면에서 공격을 굉장히 받았다. 이런 점에서 고등비평은 성경의 무결성을 완전히 무너뜨린 것으로 느끼게 했다. 왜냐하면 이른바 비역사적 또는 반역사적인 성경의 전거들은 무엇 하나 감출 수 없게 되었기 때문이었다. 예를 들면, 역사가들은 "논증하기"를 성경 이외의 고대 역사에는 헷 족속(히타이트인)에 대한 기록이 아무것도 나타나지 않기 때문에 헷 족속을 언급한 구약(창 15:20; 25:9 따위)에 틀림없이 잘못이 있다는 것이다. 이와 비슷한 예는 또 있다. 이사야서는 앗수르 왕 사르곤이, 그 선지자에 따르면, BC 8세기 말쯤에 틀림없이 살았던 것으로 언급한다(사 20:1). 그런데도 앗수르의 기록에는 전혀 그와 같은 왕에 대한 언급이 없으므로 이사야가 잘못된 역사 정보를 가지고 있었음에 틀림없다고 한다.

그들이 좋아하는 또 다른 대상은 벨사살로서, 다니엘서에 따르면, 고레스 대제가 신바벨론 제국을 무너뜨릴 때 그 제국의 왕위에 있었다(단 5:30). 그런데 일반 역사의 기록들에 따르면 그와 같은 이름을 언급하지 않기 때문에 다니엘은 대단히 큰 실수를 범한 것이 틀림없다는 것이다. 비평 학자들이 결국 헷 사람들이 과거에 존재했을 뿐만 아니라 BC 18-12세기에 걸쳐 근동에서 가장 강력한 제국의 하나를 건설했다는 것을 발견했을 때 얼마나 당황했을지 우리는 쉽게 짐작해 볼 수 있다. 또 이라크의 코르사바드

(Khorsabad) 발굴로 모든 시대를 통해 가장 웅장한 궁전의 하나였던, BC 8세기의 것으로 밝혀진 유적지가 드러났다. 실로 놀라운 사실은 이 궁전의 벽들이 사르곤 대제(사르곤 2세)의 이름뿐만 아니라 그의 왕국 및 권력의 찬란함과 관련있는 수많은 상형 문자와 벽화로 덮여 있었다는 것이다. 우리는 오늘날 사르곤보다 더 잘 알려진 앗수르 왕이 몇몇 더 있었다는 것을 잘 알고 있다. 분명히 사르곤은 이사야의 상상력의 산물과는 대단히 거리가 먼 실제 인물이었다.

또한 최근에 발견된 바벨론 연대기들은 BC 7세기와 6세기의 메소포타미아 세계의 역사를 기술한다. 그런데 흥미롭게도 바벨론의 나보니두스 왕이 정벌 또는 보물 약탈(골동품 애호가였기 때문에)에서 물러나 있는 동안 그의 아들 벨사살은 바벨론 성에서 이 성의 업무를 보기 위해 그냥 남아 있었다는 사실을 지적하고 있다. 벨사살이 바벨론을 장악하고 있는 동안 메대 사람 다리오 휘하의 메대 페르시아인들은 아무 저항도 받지 않고 바벨론 성으로 진입하여 즉시 벨사살을 처형했다. 이 사건에 조금 앞서서, 바벨론에 사로잡혀 가서 바벨론의 패망을 예언한 다니엘은 "나라의 셋째 치리자"(단 5:29)로 세움을 받았다. 이러한 진술로 항상 성경 독자들은 당혹감을 느꼈는데 그 이유는 벨사살이 첫번째 치리자라면 누가 두번째였느냐 하는 문제였다. 대단히 놀라운 정확한 필치로써 다니엘서는 한꺼번에 바벨론에 두 왕이 있었다고 보여주었지만, 최근까지 역사 학자들은 나보니두스에게 벨사살이라는 아들이 있었고 두 사람이 함께 문제되는 시기에 통치하고 있었다는 사실을 결국 모르고 있었다. 구약은 신빙성이 있을 뿐만 아니라 심지어 보수주의자들이 상상하는 것 이상으로 훨씬 더 신빙성이 있고 정보가 많다는 것을 스스로 입증했다!

현대 고고학 및 역사 탐구로 왕국 이전 히브리사(BC 1000년경 이전)에 대한 아주 굉장한 성과를 거두었다. 회의적인 학자들도 대부분 다윗으로부터 시작하는 구약사는 적어도 그 주요 사항에서는 꽤 신뢰할 수 있다고 주장했다. 그러나 그들은 그 시기보다 이른 것은 그 어떤 것도 진정한 역사로 지목할 가치가 없다고 단언했다. 사사들, 여호수아, 모세, 특히 족장들과 같은 인물들은 이스라엘이 자신의 역사와 언약적 권리에 대해 낭만적이고 의미 있는 기원을 부여하려고 생각해 낸 그림자와 같고 이상화한 설명에 지나지 않았다. 아브라함 이전의 어떠한 인물이나 사물도 즉각 신화로 치부해 버렸고,

허구적인 것이 아니라면 선사(先史) 시대의 것으로 돌렸다.

그러나 현재 이 모든 평가들은 즉시 재검토되어 거절되고 있는 실정이다. 이러한 사실은 심지어 바로 최근에 이 견해들을 가장 완강히 주장했던 사람들을 통해 이루어지고 있다. 모세가 모세 오경을 쓸 수 없었다는 이유로써 저술이 모세 시대 이후로도 학예로서 발전되지 않았다고 가르친 두 세대 이전 학자들은 이제 완전히 거절당하고 말았다. 우리는 이 비평가들이 모세의 저작권을 받아들였다는 것을 뜻하는 것이 아니다. 왜냐하면 그것은 사실과 거리가 있기 때문이다. 그들은 이제 모세가 저술할 수 있는 능력과 관계되는 한 모세 오경을 썼을 가능성도 있었다는 것을 말하고 있을 뿐이다. 더 나아가 그들은 대체로 모세와 여호수아 시대의 가나안 및 애굽의 전 역사 상황이 성경이 기술한 그대로 정확하다는 것을 시인한다.

비록 이 비평가들이 여전히 창세기에 나오는 아브라함, 이삭, 야곱, 요셉이라는 사람들을 역사적인 인물로 보통 용인하지 않는다고 할지라도, 대부분의 학자들은 개의치 않고 이 족장들에 관해 구약이 말하는 바는 BC 2000-1660년 시기의 고대 근동 생활상에 관해 알려진 바와 정확히 일치한다는 것을 제시한다.[24] 누지, 마리, 알라라크와 같은 장소에서 출토된 쐐기 문자 서판에는 이 시기 또는 약간 늦은 시기의 시민, 사회, 사업 및 정치 생활에 관한 매혹적인 기록이 들어 있다. 그리고 족장 시대의 구약의 기록은 모든 역사적 문화적 맥락과 완전히 조화를 이룬다.

달리 말하면, 현대 역사 비평에 따르면, 족장 시대의 인물과 사건들은 십중팔구 참으로 역사적인 것이 아니라고 할지라도, 그들은 이 고대 시기의 역사적 환경에 관해 현재 알려진 바를 철저히 따르는 입장이라고 할 수 있다. 이것은 구약이 적어도 족장 시대부터는 본질적으로 역사적이라고 보는 것에 가깝다는 생각이다. 그러한 수용은 불과 수년 전에는 유명한 비평 학자에 의해서도 전혀 이루어지지 않았다. 하나님의 말씀을 있는 그대로 곧 하나님의 계시를 사람들에게 나타내는 역사적 전개로 받아들이지 않은 자들의 부침은 이와 같은 것이다.

이같은 설명으로 성경 학자들이 모두 구약의 절대적 정확성과 신뢰성을 이제 완전히 확신한다고 말하려고 하는 것은 아니다. 불행하게도 이는 사실

---

24) W. F. Albright, *From the Stone Age to Christianity*, Garden City, Doubleday and Company, Inc., 1957, pp. 241-243.

과 거리가 멀다. 그렇지만 구약이 놀랍게도 실제 역사적 배경과 서로 일치하는 역사 기록, 즉 현대 역사 탐구의 모든 기술을 동원하여 명백히 입증될 수 있는 그런 기록으로 인식되어 왔다는 점에서는 아무런 문제도 없다. 그러나 이로써 우리는 구약 연구에 대한 다른 접근 방식, 즉 구약에서 역사 자료에 기초를 둔 연대기적 역사를 찾기보다는 "성역사"(聖歷史), 다시 말하자면 널리 쓰이는 독일어 용어로 구속사(Heilsgeschichte)[25]를 찾는 접근 방법으로 나아게 된다.

이 "구속사"는 학과로 존중할 만큼 익숙해진 역사는 아니다. 그것은 여호와를 믿는 이스라엘의 믿음과 그들을 위해서 역사하는 힘있는 그의 행동을 표현하는 해석사(史)이다. 즉 구약은 이스라엘의 믿음을 증거하는 것이다. 비록 그것이 역사적 배경을 갖는다 할지라도, 그것의 특별하고 개인적 사건들은 일반적으로 생각하는 의미의 역사일 수는 없다. 예를 들면, 출애굽은 이 시기에 애굽과 가나안의 역사 환경과 훌륭하게 어울리는 성경의 역사이지만, 그것의 초자연적 성격 때문에 분명히 사실적 역사로 여겨지지 않는다. 이스라엘이 애굽의 노예 상태로부터 해방되었으므로 시공간에서 일어난 행동이 존재했고, 이 행동은 이스라엘의 선지자들을 통해서 일어난 하나님의 행동이었던 것으로 해석되었다. 수 세기가 지나서 그 사건을 다른 방식으로 설명함에서, 비록 절대로 사실적으로 정확하지 않다고 할지라도, 신조 낭송 식으로 표현된 역사가 되었으므로 정경들을 통해 규정된 정당한 구속사가 된 "영적 첨가"가 더 일어났다.

구약사에 대해 그렇게 재해석하는 이유는 명백해야 한다. 비평가들이 더 이상 성경의 본질적인 역사적 신뢰성을 가볍게 대할 수 없다는 것을 알게 되자 그들은 기적들과 다른 초자연적 내용을 설명해야 하는 어려운 난제에 부딪히게 되었다. 설명 가능한 유일한 것은 구약사의 구조는 타당하지만 기적적인 사건들은 하나님께서 역사 안에서 행하신 것에 대한 예언적 재해석에 불과한 것으로 수용하려고 했다. 그 사건들을 기록한 선지자들조차 그것들을 기록한 그대로 정확히 발생했다고 믿지 않았지만, 그 사건들의 의미에 관한

---

25) Gehard von Rad, *Old Testament Theology*, Vol. 1, Edinburgh, Oliver and Boyd, 1942, pp. 50-51; 이 개념을 잘 설명하는 글로서는, James Barr, "Revelation Through History in the Old Testament and in Modern Theology," *Interpretation*, 17:193-205, April, 1963을 보라.

자신들의 신학적 판단대로 그 사건들을 "읽어냈다." 사실상 이것은 구약이 가지고 있는 것으로 입증된 본질적인 역사성을 부인하지 않은 채 구약에서 기적적 내용을 벗겨내는 것이다.

보수주의자들의 반응은 이미 용인된 역사의 정의들을 "역사"라는 말에서 빼내지 않고서는 역사 유형의 양분을 가정할 수 없다는 것이다. 실제로 역사 곧 과거의 총화를 기술하는 것이 한 가지 이상 존재한다고 어떻게 말할 수 있겠는가? 이것보다 못한 어떤 것은 도저히 역사라고 말할 수 없으며 전적으로 신화의 영역으로 분류되지 않으면 안 된다. 물론, 놀랍지는 않지만 현대 구약학 연구는 이러한 초자연적으로 발생한 사건들을 "신화"라고 부른다. 여기서 말하는 신화란 엄격히 말해서 허구적인 것에 반대되는 종교적 신화 관념을 표현하려는 의도에서 쓴 것이다.[26] 그런데도 역사를 적어도 양분하여 철학화하거나 또는 의미론화하려는 시도는 구약을 이루는 승인 가능한 표준을 파괴하려는 것으로 보인다. 어떻게 신화이면서 동시에 역사일 수 있는가 하는 문제는 여전히 해결 불가능한 문제로 남게 된다.

그래서 보수주의 구약 학자들은 일반적으로 구약을 절대 신뢰 가능한 역사 문서의 집성으로 인정한다. 일부 비평가들이 그 문서들을 신화적 역사로 보거나 또는 그 문서들을 유일한 영적 진리를 표현할 목적으로 창안한 경건한 고안물이라는 식으로 무리하게 해석하여 기적적 요소들을 합리화하려고 한 노력은 도리어 그것의 역사성에 대한 찬동이 되었다. 역사의 기적적인 것들 중 특별한 사례들은 나중에 살피게 될 이스라엘의 언약 및 민족사의 개요에서 논의될 것이다.

구약과 과학

현대 과학주의 도래와 함께 처음에는 19세기에 구약의 과학적 정확성 또는 신뢰성에 대한 맹공이 쏟아졌다. 역사적인 문제들에서 하나님의 말씀의 권위에 손상을 입히려 했던 동일한 합리주의 정신도 "성경-과학"이라는 충돌 배후에 있는 풍조다. 이것은 예상했던 대로다. 왜냐하면 구약이 이 범주 중

---

26) Artur Weiser, *The Old Testament: Its Formation and Development*, trans. by Dorothea M. Barton, New York, Association Press, 1961, pp. 57-59.

하나에서 설득력 없는 것으로 입증될 수 있다면, 그것은 다른 범주에서도 그렇게 입증될 것이 거의 확실하기 때문이다.

아마도 우리는 용어들을 간략히 정의하면서 이 논의에 접근해야 할 것이다. 과학과 성경이 서로 대립한다고 하는 것은 아주 부당하다. 오히려 "성경-과학주의" 대립이라는 측면으로 말해야 한다. "과학"을 정의하자면 "사실을 관찰하고 분류하는 것과 관련이 있는 학문 분야"다. 그러므로 과학은 자연법 및 과정들과 관계가 있다.[27] 만약 우리가 하나님을 자연법을 비롯한 모든 법의 저자일 뿐만 아니라 구약의 저자라고 가정한다면, 성경과 과학이 서로 충돌할 수 없다는 것, 곧 하나님은 스스로 모순될 수 없다는 것은 자명하게 된다. 다른 한편, "과학주의"란 현대 과학 철학을 설명하는 최근의 조어로서 사실 성경과 충돌을 일으킬 수 있고 또 확실히 일으킨다. 문제는 확실히 드러났다. 참되게 알려졌고 올바로 해석된 과학은 성경적이다. 자기 환경에 대한 인간의 해석으로서 과학주의는 대체로 비성경적이다. 그것을 반성경적이라고 말하는 것도 틀리지 않다고 할 수조차 있을 것이다.[28]

우리가 앞에서 지적했던 대로, 구약의 의도가 시적으로 또는 일상의 평범한 강화(講話)로 말하려고 한 것이면, 구약에서 과학적으로 말하려 한 것을 기대해서는 안 된다. 왜냐하면 이것은 우리가 어떤 다른 책 또는 화자(話者)에 신뢰를 두지 않는 것에다 어떤 제한을 두는 것이 되기 때문이다. 예를 들면, 성경이 "땅의 네 모퉁이" 또는 "해가 뜬다"는 말을 사용할 때, 이것은 분명히 구어적 표현이므로 이 말들을 비과학적이라고 비난해서는 안 된다. 텔레비전 일기 통보관이 위와 똑같은 말을 쓴다고 해서 그가 비과학적으로 말한다는 것을 알려주기 위해 뉴스 방송이 끝난 다음에 그에게 전화하는 사람이 있겠는가? 성경에 대해 공평하게 대하고 일상 세계의 말을 쓰는 것에 대해 용인하자.

더욱이, 성경이 자연 과학의 "법칙들"과 모순처럼 보이는 기적의 사건들을 말할 때 성경에 대해서 비과학적이라고 판단하지 말자. 근본적인 물음이

---

27) *Webster's New Collegiate Dictionary*, Second Edition, Springfield, Massachusetts, G. & C. Merriam Co., Publishers, 1953.
28) Robert Lewis Reymond, *A Christian View of Modern Science*, Philadephia, Presbyterian and Reformed Publishing Company, 1964, p. 17.

란 실제로 과학적인 것이 무엇이냐 하는 것이다. 즉 과학적이라는 것은 우리가 관찰하고 현재의 과학적 법칙에 순응하고 있다고 선언했던 것이나 또는 신법(神法)에 따라 반응하는 것을 말한다. 이것이 결정적으로 중요한 점이다. 왜냐하면 그것은 하나님 자신이 이른바 자연법에 종속되는지 아니면 이러한 법들을 비롯한 만물의 창조자로서 그것들을 초월하시는지의 논의를 일으키기 때문이다. 분명히 후자만이 정당한 것으로 보이므로 성경에 기록된 어떠한 기적들도 자연법의 일시적 정지로 해석해서는 안 된다. 말하자면 오해를 불러 일으킬 위험 요소도 있지만 실제의 기적과 같은 그런 것이 존재할 뿐만 아니라 상대적 기적도 존재하며, 자연법으로 나타난 바는 단지 어떤 특별한 목적이나 또는 다른 목적을 위해서 하나님이 우주에 설치해 두신 제한일 수 있다고 말할 수도 있다. 바울은 온 세계가 현재 뒤죽박죽인 상태라고 말한다(롬 8:22). 실제로 성경의 종말론적인 구절마다 모두 "기적들"이 법칙이 아니라 예외가 될 시기에 관해 이야기한다(사 65:25; 암 9:13; 욜 2:28-32).

과학이 기적적인 것을 거절한다면, 그것은 원인과 결과로 알려진 기초를 근거로 하여 설명할 수 없는 어떤 것을 거절하고 있을 뿐이다. 우리가 오늘날 용인하고 있는 많은 현상은 이러한 것들이 그 당시에는 알려지지 않았거나 오해할 수 있게끔 통제하거나 또는 허용한 법들 때문에 우리의 바로 앞 선조들에게조차도 틀림없이 기적적인 것으로 보였다. 일군의 초자연적 법들이 주어졌는데도 "자연 질서"가 될 수 있다는 것은 상상할 수조차 없다. 비록 성경이 과거와 미래에 그런 굉장한 사건들에 대해 뚜렷이 증거한다고 할지라도 말이다.

요컨대, 성경과 과학의 근본적 충돌은 철학의 문제다. 믿음으로 창조, 노아 홍수, 하나님의 기적적 행동들에 관한 성경의 기록을 받아들이든지 아니면 불경건한 과학주의로써 이 모든 사건들을 재구성한 것을 받아들이든지 둘 중에 하나를 선택해야 한다. 살펴볼 수 있는 증거가 모두 있는데, 그 증거를 정당하게 평가하고 해석할 책임은 각자에게 속한다. 만약 그가 존재론적으로 주권적인 신 개념에서 유래한다면 그에게는 성경 기사를 받아들이는 데 아무 어려움이 없다. 만약 그가 자기 전제로서 무신(無神)이라는 명제를 취한다면, 그는 가능한 최선의 방법으로써 그 증거를 설명해야 한다. 성경의 과학적 주장을 지지하는 데에 유일한 우리의 접근 방법은, 그것을 변호할 수 있다고 할지라도, 성경의 과학적 선언에 대해 일일이 그것을 변호하는 데 있지 않고, 그것의 과학적 정확성에 대한 필연적 결과로서 하나님의 말씀으로 그것을 받아들이는 데 있다.

"근대 과학 이전" 시대의 구약의 과학적 정확성에 대한 두세 가지 사례로 충분할 것이다. 비록 그것들이 가능성들을 결코 철저히 규명하지 못할지라도 말이다. 가장 유명한 진술 중 하나는 하나님에 대해 "그는 지구 궤도에 (역주 ― 한글개역에는 '땅 위 궁창에') 앉으시나니"(사 40:22)라고 표현한 이사야의 진술이다. 땅이 둥글다는 사실에 대해 항상 소수가 믿었을 수 있을지라도 비교적 현대에 이르기까지 대다수가 지구를 평평하다고 생각한 데에는 아무 의문이 없었다. 왜냐하면 일반적인 과학적 견해와 모순되던 BC 8세기의 선지자 이사야는 "요행으로 맞추는 것"을 전제하든지 아니면 오직 계시에 의해서 자신에게 알려진 고도로 진보된 과학적 관념을 전제해야 하기 때문이다.

이는 "생명이 피에 있으므로"라고 한 레위기 17:11의 진술에도 똑같이 적용된다. 겨우 300여년 전에 윌리엄 하비가 피와 생명의 관계에 관한 의미를 충분히 밝혀냈다. 하나님께서 "땅을 공간에 다시며"(욥 26:7)라고 욥이 말했을 때 그는 단지 시적으로만 말한 것이었는가? 그렇게 보이는 것 같지 않다. 왜냐하면 비록 욥기가 구약의 시가서의 하나라고 할지라도, 이것은 욥기의 모든 진술이 시적이라는 것을 의미할 필요가 없기 때문이다. 사실 이 경우의 본문은 욥이 오직 하나님께로부터 유래할 수 있었던 유익한 정보를 진지하고 과학적으로 말하고 있다는 것을 주장한다.

성경은 과학 교과서로 기록되지 않았다는 것이 사실이지만, 마찬가지로 성경은 자체의 과학적 주장들로 반박을 받지 않을 수도 있고 그 당시보다 앞서서 멀리 있는 과학적 지식을 미리 보여준다는 것도 사실이다.

구약과 예언

성취된 예언이라는 논제는 현대 비평에서 관심을 크게 불러 일으킨 또 다른 주제이기도 하다. 만약 선지자들이, 넓은 의미로라도, 특히 상세하게 아무것도 말할 수 없는 미래에 대해 정확히 예언할 수 있다면, 우리는 어떤 상당한 양의 초자연적 성격을 구약에 당연히 부여하지 않으면 안 된다. 만약 그들이 실제로 예언할 수 없다면, 그들이 예언한 때는 예언한 사건들 이후로 추정되어야 하거나 아니면 그 성취가 우연한 사건이나 예언에 대한 서너 가지 가능한 해석 중 그저 하나로 여겨져야만 한다. 이러한 "해결"을 모두 여러 학자들이 적용하였기 때문에 어떤 예언서들은 전체(특히 다니엘서), 다른 것들은 상당 부분(사 40-66)이 전적으로 성취를 수반하는 예언을 참작하도록 연대가 추정되었다. 이로써 분명히 예언을 무가치하게 하고 대신에 그것을 역사로 삼는다.

그러므로 구약 시대 이후로 실현되었고 구약에서 예언하기 이전에 발생할 수 없었던 성취에 관해서, 이것들은 보통 그것들이 구약의 예언과 어떤 상관이 있던 후대의 사람들에 의해서 "구체화"되었거나 또는 해석되었다는 의미에서만 성취로서 묘사된다. 예를 들면, 마태가 예수 그리스도의 동정녀 탄생이 이사야의 예언(사 7:14)의 성취라고 진술할(마 1:23) 때 그는 단지 구약의 모든 구절 가운데 이 하나가 실제로 그리스도의 탄생에 내포된 바와 가장 가까운 것으로 제시하려고 한다. 이것은 예수님이 실제로 동정녀에게서 나셨다는 것을 말하는 것이 아니라, 기독교 변증가로서 마태가 그의 탄생의 독특성을 실증하려는 데 흥미가 있었으며 이로써 이사야에 의해 그에게 제시된 "동정녀 탄생 상징"을 사용하게 되었다는 것을 말하는 것이 되었다.[29] 그러한 책략을 사용함으로써 비평가들이 신약에서 성취 가능한 구약의 모든 예언을 제거할 수 있지만, 우리 주님 자신을 비롯한 신약의 화자 또는 저자의 정직성과 지성을 의심하지 않고서는 그것을 제거할 수 없다.

구약의 예언이 나중에 신약에서 성취되었다는 문제는 비평가에게 오히려 고통스런 것이지만, 여전히 관련된 구약의 책들과 예언들에 대한 예수님과 사도들이 내린 평가와 관련이 있는 온갖 종류의 문제들로 가득 차 있다. 통상의 방법은 그 책의 저작 연대를 성취된 시기보다 더 일찍 기록되지 않은 훨씬 더 늦은 시기로 생각한다는 것이다. 예를 들면, 다니엘서는 BC 530년쯤에 다니엘에 의해 기록된 것으로 추정한다. 그런데도 다니엘 시대 이후로 수백 년이 지날 때까지도 존재하지 않았던 개인들과 국가들의 일을 굉장히 정확히 묘사하고 있다. 그래서 그 해결로써 저작 연대를 BC 165년경으로 돌리며, 그의 예언을 역사와 유명한 사건들에 대한 개요로 축소시킨다.

동일한 사실이 이사야서에서도 일어나는데, 이 경우에서는 저작 연대의 변경이 이사야서 일부에만 해당된다. 처음 서른아홉 장은 의문의 여지없이

---

29) Morton Scott Enslin, *The Literature of the Christian Movement*, New York, Harper and Brothers, 1938, pp. 397-398.

예루살렘의 이사야의 것으로 생각하지만, 40-66장은 바벨론 포로기를 지나지 않은 시기에 살았던 무명의 선지자(또는 선지자들)의 저작으로 생각한다.[30] 이것은 이사야서의 마지막 스물일곱 장이 위로와 소망에 대해 언급하고 있고 더욱이 예루살렘의 이사야가 사망한(BC 685년경) 이후로도 나타나지 않은 사건들과 인물들에 관해 굉장히 정확하게 예언하고 있기 때문이다. 아주 거칠은 필치로 아주 짧은 책들을 쓴 다른 선지자들은 꼭 기억해 두어야 하지만 가장 영광스러운 예언 작품을 쓴 제2 이사야는 이름도 모른 채로 그냥 있어야 한다는 것이 항상 비평가들의 수수께끼로 남아 있었다.

이 차이를 해결하려고 한 많은 노력이 성공을 거두지 못했는데 그 이유는 역사 또는 성경에 그러한 저자를 지지하는 아무 증거도 없기 때문이다. 예수님께서 여러 차례 이사야의 후반부에서 인용하시고 복음 기자들도 예외 없이 그 후반부를 이사야의 것으로 돌린다(마 3:3; 8:17; 요 12:38, 39; 눅 3:4-5). 물론 예수님은 다니엘서(마 24:15)와 논박 받는 다른 책들로써 그렇게 하신다. 이 책들이 내적 증거를 가지고 있는 그 사람들과 그 시기에 쓰여진 것이 아니라면 우리 주님의 정직성에는 또 다시 문제가 생기게 된다. 구약의 초자연적 특성의 증거로서 성취된 예언의 유효성은 비평가들이 그것에 대한 논박을 시도하기 위해서 호소할 수밖에 없었던 간계에 의해 충분히 입증된다.

구약의 백성

매우 참된 의미에서 구약에 계시된 역사는 특별한 백성의 역사다. 이 백성이 처음에는 히브리인으로 그리고 점차 이스라엘인과 유대인으로 알려졌는데, 구약의 주제가 된다. 물론 일반적인 의미에서 그들의 기원은 맨처음, 곧 인간 창조 때로 거슬러 올라갈 수 있다. 그러나 특별한 백성으로 그들의 존재는 아브라함으로부터 시작하는데, 그에게 민족의 언약이 주어졌으며 그 뒤에 야곱(또는 이스라엘)을 통해 그 언약이 민족화되었고 모세를 통해 완전히 성취되었다. 하나님께서 온 세상에 구속의 목적을 계시하실 수 있는 특별한 백성이 필요하셨던 이유는 아주 명확하다. 그러나 왜 이스라엘이 그러한 백성으로 뽑혔는가 하는 이유는 그렇게 분명하게 나타나지 않는다. 결론적으로

---

30) Anderson, op. cit., pp. 399-402.

이야기할 수 있는 바는 하나님께서 그들을 사랑하셨고(신 7:8) 은혜의 특별한 대상으로 삼으셨다는 것뿐이다.

구약 전체를 통해서 우리는 역사와 예언 두 방면에서 이 백성 또는 민족과 관련된 주변의 일들이 끊임없이 전개되는 것을 볼 수 있다. 그들이 구약 시대에 완성하지 못한 바는 분명히 만대의 교회와 공동으로 그리고 독립적으로 하나님의 종말론적 계획 속에서 완성되도록 그들을 위해 남겨 두셨다는 것이다. 그들의 나라는 영적이고 현세적인 나라로서, 시공간에 존재하지만 궁극적으로는 이 양자의 제약을 받지 않게 된다.

구약 내내 언급된 다른 나라들과 민족들이 있지만, 이들은 이스라엘 민족과 하나님의 행동과 그 한 민족을 통해 주신 메시지에 보조 수단일 뿐이다. 애굽, 앗수르, 바벨론이 하나님의 전반적인 목적들을 벗어나서 행동한다 할지라도, 그분이 온 세상의 하나님이시기 때문에, 그 나라들의 주요 역할은 여전히 이스라엘과 연관해서만 이해된다. 그래서 구약을 이해한다는 것은 역사적 지리적 모든 맥락에서 이스라엘을 이해한다는 것이 된다. 이를 정당하게 인식하지 못하면 불가피하게 이스라엘의 신앙 및 하나님의 구속 은혜의 통로로서 이스라엘의 역할을 올바로 해석할 수 없게 된다. 이렇게 고려해야 할 극히 복잡한 특성 때문에 그리고 그것들이 실제로 구약 이야기의 토대를 정작 이루고 있기 때문에, 본서 전체를 통해 그 이야기를 전개시켜 이용할 수 있기 전까지는 더 상세하게 언급하지 않겠다.

구약 시기의 역사

구약에서 하나님의 백성에 대한 이야기 전체는 수천 년에 걸쳐 일어난 것이지만, 다양한 시대 또는 시기에 대한 식별은 이 모든 기간 내에서 아주 분명하게 이루어질 수 있다. 사실 이러한 시대들이 우리가 살펴려고 하는 주요 사항이다. 우리는 단지 여기서 (대략 몇 경우에서) 그 연대를 결정하는 이 시기들과 그리고 그것들을 논하는 구약의 해당 부분들을 간략하게 제시하려고 한다. 사용한 술어들은 구약의 역사 순서에 있는 이 시기 하나하나를 계속 연구하려고 하는 사람들에게 명료하게 될 것이다. 다음의 개략은 앞으로 전반적으로 다룰 내용을 간략히 보여 주는 것이다.

족장 이전 시대   (약 BC 10,000-2100) 창 1:1-11:26

족장 시대	(2100-1800)	창 11:27-50:26
애굽 및 출애굽 시대	(1800-1406)	출 1:1-신 34:12
정복 및 사사 시대	(1406-1050)	수 1:1-삼상 10:1
통일 왕국 시대	(1010-931)	삼상 10:1-왕상 12:15
분열 왕국 시대부터 예후까지	(931-841)	왕상 12:15-왕하 9:27
예후부터 이스라엘 멸망까지	(841-722)	왕하 9:27-16:6
유다 왕국 시대부터 유다 멸망까지	(722-586)	왕하 16:6-25:26
바벨론 포로와 포로 시대	(586-420)	왕하 25:26-30; 에스라, 느헤미야

룻기, 에스더, 예레미야 애가와 같은 다른 책들은 이 시기들 가운데서 얼마 동안 역사적 상황에 유익한 빛을 던져 주었다. 물론 예언서들에는 역사에 해당하는 부분이 많이 삽입되어 있다. 그리고 또 역대기에는 사울로부터 고레스까지 이르는 전 시기의 역사(BC 1050-530)가 중복되어 나타나는데, 약간 상이한 관점에 근거를 두고 기록하며, 역사에 직접적인 영향을 미치는 유익한 계보 및 연대기 자료들도 들어 있다. 시가서들조차 이스라엘사를 이해하는 데 한몫을 한다. 왜냐하면 그 기록된 시기의 상황을 철학적·문화적·신학적 측면에서 보여주기 때문이다.

구약의 땅

구약은 역사서이기 때문에 어느 정도 지리에 주의할 필요가 있다. 왜냐하면 이스라엘 생활의 드라마가 펼쳐진 무대는 하나님의 택한 백성으로서 역할에 필수적이기 때문이다. 사람들이 살고 행동하는 어떤 지리적 환경은 그곳에서 사는 사람들의 운명에 상당히 영향을 미친다. 이것은 이스라엘에게서도 역시 마찬가지였다. 사실 팔레스타인의 지리가 이스라엘 민족에게 미친 영향은 흔히 예상해 볼 수 있는 것과는 달리 아주 균형을 이루지 못했다고 할 수 있다. 이 근본 이유들은 팔레스타인의 물리적·지리적·기후적 특징들을 주의깊게 살펴보면 찾아낼 수 있다.

그 땅 자체는 근동이라는 거대한 땅에 비하면 지극히 적은 부분에 지나지 않을 뿐이지만, 그 지리적 위치는 적은 범위라는 결점을 메워 주고도 남을 만큼 중요하다. 아주 고대로부터 세계의 인구가 한 지역에 집중되었는데 동쪽으로는 인더스 유역, 북쪽으로는 카스피해와 흑해, 서쪽으로는 아나톨리아와 지중해, 남서 및 남쪽으로는 애굽과 아라비아 반도에서 시작되었다. 구약사의 대부분을 차지하는 주요한 두 문명의 근원지는 북쪽과 동쪽으로 메소포타미아, 남쪽과 서쪽으로 애굽에 있었는데, 팔레스타인은 이 양자 사이의 오른쪽에 위치했다. 바벨론-앗수르 및 애굽의 고대 역사 기록은 그리스도의 시기 이전 수천 년 동안 이 두 인구 밀집 지역을 사이에 두고 막대한 무역이 이루어졌다고 보고한다. 팔레스타인은 지중해와 아라비아 반도의 통행할 수 없는 사막 사이에 위치했기 때문에 실제로 이 모든 통상 교통로가 되었다. 유프라테스로부터 나일 유역에 이르는 이 땅 전 지역은 비옥한 초승달 지대로 알려지게 되었다. 팔레스타인은 "비옥한 초승달 지대 교량" 역할을 한 것으로 곧 드러나게 되었다.

이스라엘이 차지하고 있는 위치는 물품을 인도하는 과정에서 그 지역을 통과하는 모든 나라의 문화와 물질적 유익을 흡수할 수 있는 이상적인 자리였던 것으로 보였다. 어떤 점에서 이것은 이스라엘 이전의 팔레스타인 원주민 전체가 그런 자리에 위치했던 것처럼 이스라엘도 바로 그런 자리에 위치했다는 것이다. 다른 한편, 특히 지리적으로 그 땅이 균열이 있어서 애향심과 편협성을 가져오게 했다. 온갖 잇따른 언덕과 산들로 말미암아 시내들과 깎아지른 듯한 골짜기들이 교차하였을 뿐만 아니라, 팔레스타인은 이질적인 외딴 고립 지역으로 형성되었는데 이것은 다양한 형식 속에 존재하는 각기 독자적인 문화를 발생시켰다. 앞의 것들을 설명하기 위해서 이러한 지리적 구조를 살펴 보자.

팔레스타인은 기본적으로 남북으로 분리되었다. 물론 동서의 특징이 전혀 없는 것은 아니다. 대개 남북으로 240-320km 가량 쭉 뻗어 있고 북위 31-32도 쯤에 위치하는데, 무엇보다도 먼저 해안 지역은 그 너비가 다양하여 갈멜 북쪽은 200-300m 정도가 되며 남단에서는 48km도 넘는 지역이 있다. 이 해안 평야는 중앙 언덕으로부터 지중해로 들어가는 시내들을 차단하는 높은 모래 언덕과 암붕(岩棚)에 의해서 지중해 연안을 따라 뻗어 있는데 평야 대부분이 우기에 습지로 변한다. 이 밖에도 해안선이 곧게 뻗어 있고 끊어지지 아니하여 해양 산업의 기회가 거의 주어지지 않았다. 남쪽은 예외였지만 이 두 요인으로 평야 지대의 거주 정착에 제약을 받았다. 남쪽에서는 블레셋 사람들이 5대 도시 곧 가사, 아스글론, 아스돗, 에그론, 가드를 차지하고 관할했다. 역사적으로, 이스라엘 사람들은 한 번도 이 지역에서 살지 못했다. 왜냐하면 경작이 어려웠을 뿐만 아니라 블레셋 사람들과 다른 원주민들이 그 곳에서 성공적으로 장악하고 살았기 때문이었다.

해안 평야는 동쪽으로 향한 팔레스타인 중앙 언덕과 만날 때까지 점차 상승한다. 북쪽에서 남쪽으로 뻗은 이 언덕은 갈릴리 언덕, 에브라임 산, 유대 언덕으로 알려졌다. 이 산지 중 처음 둘은 이스르엘 골짜기에 의해 양분되며 나중의 둘은 소렉 골짜기와 아얄론 골짜기에 의해 양분된다. 이 언덕들 중 하나도 그리 높지 않아 거의 산이라 부를 정도로 되지 않을지라도, 그것들은 바위 투성이고 경사가 급하여 그 지역 세로를 전부 관통하여 자연스럽게 국경 지대를 형성한다. 이스라엘 사람들은 가나안 정복시에 어떤 원주민들이 대부분 포기한 이런 언덕들을 발견하였으며, 그들이 세웠거나 재건한 대부분의 중요한 성읍들은 팔레스타인 언덕과 골짜기들에 위치하게 되었다. 하솔, 세겜, 사마리아, 벧엘, 실로, 게셀, 라기스, 기브온, 예루살렘, 베들레헴, 헤브론과 같은 성읍이 여기에 속한다.

그 산지의 동쪽은 지표면에 대한 가장 흥미롭고 유별난 지리학적 현상 중 하나다. 즉 대단층(大斷層)을 이룬다. 중앙아시아에서 시작한 길고 계속된 지리적 단층은 수천 마일 떨어진 곳까지 이어져 마침내 남동 아프리카의 대호수들에서 절정을 이룬다. 이 단층은 팔레스타인에서 가장 깊은 곳에 이르는 지각의 깊은 틈을 형성시켰다. 대단층은 북 수리아의 근동 세계로 들어가 레바논과 안티레바논 산맥 사이를 지나서 훌레 호와 갈릴리 바다 사이에 있는 어느 지점에서 해수면에 이른다. 거기서부터 해수면보다 낮아져 갈릴리 바다 해면보다 198m나 더 깊이 내려간다. 갈릴리에서 대단층으로 흘러 내려가는 요단 강은 이 강이 끝나는 사해까지 320km 이상 되는 거리를 굽이쳐 흐른다. 여기서 대단층은 사해 해면에서 해수면보다 놀랍게도 394m나 더 깊이 내려가며 사해의 가장 낮은 지점에서는 그 깊이가 약 762m나 된다. 이리하여 사해의 그 지역이 가장 낮은 지표 지점을 이루며, 이곳이 캘리포니아의 데스 밸리보다 300m나 더 깊다. 아라바 바다라고도 하는 사해 남쪽의 불모지에서는 단층이 사해로부터 해수면보다 위로 약 183m나 올라간다. 이 해발로부터 그것은 또 다시 아카바 만에서 해수면에 이를 때까지 계속 내려간다.

대단층은 요단 강과 더불어 해발에서 굉장히 큰 차이가 있기 때문에 아주 적은 지역에서도 상상하기 어려울 정도로 식물의 생장 과정에 가장 큰 차이를 겪게 했다. 북쪽에서는 갈릴리 지역의 식물들을 매우 빈번히 볼 수 있지만, 사해 근처 여리고에서는 열대 지역에서만 번창하는 열대 다산 생물을 종종 발견하게 된다. 성경 시대에 이 지역에서 열대 동물들이 자주 출몰했다는 증거가 있다. 이 전 체계가 또한 동쪽에서 서쪽으로 여행하는데 큰 장애물이 되어 강 이편과 저편에 사는 사람들은 서로 거의 접촉을 하지 못했다. 주요 교차 지점들은 남쪽으로는 여리고, 중앙 지역에서는 얍복 강 근처, 갈릴리 바다 정남쪽에 위치한 벳산 근처였고, 이 지점들조차 한 해에 몇 차례를 제외하면 그냥 걸어서 건널 수 없었다.

팔레스타인의 가장 동편 지역은 동부 고원 또는 트랜스요르단으로 알려졌다. 이 지역의 북쪽은 높은 고원 지대이며 중앙으로 갈수록 점차 낮아지고 남쪽은 1여천 미터나 상승한다. 한때 이 고원은 팔레스타인 중앙 언덕처럼 울창한 삼림으로 덮여 있었으며, 목초지는 소 따위의 큰 동물 떼와 양 및 염소 따위의 동물 떼가 살 수 있는 곳으로 유명했다. 이 지역의 이러한 동물 떼들로 인해 목초가 사라지게 되었고 많은 목초는 그저 한정된 지역에서만 볼 수 있을 뿐이다. 고대에 동부 고원에는 암몬 사람, 모압 사람, 에돔 사람, 아모리 사람의 다양한 집단을 비롯한 아주 고도로 발전한 사람들이 거주했다. 마침내 이 땅은 이스라엘 사람들, 특히 르우벤, 갓, 일부 므낫세 지파가 정복하여 그들의 거주지가 되었다.

우리는 또 주요한 다른 지리적 두 가지 특징을 언급하려고 한다. 첫째로, 이스르엘 골짜기는 그 땅에서 긴요한 지역인데 그 이유는 가장 풍요로운 곡창 지대를 가져다 주었기 때문이다. 더욱이 팔레스타인의 상업 및 군수 무역의 90%가 넘는 양이 이곳을 통해 이루어졌다. 그 평야는 지중해를 따라 갈멜 언덕으로부터 서쪽으로 진행하여 그 선단이 삼각을 형성하는 요단 골짜기까지 쭉 뻗어 있다.

삼각의 한 지류는 동쪽으로 달려 벳산에서 요단 골짜기로 들어간다. 다른 지류는 북동 방향으로 나아가 갈릴리 바다에 이른다. 주요 무역로 비아마리스(Via Maris)는 애굽으로부터 지중해 해안 평야를 따라 진행하여 샤론 평야 북쪽으로 5-6km를 산길을 지나 내륙으로 들어가면 이스르엘 골짜기에 당도한다. 그 도로는 이 골짜기를 가로질러 다볼산 근처를 통과하여 갈릴리 바다 북쪽 또는 남쪽으로 가는 여울을 따라 진행하면 다메섹에 다다르며, 더 나아가면 메소포타미아까지 나아간다. 소아시아로부터 진행하는 또

다른 주요 도로도 반드시 이스르엘 골짜기를 건너야 하며 애굽까지 이르는
그 노정도 반드시 그 산맥에서 비아 마리스를 지나는 동일한 관통로를 통과
해야 했다. 아주 고대로부터 이 산길을 장악하고 있는 자가 강력하고 부요하
게 될 수 있었다는 사실이 분명해졌다. 므깃도 성읍은 그곳에 세워졌고, 대
여섯 다른 요새와 더불어 전략적이고 생산성이 있는 이 골짜기를 소유할 수
있는 열쇠가 되었다.

　　마지막으로 다룰 지리적 지역은 '세벨라'(Shephelah) 또는 저지(低地)
로 알려진 곳이다. 이 지역은 그 남부 지대에서 지중해 해안 평야로부터 뻗
어서 동쪽으로는 중앙 언덕까지 나아가고, 시내 사막의 파상 언덕과 만날 때
까지 남방(네게브)으로 내려간다. 이 땅은 적어도 그 남단에서는 매우 건조
하였으며 주로 목초지로 이용되었다. 블레셋과 유다 사이에 있는 영토 곧 세
벨라에서 더 남쪽으로 내려간 지역에서는 블레셋 사람과 이스라엘 사람 사이
에 많은 전쟁이 일어났다. 어떤 의미에서 이 전 지역은 일종의 완충 지대 또
는 무인 지역이 되었다.

　　팔레스타인의 기후는 지리적 정세뿐만 아니라 심지어 구약 사람들의 역
사적 사건에까지 깊이 영향을 미쳤다. 이곳에는 우기와 건기 두 계절밖에 없
다. 지중해성 기후와 조금도 다르지 않게, 우기는 10월에 시작하고 겨우내내
강우량이 각각 다르다가 4월에 마지막으로 일시에 크게 증가한다. 구약에서
이 우기를 각각 "이른 비"와 "늦은 비"라고 부른다. 4월부터 9월까지는 전국
적으로 비가 거의 또는 전혀 내리지 않는다.

　　비는 서쪽에서 동쪽으로 북쪽에서 남쪽으로 진행하는 양상을 띤다. 해안
평야에 대체로 가장 많은 양의 비가 내리며, 갈릴리 바다의 강우량은 세벨라
와 남방의 그것보다 더 많은 편이다. 강우량은 연 평균 1000mm를 상회하는
최북부 해안을 비롯하여 50mm도 넘지 못하는 최남단의 사막 지역이 있다.
중앙 언덕에는 해안 평야에 내리지 않는 습기가 대부분 내리며, 또 그 산맥
을 간신히 가로질러 넘어가는 습기는, 이스르엘 골짜기 바로 동편 지역을 제
외한 실제로 전혀 아무 비도 내리지 않는 대단층을 지나서, 트랜스요르단 고
원에 떨어진다. 이 모든 것이 뜻하는 바는 갈릴리에 강우량이 풍부하여, 이
스르엘 골짜기와 중앙 언덕 서편 경사지와 대부분의 트랜스요르단 지역처럼,
그곳은 좋은 경작지를 이룬다는 것이다. 만약 토양이 돌투성이가 아니고 경
작하기에 아주 유리하다면, 굉장히 기발한 방식으로 물을 대지 않고서는 습

기가 부족하여 어떤 경작도 불가능한 남부 지방만을 제외하고는, 팔레스타인의 생산성은 기존의 것보다 훨씬 좋아질 것이다.

강우량이 가장 중요한 기후적 요인이지만 기온 또한 이 적은 지역에서 다양하기 때문에 생각해 볼 필요가 있다. 여름의 기온은 대단층과 남방에서 섭씨 51도까지 올라가기 때문에 전국적으로 매우 뜨겁다. 이 기온이 습도와 어울려 높은 언덕과 사막을 제외한 지역에서는 불쾌감을 느끼게 하여 때때로 거의 견디기 어려운 조건을 만들어 낸다. 겨울의 기온은 우기와 이따금씩 내리는 눈 때문에 아주 습랭하다. 아주 예외적인 지역은, 대개 오늘날도 겨울 휴양지로 보내는 대단층과 같은 아주 낮은 지역들이다.

마지막으로, 강과 시내에 대해 잠시 살펴보자. 단연 가장 중요한 요단 강을 제외하고서 트랜스요르단 고원에서 요단 강으로 흘러 들어가는 지류들인 야르묵 강과 얍복강이 있다. 아주 남쪽으로 가면 동쪽에서 사해로 흘러 들어가는 주요한 두 시내, 아르논 강과 제렛 강이 있다. 서쪽에서 흘러 들어가는 주요한 한 지류인 얄루드 강이 있는데 이스르엘 골짜기에서 빠져 나간다. 지중해로 흘러 들어가는 별로 중요하게 보이지 않는 강은 둘뿐인데 갈멜 산 북쪽에 있는 기손 강과 그리고 오늘날의 텔아비브 시 근처에 있는 야르콘 강이다. 이 두 강은 대개 광범위하게 제방을 흘러 넘치는 우기가 아니면 한낱 시내에 지나지 않을 뿐이다.

팔레스타인의 한 가지 특징은 '와디들'(wadis) 즉 '마른 시내들'이 있다는 것이다. 이것들은 단지 겨울에만 물이 흘러 내리는 개울로서 사막에서는 아마 3, 4일 정도밖에 흐르지 않는다. 그러나 그것들은 아주 변덕스럽고, 그리고 심한 폭풍우 후엔 급히 제방이 넘쳐 사람과 우마차가 이용하는 모든 길이 파괴되어 소실되었던 것으로 알려졌다. 이 와디의 물은, 때때로 그랬던 것처럼, 이용되고 통제될 수 없게 되면 지중해로 흘러 들어가거나 또는 침투성 토양에 흡수되어 농업 용수로 거의 쓰이지 못했다. 바로 이 석회석 토양 대부분이 얼마동안 내구 지반에다 지하수를 보존시켰으며, 지금도 마찬가지지만, 고대인들에 의해 그것이 개발되었다. 그것은 여름이 길고 건조하여 반드시 필요했기 때문이었다.

구약 성경, 역사, 백성, 땅 — 이 모든 것의 상관 관계를 아는 것은 구약에 함의된 의미를 성공적으로 파악하는데 반드시 필요하다. 심중에 이러한 모든 배경을 품고서 그리스도의 "선생"으로서 우리에게 지시해 주는 하나님의 구속 계시의 비밀들을 하나님의 은혜로써 구약을 통해 배우기 위해 이제 구약 이야기 자체를 좀더 상세히 살펴보자.

제2장

태초에

고대 근동 세계

성경 역사의 족장 이전 시대는 한 나라 이상에서 일어났던 사건들을 포함한다. 이 시대의 초기에 하나님은 개인과 국가 모두에게 차별없이 자신을 알렸기 때문에, 사실상 이 기간을 전체 교제(universal dealings)의 시대라고 부를 수 있다. 그러므로 최초 계시가 있었던 역사적 배경에 대한 지식은 역사의 완전한 이해를 위해서는 필수적이다.

기원전 10만 년전의 "구석기"(paleolithic) 유물을 제쳐 놓고라도 근동에 있었던 주거지의 확실한 증거는 소위 신석기 시대(BC 약 8000-4500)부터 찾아볼 수 있다. 이 문명은 티그리스-유프라테스 강 주위와 팔레스타인 지역, 특별히 여리고(Jericho)와 아부고쉬(Abu Ghosh)에서 중점적으로 나타난다.[1] 가장 오래됐고, 후에 다량으로 나타났던 이집트 최초 유물들과 후 시대에 그 외 지역에서 나온 유물들 때문에 메소포타미아가 문명의 요람이었다는 것을 의심하지 않는 듯하다. 몇 가지 예외적인 것이 있기는 하지만 이 초기 시대는 일반적으로 원시 상태였다는 것 외에는 이 시대에 대해서 아는

---

1) G. Ernest Wright, "The Archaeology of Palestine," *Thc Bible and the Ancient Near East*, Ed. by G. Ernest Wright, Garden City, Doubleday and Company, Inc. 1965, pp. 92-93.

것이 별로 없다. 인간은 원시적 공동 거주자들이었고 농경과 목축 형태에 종 사했을 것으로 나타났다.

청동기 시대(Chalcolithic Age)(4500-3000)부터 비옥한 초승달 지대에 서 구리를 광범위하게 사용하기 시작했고, 성(city)에 거주했었다는 것을 고 고학적으로 식별할 수 있게 하는 최초의 시도들이 있었다. 이 시대의 어느 시기부터 도시국가의 형태가 발전했고 때때로 그 영향력에서 과히 막강하게 뻗어 나가기도 했다. 수메르인(the Sumerians)으로 확인된 사람들의 침략 을 받았던 때가 있었던 것이 분명하기는 하지만 이 메소포타미아인에 대한 인종적 특징은 명확하지 않다. 이 사람들은 처음으로 순수하고 독립적으로 주목할 만한 문화를 생성시켰고 티그리스와 유프라테스 강 어귀에 있는 페르 시아만에서 집중적으로 발달했다. 수메르 신들(gods), 의복 그리고 형태와 양식에서 셈(Semitic)족으로 보이는 어떤 다른 특징들이 메소포타미아 지방 에서 접촉했던 사람들로부터 받아들여졌다는 것은 일리가 있기 때문에 메소 포타미아인의 이웃들과 선조들은 아마 다양한 셈족이나 원시 셈족의 혼혈로 구성되었을 것으로 보인다. 기원전 2500년까지, 고도로 진보된 수메르 문화 가 존재했다. 이 문화는 여러 업적 중에서도 요업과 예술, 문학에서 놀라운 기술을 인정받을 만하다.[2]

한편, 나일계곡에서 문명이 서서히 전개되어 가고 있었다. 기원전 4,000년까지 계곡의 위 아래를 오가며 유지해 오던 도시국가들이 있었다. 이 들 도시국가들은 적어도 천년동안은 독립적으로 존재하기는 했지만 기원전 3,000년까지는 첫째 왕조의 창시자인 공동 통치자 아래서 연합되어 있었다. 최소한 메소포타미아 문화와 비교해 볼 때, 초기 나일(Nile) 문화는 다소 미 숙해 보이는 듯 하지만, 3천년 초기까지 두 지역의 인구가 서로 맞먹을 정도 로 급진전하였다. 전체적으로 열등한 진보였다고는 하지만 요르단 계곡에서 도 같은 상황이 벌어졌다.

기원전 3000년에서 2000년까지 이집트의 역사는, 처음 두 왕조의 권력 조직과 중앙집권(3000-2800), 다음 제3왕조부터 제5왕조 또는 옛 왕국까지 의 피라미드 시대를 포함하는 놀랄 만큼 뾰족한 건축물(2800-2600), 그리고

---

2) Samuel Noah Kramer, "Sumerian Literature; A General Survey," *The Bible and the Ancient Near East*, Ed. by G. Ernest Wright, Garden City, Doubleday and Company, Inc., 1966, pp. 332-333.

제6왕조부터 제11왕조 내내 있었던 내부적 분열과 혁명으로 인한 쇠퇴의 역사로 볼 수 있다. 비록 다양한 종류의 문제점들이 있었다고는 할지라도, 이 긴 기간을 통한 이집트의 문명은 현저하게 안정되었고 외부세계와 상당한 교류를 가지면서도 동질성을 잃지 않았다.[3]

한편, 메소포타미아의 상황은 한층 더 복잡했다. 주도권을 확보했던 도시국가들은 하나하나 전복되고 교체되었다. 수메르인들의 문화는 계속 우세했고, 널리 퍼뜨리기까지 했다. 그러나, 영토상으로는 매우 미약하게 차지하고 있었다. 강을 사이에 둔 영토에 완전히 결여된 안정성과 중앙집권만이 존재했다는 것을 제외하고 기원전 3000년 다음 시대부터 기원전 2000년 말(末)까지는 거의 알려진 바가 없다. 그러나 궁극적으로는, 충분한 권력과 지도력을 가진 한 사람이 유프라테스에 있는 도시국가인 아카드(Accad)에서 나타나, 최초의 세계제국 아카드제국(Accadian)을 설립하기 시작했다. 이 사르곤대제(약 2360-2305)[4]라는 인물은 전(全)방향으로 돌격하여 아나톨리아(Anatolia)와 지중해 멀리 북서쪽까지 진출하였다. 그의 왕조는 구티인(Gutians)으로 알려진 사람들이 산에서 나와 약 100년 정도 지배하게 되는 때인 2180년까지 메소포타미아를 통치했다. 그리고는 우르(Ur)의 세번째 왕조는 기원전 1950년까지 권력을 유지했고, 구약의 족장 시대에도 잘 살아남았다.

이번 천년 기간 동안 팔레스타인은 초기 청동기(약 3000-2000)라고 알려진 새시대를 통과했다. 이 기간은 팔레스타인 지역에서 나온 꽤 인상깊은 물적 유물들이 있다고는 하지만 역사적 정보가 결핍된 시대이다. 이 시기 내내 상당히 진보된 문화가, 특별히 요르단 계곡에서 존재했던 것으로 나타나기는 하지만 몇 가지 아직은 불명료한 이유로 인해서 문명은 북쪽과 동쪽에서 온 수천의 반유목민(semi-nomads)들의 영향력 아래서 거의 정지 상태에 있었다. 초기 청동기의 후반부 대부분 동안 팔레스타인 문화는 다시 또다른

---

3) John Bright, *A History of Israel*, Philadelphia, Westminster Press, 1959, p. 32.
4) 이 연대들은 W. F. Albright의 "낮은 연대기"에 의거한다; cf. Edward F. Campbell, "The Ancient Near East: Chronological Bibliography and Charts," *The Bible and the Ancient Near East*, Ed. by Wright, pp. 288-293.

52

문화가 뚜렷이 나타나던 중세 청동기(BC 약 2000)의 도래기까지 초기 청동기 수준을 벗어나지 못하는 "암흑시대"를 보냈다.[5]

2000년 이전의 고대 근동은 오직 지난 천년 동안에 대해서 상당히 이해할 만한 모습을 제공해준다; 그 당시에도 완전한 설명은 불가능하게 만드는 간격(gap)들이 있었다. 그러나 몇 가지 중요한 요점들이 나타났는데, 전 지역을 통해서 문명은 단지 몇 년 전보다도 한층 더 복잡하고 세련되었다. 더욱이, 이집트를 제외한 전지역에서 사람들의 대이동이 있었다. 마지막으로, 창세기 1-11장에서 제시된 역사적 배경과 성경 외의 문헌(extra-Biblical literature)과 고고학적 발굴에서 알아낸 사실이 일치한다. 그것에 대해서는 성경 기록과 관계가 있을 때 더 상세히 논하게 될 것이다.

창조의 관점

성경과 현대 과학주의에서 가장 큰 갈등을 갖는 것은 우주 창조론에 관한 것이다. 우리는 단순하고 궤변적이진 않지만 위엄있는 창세기 설명과 한편으론 과학주의의 복잡한 진화론적 가설을 접하고 있다. 성경의 설명은 하나님께서 창조주시라는 것이며, 과학주의는 최초의 기체들(gases)이 우연한 합성으로 창조되었다고 설명한다. 이 기체들의 기원은 지금까지 설명을 거부한다. 창세기는 창조부터 현재까지를 단지 수천년 기간으로 보지만, 과학주의는 서서히 진화과정이 전개되기 위해서는 수억년이 필요하다고 주장한다. 성경은 명백하게 창조는 단 한번에 모든 것을 그리고 완벽하게 이루어졌다고 보고, 과학주의는 계속되는 창조로 이것은 더 높은 수준과 복잡한 결과를 향해서 진행되어 가고 있다고 본다.[6]

위트콤(Whitcomb)과 모리스(Morris)에 따르면, 과학주의는 우주의 기원과 지속을 설명하려는 자체 노력으로 두 가지 주요 가설에 의존한다.[7] 그 중 첫번째는, 증명되지 않았고 증명될 수 없는 진화론을 현재를 이해할 수

5) Wright, op. cit., pp. 96-110.
6) Colin Ronan, *Changing Views of the Universe*, New York, The Macmillan Company, 1961, pp. 180-181.
7) John C. Whitcomb and Henry M. Morris, *The Genesis Flood*, Philadelphia, The Presbyterian and Reformed Publishing Company, 1963, pp. 130-132.

있는 열쇠로 제시했다. 사물들은 오랜 과정을 통해서 지금 그들의 모습이 되었다. 현재의 복잡한 유기체가 원래부터 오직 하나의 세포가 아니었다는 것은 진화론자들에게는 상상할 수조차 없는 이론이다. 그 유기체들은 무생물적인 것에서 기원했다고 하더라도 한 개의 세포 이전에 어느 정도는 살아있었다고 주장한다. 두번째 전제는 균일설(uniformitarianism)에 관한 것이다. 균일설은 현재는 과거를 위한 중요한 열쇠라는 것을 암시하는 용어이다. 즉, 긍정적이든 또는 부정적이든 상관없이 현재 관찰 가능하고 계산할 수 있는 변화의 비율은 항상 과거와 같다. 만약 오늘날 산이 세기당 일 밀리미터의 비율로 침식했고, 백미터가량 침식되어 있는 상태라면 균일설에 따라서 그 산은 적어도 10만세기나 천만년의 연륜을 갖고 있어야 한다. 이 전체적인 논쟁은 침식 작용 비율이 항상 일정하다는 증명할 수 없는 가정에 기초한다. 과거에 알려지지 않은 어떤 요인이 침식의 비율을 가속화시키거나 둔화시켰다면, 신의 나이에 대한 문제를 해결할 수 있는 절대적인 방법은 없다.

우주의 이 고령 이론(the great age theory)에 대한 지지로써, 많은 측정실험이 실시되어 오고 있다. 위에서 나타난 침식작용에 대한 기술 이외에 칼륨-아르곤이나 우라늄 253-납 실험과 같은 더 과학적인 설명들과 그외, 유기물에 적용되었던 방사성 동위원소 14 등이 있다. 이 실험들은 기본적으로는 동일한 원리에서 작용한다: 일정한 조건 아래 있는 일정한 물질들은 부패하거나 다른 물질로 변하는 경향이 있다.[8] 예를 들면, 칼륨은 일관된 비율로 아르곤으로 저하되었다. 칼륨과 아르곤의 매장량을 알아내게 된다면, 그 발견된 두 물질의 양의 비율로 얼마나 오랫동안 그 작용이 발견된 매장량에 진행되었는지를 알려줄 것이다. 대부분의 경우에 수십억년은 아니더라도 몇억년으로 계산될 것이다.

이 전체 과정의 오류는 두 세 가지 요소에 주목한다면 분명히 나타날 것이다. 첫째, 최초의 원래 매장물은 납이 전혀 섞이지 않은 순수한 칼륨이었다는 것을 증명해야만 한다; 아니면, 적어도 최초의 비율만이라도 알아야 한다. 분명하게 이 두 가지 중 어느 하나라도 가능하지 않다. 왜냐하면 어느 과학자도 이것을 기록해 두기 위해서 당시에 생존하지 않았기 때문이다. 두

---

8) Donald Collier, "New Radiocarbon Method for Dating the Past," *The Biblical Archeologist Reader*, Vol. 1, Ed. by Doubleday and Company, Inc., 19161, pp. 330-337.

번째로, 우리가 그 매장량에 전혀 어떤 "누출"이 없다고 가정하면; 납(lead)
도 그 매장물에 조금도 스며들지 않았거나, 또는 어떤 칼륨도 누출되지 않았
다는 것을 확신할 수 있을까? 이것이 확실하게 증명되지 않는다면 그리고 적
어도 증명될 때까지는 그것을 순수한 과학이라고 주장할 수 없다. 마지막으
로 칼륨-아르곤의 비율이 지금 존재하는 상태처럼 빠르게 공식화될 수 있는
어떤 방법이 있다고 하면, 수백만 년의 나이는 겨우 수천년 밖에는 되지 않
았을 수도 있다. 과학의 저변에 거짓으로 설정해 놓은 수많은 가설없이 무기
물의 나이를 산출할 수 있는 과학적인 방법은 아직 존재하지 않고 있다.[9]

  유사하게도, 겨우 몇 천년 이내의 물질들의 연대를 측정하는 확실한 수
단으로 쓰이던 방사성 동위원소 14마저도 점차적으로 신뢰성을 잃어가고 있
기 때문에 유기물의 연대를 알아낼 방법은 없다. 변수가 너무 많기 때문에
어니스트 라이트(G. Ernest Wright)와 같은 저명한 고고학자도, 방사성 동
위원소 14를 고대 유물들을 위한 수단으로 이용하는데 확신을 가질 수 없다
고 말했다.[10] 그러나 방금 언급했던 것과 같은 분석에서 과학자들은 방사성
동위원소 14를 계속 이용하고, 오직 가정된 전제가 결론을 타당하게 만든다
는 것을 잘 인식하면서, 그 방사성 동위원소 14 위에 확고한 결론의 기초를
둔다.

  과학주의는 지구는 진화 발전의 무한한 산물이라고 가르친다. 왜냐하면
성경과는 달리 지구는 절대적으로 대안(alternatives)이 없는 것이기 때문이
다. 우주는 반드시 오래됐어야 하는데, 이것은 우주가 오래돼 보이기도 하
고, 오직 기나긴 시간만이 우주의 발전을 설명할 수 있기 때문이다. 진화와
균일설의 가정은 만들어졌고, 그 현상은 그 이론들에 잘 맞아 떨어져야만 한
다; 과학주의에게는 비과학적인 것보다 덜 비과학적인 것이 있다. 우주의 기
원과 발전을 재구성하는 데에, 과학주의는 믿음으로 행동한다 — 기초 선결
원리(postulates)에 대한 무오성의 믿음. 그러면 무엇이 그리스도인의 위치
를 더 확고하게 만드는가? 우리도 역시 믿음으로 행동한다. 그러나 우리 믿
음의 대상은 창조자로 자신을 나타내시고, 구약과 신약에서 구세주로 알리신

---

 9) Frank Hole and Robert Heizer, *An Introduction to Prehistoric
    Archaeology*, New York, Holt, Rinehart, and Winston, 1965, p. 151.
10) Lecture at Hebrew Union College, Jerusalem, July 21, 1965.

창조의 하나님이다. 만약 진정한 과학적 원칙이 현상의 관찰자와 기록자를 필요로 한다면, 그런 의미에서 창세기 설명은 과학적이라고 할 수 있다. 왜냐하면 창세기는 한 관찰자(Observer)가 있었다는 것을 과감히 주장하기 때문이다 — 삼위일체의 하나님.

창조의 행위(창세기 1-2장)

우주론적 접근(창세기 1:1-2:3)

비평가들은 창조에 관한 두 가지 분리된 전통의 기류가 있는데 이것은 창세기 1:1-2:4a와 2:4b-7의 병렬 구문에서 나타난다고 오랫동안 주장해오고 있다. 이 잘못된 관점은 그 구문에서 나오는 성스러운 이름인 엘로힘(Elohim)과 야훼(여호와, Yahweh〔Jehovah〕)를 각기 다른 것으로 여기기 때문에 두 가지 다른 관점에서 창조를 논해보려고 했을지도 모를 성경 집필자(The writer)의 취지를 설명하지 못하고 있다. 엘로힘(Elohim) 이름은 창조에 초월적인 하나님의 권세와 주권을 암시하는 것으로 우주 창조시(時) 그 이름이 쓰여졌어야만 했다고 생각하는 것은 당연하다고 하겠다. 야훼(Yahweh)는 하나님이 인간에게 자신을 알리실 때마다 쓰였던 하나님의 개인적 이름이다; 내재하시고, 인간과 교제하시려는 하나님의 계약된 이름이다 (출애굽기 3:13-5; 6:1-4).[11] 인간 창조가 주요 핵심인 창세기 2장에서 바로 그 이름이 쓰여졌다는 것은 짐작할 만하다.

창세기에서 언급된 최초의 활동은 "천지"라는 최초 덩어리의 창조이다 (vv. 1-2). 이 "태초에"라는 표현을 실질적이고, 비사색적인 히브리인 생각에는 단순히 절대적 처음(시작)을 의미한다: 하나님을 제외한 모든 것의 처음 창조 활동을 설명할 때 사용된 동사 바라(bara)는 "무(無)로부터의 창조"를 의미하고 더 나아가, 오직 하나님(Deity)과 관련해서만 쓰여진다.[12] 과학적 암시는 분명해진다. 모든 것의 전체인 그 덩어리는 하나님의 명령

---

11) Geerhardus Vos, *Biblical Theology*, Grand Rapids, Wm. B. Eerdmans Publishing Co., 1954, pp. 77, 129.

12) Francis Brown, S. R. Driver, and Charles Briggs, *A Hebrew and English Lexicon of the Old Testament*, London, Oxford University Press, 1962, p. 135.

(Divine fiat)에 의해 무(無)에서 단순히 그리고 순수하게 창조되었다. 진정으로, 이것은 많은 말로, 존재하는 모든 것은 어떤 형태로 항상 존재했었다고 말하는 과학주의와는 참신하게 구분이 된다. 이 과학주의는 이원론(dualism)과 동일하며 적어도 영원성(eternal matter)의 개념에서는 비성서적이며 비이성적이다.

태초의 덩어리가 정확하게 무엇으로 구성되었는지 알 수는 없다. 확실한 것은 우주에 있는 모든 것은 이 최초의 물질로 재구성되었다는 것이다. 그 재구성의 과정은 즉시 다음 구절들과 연결된다. 계속해서 창조 첫날에 다음의 사건들을 묘사하는 설명들이 뒤따른다: 빛의 출현(1:3-5). 2절에서는 우주는 "형태없이 텅 비어 있었고"(tohu wavohu) 암흑이 우주의 축축한 표면을 감싸고 있었다고 말한다. 지금 그 암흑은 일소되고 어떤 알 수 없는 근원에서 빛이 갑자기 미완성된 무대를 비추기 시작했다. 이번에는 그 빛이 지구의 반대편에 있었을 것이 명백한 어둠과 분리되어서 밤과 낮이 구분되었다. 이 모든 과정이 완결된 것이 24시간이라는 시간을 암시하는 "첫째날"에 이루어진 것이다. 어떤 과학자들은 이 시간들을 지질학적 시대(geological ages)로 해석하려고 시도한다. 그들은 그 시도가 성경 진술과 인간 출현 이전의 긴 시간에 대한 과학적 증거를 조화시킬 수 있을 것이라고 생각한다. 그러나 "첫째 날"이라는 표현에 대한 문서적 반대 이외에도 동식물이 공존했다고 보는 자연의 미묘한 균형상의 문제도 내포한다. 하지만, 11-20절에서 보면, 식물과 동물의 출현 사이에 하루 아니면 "시대"가 있었음을 알 수 있다. 그러므로 그 반론에 대답하는 것은 그것을 문자 그대로 받아들이는 것보다 더 어렵다.[13]

둘째 날, "궁창(firmament)"이 창조되었다(1:6-8). 엘리자베스 여왕시기 용어인 firmament는 전혀 고체성을 띠고 있지 않기 때문에 보통 생각되는 의미와는 반대이다. 실제 의미는 공간(space), 창공(expanse) 또는 대기(atmosphere)이며 하나님이 그 외 것들 중에서 "물과 물로 나뉘어라"라고

---

13) 24시간이라는 논증을 위해서는, see Edward J. Young, *Studies in Genesis One* (1964), pp. 103-105. 영 자신은 날의 길이에 대해 어떤 결론도 내리지 않는다. Also, Henry M. Morris, *Studies in Science and the Bible*, pp. 33-38 (1966). Both, Presbyterian and Reformed Publishing Co.

하시며 대기(하늘, atmosphere)를 만드셨다. 이 낯설은 표현은 지구 역사의 최초 시기에는 지구 위의 수역(a body of water)과 지구에 바다들이 있었다는 것을 알려주기도 한다.[14] 정확하게 어떤 형태로 이 초지구상의 물(super-terrestrial water)이 이루어졌는지는 불가사의하지만, 가장 이해할 만한 가정은 태양빛을 받아들일 만큼 반투명하지만 외부 공간의 매개체들이 대기권 안으로 들어오는 것을 막을 수 있는 불투명한 증기 집단의 일종으로 그 물이 구성되어 있다는 것이다. 이 가정의 그럴듯한 타당성은 후에 다시 숙고해 보기로 하자. 그 대기는 하늘이라고 불렸지만 그 문맥에서 볼 때 하나님이 거하시는 곳과는 전혀 상관없이 우주 그 자체 표면보다 단순히 높다는 의미가 있을 뿐이다.

셋째날, 물은 한 곳으로 모였고, 마른 땅이 나타났다(1:9-10). 이것은 대륙 또는 대륙들의 형성을 묘사하고 있다. 이것이 이루어지자마자 식물들이 땅에서 솟아나기 시작했고 각 채소와 나무들은 각기 종류대로 번식하도록 창조되었다(min). 이것은, 종류대로 번식한다는 원리에 대한 위반을 인정할 뿐만 아니라 필요한 있는 진화론적 가설에 대한 직접적인 공격이다. 자체의 법령(canon)에 따르면, 한 종류에서 다른 종류로 변화하는 것없이 진화가 일어나는 것을 불가능하며 여기에서 그 관념은 절대적으로 모순임을 알 수 있다.

넷째 날에는 그 날 이후부터 빛의 근원이 되는 하늘의 "빛 소유물(lightholders)"을 지정해 주셨다(1:14-19). 그때까지는 어떤 다른 규정되지 않은 원천에서 발생되던 광채들은 이제 해와 달 그리고 별들로부터 기원하게 되었다. 여기에서 우리가 히브리인들의 정확성을 관찰하는 것은 아주 흥미롭다. 그들은 달을 말의 기원에서 "빛"이라고 부르지 않고 단지 "빛 소유물"(lightholder) 또는 반사물로 불렀다.

동사 바라는 동물의 삶의 시작을 설명하는 데에서 다시 한번 쓰였다(1:20-25). 분명하게 여기에서 그 동사는 인간을 제외한 모든 종류의 동물들과 연관을 맺고 있고 후에 분리된 행위로서 인간 창조를 언급할 때에도 다시 쓰인다. 그것은 세 가지 분명한 창조의 행위가 있음을 함축하고 있다. 그러므로 이 세 가지는 속적(屬的)으로(generically) 서로 관계가 없다. 첫째는

---

14) Whitcomb and Morris, op. cit., p. 77.

58

최초의 덩어리; 두번째, 여기 동물과 연결되어서; 세번째는 인간과 관련있는
27절에서 나타난다. 인간은 하등 상태에서 진화되었다고 주장하는 진화론자
들은 창세기에서의 이 차이점과 정면으로 맞부딪히게 된다. 무(無)의 물질적
감각에서 어떠한 것을 만든다는 의미로 바라(bara)가 쓰였던 것과 마찬가지
로 여기에서는 특별하게 전에 존재하지 않았던 어떤 것을 창조한다는 의미로
쓰였다.[15] 인간은 그보다 선행했던 동물과는 너무나 다르기 때문에 하나님의
창조적 권능의 특별한 대상이었음에 틀림없다. 그것은 동물들이 그들보다 먼
저 창조되었던 식물들과는 다른 것과 마찬가지이다. 식물처럼 동물들도 자신
들의 종류대로 번식한다. 이것이, 하나의 종(種, species)은 다른 종에서 왔
다고 주장하는 진화법(the law of evolution)과는 차이가 있는 자연법(the
law of nature)이다.

마지막으로, 육일째, 인간이 창조되었다(bara) (1:26-28). 인간 본성이
그가 하나님의 형상(tselem)과 모습(d'muth)을 닮았다는 것을 암시하고 분
명하게 인간의 역할을 똑똑히 설명하고 있다; 자식을 낳아 번성하여 땅을 가
득 채우고 만물을 지배해야 한다. 여기 1장에서 의도하는 것은 인간 창조의
사실과 목적에 대한 간략한 언급이기 때문에 여기에서 생략된 설명이 2장에
서 장황하게 언급되고, 아울러 인간 창조의 사실과 목적 모두를 폭넓게 다루
고 있다. 적어도 동물세계에서 모든 것 위에 있는 인간 지배력에 대한 강조
와 대홍수 때까지 일어났던 역사의 증언 때문에 2장은 가장 중요하게 보인
다. 이 지배력(domination)이 어느 범위까지 가능했는지는 명확하지 않으
나, 일반적으로 생각해 볼 수 있는 것보다는 많이 개입되었을 것이 확실하
다. 지복천년 삶(millennial life)에 대해서 예언자들이 설명한 주목할 만한
상태는 순진무구(innocency)에 있는 인간의 삶의 평범한 모습일 것같다(사
11:6-9; 65:25; 호 2:18). "사자와 어린 양이 함께 눕고, 어린아이가 그들
을 돌볼 것이다"는 결코 시적 표현만은 아니다. 왜냐하면 한때 인간이 바로
그런 상태에 있을 가능성이 분명하게 증거되고 있기 때문이다. 이 모든 것은
죄의 결과로 인간에게 부과된 제한적인 조치가 결국은 자연법이라는 초기 논
쟁을 뒷받침해주고 있다. 어떻게 인간은 이 저주에서 분리될 수 있을까? 자

---

15) C. F. Keil and Franz Delitzsch, *Biblical Commentary on the Old
Testament; The Pentateuch*, Vol. 1, Grand Rapids, Wm. B.
Eerdmans Publishing Company, 1948, p. 47.

연의 지배권을 가지고 순진한 아담과 죄없는 그리스도는 감동적으로 그 질문에 대답한다(막 4:39-41; 6:48-50; 마 17:20; 눅 19:30-35).

최종적으로, 하나님은 인간과 짐승 모두에게 식물로만 양식을 섭취하라고 말씀하셨으나(1:29-31), 대홍수 이후에 인간과 짐승들은 육식성이 되었다. 이는 인간과 짐승의 타락한 관계를 가리키며, 이 타락은 죄의 결과로 온 세상에 침투했다(롬 8:19-23).

일곱째날은 휴식을 위한 날로 정해졌는데, 이는 하나님께서 6일 동안 만물을 창조하시고 7일째 쉬셨기 때문이다(2:1-3). 그것은 하나님께서 피곤하셔서 휴식이 필요하셨기 때문이 아니라, 단지 창조 작업의 단순한 정지를 의미한다. 이것은 어떤 형태의 영원한 창조론을 주장하는 진화론에 정면대결하며, 창조는 진행되고 있는 과정이라는 과학주의보다 더 과학적이다. 진정한 과학의 기본적인 원리중 하나가 물질(matter)은 창조되거나 사라지지도 않는디는 것이기 때문이다. 일곱째날은 하나님이 지정해 놓으신 날이고, 그때 이후부터 인간은 하나님의 권능과 영광을 기념하기 위한 것으로 안식일에 창조를 기념한다.

창조의 날들		
첫째날	하늘, 땅, 빛	(1:1-5)
둘째날	공간	(1:6-8)
셋째날	육지, 식물	(1:9-13)
넷째날	태양, 달, 별	(1:14-19)
다섯째날	물, 조류	(1:20-23)
여섯째날	육지동물, 인간	(1:24-31)
일곱째날	창조의 정지	(2:1-3)

인류학적 접근(2:4-25)

2장에서 나오는 창조에 대한 평행 기사는 거의 포괄적으로 인간을 다루고 있다. 사실상 그 구절은 하나님측에 영향을 미치는 어떤 부섭정(sub-regent) 없는 창조의 무목적성을 설명하는 것으로 시작한다. 무대가 세트되고, 막이 올랐으나 삶과 의미를 부여할 주연 배우가 없다. 그래서 이 배우에 대한 창조가 가장 심오하게, 꾸밈없는 말로 설명되었다. 여기에서 쓰인 동사들은 상당한 관심을 끈다. 그 동사들은 창조 행위와 관련된 절차와 연관이 있다. 1:23에서, 인간의 개념이 처음으로 존재하게 된 의미로 인간은 창조(bara)되었다. 지금 인간은 만들어졌고(asah — 1:26), 형상지어졌다(yatzar). Asah는 어떤 것을 조립하는 것을 일컫고, yatzar는 만들어진 것을 완벽하게 함을 의미한다. 이 모든 동사가 하나님이 당신의 주요 창조물에게 아낌없이 쏟아 부으신 부드럽고 애정이 깃든 관심을 나타낸다.

2:7의 창조 과정과 관련된 1:26에 나오는 "형상과 모습"이라는 표현은 최고의 중요성을 갖는다. 육체의 형성 그 자체는 그리 특별하게 어려운 문제가 아니다. 그러나 상대적으로 살아있는 영혼(nephesh chayyim)이라는 인간의 개념은 약간 모호하다. 우리가 창세기 1:30을 읽으면, 동물들도 "영혼적인 것(nephesh)"을 소유했다고 한다. 그래서 인간의 유일무이성이 단지 영혼 그 자체에 있는 것은 아니다. 인간이 짐승과 다른 점은 "형상과 모습"에 비추어 그리고 영혼(nephesh)이 불어넣어지는 그 과정에서 설명되어야 한다. 하나님이 인간의 육체에 숨을 불어 넣으셨고, 이 행위와 육신의 관계 결과로써, 인간은 하나님의 형상과 모습으로 하나의 영혼(nephesh)이 되었다. 짐승들은 분명하게 하나님의 말씀에 의해서 몸과 영혼으로 창조되었다. 인간은 숨을 불어넣는 과정에서 창조되었다. 이 과정은 독특하고 유일한 방법으로 하나님의 형상과 모습이라는 특성들을 인간에게 전해 주었다. 인성, 감성, 의지, 이성과 같은 속성들은 인간을 짐승 세계에서 분리시켜 주고 우리가 어떤 경이로운 점에서 하나님과 관계된 창조물이 인간이라고 말할 수 있도록 해준다. [16]

"유신론적"(theistic) 또는 "한계적"(threshold) 진화론은 인간의 영적 본능은 일회적으로 창조되었지만, 육체적 형성은 오랜 진화 과정의 결과물이라고 가르친다. 호모 사피엔스가 고등동물보다 더 충분히 진보되었을 때, 하나님은 그에게 영혼을 주셨고 이것이 하나님이 생기를 불어넣어 주셨다는 의미이다. [17] 우리는 이 이론도 인간의 독특성이 순간적인 창조 행위에 있다는

---

16) Ibid., p. 63.
17) Ernest Charles Messenger, *Evolution and Theology*, New York, The Macmillan Company, 1932, p. 144.

것을 제외하고는 평범한 진화론에 지나지 않는다는 것을 알 수 있다. 그 위치도 무신론적 진화론에 기본적인 가정을 두고 있다; 두개가 같이 존재하거나 둘다 아닌 것. 단연코, 종속 인간 사회학에 대한 증거는 이 이론이 인간 진화 단계를 나타내고 있다고 말하는 것보다는 다른 것에서 설명이 가능하다. 아마 인간의 전단계에서 마침내 하나님의 형상으로 진화되었다는 것으로 설명할 수 있을 것이다. 얼마 안되는 뼈의 조각과 남아있는 유물들로부터, 실질적으로, 그들이 존재했을 시기를 알아낼 수는 없다. 증명할 수 있는 것은 오직 어떤 인간이 다른 인간보다 더 우월하다는 것 또는 어떤 유전적, 환경적 요소들이 육체적, 정신적 성장 양식에 상이점을 주었다는 것만을 제시해 줄 뿐이다. 거인국에 인접한 아프리카 피그미(pygmies)족의 존재는 사람들은 뇌의 크기와 체험에 광범위하게 차이가 있지만 동일한 장소와 시기에서 올 수 있다는 것을 알려준다.[18]

인간의 창조를 실명하는 데에 다음으로 중요한 것은 에덴("환희")이라고 불리는 인간 최초의 가정(2:8-13)에 대한 지리적 위치인데 그것은 다분히 사변적이다. 에덴과 연관이 되는 4개의 강이 있는데 그 중 2개는 성경 이외의 자료에서 알게 된 티그리스와 유프라테스 강이다. 만일 대홍수가 전세계적인 것이었고 설명된 것만큼 파괴적인 것이었다면, 강바닥과 다른 지리적인 특징들이 많이 변했을 수 있기 때문에 홍수전의 지리적 위치를 의미하는 것은 결코 아닐 수도 있다. 에덴 동산에 관해서 가장 두드러진 사실은 그 동산 중앙에 있는 생명의 나무와 선악을 알게 하는 나무에 관한 것이다. 이들 나무는 생명이나 지식을 만드는 고유의 능력이 없다는 것은 일종의 가정이 필요한 미신이 전혀 없는 구약 이론에 대한 피상적인 이해만으로도 분명해진다. 오히려, 그 나무들은 상징적이거나 신성한 것이다; 즉, 그 나무에서 난 것을 먹거나 먹지 않는 것은 그것을 명령하신 하나님에 대한 믿음과 복종을 의미한다고 할 수 있다. 그러나 그 나무들이 무엇을 의미하든 간에, 하나님의 자비로우신 수여의 매개 수단으로 작용한다.[19]

그 동산에 생명의 나무가 존재했다는 것은 인간은 생명에 대한 완전한 깨달음을 가지고 창조되지 않았다는 것을 알려준다. 영생을 가질 수 있는 불

---

18) W. E. LeGros Clark, *The Antecedents of Man*, New York, Harper and Row, 1963, p. 23.
19) Vos, op. cit., PP- 37-43.

멸의 후보자로 창조되었으나, 이 생명의 수여는 전적으로 하나님의 시험에
어떻게 반응하느냐에 달려있다 — 선악과를 먹지 말라고 하신 시험. 3장은
선악과를 먹으라는 사탄의 유혹을 이겨내지 못했고 자동적으로 생명의 나무
마저도 금기되었다 (3:22-24). 인간이 완전하게 하나님께 복종했으면, 생명
나무의 과일을 먹을 수 있었을 것이고 즉각적으로 그 나무에서 얻을 수 있는
최고 수준의 생명을 가질 수 있었으리라는 것을 짐작해 볼 수 있다. 하나님
은 선악을 알게 하는 과일을 먹으면, 죽음에 종속되는 창조물이 될 것이라고
인간에게 알려주셨다: 비록 믿음으로 응답하면 영원한 생명을 보장하는 다른
길을 열어 주시기는 했으나 육체적 죽음은 불가피한 창조물.

2장 마지막 부분에서 남자는 자신에게 "합당하고" "적당한" 동료를 갖게
된다 (2:18-25). 아담은 모든 짐승들은 짝이 있다는 것을 분명하게 알았고,
짐승들을 불러 모아 이름을 지어줄 때, 그들 중에는 자신을 도울 적합한 짝
이 없음을 알았다. 그래서 하나님은 아담의 갈비뼈 하나를 꺼내어 그것으로
여자를 만드셨다. 아담은 그녀가 남자(ish)에게서 왔기 때문에 여자(isha)라
고 불릴 것이라고 했다. 그날부터 남자와 여자가 둘이 합쳐 한 몸이 되는 것
은 하나님의 의도가 되기 시작했다. 그들은 벌거벗었으나 부끄러워하지 않았
다는 언급은 일찍이 둘이 함께 경험하여 죄의 비극으로 이어지는 것을 예견
적으로 말한다.

인간의 타락(3장)

인간의 원죄에 대한 이야기는 드러나는 모든 아름다움 위의 검은 그림자
처럼 따라다닌다. 설명되지 않은 곳에서, 동산에 뱀의 형태로 나타나 인간을
성공적으로 꾀어 전능하신 하나님께 반역하도록 이끈 사탄의 마음속에 죄가
도사리고 앉았다(사 14; 겔 28). 본능적으로 뱀은 어떤 창조물보다 교활하기
때문에 사탄은 자신의 목적을 수행하는데 유리한 뱀으로 변신했다.

일련의 질문과 회의를 통해서, 사탄은 마침내, 하나님이 선악과를 먹지
못하도록 금하는 유일한 이유는 하나님이 당신의 우월성에 대한 질투심이 강
하고, 인간이 지식을 습득하여 그 우월성에 위험을 가할지 모른다는 것이라
고 여자를 믿게 했다. 하지만, 그 여자가 조금만이라도 신중하게 생각했더라
면, 사탄의 제안이 얼마나 터무니없는 것이었나를 알아차릴 수 있었을 것이
다. 왜냐하면 하나님이 인간의 지식이 당신과 동등해짐을 두려워하였다면,

왜 인간이 지식을 습득할 수 있는 그 기관(means)을 창조하셨을까? 사탄과의 논쟁에서 하나님의 금령을 잘못 해석한 그 여자는(3:2-3) 이미 이성이 감정을 통제할 능력이 없었다. 그녀가 선악과에 대한 욕망을 갖게 되었을 때, 그것을 따서 남편과 나눠 먹었고 그 후 즉시 영적 눈이 떠져 자신들의 범죄 행위를 깨달았지만 모두 너무 늦었다. 처음으로 벌거숭이라는 사실이 수치심이 되었고 이는 더 심각한 영적 벌거숭이의 징조가 되었다.

선악에 대한 지식은 단순히 그 둘을 판단할 수 있는 능력이 아니라, 자신들이 연루된 모든 것에 대한 완전한 이해를 의미한다. 이 지식은 두 가지 방법으로 얻을 수 있을 것이다. 가정하건대, 만약 그 유혹을 이겨냈더라면 인간은 하나님의 계시에 의해서, 악을 경험하지 않고도 지식을 획득할 수 있었을 것이다. 그러나 인간은 그렇지 못했고, 악을 경험함으로써 선악의 본성을 알게 되었다. 이는 인간이 죄를 범하기 이전의 선의 경험의 총체성과는 영원한 대소를 이루는 셋이다. 인산은 원하는 시식(Knowledge)을 가졌지만 육체와 영혼에 대가를 치르고 있다. 지금 가치 있는 모든 것은 하나님이 행하신 구원의 은혜이다.

육체적, 영혼적으로 벌거벗었다는 것을 알게 되었을 때, 남자와 여자는 하나님으로부터 자신들을 숨겼으나 하나님은 그들을 찾아내어 죄의 고백을 받아내셨다. 그리고 셋 ― 사탄, 남자, 여자 ― 에게 예언적 저주를 내리셨다. 사탄에게 하나님은 즉각적인 보복을 약속하셨는데, 죽을 때까지 배로 기어다닐 것이고 여자의 후손에 의해서 최종적으로 파괴될 것이라고 하셨다. 이 여자의 후손(단수)에 대한 구절은(보통의 경우처럼 남자가 아닌) 구약에서 최초로 보여준 구세주의 약속이다(3:15; 참조. 사 7:14).

하나님의 아들로 동정녀에게 태어난 그리스도인 그 후손이 종국에는 사탄과 죄를 영원히 파괴할 것이다. 여자는 해산의 고통을 경험할 것이고 남편에게 다스려질 것이라고 예언하셨다. 이는 여자가 남편을 꾀어냈음을 상기시켜주기 위함이었다(딤전 2:12-15). 마지막으로, 남자에게 이렇게 말씀하셨다. 땅은 저주받았고, 평생 동안 수고해야 땅에서 양식을 얻을 것이기 때문에 죽을 때까지 노동으로 지쳐있을 것이며 결국에는 흙으로 되돌아 갈 것이다. 여자와 남자에게 내리신 저주의 두려움을 경감이라도 하시듯이, 하나님은 결백한 짐승을 죽여 그 가죽으로 여자와 남자에게 입히셨다. 그들이 이용했던 무화과 나뭇잎으로 불충분했다. 왜냐하면 실질적으로 개입된 것은 영적

덮개가 필요했기 때문이다. 그것은 바로 오직 믿음으로 피흘림을 통해 완성될 것이다(히 9:22)

그 후, 인간은 생명 나무에 접근할 수 없게 되었다. 죄인인 인간이 무죄인 사람을 위한 생명나무의 열매를 먹는 도덕적 변칙과 그래서 얻게 되는 영원한 생명은 하나님께 비난받아 마땅한 것이다. 인간은 구원받을 수 있을 것이다. 그러나 생명나무로 가는 길은 인간의 불순종 때문에 봉쇄된채 남아있고 오직 하나님의 자비에 자신을 던져버리고 신성하게 수여된 희생 제사 제도에 대한 믿음을 통해서 피흘림 없이도 인간에게 주어졌을 것(영생을 의미)에 다가가야만 한다.

아담과 하와의 계보(4-5장)

가인의 가족(4:1-24)

인간이 범죄하고 얼마 후에 아담과 하와의 자녀들이 태어났다. 첫째는 가인(얻었다)이라고 불렸는데, 이는 아마 하와가 창세기 3:15에서 약속한 후손에 대한 예언이 실현되었음을 알았기 때문일는지 모른다. 하와는 하나님 은혜로 얻은 이 아이가 사탄을 단번에 쳐부술 그 아이일는지 모른다고 생각했을 것이다. 드디어 둘째 아들 아벨이 태어났다. 시간이 흘러, 두 아들 모두 자신의 일을 갖게 되었다. 가인은 농사짓는 사람으로, 아벨은 양치는 목자로서.

어느날 하나님께 예물을 바쳤다. 아벨과 그의 예물은 받으셨으나 가인과 그의 것은 분명히 그의 온당치 못한 태도와 또는 진실된 믿음의 부족 때문에 거절하였다(히 11:4; 요일 3:12). 하나님은 가인에게 회개할 기회를 주셨고 회개하지 않으면 무슨 일이 일어날지에 내해 경고하셨다. 그러나 분개한 가인은, 하루는 아벨을 들판으로 불러내어 살해했다. 하나님은 그를 불러 사실대로 말할 것을 요구했으나 가인은 회개하지 않기 때문에 평생 유목생활로 생각되는 방랑자의 생활을 언도받았다. 그러나 감사하게도 하나님은 아무도 그를 죽여 복수하지 못하게, 가인에게 표(Divine protection)를 주어 보호하셨다.

그래서 이 최초의 살인자는 놋 땅으로 갔다. 그곳에서 그와 자신의 자매라고 믿어지는, 아내와 함께 에녹이라는 이름의 성에 문명을 세웠다. 비록 구약시대 기준으로 성이 커야 됨을 요구하지는 않았지만, 여러 세대가 지났고 그때까지 가인이 수천의 후손을 번성시켰다는 것은 있음직한 일이다. 그 형태는 아마도 간편한 생활양식에서 시행되던 유목민 천막의 군집 형태였을 것이다. 가인으로부터 일곱 세대 이후에, 특별한 인정을 받은 라멕이 계보에 나타났다. 그는 최초의 중혼자로서, 유발, 야발, 두발가인이라는 세 아들을 낳았고, 이들은 각기 예술 또는 기술에서 뛰어났는데 이로써 그리스도가 오시기 전까지 수 년간 발달한 고도의 문화를 예견하게 해준다. 더 나아가서 라멕은 하나님과 사회에 거만하게 뽐내는 최초의 시구를 만들어 노래했다. 가인 문명의 경향은 말할 것도 없이 분명했고 지극히 염세적인 세계 역사를 조망해 볼 수 있게 했다.

　　셋(seth)의 가족(4:25-5:32).

　　아벨이 죽은 후에, 셋("약속돼")이라는 이름에 적당하게 아벨의 자리를 대신하여 아들이 태어났다. 다음에는 셋이 "약한 사람"이라는 뜻의 에노스라는 아들을 낳았다. 이 이름은 신실한 셋이 인지한 타락한 자의 실제 상태를 알려주는 실마리이기도 하다. 그러나 인간이 여호와의 이름을 부르기 시작한 것은 바로 그 때부터였다. 인간이 "여호와라는 이름으로 자신들을 부르기 시작했다"는 해석이 더 적절하다고 제시되어 오기도 한다.[20] 이 점에서, 셋 족은 하늘에 계신 하나님께서 사악한 가인 족에 반(反)하는 증인인 자신들을 통해서 당신을 나타내신다고 인지했다는 것이 확실하게 가능하다.

　　5장은 본질적으로 노아와 그의 세 아들에 이어서 셋의 후손에 대해서 조사하는 셋의 족보에 관한 것이다. 대홍수 전의 족장들이 굉장히 오래 장수했음을 말하는 성구들을 보고 매우 놀랄 것이다. 많은 학자들이 이 수명을 문자적으로 믿으려 하지 않고 있다.[21] 그 언급된 햇수가 양력이 아닌 1년을 12분의 1로 줄여 나타내는 음력에 기초했다는 것은 불가능하다. 왜냐하면 예를 들면 에녹의 경우 이 이론은 전혀 맞지 않기 때문이다. 아담이 930년 살았다는 것 만큼이나 에녹이 5살에 므두셀라를 낳았다는 것도 위대한 기적일 수

---

20) W. H. Griffith Thomas, *Genesis: A Devotional Commentary*, Grand Rapids, Wm. B. Eerdmans Publishing Company, 1946, p. 64.

21) John Skinner, *A Critical and Exegetical Commentary on Genesis*, New York, Charles Scribner's Sons, 1910, p. 129.

있다. 위트콤(Whitcomb)과 모리스(Morris)는 대홍수 전, 하늘에 증기 닫
집(the vapor canopy)이 여전히 있었기 때문에, 외부 우주에서 오는 치명
적으로 고령의 원인이 되는 광선이 대기중에서 차단됨으로 인간이 나이를 먹
게 하는 요소에 영향을 받지 않았다고 한다.[22] 확신컨대, 많은 자녀를 낳고
번성하여 땅을 가득 채우라 하신 하나님 명령의 당면한 실현을 위해서, 인간
은 지금보다 한층 더 오래 장수하면서 후손을 번식시켰음에 틀림없다. 이렇
듯 인간의 생산 가능 연수가 증대했다는 것은 하나님의 명령을 아주 용이하
게 만든다. 베로서스(Berossus)의 수메르 왕 목록은 대홍수 전후의 모든 고
대 왕들을 나열하고 있는데, 이 또한 논쟁에서 대단히 중요성을 나타낸다.
그 왕들이 단지 수백년이 아니라 수천년 동안 살았다는 것은 매우 흥미롭다.
사실, 그 중 몇명은 4만년 정도 통치하기도 했다.[23] 이 숫자는 조금 과장되
기도 했겠지만 인간의 기억이 현재보다 더 오래 살았던 시대를 회상할 수 있
다는 사실을 입증해준다.

구약과 구약의 전통은 모두 그 시대 인간의 장수를 공통된 사실로 나타
내고 있으나, 수천년 넘게 구전의 과정을 갖고 있는 전통은(기록되어 있었던
것도 있겠지만) 최초의 사실과는 완전히 변형되었다. 성경의 숫자는, 성스럽
게 보관된 역사 문서가 직접 모세에게 전해졌거나 아니면 그 위대한 입법자
에게 나타난 직접적인 계시를 통해서, 실제 경우를 반영하고 있으며 이 실제
경우들은 모든 증거를 가지고 분명히 만들어진 것이다. 신실한 이 혈통에서
두 인물이 생경하게 두드진다 — 신실함을 가진 에녹과 969세까지 장수한 므
두셀라. 에녹은 하나님의 본을 따라 생활했고 그 결과 "인간은 죽기로 결정
되어 있다"는 원칙에서 제외되었다. 아주 소박한 위엄을 보이며 "하나님께서
그를 데려가셨다"는 설명이 언급되어있다(창 5:24).

대홍수(6-9장)[24]

4장과 5장에서 나타난 인간의 평행적인 혈통인 가인과 셋 계통은 계속

22) Whitcomb and Morris, op. cit., pp. 399-405.
23) Merrill F. Unger, *Archaeology and the Old Testament*, Grand
    Rapids, Zondervan Publishing House, 1954, p. 46.
24) 홍수에 관한 논의는 다음 책에 많이 의존했다. John C. Whitcomb and
    Henry M. Morris, *The Genesis Flood*.

해서 여러 세대에 걸쳐 번성되어 갔다. 그 두 계통간에 분열이 있는 동안, 신실하신 하나님에 대한 이해는 땅위에 사악함이 늘어가는 가운데에도 계속 진행되었다. 그러나 마침내, 분열을 더 이상 지속하기 힘든 때가 도래했다. 우리는 6:1-2을 통해서 두 그룹이 서로 결혼한 것을 알 수 있고 그 결과 믿음을 굳게 지킨 노아와 그의 가족들 이외에는 하나님이 창조하신 모든 것의 함몰을 낳았다. 어떤 사람들은 위의 구절에 나오는 "하나님의 아들들"은 천사들이고 반면 "사람의 딸들"은 인간의 후손이며 그래서 천사와 인간 사이에 부부 관계가 있었던 것이라고 주장한다.[25] 비록 이 해석을 지지해 줄 것을 특별히 욥(1:6), 베드로 후서(2:4), 유다(6,7장)에서 제시한다 하더라도 이 이론에 반대하는 논쟁이 더 비중이 있어 보인다. 예수님은 천사를 무성(sexless)의 존재라고 말씀하셨다(막 12:25). 4장과 5장에서 가인족과 셋족의 운명을 조심스럽게 개요해 놓은 목적이 6장에서 가인족과 셋족을 의도하기 위함이며 그들 사이의 결혼이 대홍수의 직접적인 원인일 것이리고 추정해 보는 것과 무관하다고 할 수는 없다.

신원 규명을 별개로 하더라도, 세상은 하나님을 따르는 자들이 없는 곳이었다는 것을 알 수 있다. 하나님께서는 당신의 절차를 변경하여(여기에서는 "회개"를 의미) 인간을 120년 기간을 두었다가 땅으로부터 완전히 멸망시키겠다고 결정하셨다. 오직 한 사람만이 하나님의 자비를 구할 수 있었는데 그는 노아라는 사람으로 이름의 의미는 위안 또는 휴식이다. 노아는 홍수에서 구함 받아 대홍수 후에 인류를 다시 세우실 때 도구로 이용하시려고 선택 받았다. 에녹과 마찬가지로 노아도 "하나님의 본을 따르는" 사람이었으나 하나님께서 그를 선택하신 이유는 궁극적으로 노아가 하나님의 특별한 주권의 자비를 받을 대상이었다는 사실에 두어야 한다(6:8).

오로지 인간만을 파괴시키려는 것이 하나님의 의도였기 때문에, 대홍수에 살아남지 못할 짐승들은 노아와 그의 가족과 함께 보호받아야 했다. 특별 계시에 따라, 노아는 최소한 모든 종류의 동물 한쌍씩을 보존해야 한다는 명을 완수하기에 충분히 큰 배의 건축을 진행시켰다. 물론, 앞에서 언급했듯이 방주 밖에서 살아남을 수 있는 짐승들은 제외되었다. 18인치를 기준으로, 용

---

25) Frank Delitzsch, cited in Gustave Oehler, *Theology of the Old Testament*, Grand Rapids, Zondervan Publishing House, 1883, p. 135.

68

적은 450×75×45피트이며, 약 33,750제곱 피트의 면적을 가진 3개의 갑판으로 나눠져 있다. 그래서 전체 면적은 대략 150만 피트 가량 된다. 이 사실 (수치에 관한)은 중요하다. 왜냐하면, 대홍수의 보편성에 반(反)하는 가장 일반적인 논쟁중의 하나가 만약 한쌍씩을 실었다면, 그 모든 짐승들의 잠자리와 양식을 배에 저장하기는 불가능했을 것이라는 주장이기 때문이다.

현대 분류학에서는 약 백만의 다른 종(species)이 있다고 한다. 그러나 상상하건대 그것의 95퍼센트 이상이 방주 밖에서 생존했을 것이다.[26] 이것은 모두 5만 마리의 짐승들을 넘지 않는 숫자만이 방주에 실렸다는 것을 의미한다 — 위트콤(Whitcomb)과 모리스(Morris)는 그 수가 3만 5천을 넘지 않았다고 생각하지만[27] — 그리고 그 짐승들의 평균 크기는 양 한 마리의 크기와 비슷했을 것이다. 간단한 계산을 통해서, 모든 짐승들은 따로 한 갑판에서 숙박했을 것이고 나머지 두 갑판은 양식 저장과 그 외의 목적으로 사용되었을 것이라는 결론을 유추해낼 수 있다. 물론 식수문제는 없었다. 비가 홍수 기간 내내 내렸을 것이기 때문이다. 오랜 준비 기간이 끝난 후에 노아가 "의의 전도자"로서 하나님을 섬기는 동안에(벧후 2:5; 히 11:7), 하나님은 노아에게 각종 부정한 짐승과 정결한 짐승 7쌍을 방주에 실으라고 지시하였다(6:19, 7:2). 각각 정결한 짐승의 일곱번째 것은 의심할 여지없이 구출 뒤에 희생 제물로 쓰여지기 위함일 것이고 더 많은 수가 그들의 생존을 확실히 하기 위해 이용되었을 것이다. 방주 문을 닫으시면서 하나님께서 "하늘의 홍수문"을 여셨다. 그리고 분명히 이전에는 전혀 있지 않았던 40일간의 비가 내렸다. "닫집(차양)"의 개념이 정확하다면 그것이 대홍수의 근원지가 되었다고 추정해 볼 수 있다. 또한 그 닫집의 두께에 따라 땅위에 내린 비가 문자 그대로 수백 피트에 달할 수 있다. 부가적으로 "깊은 샘"이 터져나와 지하 저수지에서 나오는 물이 거칠게 휘몰아쳐 물에 살지 않는 것을 모조리 쓸어 없앴다. 그 물은 전 육지, 심지어는 가장 높은 산까지도 150일째 되는 날까지 덮었다. 하나님의 의도하심이 이루어졌다.

물이 빠져나가기 시작한 지 150일 뒤에 대부분의 물은 땅 아래 근원지로 돌아갔고 대양 바닥을 깊숙하게 채웠다. 굉장한 지각 압력의 결과, 큰 산

26) Whitcomb and Morris, op. cit., p. 68.
27) Ibid., p. 69.

봉우리를 들어올리면서 아마 대륙도 상승했을 것이다(시편 104:6-9). 마지막으로, 육지의 상태를 알아보기 위해 새를 날려보낸 후 노아는 배를 정박시키고, 일년 넘어 처음으로 마른 땅위에 발을 디뎠다. 그러나 노아의 주위에 있는 모든 것은 혼돈이었다. 대홍수 전에 발달의 최고봉에 치달았을 문명이 완전히 말살되어 버렸다. 그러나 이 와중에도, 노아는 감사의 희생제물을 바칠 제단을 만들어 창조주이며 구세주이신 하나님을 찬양했다. 하나님은 다시는 대홍수로써 세상을 심판하지 않으시겠다는 약속으로 그 제물을 받아주셨다(9:8-17)

범세계적 대홍수에 대한 논쟁

가장 비평적이고 대홍수와 관련된 논쟁의 문제 거리중 하나가 범위에 대한 것이다. 이것은 오직 메소포타미아 지역만을 덮는 국부적인 것이었는가? 아니면 범세계적인 것이었는가? 만약 범세계적이었다면, 인류학적 의미에서 인가? 아니면 지리학적 범세계를 의미하는가? 성경 해설 그 자체로는 거의 확실하게 그곳에 있는 모든 생물을 말살했던 범세계적 대홍수였다고 암시하고 있다. 우회하여 설명할 수 있는 유일한 길은 성경 집필자나 노아가 "외관상의 언어(language of appearance)"를 사용했다고 믿는 것이다: 인간이 관찰 가능한 영역에 있는 모든 것이 물로 덮여 있었기 때문에 우주적인 것으로 나타났다.[28]

위트콤과 모리스는 관심있는 독자들이 토론해 볼만한 아래의 논점들을 말하고 있다:[29]

1. 대홍수의 깊이(창세기 7:19-20). 만약 홍수가 제한된 지역에서만 일어났다면, 다른 지역으로 흘러넘치지 않은 채, 작은 지역에 있는 가장 높은 산마저 물에 잠길 수 있다고 이해하기는 어렵다. 물은 자체의 높이를 스스로 조절한다는 사실이 지역적 홍수론과는 맞지 않는다.

2. 대홍수 기간. 대홍수는 노아가 방주에 승선한 때부터 하선할 때까지 1년 넘게 지속되었다고 본다. 그 대부분의 기간 동안 물이 육지를 덮고 있었고 역사상 어느 지역적 홍수도 그렇게 긴 시간 동안 지속되지 않았다. 그러

---

28) Bernard Ramm, *The Christian View of Science and Scripture*, Grand Rapids, Wm. B. Eerdmans Publishing Company, 1954, p. 24
29) Whitcomb and Morris, op. cit., pp. 1-35.

므로 그렇게 긴 기간을 지속했을 만한 홍수는 범세계적이어야만 한다.

3. 방주의 크기. 노아에게 필요한 것이 메소포타미아 지역의 몇 안되었을 토착종을 구하는 것이었다면, 왜 그는 지구상의 모든 육지 동물을 실을 수 있을 만큼 큰 배를 건조했을까?

4. 방주의 필요성. 국소적 홍수론에 더 치명적인 것은 홍수 상황에서 방주의 필요성을 완전히 결여시키고 있다는 사실이다. 왜냐하면, 노아는 그러한 절박한 재앙의 상황에서 쉽게 밖으로 나가 익사 위험에 있는 어떤 짐승이라도 구할 수 있었을텐데 왜 아무 필요도 없는 배를 만드느라 120일을 소비했는가?

5. 베드로의 증언. 베드로 후서에서(3:3-7), 그는 이 세상의 종말때에는 하나님께서 불의 심판으로 세상을 파괴하실 것이라고 했다. 베드로의 이 심판의 광범위성에 대한 주장은 노아시대에 있었던 물의 심판과 유사함에 기초를 둔 것이다. 그러므로 자신이 확신하고 있는 불에 위한 범세계적 파괴를 알리려고 피력했다면, 왜 베드로는 단지 노아시대의 지역적 홍수와 비교했겠는가?

그 외 기초적인 질문들.

대홍수 범위에 관한 문제는 다른 연관된 문제들을 제기했다. 특별히 물이 전체 지구를 덮고 있었느냐 하는 것이다. 가장 흥미로운 것의 하나는 대홍수의 근원과 홍수가 끝난 후 그 물의 처분에 대한 것이다. 우리는 "깊은 샘"과 결부된 땅 위에 있는 물의 닫집(canopy)을 물의 근원지라고 쉽게 설명할 수 있다. 특히 만약 땅덩어리가 지금만큼 높게 치솟지 않았었다면 결과적으로 육지를 수중에 잠기게 하기 위해서 지금보다는 물이 덜 필요하다고 말할 수 있다. 물이 점점 더 높은 고도로 치솟았기 때문에, 어딘가에 기라앉아 접혀져 있던 지각이 어마어마한 수력의 무게에 의해 다른 어떤 지역에서는 더 높아지기 시작했다. 홍수 동안이나 아니면 바로 직후에, 대양 바닥은 상당히 깊어졌고 땅덩어리는 크기는 줄었지만 아마도 고도는 높아진 결과를 낳았을 것이다. 대홍수에 대해 말하고 있는 시편 104:6-9에서는 그런 견해를 잘 표현하고 있다. 특별히 8절은 "산은 오르고 골짜기는 내려 갔나이다"라고 한다. 어떤 경우에든 몇백 마일의 거리에서 세계의 대륙을 둘러싸고 있는 대륙층과 대양의 표면보다 몇천 피트 아래에 있는 대륙층들이 한때는 그

대양이 매우 작았거나 아니면 그 대륙이 가라앉은 상태라는 것을 알려준다. 전자는 후자와 마찬가지로 증명하기가 쉬우며 대홍수가 필요한 사실들을 제공할 것이다.

또 다른 흥미있는 고찰은 화석과 암석층에 관계된 것이다. 과학자들은 보통 이것들을 연도 제시에 사용하지만 이것은 매우 완곡한 추론의 위험이 있다. 예를 들어, 과학자들은 바위의 나이를 박혀있는 화석의 성질에 의해서 결정할 수 있다고 주장한다; 또한 그 화석의 나이는 그것이 발견된 수준으로 설명한다.[30] 그러나 여기에서, 기초적인 문제를 제기하겠다. 어떻게 암석의 성층현상과 화석 지수들을 설명할 수 있겠는가? 과학자는 이 두 가지 현상을 설명하지 못한 채 대체적으로 편견없는 개인을 전혀 만족시키지 못하는 균일 가설에 호소한다. 자연스럽게 작용하는 어떤 과정이 심지어는 수십억 년만에 현재의 그랜드 캐년을 만들어 낼 수 있었을까? 수백만 화석층이 어떻게 평범한 침식 과정과 진화론이 전제하는 침전물에 의해서 퇴적될 수 있을까? 그러나, 홍수와 같은 격변적 발생이 그 두 가지 모두를 설명할 수 있다. 홍수에 의해서 수억 톤의 물질들이 씻겨 내려가고 떠올랐기 때문에, 궁극적으로는 그 물질들이 일반적으로 예상할 수 있는 순서에 따라 퇴적되었다.

무겁고 가벼운 물질들 또는 다양한 점질(viscosity)을 가진 물질들은 오늘날 우리가 관찰할 수 있듯이, 식별 가능한 층을 형성했을 것이다. 화석은 그 형태와 크기 때문에 그리고 홍수를 피할 수 있는 화석의 다양한 능력 때문에 역시 퇴적의 일반적 양식을 자연히 따랐을 것이다. 유기물이 복잡하지 않을수록 위험 적응력이 약하고 물과 진흙에 더 쉽게 매장된다. 분명히 단순한 바다 생물들이 처음으로 퇴적되었을 것이고 사실상, 그 사례는 화석 목록에 나타난다. 유기물이 더 복잡할수록 침식하는 물 위로 더 높게 치솟고, 따라서 더 늦게 매장될 것이다. 전체 생물중 최고 수준인, 더 영리한 포유동물이 가장 나중에 가라앉았을 것이다. 그래서 윗층에서 포유동물의 화석이 발견되리라 기대할 수 있고 사실상 발견된 곳이기도 하다. 목록(index)에서 예외인 경우가 흔하게 나타나는데 그것중 몇 사례는 더 늦은 상단층과 단층생성으로 설명이 가능하다.[31] 그러나 돌연한 대변혁 과정에서 어떤 경우에는

30) William Charles Putnam, *Geology*, New York, Oxford University Press, 1964, pp. 440-441.

31) Whitcomb and Morris, op. cit., pp. 271-275.

72

아무리 큰 포유동물이라도 처음부터 덫에 걸렸을 수도 있다. 홍수 동안의 지역적 환경과 퇴적의 재활용이 또한 화석의 위치에 영향을 끼칠 수 있었을 것이다.

계곡의 형성 문제 또한 밀접한 관련이 있다. 계곡의 원초 상태와 형성의 필수 상태가 다음과 같은 가정에서는 존재할 수 없기 때문에 균일설의 원리를 적용시켜볼 수 없다. 성경에서 묘사된 것처럼 짧은 왕복 기간을 전제한 침식력을 가지고 수백 피트 깊이의 홍수가 대양바닥으로 돌아올 때 균일설에서는 수백만년으로 추정하고 있는 퇴적물에 의해 방해받았을 것이다. 바꿔 말하면, 범세계적 홍수의 부수물인 연토(soft soils)와 가볍게 유동하는 물이 주어진다면, 계곡에 얽힌 문제는 해결된다.

마지막으로, 대빙하, 극지방의 열대 화석들, 털많은 매머드 등을 간략하게 살펴보자. 일반적으로 과학자들은, 한때 세상은 일년내내 열대 기후였고 열대식물을 어디서나 볼 수 있었다는 것을 인정한다. 사실상, 이 식물들의 화석은 북극권과 같은 북쪽 멀리에서 발견된다. 더욱이, 사냥꾼들과 그 외 사람들이 시베리아 툰드라에서 냉동된 털 매머드들의 시체를 발견했는데 아주 좋은 상태로 유지되어 그 고기를 먹을 수 있을 정도였다고 한다.[32] 사람들이 매머드를 잘랐을 때, 그것들의 위 속에서 소화되지 않고 완전하게 본래 모습을 가진 열대식물을 발견했다고 한다. 과학으로는 이 모든 것을 설명하기 어렵다. 그러나 범세계적 대홍수는 고찰의 가치가 있는 몇가지 해결책을 제공한다. 앞서 논했던 물의 닫집이 의심할 여지도 없이 지구 전체를 따뜻하게 만드는 "온실 효과"를 제공한다. 이 닫집이 비나 정상적으로 기후가 변함에 따라 사라질 때, 극 지방은 동결되었다. 그곳에 살고 있던 것들 또한 진흙에 걸리면서 동결되었고 바위는 홍수로 인해 내려 앉았다. 가라앉고, 매장되고, 동결되는 과정이 아주 빠르게 이루어졌다면, 수천의 짐승들이 무한히 보존되기에 가능할 것이다. 균일설은 이러한 문제들에 적당한 실마리를 주지 못하지만, 정확히 이해되는 대홍수는 가히 만족할 만하다. 뒤에서 살펴보겠지만 성경 연대의 적절한 "늘림"(stretching)을 허용하면 대홍수 연대가 BC 10000에서 BC 6000 사이일 수 있다. 마지막 빙하기에 대한 통상의 과학적

---

32) Charles Schuchert, *Outlines of Historical Geology*, New York, John Wiley and Sons, Inc., 1947, p. 37.

연대는 BC 10000년경인데 이것은 위의 재추정 연대와 아주 근사하게 연결된다. 대홍수 이후에, 극 지역은 동결되었고, 기후는 더 자주 변화했으며, 결과적으로는 결빙지역이 북극, 남극지대로 퇴각했다. 미국 북동부 일부 지역과 그외 지역에 흉터난 잔해를 아주 분명히 남긴 채 빙하기는 끝이 났다.

지금까지 우리는 창조와 대홍수에 대해서 많이 이야기했다. 왜냐하면 그 문제들이 가장 중요한 것이라고 깊이 생각하기 때문이며, 그 두 가지가 구약 역사에서 발생하는 모든 것의 기초를 형성하기 때문이다. 그러므로 구약 역사의 신빙성은 옳게 해석된 창조와 대홍수 설명의 신빙성에 크게 의존한다. 이것은 함께 서고, 함께 무너진다고 말하는 것은 단순한 순박함은 아니다.

노아 계약(9)

대홍수 뒤 하나님께서 행하신 첫번째 것은 노아가 바친 희생제물을 받아 주신 것이었다. 그리고 하나님은 다시는 홍수로 세상을 파괴하지 않으시겠다고 연이어 약속하셨다. 세상의 종말 이외에는 어떤 재앙도 그 시간 이후부터 행해지지 않을 것이다(9:9-11). 자연은 정해진 과정을 계속 따랐거나, 밤과 낮의 끝임없는 반복에 의해서 계절적 순환의 규칙성을 확고히 하며 "일정해"졌을 것이다.

하나님은 노아에게 계약의 기본 요소를 요약하시면서 인류와 맺은 당신의 약속을 계속하셨다. 그 계약은 모든 것이 전멸한 상태에서 인류를 번성시키시겠다는 진정한 토대를 형성시키는 것이었다. 인류의 두번째 아버지인 노아에게 사실상 아담과의 계약에서와 마찬가지로 하나님은 인간은 자식을 많이 낳아 번성하고 온 세상을 가득 채울 것이라고 알려 주셨다(9:1-7). 그러나, 우리는 결정적인 차이점을 주목할 수 있다. 인간은 계속해서 만물을 지배할 것이지만, 대홍수전에 자연스럽게 보인 유순하고 자발적인 순종이라기보다는 억압된 복종의 형태를 지닌 지배력이다. 인간의 환경은 전과는 분명히 다르다는 점에서 인간에게 적대적이다. 전체 우주는 바울 사도가 후에 암시했듯이 "뒤죽박죽" 상태였다. 인간이 기대할 수 있는 최상의 것은 완전한 힘과 교묘함으로 환경을 지배하는 것이었다.

힘의 통치는 식량을 위해서 전에는 찾아볼 수 없었던, 사람이 짐승들을 학살하는 결과를 낳았다. 사실상, 대홍수 전에는 그와 같은 행위가 금지되었다는 것은 거의 확실하다. 아울러 동시에, 피는 신성불가침적이라는 고유의 의미에서, 인간이 생피를 먹거나 피를 흘리는 것에 관해서는 매우 유의해야 했다. 피는 생명을 의미하기 때문에 땅위로 흘러 나오는 것이지 결코 소모되는 것이 아니다. 신성한 것을 먹는다는 것은 아무리 짐승의 것이라 하더라도 하나님이 생명을 부여하셨다는 최고의 프리미엄(premium)과 일치되지 않는다. 이것에 대해서는 모세 율법중 피의 세심한 사용과 비사용에 관한 조항에서 후에 설명된다(레 17장).

생명과 피를 동일시하면서, 하나님은 인간을 죽여 피흘리게 하는 것은, 피흘리게 한 자가 인간이건 짐승이건 죽음으로 처벌받을 것이라고 말씀하셨다(9:5-6). 이것은 결코 인간적 개인적 복수를 의미하는 것이 아니라 보복의 기능을 나타내기 위해서, 조직화된 인간의 특권을 의미한다. 그와 같이 엄한 처벌의 기본적인 근거는 생명은 신성하다는 것이다; 특별히 인간이 하나님의 모습을 가졌다는 점에서, 하나님의 형상을 닮은 사람을 죽인다는 것은 그 형상을 대표하는 바로 그 하나님을 공격하는 것이다. 이는 국기에 대한 모독은 그 국기가 표방하는 나라에 대한 비난으로 제정되어 있는 것과 같다.

계약은 8절에서 시작하며 더 많이 윤곽을 나타낸다. 하나님은 다시는 홍수로 세상을 멸망시키지 않을 것이라는 약속을 분명히 밝히셨다. 그러나 이는 다른 어떤 매개물을 통한 하나님의 파괴 가능성을 배제하는 것은 아니다(벧후 3:1-7). 마치 계약의 비위반성을 생생히 보장하듯이 그리고 또한 그 계약 이행의 일관성을 나타내 주시듯이 하나님은 그 약속의 표적으로 하늘에 무지개를 띄워주셨다. 그날 이후부터 사람들이 무지개를 볼 때마다, 하나님은 당신이 만든 계약에 신실하심을 가슴깊이 깨닫게 된다.

노아와 맺은 계약의 선포 이후에 인간 역사에 즉시 이어지는 사건을 보게된다(9:18-28), 이 역사는 새 인간 문명의 비극적으로 야비스러운 시작을 알린다. 나아가 계약에 대한 하나님의 약속을 받자마자, 그는 인류의 완전한 무능력이 계약 책임의 기대에 미치지 못함을 보여줬다. 노아는 포도나무를 심고 그것으로 포도주를 만들어 마셔 만취한 채, 자기 천막에 벌거벗고 누워 있었다. 그의 아들 함이 그것을 보고 자식이 가질 수 있는 그 평범한 부모에 대한 효성없이 자기 아버지를 덮어 가려주어 다른 형제들이 자기 아버지의 수치스런 모습을 보지 못하게 하지 않았다; 사실상 함은 자신이나 아들 가나안의 인격을 암시하는 잠재된 비도덕성의 양성적 단언을 가지고 그 상황에서 행동했음은 있음직한 일이다. 노아가 잠에서 깨어, 세 아들에게 축복과 저주를 주는 예언적 진술을 했다. 이 세 아들들이 역사를 전개시킬 인류의 큰 세 가지(Three branches)의 관계를 형성한다는 의미에서 이 세 아들들에게 저 주와 축복을 내려주었다. 10, 11장에서 명백히 보여지듯이, 인종적인 분열이 아니라 오히려 영적 계보를 구성하는 것으로 보인다. 함의 아들 가나안은 자 기 아버지의 입장에서 저주받았고 그 저주는 근본적으로 가나안이 그의 형제 들의 노예가 된 것에서 명백히 드러난다(수 9:22-27). "이름"이란 의미의 셈 이 가나안의 주인이 되었고 야벳이 번창하여 셈의 축복을 함께 누리게 되고 아울러 가나안을 지배하게 된다.

우리는 여기에서 하나님의 저주 때문에 흑인종이 노예로 지정되었다는 전제는 없다는 것을 주의 깊게 주목해야 한다. 흑인종이 의심할 것 없이 함 족의 후손이라는 것은 저주의 목적이 아니었다. 인류의 많은 그룹중 아주 작 은 부분인 가나안만이 개입되었고 더욱이, 상상을 확대하여 가나안족이 흑인 종이었다고 볼 수 없다. 왜냐하면, 가나안족이 처음에는 동쪽 지중해 연안에 거주했고 구약의 어디에서도 그들이 인종적으로 히브리인이나, 그 외 가나안 족들을 접촉했던 사람들과 구분이 되었다는 것을 암시하는 언급이 전혀 없기 때문이다. 가나안 정복은 여호수아때 히브리인의 손에서 이루어졌고 후에 바 벨론과 페르시아 통치때 가나안족과 관계를 맺었던 페니키아인에게 그리고 포에니 전쟁중 로마 지배하의 카르타고(페니키아 식민국)에 정복되었다.

셈족의 의기양양함은 셈족을 통해서 하나님이 구원의 이름을 나타내시 겠다는 사실과 밀접한 관계가 있다. 셈족은 하나님의 계시와 구원의 도구가 되었다. 그 개념은 아브라함, 이삭, 야곱, 다윗 그리고 그리스도를 포함하여 이어지는 모두 셈족인 메시야 전체 계보에서 실증되어 나타난다. 야벳이 셈 의 축복을 함께 누리게 된다는 생각은 역사를 통해 이방국 근처 근동을 정복 하는 것과 비유대교 나라에 복음이 확장됨을 포함할 수 있다. 후자가 더 그 럴 듯하다.

민족의 분산(10-11장)

노아와의 계약에서 기술된 의도 중의 하나는 인간이 창조의 전 영역에 있는 규칙(rule)을 준수하도록 하기 위해서 전 세계로 흩어지게 하는 것이었 다. 그러나 대홍수 후에 바로 벌어진 사건들은 노아의 후손들이 이 의무를 느리게 이행하고 있다는 것을 보여준다. 이것은 10장과 11장을 알맞는 연대기순과 전망으로 배열해 보면 특별히 알 수 있을 것이다. 지구의 모든 사람들이 공통어를 구사했다는 것을 알 수 있는 창세기 11:1-2에서 대홍수 후의 인간성에 대한 첫번째 묘사를 나타냈다. 짐작하건대, 사람들은 공통의 문명과 문화, 그리고 확실한 지리적 응집력을 갖추었을 것이라고 생각해 볼 수 있다. 이것은 인간이 전세계로 흩어져야만 하는 계약과 대조를 이룬다; 사실, 그 대조를 보여주는 표현은, 군집사회로 남기 위해서 하나님의 뜻에 반기를 들려는 효과로 바벨탑을 만들자는 11:4에서 찾아볼 수 있다.

10장에 열거된 나라들은 11:8, 9에서 보여준 하나님에 의한 인간 분산을 예견하는 것이 틀림없다. 9절은 '어떻게' 그리고 '왜' 나라들이 나눠지게 되어지는지를, 8절은 사람들이 어디로 흩어졌는지를 설명한다.

10장에 나오는 노아의 계보는 민족의 기원과 그들 초기의 윤리적 성격에 대한 설명이다. 이는 32절에서 "홍수 후에 나눠진 민족들은" 노아와 그의 아들들의 후손이라는 언급에서 알 수 있다. 야벳의 후손들은 대체적으로 남중앙 아시아와 유럽지역에서 정착하였고(11:2-5), 함족은 가나안족과는 현저히 다르게 최초로 아프리카에 자리를 잡았다(11:21-32). 셈족은 근동의 메소포타미아와 페르시아 지역에서 살았다(11:21-32). 그러나 이것은 분명히 구분할 수 있는 것은 아니다. 너무 많은 예외와 중복 그리고 계속 분리시키기 위해서 연이어 일어나는 이주가 있었기 때문이다. 더욱이 인종에 대해서 알 수 있는 최소한의 힌트도 있지 않다. 아마도 바벨탑 사건 이후로 어떤 차이점들이 나타나기 시작했을 것이다.

10장에서 특별히 관심을 둘 만한 것은 한두 가지로 충분하다. 첫번째로, 구스의 아들 니므롯이 시날 땅에 왕국을 세우기 위해서 동쪽으로 이주한 것을 주목할 수 있다(10:8-10). 이것은 성경 문헌 이외에서도 설명되었던 상황과 같은 문화를 이루기 위해서 함족이 셈족 영역으로 이주했다는 좋은 일례이다.[33] 또한 25절에서 벨렉(분리)이라는 이름을 가진 한 셈족이 분열의 시기에 살고 있었다는 것을 알 수 있다. 성경에 있는 일종의 분열에 대한 유일한 설명이며 그것은 바벨탑 사건 이후 인류가 분산되었다는 것과 연관이 있다. 그러므로 셈족 계보에 있는 벨렉에 대한 언급은 바벨탑 연대를 추정하는 데에 가치있는 정보를 제공한다.

---

33) Skinner, op. cit., p. 208.

11장은 니므롯 이야기와 (적어도 그가 그 상황에 가장 잘 들어 맞는다) 메소포타미아 지방으로 향하는 그의 이주(KJV 번역에서처럼 "동쪽으로부터"가 아닌)로 시작된다. 니므롯과 그의 동료들이 그곳에 정착했을 때, 성과 탑을 세우기로 결정했다. 그러나 탑을 세우려는 의도는 하나님의 인류를 분산시키려는 명백한 명령에 도전하여 인류의 동질성을 유지하려는 갈망을 가진 가시적인 기념비를 만들기 위함이었다. 이 점에서 그 탑이 어떤 종교적인 의미를 가지고 있었다고 볼 수는 없다 ― 오히려, 분명한 반종교적 또는 적어도 반(反) 하나님적인 정신이 있었다고 볼 수 있으며, 후에 바빌로니아 역사에 나타나는 탑들이 어떤 의미에서는 신당이나 신전 등의 기능을 가졌던 것과는 다르다.[34] 인간이 하늘에 다가가려고 시도한 것이 아니라 도리어 그 분투는 인간 독립이라는 관점에서 하나님에게 반역하는 것이었다.

계약 조건에 극악무도한 불복종인 탑 건축의 결과는 인류의 언어를 자연스럽게 혼동시켜서 흩어지게 만드는 하나님에 의한 인류의 분산이었다. 인간은 자발적으로 전세계로 흩어지지 않았을 것이기 때문에 하나님은 인간이 서로서로 쉽게 교제할 수 있는 지각을 잃게 해서 일상생활의 가장 평범한 일들을 이행하지 못하도록 인간의 언어를 혼란시키셨다. 같은 언어를 가진 사람들이 작은 영토 안으로 모여들었다. 공통점이 전혀없는 사람들과는 구분을 둬야 하는 필요성 때문에 인간들은 널리 흩어지게 되었다. 이것은 다양한 범세계적 문명의 기원을 설명한다. 그러나 창조나 대홍수와 같은 공통의 전통은 희미한 바벨탑 세상 전에 있었던 공통의 경험에 기초한다.[35] 아마 인종의 기원도 역시 여기에서 찾아볼 수 있을 것이다.

인간의 결합력을 불충분하게 만들고자 하는 것이 하나님의 의도였다면, 서로 다른 인종으로 분리시키는 것이 언어를 혼동시키는 것과 아울러 선천적인 어려움을 만들어 낼 것이다. 인종과 언어가 상이한 결과, 인류는 전에는 한번도 경험해 보지 못했고 아무리 힘들게 노력해도 완전히 극복될 수 없는 육체적 사회학적 장애에 직면하게 될 것이다. 사실상, 현대인이 인종적 언어

---

34) G. Ernest Wright, *Biblical Archaeology*, Philadelphia, Westminster Press, 1957, p. 26.
35) John Bright, "Has Archaeology Found Evidence of the Flood?", *The Biblical Archaeologist Reader*, Vol. 1, Ed. by G. Ernest Wright and David Noel Freedman, Garden City, Doubleday and Company, Inc., 1961, p. 33.

적 차이를 최소화하려 하거나 완전히 제거해 보려고 하는 바로 그 노력들이 바벨탑이 창출한 문제의 본질이라는 것을 알려준다. 하나님의 계속되는 계획은 인간은 전세계로 널리 흩어져야 한다는 것이나, 현대인은 바벨탑을 만들었던 조상들과 똑같이 반응한다 ─ 인간은 하나님의 뜻에 거역하는 한 인간으로 단결하기를 원한다. 바벨이라는 장소 이름은 "혼동"을 암시한다(비록 어원적으로는 "신의 문"을 의미하긴 하지만). 그리고 그 용어는 초시간적으로 창조주에게 거역하는 인간의 상태를 정확하게 묘사해 준다.

셈족이 노아의 예언에 따라 계약의 이행자로 선택되었기 때문에 이제 우리의 관심을 그들에게 맞춰보자. 11장 마지막 부분은 셈에서부터 하나님이 구원의 은혜로 세상에 당신을 알리실 때 사용하신 선택된 민족의 아버지 아브람까지 이어지는 셈족 계보에 대한 기록이다. 이 계보는 많은 점에서 흥미롭다. 기록된 각 개인의 수명이 대홍수 전 족장때보다 짧아졌다는 것은 주목할 가치가 있다. 이것은 당시 인간이 살았던 환경이 변화했고 그 변화가 인간의 건강에 유해했다는 것을 시사한다. 그렇지 않으면, 단순히, 저주 받은 인간 존재의 증가되는 사망자 수만을 반영했을는지도 모른다.

세대간에 존재했을 간격의 개연성과 세심한 자료 분석이 단순히 숫자만을 더하는 것보다는 더 긴 기간을 산출시켜 줄 것이지만, 부수적으로, 여러 세대 동안의 햇수를 합계하면 대홍수와 아브라함 사이의 대략적인 시간 간격을 계산할 수 있을 것이다. 현재 성경 역사가들은 아브라함이 BC 2166년에 태어났다는 것에 동의한다.[36] 엄밀하게 계보의 문자적 설명에 따르면 대홍수는 BC 2600년보다는 이르지 않았다고 본다. 그러나 이 숫자는 분명히 너무 늦은 것이다. 아주 먼 과거인 BC 4500년에 이집트와 메소포타미아에서 설명되지는 않았지만 문명이 번성했다는 증거가 이 주장을 지지해 준다. 그 해답은 계보적 자료에서는, 아브라함 이전 연대의 확장을 인정하는[37] 어떤 해석적 기준을 첨가하여 얻을 수 있다. 그러나 그 확장이 균일설의 인류학적 가설이 말하는 것처럼 수만년을 확장시키지는 않는다. 우리는 과학과 성경적 증거를 전제로해서 대홍수는 BC 8000-7000년경에, 바벨탑 분산은 BC 7000-6000년경에 일어났다고 조심스럽게 말할 수 있다.[38]

---

36) p. 109를 보라.
37) O. T. Allis, *The Five Books of Moses*, Philadelphia, The Presbyterian and Reformed Publishing Company, 1943, pp. 295-298.

우르 지방의 데라 가족들, 특별히 그의 아들 아브라함까지 내려오는 11장의 계보는 구원의 역사에 아주 특별한 장을 차지하고 있다는 것을 강하게 심어준다. 창세기 역사 설명의 전체 과정을 민족적이며 국제적인 고찰에서부터, 셈 그리고 특별히 하나님 계약의 축복을 중재하기 위해서 선택한 셈의 후손인 아브라함과 그의 가족의 자전적 이야기까지로 둘러 보았다. 이제, 족장으로 알려진 이 개개인들에게 관심을 돌려보자.

38) Whitcomb and Morris, op. cit., p. 489.

제3장

건국의 조상들

역사적 배경[1]

메소포타미아

　기원 전 3000년 말기에 메소포타미아는 일반적으로 우르의 세번째 왕조 통치하에 있었다. 정체(政體)는 수메르의 영향을 받았으나 특성은 셈족 풍이었다. 대략 기원전 20세기 중반쯤에 그 왕조는 기원전 18세기까지 겨우 존재를 유지해 오던 이신(Isin)과 라르사(Larsa)에 있는 경쟁 국가에 의해서 전복되어 밀려났다. 그러는 사이에, 권력의 중심이 점차적으로 유프라테스 지역에서 BC 1830년경에 슈무아붐(Shumu-Abum)이 바벨론의 첫번째 왕조를 세웠던 바벨론 성으로 옮겨졌다. 이 나라의 위력은 해가 지남에 따라 증대되었다; 그 유명한 6대 왕 함무라비(1728-1686) 왕때까지 최소한 앞서 존재했던 제국만큼 멀리 사방으로 뻗어나갔다. 이 위력은 카시테(Kassites)로 알려진 야만족의 위협적인 침략이 메소포타미아 지역에 있었고 이로 인해 바빌로니아에 "암흑시대"가 시작되었던 BC 1600년경까지 계속되었다. '암흑기'는 실제로 BC 626년 신바빌로니아제국의 등극때까지 유지되었다.

---

1) "낮은 연대"의 관점에서 가장 훌륭한 논의는, see John Bright, *A History of Israel*, Philadelphia, Westminster Press, 1959, pp. 41-69(본사 역간-「이스라엘 역사」).

이 시기, 고대 제국, 특히 앗시리아에 영향을 끼치는 다른 민족들이 있었다. BC 2000년 전의 그들 역사는 모호하나 BC 1000년이 도래할 때까지, 국제 관계에서 미래 역할을 담당할 존재로 부각되었다. 호평을 받았던 첫번째 군주인 샴시 아닷1세(Shamshi-Adad Ⅰ, 약 1748-1716년경)는 히브리 족장 시대때 통치를 시작했고 한때는 함무라비 대제와 당대에 통치하기도 했다. 얼마 동안은 앗시리아와 바빌로니아 사이에 경쟁이 심화되어 BC 1600년 카시테의 침입은 바빌로니아의 경쟁력을 약화시키고 앗시리아의 힘과 영향을 점차적으로 구축하는 길을 마련하게 될 때까지 두 제국은 메소포타미아의 통치권을 놓고 힘을 겨루고 있었다. 그러나 족장 시대 이후에야 비로소, 앗시리아가 근동 외교에서 최고 우위의 권력으로 인정받았다.

이집트

이집트 왕국의 권력 부흥을 알리는 11대 왕조는 족장 시대(약 BC 2133년경) 초기에 즈음해서 그 위력을 드러냈다. 그러나 아메넴헤트 1세(1991-1962)하의 12대 왕조가 바로 뒤를 이었다. 이 왕조는 이집트 역사상 가장 중요한 왕조중의 하나가 되었는데 어떤 고대나 현대국가의 생활과 비교가 안되는 혼란의 시기를 맞게 된다. 약 200년간, 중세 왕국(12대 왕조)은 근동지역에서 메소포타미아와 맞먹을 명성과 권력을 떨쳤다. 지금 이 두 지역은 모든 종류의 광범위한 접촉을 가능케 했던 문명의 요람지로 널리 알려져 있다.[2] 바빌로니아가 여러 방면에서 타민족들에게 자신의 영향력을 뻗어나갔던 것과 마찬가지로 이집트도 극남쪽 누비아 영토와 아라비아반도와 남쪽 시리아 그리고 팔레스타인을 포함하는 극동과 극 북부지역까지 뻗어나가기 시작했다. 그러나 이 제국은 오래 지속되지 못했는데 왜냐하면, BC 1730년경에 북동쪽 이집트 국경 근처에 점차적으로 정착하면서 결국에는 군대를 이끌어 북부지역을 모두 장악했던 외관상으로는 반유목민인 셈족 인종이며 역사상으로는 다만 힉소스라고 알려진 민족에게 굴복당했기 때문이다.

이 민족들을 연구할 수 있는 문헌이나 유물(사적) 등이 거의 남아있지 않기 때문에 이 민족의 정체를 알아내는 것은 역사적 난제의 하나이다. 그러나, 그 민족이 방벽으로 알려진 새 형태의 요새나 전차의 사용 등을 포함하

---

2) W. F. Albright, *The Biblical Period From Abraham to Ezra*, New York, Harper and Row, 1963, p. 3.

여 이집트에 주요 공헌을 했다는 사실은 분명하다.[3] 가장 중요한 것은 이집트 역사상 채워지기 어려운 공백을 창출하면서, 이집트 문명을 완전히 붕괴시켰다는 것이다. 그리고 적어도 150년 동안(BC 1730-1580년경) 자신들의 지배력을 유지하다가 18대 왕조인 아모스 1세때에 마침내 추방되었다.

팔레스타인

팔레스타인은 BC 2000년부터 1600년까지는 거의 완전히 단절된 것으로 특징지을 수 있다. BC 2000년 전에는 많은 주요 도시국가들이 있었다. 그들의 고고학적 유물은 그 국가들이 강하게 요새화 되었고 눈에 띄게 문화적으로 진보되었다는 것을 알려준다.[4] 거의 끊임없이 그리고 아직까지 설명된 바는 없지만, 이 도시국가들은 연이은 황폐로 인해 더 이상 존재하는 것이 완전히 불가능하게 되어 멸망했다. 이 붕괴 다음 시대 유물이 유목이나 반유목생활을 시사해 주기 때문에, 팔레스타인도 힉소스나 그 민족에 의해서 이집트와 같은 운명을 맞게 되었을 것을 짐작할 수 있다. 역사가들은 역사의 혼란기에 근동의 모든 지역에 민족의 대이동이 있었고, 팔레스타인의 범람이 비옥한 초승달 지대의 그와 같은 대이동의 결과를 반영한다고 생각한다. 족장 시대내내, 팔레스타인은 반유목민의 안식처였던 것으로 보인다. 중세 청동기 중반(약 BC 1700년경)에서야 비로소 정착 인구에 대한 많은 증거를 찾아볼 수 있다.

구약과 족장 시대

최근까지만 해도 히브리 족장과 그 역사적 배경에 대한 구약 설명은 무시되었고 전설이나 "종교적 신화" 정도로만 여겨왔다. 그러나 근동 여러 지역에서의 체계적인 발굴 덕분에 오늘날 이용 가능한 많은 양의 자료들이 그 시대의 역사성에 반(反)하는 주장을 무너뜨렸다.[5] 현재 학자들은 일반적으로 창세기 12장부터 50장에 기술된 역사가 신뢰할 만하다고 인정은 하지만, 그

---

3) W. F. Albright, *The Archaeology of Palestine*, London, Penguin Books, 1956, p. 86.

4) G. Ernest Wright, "The Archaeology of Palestine," *The Bible and the Ancient Near East*, G. Ernest Wright, ed., Garden City, Doubleday and Company, Inc., 1966, p. 101.

5) Albright, *The Biblical Period From Abraham to Ezra*, p. 2.

들 생각으로는 아브라함, 이삭, 야곱 그리고 그들 가족들의 연대는 히브리 역사보다는 훨씬 뒤에 있다고 본다. 그들은 "원인론적"이다; 즉, 이스라엘 역사가들이 선사시대부터 국가의 발전과 기원을 설명하기 위해서 만들어진 인물들이다.[6] 사실 아직까지 위의 인물들을 설명하는 고고학적 증명이 이루어지지 않았기 때문에, 어떤 사람도 족장의 존재를 증명할 수 없다. 그러나 우리가 그 인물들이 살았던 시대가 창세기에서 정확하게 설명된 것과 똑같다는 이론을 세운다면, 그들의 역사성을 망각할 어떤 근거도 없어진다.

근동의 역사나 문화에 관해서 성서 외적으로 알려진 사실에 비추어서, 성경 이야기를 구약 신빙성의 예로써 검토해보자. 우르 지방에서 하란으로 아브람이 이동한 것은 두 지방 모두 달 신을 숭배하는 요충지라는 인지된 사실과 일관성을 갖는다. 아직 새 믿음으로 채워지지 않은 아브람으로서는 자신과 종교적 관행이 친숙한 사람들이 있는 곳을 찾았다는 것은 지극히 논리적이다(창 11:31).[7]

또한, 아브람같은 반유목민들이 많이 거주했고 성이 거의 없었던 땅으로 창세기에서 그려지는 팔레스타인은 현재 우리가 역사적으로 알고 있던 당시의 팔레스타인와 일치한다. 흉년(나중에 야곱의 이야기에서도 보여주는)에 아브람이 네게브에서 이집트로 이주하는 이야기 또한 수천명의 셈족 이주민들이 같은 시기, 동일한 이유로 해서 이집트로 이주했다는 것을 알려주는 여러 이집트 문헌과 일치한다.[8]

미디안 상인에게 요셉을 팔아 이집트로 보낸 후 이집트의 12대 왕조때에 막강한 지위로 부상되는 요셉의 이야기는 요셉이라는 이름을 언급하지는 않지만, 이집트 정부내에 그와 유사한 승진을 한 셈족에 대해 설명하는 이집트 자료로 충분히 그 이야기를 증명할 수 있다.[9] 요셉 시대에 이집트 관습과 요셉이 친숙했던 점 그리고 창세기에서 모세가 기록한 관습들은 이집트의 세속 문학에서도 같은 관습들을 말하고 있다는 점에서 탄탄히 받쳐진다.

---

6) Theophile J. Meek, *Hebrew Origins*, New York, Harper and Row, 1960, p. 2.
7) 창 11:31; Merrill F. Unger, *Archaeology and the Old Testament*, Grand Rapids, Zondervan Publishing House, 1954, p. 112.
8) G. Ernest Wright, *Biblical Archaeology*, Philadelphia, Westminster Press, 1957, p. 28.
9) Ibid., p. 36.

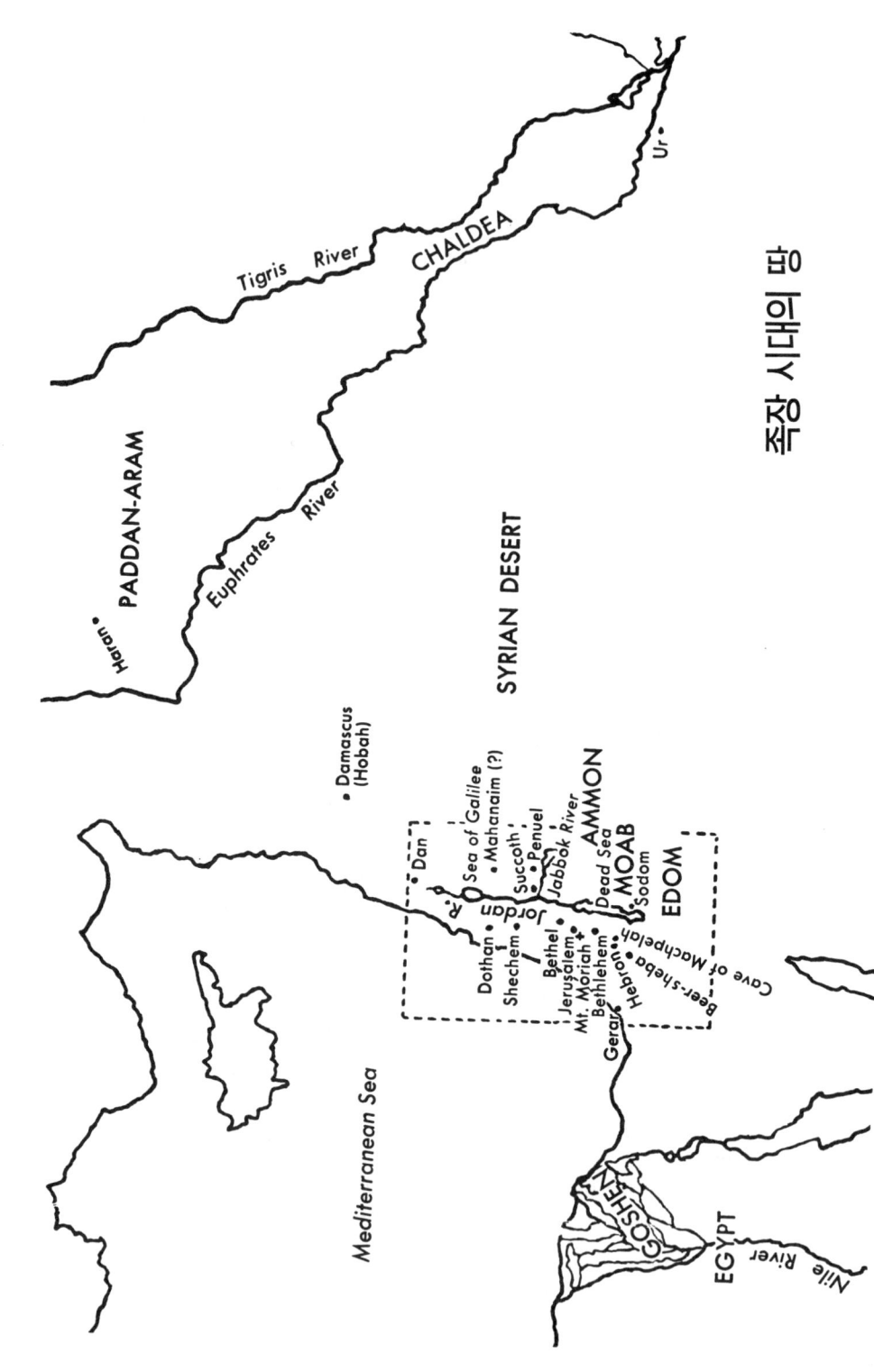

족장 시대의 땅

Tigris River

CHALDEA

Ur

PADDAN-ARAM

Euphrates River

Haran

SYRIAN DESERT

Damascus (Hobah)

Dan

Sea of Galilee

Mahanaim (?)

Succoth

Penuel

Jabbok River

AMMON

Dead Sea

MOAB

Sodom

EDOM

Jordan R.

Dothan

Shechem

Bethel

Jerusalem

Mt. Moriah

Bethlehem

Hebron

Cave of Machpelah

Beer-sheba

Gerar

Mediterranean Sea

GOSHEN

EGYPT

Nile River

위에 열거한 특별한 사례 외에도 부수적으로, 족장의 역사적 환경에 당
위성을 주는 근거가 있다는 전반적인 느낌이 있다. 구약의 어떤 것이나, 개
인적인 의견이나 사건 또는 일반적인 배경에서도, 지난 백년 동안 얻어낸 근
동에 대한 사실과 겨루지 못할 것은 아무것도 없다; 고고학자들의 근면한 노
력이 더 많은 수확을 거뒀기 때문에, 족장 시대의 역사성은 더 확실하게 지
지되었다.

아브라함(11:26-25:8)

바벨탑 사건으로 인간이 분산된 이후, 진실한 하나님에 대한 지식이 한
층 더 한정되었던 것으로 보인다. 갈대아 우르(3대 왕조에서의 우르지방과
같은) 지방과 같은 이교도적 환경에서 아브람이 하나님의 부름을 받았다는
사실은 당시에 믿는 자들이 있었다는 성경 자료를 찾아볼 수 없다는 것을 증
거해주고 있다고 볼 수 있다. 하나님은 계약을 이해하고 널리 알릴 수 있다
고 생각되는 한 개인을 통해서 변절해 버린 세상에 당신의 신실하심을 계속
알리셨다. 하나님의 축복은 전인류에게 내려졌지만, 아담, 노아 그리고 지금
은 아브람을 통해서 중재된다는 이미 인식된 원리와 일치한다.

아브람은 그의 직계 조상이 달신을 숭배했고 메소포타미아 셈족 출신이
라는 사실 외에는 그에 관해서 달리 알려진 배경이 없다. 아브람의 아버지
데라(Terah)는 우르를 떠나 비옥한 초승달 지대 북쪽 만곡에 위치한 하란으
로 이주했고 그곳에서 아브람이 75세때 죽었다. 신약에서는 하나님이 아브람
을 불러 우르를 떠나라고 하셨다고 알려준다(행 7:2-4). 그러므로 데라의 이
주는 아들 아브람에게 내린 부름에 의해서 유도되었다고 볼 수 있다. 아브람
에게 최초의 계시가 있었을 때 상황은 신비스럽게 구름으로 드리워져 있었으
나 하나님이 아브람을 불러 인도할 땅으로 믿음을 갖고 떠나게 하기에는 뚜
렷했다(히 1:8-12). 하나님이 발현하셔서 내린 이 명령은 너무도 분명히 그
리고 강한 인상으로 아브람에게 다가왔기 때문에 진정한 하나님인 여호와만
을 신봉하기 위해서 즉각적으로 자신의 구종교와 이교도적 환경조차도 버렸
다. 결국, 하나님은 아브람과 계약하시길 그의 후손을 영원히 축복하며 세상
이 그와 그의 자손을 통해서 축복받게 만드시겠다고 약속하셨다(12:1-3).[10]

하란을 떠나, 아브람과 그의 아내 사래 그리고 조카 롯은 팔레스타인으
로 향하는 여정에 올랐다. 그들은 처음에는 세겜(나중에 붙여진 이름)에, 그

리고 벧엘 근처에, 최종적으로 네게브지방에 정착하였다. 이들 세 곳에서마다 아브람은 제단을 쌓았는데, 이는 새 믿음과 자신이 가는 어디에서도 하나님이 임재하심을 인지한 상징이다(12:4-9). 얼마 후에 아브람은 팔레스타인에 퍼진 기근을 피하기 위해 이집트로 내려왔다. 근동지역은 비가 오지 않아 가뭄에 고통을 당했어도 "나일의 선물"인 이집트는 매년 강둑을 흘러넘치는 풍부한 강물로 인해, 가뭄으로부터 안심할 수 있었고 필요한 표토(topsoil)와 관개수를 공급해주었다.

아브람이 이집트로 떠났을 때, 그는 이집트인이 사래의 아름다움에 매혹되어 관습에 따라 자신을 죽여 합법적으로 그녀를 취하려 할지도 모른다는 두려움 때문에 자기 부인을 부인이 아니라 누이라고 소개하는 인간 본성을 드러냈다. 우리가 아주 최근에 아브람이 하나님의 계시를 그것도 매우 한정된 방법에서 받았다는 것을 상기한다면 이 성스러운 한 인간에 의한 반-진실(사실, 사래는 이복동생이었기 때문에)은 수긍할 만하다. 아브람이 모세보다 500년 앞서기 때문에, 아브람을 모세율법으로 평가할 수는 없다. 그러나 그 당시의 법전과 문화도 진리의 기준으로 주창하기 때문에 아브람이 면죄될 수는 없다. 이집트인은 아브람이 두려워 했던 것처럼 사래를 취했으나 하나님이 그것으로 인해 그들에게 고통을 주셨기 때문에 이집트인들은 아브람의 교활함을 알게 되었고, 아브람에게 사래를 돌려보내준 뒤 이집트를 떠나라고 명령했다(12:10-20).

아브람과 롯은 북쪽 벧엘로 움직였다. 벧엘에서 그들은 자신들이 소유한 목축떼들이 너무 많아서 둘이 같은 목초지를 이용하기에는 부족한 것을 알게된다. 그 둘 사이에 발생할지도 모를 적대감의 위험성을 피하기 위해서 아브람은 롯에게 먼저 그가 원하는 땅을 선택하고 자신은 그 나머지를 소유하겠다고 현명하게 제의했다. 상황을 조심스럽게 따져본 후에 롯은 아마 사해 남쪽이었을, 요단의 비옥한 평원을 선택했고, 이 지역중 한 성이었던 지방을 향해서 천막을 쳤다. 그 후 하나님은 아브람 앞에 나타나시어 계약에 따른 지리적 약속을 덧붙이셨다. 즉 하나님은 아브람이 볼 수 있는 땅 모두를 그

---

10) 고대 근동의 언약에 관해서는, see G. E. Mendenhall, *Law and Covenant in Israel and the Ancient Near East*, Pittsburgh, The Biblical Colloquium. Reprinted from *Biblical Archaeologist*, Vol. 17, May, September, 1954.

와 그의 후손들에게 주시겠다고 확인시키셨다(13장).

14장은 역사적 소망의 관점에서 보면 구약에서 가장 어려운 부분중 하나이다. 왜냐하면, 실질적인 역사적 인물이나 사건들이 설명되기는 했지만 성경 이외에서 알려진 다른 어떤 것으로도 증명이 되지 않기 때문이다. 근동지역 4명의 왕이 연합하여 요단 평야를 침략했고 소돔을 포함한 5개 도시 국가를 정복했을 것으로 보인다. 그 왕들은 모두 이름을 가졌는데, 그 이름은 기원전 19세기와는 맞지 않는 것이 아니라 단지 이 기간 동안 있었던 군주들로 잠정적으로 인정한 이름일 뿐, 당대 왕들과 동일 인물이었다는 것은 아직 확인되지 않았다. 시날의 왕인 암라펠(Amraphel)이 함무라비였다는 주장은 오랫동안 계속되어 왔다. 이 주장에 대한 두 가지 기본적인 반론은 (1) 그외 다른 이름으로 언급되었던 왕들도 함무라비왕과 동시대 인물이었다는 것과 (2) 만약 성경 연대기를 액면 그대로 받아들인다면, 아브라함은 함무라비왕보다 300년이나 앞선다는 것이다.[11] 그러므로 그 왕들의 신원은 불명확하고 고고학자들의 노력이 언젠가는 모든 문제를 분명하게 밝힐 것이라고 말해두는 것이 현시점에서는 최선이라 하겠다.

12년 동안 이 동방의 왕들은 팔레스타인 여러 지역에서 속국으로 남아 있지만, 후에 대규모의 반기를 들었는데 그들중에는 평원에 있는 도시국가까지도 침입했다. 그 반란은 진압되었으나 도시들은 약탈당했고 소돔의 롯을 포함해서 여러 포로들이 북쪽으로 이송됐다. 여기서 또다른 역사적 난점이 고개를 든다. 왜냐면 318명의 부하(종)를 가진 아브람이 그 왕들을 추격하여 다마섹에서 그들을 격파시키고 다른 포로들과 롯을 구출하였기 때문이다. 아브람이 그렇게 한정된 부대를 가지고 4명의 왕들과 그들의 군대를 참패시킬 수 있었다는 것은 이해하기가 불가능하다. 그러나, 좀더 면밀히 검토하면, 그런 경우로만 보이는 것은 아니다. 한 예로써, 4명의 왕들이 직접적으로 그 곳에 있었어야 할 필요는 없었고 그들의 군대가 대규모였다는 증거도 없다. 이들이 대제국 군주들이었다면, 팔레스타인 전투지도 단지 명목상 군대만 보냈을 것으로 추측해볼 수 있다. 더욱이 그들의 군대가 요단 평야 이상의 지역으로 더 넓게 퍼져 있었고 평원 도시에 진격하기에는 그것이 타당

11) H. H. Rowley, *From Joseph to Joshua*, London, Oxford University Press, 1950, pp. 57-58.

했다는 결론을 내릴 수 있다. 이 경우에, 아브람이 소돔지역을 무찌르고 그곳 거주자중 몇명을 구해내기 위해서는 필요한 분대만 추격하여 쳐부술 수 있었을 것이다. 이외에 우리가 상상하건대 그와 함께 떠났을 공모자를 가질 수 있었을 것이고 이들은 아마 수백명에 달했을 것이다(14:13).

승리에 이어 아브람은 마므레로 돌아왔으나, 돌아오는 길에 빵과 포도주를 가지고 나타난 살렘의 왕 말기세덱에 의해서 잠시 가던 길을 멈추게 된다. 높으신 하나님(El Elyon)의 제사장인 멜기세덱은 아브람을 축복하고 아브람은 자신이 가진 전리품의 10분의 1을 그에게 준다. 부버(Buber)는 멜기세덱은 엘 엘론이라고 불리는 부족신(a tribal deity)의 가나안계 제사장이었으며 아브람은 그를 히브리 신으로 무지하게도 혼동했거나, 엘 엘론이 여호와로 인식하고 있었을 것이라고 주장한다.[12] 그러나 이 주장은 특별히 신약을 고찰해보면 어떤 지지도 얻지 못한다. 히브리서 7장은 멜기세덱에 대해서 언급하는데, 멜기세덱은 시작도 끝도, 부모도 없는 신비스러운 인물이며 신약의 대제사장인 예수 그리스도의 원형이라고 지적하고 있다. 히브리서의 저자가 그리스도와 가나안 제사장을 연관시켰다는 것은 진정으로 이상한 일이다.

그밖에, 창세기와 히브리서 모두에서 멜기세덱에 대한 묘사를 보면 그는 죽음을 운명으로 하는 존재 이상임에 틀림없다는 결론이 나온다. 사실상 그럴 수 있는 유일한 가능성은 그를 신격화시키는 것이다. 하나님은 구약에서 여러번 어떤 형태(신의 현현)를 가지고 나타났기 때문에 하나님이 여기에서도 그렇게 나타나셨다는 것은 그리 놀랄만한 것이 아니다. 멜기세덱은 "살렘의 왕"으로 불린다. 하나님을 지상의 왕으로 상상하기는 어렵다. 그러나, 히브리어로 살렘(salem, shalom)은 "평화"를 의미한다. 그래서 하나님은 예루살렘이라는 곳의 왕으로 불린 것이 아니라 이사야의 메시야 묘사를 회상시키는 용어인 평강의 왕으로 불렸다는 것을 짐작할 수 있다(사 9:6). 더욱이 멜기세덱이라는 이름 그 자체는 문자 그대로 "정의의 왕"을 의미하여 이는 하나님의 또 다른 속성을 가리킨다. 요약하면, 하나님은 아브람에게 당신의 임재하심을 상기시켜주기 위해 나타났고 왕들을 무찌르고 승리를 안겨주신 하나님의 구원의 힘을 경외하는 의미에서 아브람은 전리품의 10분의 1을 바

---

12) Martin Buber, *Moses*, New York, Harper and Row, 1958, pp. 96-97

쳤다.

아브라함 자손에 대한 약속은 계속되고 아래와 같은 방법으로 15장에서 18:15까지 상세히 설명되어 있다. 하나님은 환상 가운데 아브람에게 나타나시어 비록 그가 연로하긴 하나 자식을 주시겠다고 말씀하셨다. 아브람은 현재 자기에게 있는 유일한 상속자는 그의 종, 엘리에셀뿐이며, 당시 일반적이었던 근동지역의 관습과 일치하여, 엘리에셀이 자신의 상속자로 지명된다는 것은 당연한 것이라고 주장했다. [13] 하나님은 아브람과 사래가 언약의 아들을 갖게 될 것이라고 명백하게 밝히시면서 엘리에셀이 상속자가 될 것이라는 잘못된 인상을 정정하셨다. 계속되는 환상 가운데 그 약속은 강화된다. 아브람은 짐승들을 죽여 반으로 쪼개 나누어 놓는다. [14] 그 사이를 하나님과 아브람이 상징적으로 지나가게 되며 이것이 암시하는 전체적인 효과는 계약을 무조건 확고불변하게 해주는 특성을 가지고 하나님과 아브람은 피의 관계로 단단히 묶이게 해준다. 그 의식에 더하여, 이방 나라(이집트)에서 앞으로 400년 동안 종살이 하다 아모리족이 있을 팔레스타인을 다시 찾게 될 것이라는 예언적 선포를 하신다.

하나님의 계약 약속을 현실화시키려는 욕망에서, 아브람과 불임의 상태에 있었던 사래는 그들의 이집트인 여종인 하갈을 통해서 자손을 얻기로 결정했다(16:1-3). 당시의 관습과 법을 기록한 고대 하란 설형문자 서류인 누지 서책에 따르면, 아브람과 그의 아내의 처신은 이 점에서 완전하게 합법적이다. [15] 이 대리모에 의해서 태어난 자손은 본처 출생 자손이 없다면 합법적으로 상속자가 된다. 그러나 사래의 질투 때문에 임신한 하갈은 사막으로 추방당했다. 하나님은 그곳에서 하갈을 만나 그녀 역시 대민족(16:10)의 어머니가 될 것을 약속하셨다. 그 민족은 역사적으로 아랍민족으로 알려져 있고 하갈에 의해 탄생한 이스마엘이 이 막강한 민족의 머리가 될 것이었다.

마지막으로, 13년 후에 하나님은 아브람에게 한번 더 나타나시어 전능

---

13) Henry J. Cadbury, ed., *Annual of the American Schools of Oriental Research*, Vol. 10, New Haven, Yale University Press, 1930, Tablet H60.
14) W. F. Albright, "The Hebrew Expression for 'Making a Covenant' in Pre-Israelite Documents," *Bulletin of the American Schools of Oriental Research*, No. 121, pp. 21-22, February, 1951.
15) Cadbury, ed., op. cit., Tablet H80.

한 하나님(El shaddai)으로 밝히시고 아브람의 나이가 비록 99세이지만 많은 후손과 왕을 가진 민족의 조상이 되게 해주겠다고 약속하셨다. 하나님의 신실하심에 대한 증표로, 아브람의 이름이 아브라함으로 바뀌었다. 그는 "위대한 아버지"(abram)이었지만, 지금부터는 "위대한 민족의 조상"(abraham)으로 알려질 것이다. 이것의 실현은 매우 절박하고 확실해서 하나님은 아브라함에게 계약의 표, 곧 할례를 표명하셨다. 무지개가 노아와의 계약을 위한 표였던 것과 마찬가지로, 할례 의식은 아브라함 계약의 증표여야만 했다. 아브라함은 즉각적으로 그 증표를 당시 집으로 돌아와 있던 이스마엘을 포함해서 그의 집안 모든 남자에게 시행했다. 이 모든 것과 관련하여, 사래(Sarai)가 사라(Sarah, "공주")라는 이름으로 바뀌었다. 이 이름은 약속된 인종의 어머니라는 임박한 역할의 효력을 나타낸다. 그들의 믿음을 분명히 증명했음에도 불구하고, 아브라함과 사라 둘다 자식을 주시겠다는 약속을 쉽게 받아들일 수 없었다. 그 둘 모두 웃었고 그로 인해, 하나님은 태어날 아이의 이름을 이삭("웃음소리")으로 지으라고 하셨다.

하루는 아브라함이 마므레 숲 천막에서 나오자마자 세 명의 낯선 방문객이 다가오는 것을 보았고 관습에 따라 그들을 아낌없이 대접하기 시작했다. 대화중에 세 명중 하나가 아브라함이 가까운 장래에 아들을 하나 얻게 될 것이라고 한번 더 그에게 알려주었을 때, 너무 늙어서 그 소리가 어이가 없다는 생각으로 천막 옆에서 엿듣고 있던 사라가 웃었다. 여호와의 천사였던, 방문객의 우두머리는 사라를 꾸짖었고 사라의 부인에도 불구하고 틀림없이 아이의 이름이 "웃음소리"가 될 것이라고 다시 한번 상기시켜 주었다. 그 이름은 이스라엘 부족과 사라에게 영원히, 한때 그들의 믿음이 부족했음을 알려준다.

그 대화에 이어, 두 방문객 천사들은 소돔성이 하나님께 너무 사악했기 때문에 발생할 임박한 파괴를 경고하기 위해서 소돔성으로 떠났다. 여호와의 천사는 아브라함 곁에 남았고 아브라함은 롯을 구하기 위해서 여호와의 천사와 "협상"하기 시작했다. 많은 애원 후에 아브라함은 그 천사에게서 만약 10명의 의인만이라도 소돔성에서 찾아낸다면 그 곳을 멸망시키지 않겠다는 약속을 얻어냈다. 이 토론을 끝으로 "여호와"는 아브라함을 떠났다. 여호와의 천사를 여호와로 보고자 하는 이 두드러진 동일시는 천사의 신성과, 하나님은 당신을 구약에서 육신의 형태로 나타내시곤 했다는 사실을 알려준다.[16]

마침내 그 천사들은 소돔성에 도착하게 되고 그러나 오직 롯만이 성문에서 그들을 맞이한다. 롯도 아브라함과 마찬가지로 적어도 천사들을 처음보는 것은 아니었지만 자기 집에서 하룻밤 묵고 갈 것을 간청했다.

그날 밤 변태적인 사람들이 롯의 집에 몰려와 롯의 손님들과 육적 경험(관계)을 하겠다고 요구했는데 이는 그들이 동성연애를 일삼았기 때문이다. "남색(sodomy)"이란 용어는 소돔성의 타락한 상황에서 연루되었다. 롯은 손님들을 그 자들에게 내보내지 않고 그 변태자들이 어떻게 자신들의 욕정을 해소할지 모르는 상황에서 대신 자신의 미혼 딸을 그들에게 제공하려 했다. 천사들의 간섭으로 그 일은 제지되었고 사악한 소돔사람들의 눈을 멀게한 후 그 천사들은 롯에게 성이 곧 멸망하게 될 것이라고 경고했다. 롯은 자기 딸과 사위에게 찾아가 하나님의 분노를 피해 도망갈 것을 필사적으로 알렸으나 자신들을 길러준 그 사람의 목소리에 전혀 귀를 기울이지 않았다. 체념하여 롯은 단지 자기 부인과 두명의 시집 안간 딸만을 데리고 성을 빠져나왔으나, 절대 뒤돌아보지 말라는 천사의 경고를 귀담아 듣지 않고 뒤돌아 본 롯의 부인은 소금기둥이 되었다. 귀청이 떨어질 것같은 폭음을 동반하며 온 땅이 폭발하였다. 화산이 폭발하여 불과 유황이 그 성에 남아있던 모든 것들을 숯처럼 까맣게 황폐시켰다. 롯과 두 딸은 근처 소알까지 달아나 산으로 올라간 후 공포의 장면이 무서워 동굴에 숨어 살았다. 그러나 소돔의 죄는 이들에게까지 전해졌다. 축복받은 존재여야 할 남편과 자식이라는 개념이 완전히 몰락해 버린 채 롯의 두 딸은 자기 아버지를 만취시킨 후 그와 잠자리를 같이 하는 근친상간을 범해 두 아이를 낳게 된다: 모압족의 조상인 모압과 암몬족의 아버지 암몬(19:37-38).

창세기 20장은 12장에서 아브라함이 바로를 속인 사실을 상기시켜 준다. 이 장에서 상황은 비슷하긴 하지만 전반적으로 환경은 같지 않다. 아브라함은 가나안과 이집트 중간에 위치한 작은 왕국인 그랄로 이주했는데 그 가운데, 자기 아내에게 자신의 부인이라는 것을 비밀로 할 것을 충고했다. 그랄의 왕 아비멜렉은 사라가 아브라함의 누이라고 믿었고 그래서 자기 처소로 그녀를 데려왔다. 그러나 꿈에 하나님이 아비멜렉에게 나타나시어 사라의 진짜 신분을 알려주셨다. 아비멜렉의 가족은 그 왕의 실수로 인해서 하나님

16) 창 16:17; 22:11; 민 22:23; 삿 5:23; 6:11; 13:3; 삼하 24:16.

의 응보를 받아 고통받기 시작했다. 그 왕은 사라를 돌려보내고 예언자로 일컫는 아브라함에게 가족들을 위해 기도해 달라고 애원했다. 아브라함이 기도하여 아비멜렉 가족들의 고통은 해소되었고 더 이상의 소란없이 아브라함은 다시 마므레 지방으로 떠났다.

위의 탈선 바로 뒤에 사라는 임신하여, 사라와 아브라함의 가장 즐거운 희망이자 꿈의 실현이며, 아들을 주시겠다는 하나님의 약속이 이루어지는 이삭이 태어났다. 하지만 이삭의 탄생은 상속의 권한을 잃어버렸기 때문에 하갈과 이스마엘을 자극하여 조롱하게 만들었다. 이것으로 인해 그들은 다시 광야로 쫓겨났다. 이 곳에서도 두번째로 하나님의 자비가 그들을 돕고, 그들 역시 큰 민족이 될 것이라는 것을 상기시켜 주었다. 이 무렵, 아브라함과 아비멜렉은 서로의 영역권을 인정하는 계약을 맺었는데 이는 두 영토가 서로 인정되어 있기 때문이다. 그들은 네게브 지방의 브엘세바(맹세의 샘)라 불리는 장소에서 그 약속에 동의하였다.

이삭이 태어난 뒤 수년이 지나, 하나님은 아브라함에게 아들 이삭을 제물로 바치라고 요구하셨다. 아브라함은 이삭이 하나님이 약속하여 내려주신 아들이라는 사실과 지금 아들을 제물로 바치라는 하나님의 요구가 잘 이해되지는 않았지만 순종하는 믿음으로 행동하는 지혜를 깨달았다. 망설이지 않고 아브라함은 이삭을 데리고 모리아 땅으로 가서 하나님이 지시한 특정한 산위에서 예물로 바칠 의식을 행했다. 산위로 올라가는 중에 이삭은 그의 아버지가 희생제물 외에 모든 것을 다 가지고 있는 것을 알았다. 아브라함은 하나님이 직접 예물을 준비하실 것이라는 확신을 주었고 이삭은 순종하여 앞으로 걸어갔다. 그리고 자신이 희생제물이 될 것이라는 충격적인 사실을 인지했을 때조차도 묵묵히 자발적으로 자신의 몸을 칼의 움직임에 맡겼다. 이 순간 믿음은 최고 절정에 달했고 하나님은 이때, 대체 제물을 준비하셨다고 말씀하셨다. 믿음의 이 진지한 시험이 지나가고 아브라함은 계약의 모든 축복과 그것이 확실하게 이루어질 것을 약속받았다(22:15-18).

사라의 죽음은 아브라함이 자신과 가족들의 시신을 영원히 거룩하게 해줄 묘지 마련을 서두르게 해주었다. 헷사람인 에브론과의 협상 후에, 매장지를 얻게 되었다. 그곳에는 왕들의 모친이 매장되어 있었다. 아브라함은 지금 자신의 생이 곧 끝날 것이라는 것을 인식하고 충실한 종에게 아들 이삭의 신부감을 구하러 메소포타미아에 다녀오라고 명했다. 하나님의 많은 인도 아래, 나홀의 성에 도착한 종은 아브라함의 친척을 만났는데, 그 중 특별히 아름다운 처녀 리브가를 만난다(24:15). 이 처녀가 주인을 위해 알맞은 신부라고 확신한 종은 아브라함의 요청을 그 처녀의 오빠이며 보호자인 라반에게 제의했다. 모든 상황을 고려해 볼 때 이것은 하나님의 계획하심대로 이루어졌다는 것을 라반은 인정했다. 가족들에게 축복을 나누어 준 뒤 리브가는 결혼할 이삭에게 모친을 잃은 슬픔을 달래줄 위로와 함께 가나안 땅을 향해서 떠났다.

아브라함의 마지막 해에 대해서는 창세기 25장에 기록되었다. 여기에서 우리는 그가 두번째 부인인 그두라를 얻어 미디안족의 시조가 되는 미디안을 포함한 계보를 만들었다는 것을 알 수 있다. 아브라함은 물질적, 정신적으로 그의 축복을 많은 아들들에게 내려줬다. 계약된 아들인 이삭이 당연히 가장 많은 축복과 사랑을 받았다. 마침내 175년이라는 생애를 끝으로 아브라함은 죽어 이스마엘과 이삭에 의해 막벨라에 묻혔다.

이삭(25:9-27:46)

이스라엘 족장 역사의 사슬에서 이삭과의 연결 부분이 가장 약하다. 아브라함에서 직접 야곱으로 넘어갈 수 있을 정도이며 사람들은 이삭은 단지 아브라함의 아들이며 야곱의 아버지라는 인상만을 갖는 경향이 있다. 그러나 이것은 이삭에 대한 정확한 해석이 아니다. 이삭에 대해서 간략히 설명된 이유가 그가 하나님께 순종했던 것만큼이나 이삭 자신에 대한 중요성은 없기 때문이 아니다. 그의 삶은 많이 궁리하고 생각한 이상한 탈선을 만들어낸 삶이 아니었다. 묵묵히 순종하며, 자신의 삶을 하나님의 종으로 신중히 명하시는 하나님의 의지에 따랐을 뿐이다.

결혼 이후 이삭의 생애에서 최초로 중요한 사건은 쌍둥이 아들, 에서와 야곱을 갖게 되었을 때라 할 수 있다(25:21-26). 어머니의 자궁 안에서조차 서로 다투었던 이 두 형제들은 서로 다투고 이로 인해 형이 동생을 섬기게 될 것이라는 말씀을 듣게 됐다. 첫째인 에서는 사냥꾼이 되어 이삭의 사랑을 받았고, 반면에 야곱은 집안일을 좋아해서 리브가의 사랑을 받았다. 가족간의 이런 불행한 분열은 도래할 시기에 슬픈 고통을 낳는다. 두 형제간의 관계에서 이러한 과정이 보이기 시작한 것은 에서가 사냥에서 돌아와 허기졌을 때 동생이 만든 죽과 자신의 장자권을 바꾼다고 말하게 됨으로써 분명해졌다. 이런 유의 거래가 그의 메소포타미아 자료에도 기록되어 있긴 하지만, 에서는 야곱의 그 불공평한 거래를 문자 그대로 진지하게 받아들이려고 생각하지는 않은 듯하다.[17] 그러나 야곱은 에서처럼 그런 중요한 문제를 가볍게 취급하는 사람이 아니다. 분명하게 모든 것은 정당한 법의 절차에 따라 행해졌기 때문에 에서는 후에 그 거래에 대한 적법성을 항의하지 않았지만 비통하게 후회했다.

또다시 흉년이 밀어닥쳐, 이삭은 그랄지방으로 떠나야만 했다. 그곳에서 이삭은 아버지 아브라함이 했던 것처럼 자기 부인에 관해서 왕에게(아마 아비멜렉 2세 또는 3세) 거짓말을 했다. 그후 브엘세바라는 곳으로 돌아온 후, 그의 아버지가 했던 것처럼 이삭도 팔레스타인 왕과 영토권과 위반에 대한 계약을 맺었다. 이 경우에, 자기 부인을 누이라고 속인 이삭의 뻔뻔스러움은 그를 믿는 그랄왕의 순진함과 어울린다. 왜냐하면, 그들 아버지들이 전 세대에 이미 이번과 유사하게 연루되어 있었기 때문이다. 역사 그 자체는 반복하고 인간성은 기본적으로는 동일하게 존재한다는 것을 알 수 있다.

주요 사건이 창세기 27장에서 다시 한번 나타난다. 지금은 늙고 눈까지 보이지 않는 이삭이 큰아들 에서를 불러 그에게 장자의 축복을 내려주겠다고 말했다 ― 에서가 잘 만드는 사슴고기 별미 요리를 한번 더 준비하라고 요구하면서. 에서가 아버지의 요구를 들어주기 위해 집밖에 나가 있는 동안에 모든 것을 엿들은 리브가가 야곱에게 에서로 변장하여 약속된 축복을 대신받으라고 일렀다. 이에 순응한 이삭은 자기 형의 옷을 입고 손과 목에 짐승 가죽을 얹어 털많은 에서로 가장했다. 그리곤 아버지 이삭에게 "별미 요리"를 갖다 주었다. 야곱을 에서로 확신한 이삭은 마침내 돌이킬 수 없는 장자의 축복을 야곱에게 주었다.[18] 야곱이 에서에게서 얻어낸 장자권은 물질적인 것과는 대조되는 정신적인 본질을 갖고 있고 이 약속은 아브라함이 이삭에게 한 계약만큼 중요하다.

에서가 돌아왔을때, 이삭에게 자신을 알렸으나 막 축복을 마친 이삭은

---

17) Cyrus Gordon, "Biblical Customs and the Nuzu Tablets," *The Biblical Archaeologist Reader*, Vol. 2, Ed. by David Noel Freedman and Edward F. Campbell, Jr., Garden City, Doubleday and Company, Inc., 1964, p. 23.

18) 1bid., p. 27.

그것이 야곱의 거짓 소행이라 할지라도 한번 준 복은 돌이킬 수가 없었다. 에서는 상황의 타당성을 인정하고 취소해 달라는 요구없이 단지 자신에게 남아있는 복을 내려달라고 애원했다. 그러나 이미 야곱에게 내려진 축복과 비교해 볼 때 에서의 것은 빈껍데기 축복에 불과했다. 에서는 격분하여 아버지 이삭의 죽음 후에 야곱을 죽일 것을 계획했다. 이번에도 리브가가 야곱 살해 음모에 개입하여, 야곱을 친척들이 살고 있는 고향 하란 땅으로 보내 그곳에서 아내를 구할 수 있도록 해보자고 이삭을 설득시켜 에서의 복수를 피해 달아날 수 있게 해줬다.

야곱(28:1-38:30)

야곱은 외가가 있는 하란으로 길을 떠났다. 가는 도중에 벧엘에서 주님이 꿈에 나타나 아버지 이삭에게 한 계약의 약속이 야곱의 것이기도 하다고 말씀하셨다(28:10-15). 그리고 그가 하란에 도착했을 때 전보다 더 밝은 미래가 있음을 인지했다. 그곳에서 며칠 머무른 후에 외삼촌 라반과 만나게 되고 보수를 받고 일을 해달라는 제안을 받았다. 야곱은 라반의 제안을 받아들이는 한편 7년 동안의 보수 대신 라반의 두 딸중 라헬을 아내로 줄 것을 요구했다. 누지 서책과 그외 참고서에 따르면, 사실상 당시 라반은 우리가 아는 한은 아들이 없었기 때문에 야곱을 양자로 삼았다는 것을 짐작할 수 있다.[19] 이것은 물론 후에 라반에게 아들이 생기지 않는 한 야곱이 라반 재산의 상속자가 되는 것을 의미한다.

7년이 경과한 후, 혼인날이 정해지고 7일간의 결혼 피로연이 시작되었다. 드디어, 베일을 쓴 신부와 신랑 야곱이 결혼의 합궁을 위해 신혼 천막의 어둠 속으로 안내되었다. 그러나 다음날 아침, 자신과 결혼한 것은 라헬이 아니라 그녀의 언니 레아였다는 것을 알게 된 야곱은 격분하였다. 큰딸 먼저 시집보내야 하는 것이 그 지역 풍습이라고 라반이 재빨리 그 이유를 설명했지만 야곱의 분노는 쉽게 진정되었다고 볼 수는 없다. 라반은 라헬도 역시 야곱의 신부로 주겠다고 약속하고 다시 야곱이 7년 더 일을 해야 한다는 조건을 제시했다. 그 외에 라반은 결혼 지참금으로 두 딸에게 각각 여종을 하

---

19) Ibid., p. 25.
20) 창 16:1, 25:21; 삿. 13:2; 삼상. 1:2.

나씩 주었다. 라헬이 레아보다 더 사랑을 받았기 때문에 라헬은 잉태할 수 없게 되었다. 하나님이 레아에게 야곱의 사랑을 못받는 것에 대한 보상으로 잉태할 수 있게 해 주시어 네 명의 아들을 낳게 된다: 르우벤, 시므온, 레위, 유다. 라헬은 잉태하지 못하는 자신의 부족함을 보충하기 위해서 자기 여종 빌하를 야곱의 첩으로 취하게 하여 두 아들 단과 납달리를 얻었다(cf. 창 16:1-3).

얼마동안 임신 능력이 멈춰버린 레아는 그녀의 여종 실바를 남편에게 첩으로 주어 라헬에 맞섰다. 이리해서 레아쪽으로 갓과 아셀이라는 두 아들이 더 생겼다. 레아의 임신 능력을 돕기 위한 노력으로 아들 르우벤이 마약으로 믿어지는 합환채(Mandrake)를 레아에게 구해다 주었다. 레아는 적수 라헬에게 그 식물을 주기를 거절했다가 그 대가로 야곱과 그날 밤 잠자리를 같이하게 되었는데 그로 인해 잇사갈과 스불론이라는 두 아들을 더 출생시켰다. 그 합환채는 분명히 아무런 고유의 유용한 효과를 가지고 있지 못했다. 왜냐하면 성경에서 "하나님이 레아의 기도를 들어 주셨다"(30:17)고 하셔서 아이들이 생겨났기 때문이다. 마침내 많은 기도와 영혼의 고통 뒤에 라헬이 하나님의 축복을 받아 그녀 자신을 통해서 출생하는 두 아들 중 첫째가 되는 요셉을 탄생시킨다.

이후 적어도 14년이 흘러 야곱은 가나안으로 돌아가기로 결정했다. 그러나 라반은 지금까지의 성공의 비밀이 야곱에게 있다고 믿고, 요구하는 보수를 주겠으니 남아달라고 설득했다. 야곱은 전반적으로는 라반의 제의에 동의했으나 순종이 아닌 라반의 양과 가축들을 소유할 수 있게 해달라는 전제를 내놓았다. 이 계약이 서로 일치하자마자 야곱에게는 알리지 않고 라반은 그의 아들들에게 가축들중 잡종을 골라내어 돌보게 시킨 뒤 사흘 간격의 거리로 떼어놓았다. 다음날 야곱이 자신의 재산권을 주장하려 했을 때는 이미 아무것도 남아있지 않았다. 그러나 순종 이외의 것은 모두 야곱의 것이라는 명시된 계약 때문에, 이런 상황에서 법적인 주장을 할 입장이 되지 않았다. 그래서 야곱은 한 꾀를 만들어냈다. 미신과 기발함을 섞어 야곱은 자신의 정당한 재산을 찾을 뿐만 아니라 라반의 교활함을 벌할 방법을 고안했다. 그는 어떤 특정한 나무 껍질을 벗겨 가축들이 습관적으로 오는 구유 가까이에 놓았다. 그 가축들이 물을 먹을 때마다 줄무늬와 얼룩점을 가진 나무가지들을 보게 되었고 이로 인해 후에 낳은 새끼들은 줄무늬나 얼룩무늬 점이 있는 것들이 되었다. 그렇게 해서 라반의 순종(purebred) 가축들이 낳은 "점있는 새끼들"을 야곱이 소유하게 되었다. 더욱이, 야곱은 건강한 가축들이 물을 먹을 때만 그 가지를 놓아 라반 소유의 가축들은 건강하지 못하고 가치가 떨어지는 것들만 남게 되었다. 이 일은 전체적으로 미신적이라 할 수 있으나 다음 장에서 그러한 기적은 하나님의 은혜 때문이지 결코 야곱이 영리해서가 아니라고 분명히 말해주고 있다(31:9).

이 일이 발생되는 과정중에 라반은 자주 야곱과 맺은 보수 조건을 바꾸려고 여러번 시도했다. 그러나 하나님이 계속해서 야곱의 편에서 그가 부유해질 때까지 지켜주셨기 때문에 모든 것이 헛수고였다. 마침내 그 둘의 관계가 팽팽히 맞서게 되었을 때 하나님의 인도에 따라 야곱은 하란을 떠나 가나안으로 돌아가기로 결정했다. 그의 아내들은 자기 아버지의 교활함을 알기 때문에 야곱을 적극 지지했는데 그것은 야곱이 하란으로 들어온 이후에 태어난 라반의 아들들이 장자 상속권을 가지고 있어서 야곱이 상속받을 유산이 거의 없었기 때문이다. 하루는 라반이 양털을 깎으러 집을 떠났을 때 야곱은 그의 전재산과 가족들을 데리고 갑작스럽게 떠날 기회를 갖게 되었다. 라반은 야곱이 떠난 것을 알았을 때, 그들을 추격하여 마침내 팔레스타인과 시리아 국경 근처 길르앗에서 그들을 따라잡았다. 라반은 위선에 찬 분개를 나타내며, 야곱이 자신에게 떠나겠다는 계획을 알리지 않은 것을 꾸짖고 만약 미리 알렸다면 축복과 함께 떠나 보낼 수 있었을 것이라고 말했다. 그 외에도 자기 딸과 손자들에게 작별인사조차 못하게 만들었다고 화를 냈다. 그러나 그 중 가장 중요한 것은 야곱이 가정신인 드라빔을 뻔뻔스럽게도 훔쳤다고 비난했다. 그 가정신은 소유자에게 장자권을 부여해 주는 것으로 애초에는 라반의 양아들인 야곱에게 소유권이 있다고 할 수 있다.[21] 물론 라헬이 그 가정신을 훔쳤다는 사실을 몰랐던 야곱은 가정신을 훔쳐간 사람이 발각되면 그를 죽이겠다고 단호하게 항의했다.

라헬은 그 신상을 자기 천막으로 가져와 낙타 안장 밑에 넣고 그녀 아버지가 신상을 찾기 위해 천막 안으로 들어왔을 때 그 안장 위에 그대로 앉아있었다. 라반은 딸의 신체 상태(생리) 때문에 그 자리에서 일어나라고 요구하지 않았고 그래서 라헬은 신상을 계속해서 숨길 수 있었다. 하나님이 자신

---

21) Gordon, op. cit., p. 25.

에게 야곱을 위협하지 말라고 알리셨다는 것을 라반이 밝힌 후에 야곱과 라반은 더 이상의 분쟁을 일으키지 않겠다고 서로 동의했다. 그래서 둘은 서로의 영토에 절대 침범하지 않을 것과 라반의 딸들은 항상 남편의 사랑과 아내로서의 위치를 존중받을 것이라는 합의를 본 후 서로 평화로운 가운데 떠났다. 두 나라의 국경선 근처에 있는 돌기둥을 증거물로 삼아 서로 맺은 계약을 위한 제사를 올리고 계약을 영원히 위반하지 않을 것을 맹세했다(31:49). 그리고 마침내 라반은 그의 집으로 돌아갔다.

야곱은 20년 전에 피해 도망간 형을 만나야만 한다는 현실을 자각하고 두려워 했다. 에서는 야곱이 귀향하는 것을 어느 정도 알고 있었고 야곱은 기동대를 연이어 보내 에서와의 만남에 최대한의 안전을 꾀했다. 먼저 야곱은 에서의 병력을 알아보기 위해 정탐꾼들을 보냈다. 그들은 돌아와 에서가 400여명의 사람들을 거느리고 오고 있다는 소식을 전했다. 다음, 야곱은 아주 진지하게 하나님의 도움을 애원함과 동시에 하나님이 절대로 계약을 깨지 않겠다고 말씀하신 것을 상기하면서 기도했다. 그리고 나서 에서의 분개한 마음을 완화시키기 위해서 가축들을 선물로 미리 보냈다. 그가 생각해낼 수 있는 모든 것을 다 준비한 후에 얍복 시내에서 가족들을 먼저 건너게 하고 야곱은 시내 건너편에 혼자 남았다. 그 곳에서 전혀 흔하지 않은 만남하에, 한밤중에 야곱은 낯선 방문객과 씨름을 하기 시작했다. 이것이 꿈속에서 일어난 것인지 실제 있었던 것이었는지는 중요하지 않다. 중요한 것은 야곱이 축복을 받아낼 때까지 그 방문객을 끝까지 놓아주지 않았다는 것이다. 이는 야곱이 그 공격자의 신성을 알았다는 것을 가리킨다. 결과적으로 야곱은 그에게서 가장 독특한 방법으로 축복을 받게 된다. 그리고 가장 절실히 요구되는 시기에 하나님은 그와 함께 있고 야곱의 이름이 이스라엘로 바뀐다는 사실을 천사에게서 듣게 된다(32:28). 야곱은 전에는 "대체자(supplanter)"였으나, 하나님과 싸워 이겼기 때문에 "하나님의 왕자"가 되었다. 확실히 다른 어떤 더 큰 의미의 단어도 야곱을 만족시킬 수 없다. 하나님의 왕자로서 야곱은 축복된 계약의 약속된 계보를 잇게 되기 때문이다.

다음날 그 두려워 하던 만남이 이루어졌다. 그러나 형 에서는 납득이 가지 않는 친절함과 함께 동생을 따뜻이 반기며, 더욱이 야곱이 제공하는 선물조차 받기를 거절했다. 여전히 야곱은 에돔지방으로 들어오라는 에서의 제안을 받아들이기에 마음이 놓이지 않았기 때문에 에서가 먼저 가면 그 뒤를 천

천히 따라가겠다는 전형적인 권유로 에서를 믿게 했으나 사실 야곱은 그 약
속을 지킬 의도는 전혀 없었다. 에서가 시야에서 멀어지자 야곱은 방향을 서
쪽으로 돌려 성급히 요단강을 건너 가나안으로 들어갔다.

시간이 조금 경과한 후에 야곱과 그의 가족은 하몰과 그의 아들 세겜이
창설한 가나안 사회와 근접해 있는 고원지대의 세겜(샬렘)에 정착했다. 세겜
은 후에 야곱의 딸 디나에게 반해, 그녀를 강간했다. 이 사건을 기화로 하몰
은 야곱에게 디나와 세겜의 결혼을 종용했고 야곱은 이에 응했으나 디나의
두 오빠인 시므온과 레위는 그 전체 사건과 과정에 매우 분개하며 세겜의 남
자들이 이스라엘 관습에 따라 할례를 받는다면 결혼동맹에 동의하겠다고 했
다. 이 조건에 응한 세겜의 모든 남자들이 할례를 받아 거동이 불편해 있을
때, 무장한 시므온과 레위가 그 성을 기습하여 모든 남자들을 죽였다(34:25-
29). 다른 가나안 사람들이 그 학살을 복수하려할지 모른다는 두려움 때문
에, 먼저 드라빔과 시리아 이교도 물건늘을 상수리 나무 밑에 묻고나서 야곱
은 세겜을 떠나 벧엘로 갔다.

벧엘에서 요셉의 사다리 꿈보다 20년 앞서 하나님은 다시 한번 야곱을
축복하셨다. 그리곤 라헬이 출산하다 죽어 묻히게 되는 베들레헴 근처 에브
랏으로 향했다. 마침내 야곱은 목적지인 마므레에 도착하여 극도로 노쇠한
아버지 이삭을 만난다. 그 후 얼마안가 이삭은 죽었고 두 아들 에서와 야곱
은 그를 막벨라에서 장사지냈다(35:29).

몇년 동안, 야곱은 네게브지방에서 별다른 사건없이 지냈다. 그리고 17
세의 요셉이 계속해서 소개된다. 요셉은 사랑하는 아내 라헬의 아들이기 때
문에 특별히 귀여워해 주며 화려한 장식의 긴 겉옷을 입혔다. 비단 이뿐만
아니라 꿈의 계시를 받게 된다. 꿈에 요셉의 형들이 요셉에게 복종한다는 사
실로 인해 그를 향한 형들의 적개심은 증가한다(37:5-11).

어느날 야곱은 아들들을 세겜으로 보내 비옥한 목초지를 찾아내 양을 치
라고 일렀다. 야곱은 요셉에게는 형들의 동태를 살펴보고 오라고 했으나 요
셉은 그들을 찾지 못했다. 형들이 북서쪽 도시 도단으로 갔다고 어떤 낯선
이가 말해 주었다. 요셉이 도착했을 때 형들은 그를 보고 있다가 이번 기회
에 요셉을 없애버리기로 결정한다. 장자이기에 갖는 특별한 책임감으로, 르
우벤은 형제를 피흘려 죽이지 말고 대신 구덩이에 넣어 굶겨 죽이자고 제안
한다. 이것은 후에 요셉을 구해서 마므레로 돌려보내려는 르우벤의 의도가

작용한 것이다. 르우벤이 잠시 자리를 비운 사이에 유향과 몰약을 싣고 이집 트로 내려가는 미디안 상인들이 있었다. "돌멩이 하나로 두 마리 새를 잡으 려는" 유다가 요셉을 그 상인들에게 팔아서 눈에 가시였던 동생을 없앨 뿐만 아니라 돈도 벌자고 제안하여 은화 20개를 받고 요셉을 팔았다. 르우벤이 돌 아왔을 때 이미 그 거래는 끝난 이후였고 르우벤은 아버지 야곱에게 요셉의 일을 어떻게 설명해야 될지 몰라 당황해 하며 슬퍼할 때 다른 형제들이 요셉 의 겉옷에 짐승 피를 적셔 가져왔다. 야곱은 이 조작된 증거물을 살펴본 후, 가장 귀여워하던 아들이 이집트로 노예가 되어 팔려갔다는 사실을 모른 채, 단지 요셉이 죽었다는 결론을 내리고 말았다(37:35-36).

우리는 이스라엘이 역사적으로 이 시기에 어려운 곤경에 처하게 된다는 것을 인지할 때, 요셉이 이집트로 팔려가는 설명이 왜 장황했는지 이해할 수 있을 것이다. 70명이 넘는 그의 가족이 후에 이집트로 이주하게 되는 길을 닦아 놓은 것이고, 사실상 그 가족들의 이주는 이스라엘 민족을 400년 동안 이집트에 거주하게 만들어 놓았다. 구약에서 하나님이 계획하신 것은 사람과 민족을 통해서 그 분의 놀라운 구원의 능력을 나타내시는 것이다. 분명히 그 리고 균형있게 나타내시기 위해서 하나님의 계시의 도구로 삼은 사람들은 하 나님의 위대한 명령을 이행하기에 불가능할지도 모르는 어떤 것으로부터 보 호받아야 할 필요가 있다. 약속의 메시지가 이스라엘과 그의 아들들 그리고 후손들에게 심어졌다. 그들이 약속을 신뢰하지 못한다면, 천사와 하나님을 위태롭게 할 수 있었을지도 모른다.

세상에 대한 계약의 수반자로서 야곱과 그의 가족이 보여준 품행이 좋지 않았던 것을 우리는 이미 보았다. 이스라엘과 세겜족 사이에 시도되었다가 레위와 시므온이 취한 적시의 조치로 무산되었던 혼인동맹에서 명백히 드러 난다. 가나안족의 부도덕한 영향은 르우벤이 아버지의 첩, 빌하와 근친상간 을 범했을 때도 보여준다(36:22). 그러나 이스라엘에서 윤리적, 종교적으로 타락한 가나안 속성이 제거되어야 할 필요가 38장에서 잘 드러났다. 야곱의 아들 유다는 가나안족 여인과 결혼하여 세 아들을 갖는다. 그들 중 큰아들은 다말이라는 가나안 족 여인과 결혼했는데, 알 수 없는 죄로 인해 여호와께서 죽이셨다. 수혼 관습(Levirate custom)에 따라(신명기 25:5-10) 형수와 결 혼하여 형의 이름으로 자식을 낳아 주기로 되어있다. 그러나 동생은 이기적 인 이유로 이를 거절했고 그래서 여호와는 그 또한 죽이셨다. 이제 가장 어

린 남동생 셀라만이 남았는데 그는 아직 미성숙한 소년이었기 때문에 유다는
며느리 다말에게 셀라가 성장할 때까지 기다리면 그와 결혼시켜 주겠다고 약
속했다. 분명히 계약 계보에서 아들을 갖겠다는 욕망과 적어도 어머니가 되
고픈 순수한 의도에서 다말은 몇년을 더 기다릴 수 있었다. 그 소년이 성장
했지만 유다는 약속을 어겼고 이것은 다말이 남편을 갖지 못한 채 자식없이
살아야 될 운명을 의미했다. 이런 운명의 가능성을 피하기 위해서 다말은 창
녀로 변장하여 딤나로 가는 길에서 유다를 만나 그를 유혹한 뒤 유다가 화대
를 주지 못하자 끈달린 도장과 그의 지팡이를 담보로 요구했다.

다말이 임신했을 때, 분개한 유다는 누가 자기 며느리와 관계를 맺었는
지 물었고 자신의 개인 소유물로 인해 즉시 자신의 죄를 받아들이게 된다.
이런 관계에서 태어난 자식들중 하나가 베레스인데 그는 다윗왕과 예수 그리
스도의 선조이다. 이것은 모든 것을 준비하시고 지배하시는 하나님의 권능을
보여주는 놀리운 에라고는 하지만, 전체저으로 유감스러운 상황 때문에 하나
님의 백성들은 가나안을 떠나 다시 사회적, 영적으로 오염될 수 있는 또 다
른 곳으로 이주하게 될 급박함에 처한다. 고대 세계에서, 이집트만큼 타락의
극치를 만족시켜준 곳은 없었다. 결국 요셉을 이집트에 정착시킨 것은 하나
님의 예지에서 설명될 수 있다.

요셉(39-50장)

족장 시대의 지리적 배경이 지금 이집트로 바뀌어 전개되고 있다. 이
이유로 해서 요셉이 핵심 주제 인물로 보인다. 이집트를 배경으로 나타나는
요셉의 생활과 이스라엘 백성의 생활상은 다음 장에서 다뤄보겠다.

예기치 않게 요셉은 이집트 바로의 신하이자 경호대장인 보디발에게 팔
렸다. 곧 주인의 신임을 얻게 된 요셉은 가정의 모든 일을 감독하도록 임명
받았다. 그러나 불행히도 건강하고 미남자이며 모든 일에 성실한 요셉에게
반한 보디발의 아내 때문에 위험에 처하게 된다. 그녀는 자주 요셉을 유혹
하여 관계를 가지려고 했으나 요셉이 하나님과 자기 주인에게 충성을 맹세했기
때문에 그녀가 매우 결사적으로 요셉을 붙드는 바람에 자기 옷을 그녀 손에
버려둔 채 뿌리치고 나왔다. 그것은 요셉을 감옥에 넣기에 충분한 상황 증거
가 되었다. 요셉을 극형에 처하지 않은 사실로 미루어보아 보디발의 아내는
이런 일에서는 이미 악평이 나 있었다고 짐작할 수 있다. 요셉이 투옥된 이

유는 그 겉옷이 증거가 되어 최소한의 관계에는 협조를 했을 것이라는 암시를 주기 때문이다.

　요셉은 투옥되어 곧 간수의 신임을 얻어 전체 감옥에서 최고 모범수가 되었다(39:21-23). 그 뒤 어떤 이유로 해서 서로 같은 감옥에 투옥되게 된 바로왕의 술 따르던 신하와 빵 굽던 신하를 만난다. 이 만남은 그들이 꾼 꿈과 연관을 갖게 되는데 요셉은 꿈의 해몽은 하나님이 하시는 것이고 자신은 하나님의 종이므로 꿈을 해몽하겠다고 말했다.

　실제로, 요셉이 해몽했던 것과 똑같이 술 따르던 신하는 바로왕의 궁전으로 복직되었고, 빵 굽던 신하는 교수형에 처해졌다. 요셉은 술 따르던 신하에게 자신의 결백을 바로왕에게 증명해 달라고 부탁했지만 그 뒤 2년이 지나서야 바로왕의 꿈을 계기로 요셉을 기억해냈다.

　바로왕은 일곱 마리의 살찐 암소가 일곱 마리의 마른 암소를 잡아먹고 또한, 마르고 시든 이삭이 무성하고 충실한 이삭을 삼켜버리는 꿈을 꾸었다(41:38). 이집트의 어느 술객과 박사들도 이 꿈을 해몽할 수 없자 술 따르는 신하의 요청에 의해 요셉이 불려와 지체없이 꿈을 해석하기 시작했다. 하나님은 요셉에게 능력을 주셔서 7년간의 풍작뒤 7년간의 흉년이 뒤따를 것이라 해몽하게 해 주셨다. 이렇듯 놀라운 지혜에 탄복한 바로왕은 현명한 행정관을 두어 그 기간에 수확과 분배를 통제하게 하라는 요셉의 조언에 따라 요셉 자신을 농산부 장관으로 임명하고 애굽 왕국의 이인자로 공포했다.

　"하나님의 영을 가진"(41:38) 사람으로서의 요셉의 평판과 지위에 걸맞게, 바로왕은 온(On)의 제사장 딸을 요셉과 혼인시켰다. 아스낫(Asenath)은 두 아들, 므낫세("망각")와 에브라임("결실")을 낳았다. 그 두 아들의 이름은 요셉이 번영하여 지난 과거의 모든 불행을 잊어버린다는 것을 시사한다. 드디어 흉년이 도래했을 때, 하나님은 그 재앙에서 애굽뿐만 아니라 이스라엘도 구제해 주셨으므로 바로왕이 요셉을 선택했던 것이 현명했음을 증명했다.

　널리 퍼진 기근은 가나안에 치명적인 사상자를 유발시켰고 야곱은 곡식을 구하기 위해 아들들을 이집트땅으로 보냈다(42:1-2). 이집트에 도착했을 때 형제들은 자신들을 한눈에 알아보는 요셉을 알현했으나, 13년이 지나 이집트어에 유창하고 화려한 옷을 입은 자신들의 동생을 알아보기는 불가능했다. 형들이 원하는 바를 알렸을 때 요셉은 퉁명하게 거절하며 오히려 그들을 정탐꾼으로 몰아 감옥에 가두었다. 이번 행동과 다음에 있을 형들에 대한 요셉의 처사는 형들에게 필요한 교훈을 주려하였거나 아니면 그저 농담섞인 장난, 혹은 그 둘 다를 의미할 수 있다. 그 의도가 무엇이었든 간에 요셉은 자기 형들을 충분히 놀라게 했고 형들은 애굽의 너무도 가혹하고 엄한 사람 앞에 자신들이 있다는 사실에 슬퍼할 뿐이었다.

마침내, 요셉은 형들이 집으로 돌아가도록 허락했지만, 시므온을 볼모로 잡아놓고 이번에 함께 오지 않은 막내동생 베냐민을 데려 오지 않으면 이집트로 다시 돌아올 수 없다고 경고했다. 집으로 돌아오는 길에 그들은 곡식값으로 주었던 돈이 여전히 자루에 있는 것을 발견하고 소스라치게 놀랐다. 아버지 야곱에게 사건의 전말을 이야기했고 시므온이 이집트에 붙잡혀 있다고 하지만 야곱은 아들들이 베냐민을 데리고 이집트로 가는 것을 반대했다. 그러다 곡식이 다 떨어졌을 때, 야곱의 마음은 누그러지고 열명의 아들들은 곡식을 사기 위해 이집트로 돌아갔다. 요셉은 이번에는 그들에게 자기집에서 향연을 베풀어 주고 장유의 순서대로 앉혔다. 가나안으로 돌아가기 위해 그들이 짐을 꾸릴 때 요셉은 자기 종을 시켜 곡식 자루에 돈을 넣게 하고 베냐민의 자루에는 자신의 은잔을 넣으라고 했다.

형제들이 얼마가지 않아서, 바로의 군대가 그들을 추격하여 돈과 은잔을 찾아냈다. 피할 수 없이 다가올 베냐민과 아버지의 죽음에 대한 공포에 싸여 그들은 요셉 앞에 엎드려 자비를 애원했다. 이 모습을 보고 요셉은 더 이상 흘러내리는 눈물을 참을 수 없어 즉시 자신을 알리고 형제들을 부둥켜 안았다. 이 높으신 양반이 자신들이 오래 전에 버린 형제라는 것을 알게 되자 매우 당황한 가운데에서도 기쁨으로 서로 껴안았다. 요셉은 형들이 현명하지 못한 공모를 통해서 자신을 이집트로 보내신 하나님의 섭리의 개요를 형들에게 말해 주었다. 그리고 하나님은 기근과 가나안족과 혼혈이 되는 위험에서 그들을 구해내셨다고 말했다. 그리고는 형제들에게 가나안에 가서 아버지와 가족들을 데리고와 이집트에서 제일 좋은 땅인 고센에서 살라고 권했다. 아들들과 요셉이 보낸 선물을 보자 야곱도 모든 사실을 믿고 모든 소유물을 가지고, 400년 동안 돌아오지 못하게 되는 약속의 땅 가나안을 떠났다. 이집트에 도착했을 때 바로왕의 축복을 받으며 고센땅 북동쪽 삼각지에 정착하게 했다. 흉년도 지나고 어느덧 17년의 세월 동안 야곱은 고센에 줄곧 살았다. 그의 이 마지막 평화로운 여생은 이집트땅에서 움직이고 있는 혼란의 시기와 큰 대조를 이룬다.

　야곱의 죽음이 임박했을 때, 그는 자신을 막벨라에 묻어 달라고 유언했다. 야곱이 요셉의 두 아들 에브라임과 므낫세를 축복할 때 의도적으로 동생인 에브라임을 므낫세보다 앞세웠다; 그리고 열두 아들 모두에게 창세기 49장에서 볼 수 있는 것과 같은 시적으로 아름다운 예언적 축복을 내려줬다. 그중 특별히 10절을 살펴보면 "왕의 홀이 유다를 떠나지 않을 것이며, 실로가 올 때까지 통치자가 그의 발 사이를 떠나지 않고 모든 백성이 그에게 복종할 것이라." 이것은 아주 분명한 구세주의 약속이라는 것을 알 수 있다. 후에 유다 지파가 다윗과 그리스도의 조상이 되어 역사적으로 하나님의 특별한 관심의 대상이 된다는 사실에서 충분히 명확해진다.

　자신이 원하던 대로 야곱은 조상이 묻혀있는 헤브론에서 장사되었다. 장례식을 치른 후 요셉과 형제들은 이집트로 돌아왔다. 요셉의 형들은 야곱이 죽은 후 요셉의 보복을 두려워 하였으나 요셉은 하나님이 과거의 모든 불행한 사건들을 선으로 바꿔 당신을 증거하게 하셨다고 믿고 형들을 안심시켰다. 110세, 죽음에 임박한 요셉은 하나님이 그분의 백성을 이집트에서 인도해 내실 것이라고 말하고 그날이 오면 자신의 유해를 메고 그 약속의 땅으로 함께 가줄 것을 자손들에게 맹세토록 했다(수 24:32). 비록 요셉은 17년 동안 이집트에 살았지만, 가슴속의 진정한 고향은 아브라함과 이삭 그리고 야곱에게 주신 약속의 땅이라는 것을 알았다.

족장시대의 이집트 문화와 생활

　초기 족장 시대는 메소포타미아에서 단기간 중심을 이루다가 그 뒤 팔레스타인으로 옮겨졌다. 우리는 창세기 말씀에서 근동의 관습과 전통에 대한 많은 언급을 찾아볼 수 있다. 이와 같은 것들은 마리와 아랄라크 같은 곳에서 발견된 문헌들과 누지 서책에서 잘 나타나 있다.[22] 많은 당대의 이집트 문화도 고고학과 진보된 사료 편찬에 의해서 연구되었다. 그리고 그러한 것들은 중세 왕국 동안 야곱과 요셉에 대한 성경적 설명에 빛을 던져 주었다. 그

---

22) G. E. Mendenhall, "Mari," *Tha Biblical Archaeologist Reader*, Vol. 2, Ed. by David Noel Freedman and Edward F. Campbell, Jr., Garden City, Doubleday and Company, Inc., 1964, pp. 3 ff.

시대 이집트 생활에 대한 창세기에서의 설명은 상당히 정확하다.

대다수의 셈족이 이동했던 것을 알려주는 이집트 문헌에서 야곱과 아브라함이 이집트로 유입했던 것 외에도 다른 중요 사항 등을 알 수 있다. 예를 들면, 풍요로움의 동경, 바로왕의 독재, 7년간의 기근 그리고 이집트에 있던 셈족과 그외 이방인들의 지위 격상 — 이 모든 사실들은 이집트의 성경외 자료에서 증명된 성경에 나온 내용들이다. [23]

그 외에 부수적으로 큰 흥미를 끄는 관습에 관한 사항들이 있다. 요셉이 감옥에서 바로왕에게 불려갔을 때, 그는 셈족이 기르는 턱수염과 셈족 의상으로 바로왕의 비위를 거슬리지 않으려고 면도를 하고 이집트 옷으로 갈아 입었다. [24] 또한 요셉이 풍년 동안 5분의 1의 양식을 따로 떼어 보유하라고 바로왕에게 조언했는데 이러한 관습은 세상 문학에서도 나타났다. 이집트인과 셈족이 식탁에서 따로 앉는 것은 이집트인들의 우월성을 나타내고 종교적인 분리를 보여준다. 요셉의 "은잔"은 이교도 색채를 지닌 중세 왕국에서 현인들이 흔히 사용하던 기구이다. 요셉이 아버지와 형제들에게 양치기인 그들의 직업을 밝히지 말라고 조언한 것은 이집트인들은 목동들이기 때문에 양이나 양치기에게는 별 호감을 갖고 있지 않다는 것과 일치한다. [25] 가장 놀랄만한 것은 50장 전체에서 이집트의 장례관습과 시체의 방부처리에 대해서 다루고 있는 것이다. 야곱의 시신에 40일 동안 방부제를 넣었고 그리고도 30일 더 공적인 애도 기간이 있었다. 죽음과 장례에 관한 아주 상세한 자료를 담고 있는 「이집트 사자서」(The Egyptian Book of the Dead)는 역사적으로 창세기에서 언급한 시기에 유래되었고 간략히 나타낸 시신 방부 방법에서도 일치한다(창 50:2-3). [26]

이렇듯 특수한 창고 자료 이외에도, 성경의 어느 것도 설명이 잘못되어 있는 것은 하나도 없다. 확실히 이집트 생활과 관습에 매우 익숙한 사람이 이 책을 기록하지 않았다면, 고대 이집트 자료에서 나타난 사실과 일관되지

23) J. A. Thompson, *The Bible and Archaeology*, Grand Rapids, Wm. B. Eerdmans Publishing Co., 1962, pp. 43-49.
24) Ira M. Price, *The Monuments and the Old Testament*, Philadelphia, American Baptist Publication Society, ,1907, p. 104.
25) Unger, op. cit., p. 133.
26) Samuel A. B. Mercer, *The Religion of Ancient Egypt*, London, Luzac, 1949, pp. 313-317.

않았을 것이다. 성경 외의 자료에서 확인된 증거는 창세기에 나온 이집트에서 생활하던 이스라엘 조상의 이야기를 잘 조명해 주고 있다. 우리가 다른 자료를 통해서 알고 있는 역사적 상황과 성경 기사의 관계에 대한 더 많은 고찰은 후에 더 깊게 다뤄보도록 하자.

제4장

국가의 창건

구약성서의 연대

과거 이스라엘의 아주 중요한 역사적인 사건인 출애굽의 연대는 나머지 언급에서 중요하다. 그러므로 우리가 여러 가지 다른 중요한 연대들을 확인하는 문제를 고려하는 것은 필요하다. 분명히, BC 또는 AD를 참고하여 구약성서에 있는 연대를 계산할 수는 없다. 더욱이 어떤 일정한 알려진 시점을 참고하지도 못한다. 그래서 그 문제는 아주 복잡하게 되었고 수년 동안, 17세기 영국의 어셔(Ussher) 대주교가 측정한 연대가 보편적으로 수용되었다.

그는 그리스도의 시대와 구약성서 역사적 기록간의 모든 연수를 합하였고 그 기록의 최종 연대를 결정했다. 그 다음에 그는 구약성서에 있는 가계와 다른 연대기적인 날짜들을 거슬러 올라가서 가산했다.

그는 공동섭정(co-regencies) 또는 왕들의 궐위 기간(inter-regna), 평행(parallel) 또는 동시 발생적인 증거 같은 것들을 참작하였다. 그는 족장들을 약 100년 일찍 연대를 잘못 잡기도 하였지만, 적어도 아브라함까지는 매우 성공적이었다.[1]

현대의 고고학적이며 역사적인 학문의 출현으로 어셔의 연대기는, 지금

---

1) p. 109를 보라. 어셔 대주교는 아브라함의 출생을 BC 2247로 잡았다.

그의 측정 연대가 사람들이 생각하는 것만큼 수정되지 않아서 다소 신빙성이 없게 되었다.

성서에 알려진 사람들과 사건들은 연대를 측정할 수 있었다. 왜냐하면 그것들은 문헌이나 과거에 발견된 다른 유물들에 언급되었기 때문이다. 이들 특별한 성서적인 자료는 절대적인 확실성으로 연대를 측정할 수 있는 평가 기준들을 제공한다. 한 가지 중요한 돌파구는 BC 893-666년까지 앗수르 시조 명단들이 밝혀졌다는 것이다. 각 시조는 림무(limmu)로 명명되었고 그 당시에 선출된 수상으로 명명되었다. 이 공식적인 이름들과 더불어서 서판들은 매 대의 가장 중요한 사건들을 설명한다. 즉, 우리는 앗수르 역사의 200년 이상을 포함하는 밝혀지지 않은 일련의 사건들 뿐만 아니라 다른 국가들의 역사들을 언급하는 것들을 알 수 있다.

부르사갈(Bur-sagale)이라 이름하는 림무 시대에 앗수르인들은 완전한 일식(eclipse of the sun)을 기록했다. 다양한 종교적이고 과학적인 이유들에서 그 일식은 그들에게 깊은 인상을 심어주었다. 현대 천문학은 이 일식이 BC 763년 6월 15일에 일어났다고 날짜를 측정했다. 왜냐하면, 그같은 현상들의 수학적인 정밀도는 여지없이 수백년 뒤에 측정될 것을 그들에게 가능케 하기 때문이다. 이 일식보다 90년 이른 BC 853년에 가장 주목할 만한 사건은 카르카르(Qargar)전쟁이었다. 이 전쟁에서 앗수르의 살만에셀 3세는 아랍왕을 위시한 팔레스타인-시리아 연합국을 이겼다고 한다.[2] 성서의 내적 증거로부터 이 전쟁은 아합정권 말기에 일어났음에 틀림이 없다. 그는 전쟁에서 그들과 동맹할 생각으로 시리아와 친밀했다(왕상 22:1). 이같은 계약은 대부분 중요했지만 그것은 결정적인 것은 아니었다. 많은 정보들이 대두되었고 첨탑(Black obelisk)의 모양을 따서 살만에셀 3세는 이스라엘의 예후왕을 위시한 그의 대적들을 정복한 것을 내세우기 위해서 비문을 새긴 돌비석을 세웠다. 이스라엘의 이 불행한 왕은 살만에셀 3세 18년에 앗수르의 과중한 짐에 복종하여 무릎을 꿇은 것으로 묘사되어있다. 왜냐하면 살만에셀의 연대를 시조 명단에서 알 수 있기 때문이다. 첨탑의 연대는 분명히 예후왕 1년인 BC 841년이다.[3] 왕들의 책은 아합과 예후 사이가 12년이라고 말해준

---

2) D. Winton Thomas, *Documents from Old Testament Times*, London, Thomas Nelson and Sons, Ltd., 1968, p. 47.

3) Ibid, p. 48.

다. 그래서 853년과 851년의 연대는 아합과 예후의 성서적인 관계성을 설정해준다. 이같은 정보로부터 구약성서 연대의 나머지를 재구성하는 것은 상대적으로 쉬운 것이다. 이스라엘과 유다 정권의 통치 기간이 주어져 있고, 아합과 예후의 통치 기간 전후에 그리고 단순히 그들의 통치 기간을 합쳐서 각 정권의 연대를 알 수 있다. 우리는 이 문제를 지나치게 단순화해서는 안된다. 왜냐하면, 공동 섭정과 왕위궐위 같은 요소들을 고려해야 하기 때문이다. 왜냐하면 이스라엘과 유다 두 왕국은 그들의 역사 안에서 기간에 따라 다르게 연대를 계산하는 체계를 이용했다. 성실한 연구는 조리있고 조화로운 재건을 하기 위하여 모든 연대를 만들어야만 한다.[4]

BC 853/52년에 아합왕이 22년 동안 통치하다가 죽었고, 874년에 이스라엘 왕위를 퇴위하였다(왕상 16:19). 그의 아버지 오므리는 886년에(왕상 16:23) 왕위에 올라 12년 동안 통치했다. 엘라는 그의 할아버지로 887-886년까지 2년간 봉직했다(왕상 16:8). 그의 아버지 바아사(Baasha)는 910년부터 887년까지 24년 동안 통치했다. 나답은 여로보암의 아들로 912-910년까지 2년 동안 통치했다(왕상 15:25). 여로보암이 BC 931년에 왕국을 손에 넣었고 22년 동안 통치했다(왕상 14:20). 여로보암은 솔로몬이 죽자 북왕국의 왕위를 찬탈했다. 솔로몬은 971-931년까지 40년 동안 통치했다(왕상 11:42). 그의 아버지 다윗은 1011-971년까지(왕상 2:11) 통치했다.

다른 각도에서 보면, 우리는 왕상 6:1에서 매우 중요한 진술을 얻을 수 있다. 솔로몬이 그의 통치 시작 4년에 그의 성전을 짓기 시작했는데 그 때가 출애굽 후 480년경이었다. 이것은 BC 1446년에 출애굽 사건이 있었다는 것을 알려주는 것이다. 출애굽기 12:40에서 우리는 이스라엘이 430년 동안 애굽에 있었다는 것을 알 수 있고 그 결과 야곱의 이주는 BC 1876년에 있었음이 틀림없다. 야곱이 바로를 대면했을 때 그의 나이가 130세였다는 것을 알 수 있는 바(창 47:9), 그것은 그가 BC 2006년에 태어났음을 알 수 있다. 그의 아버지가 60세에 야곱을 낳았는데 이삭이 탄생한 연대가 BC 2066년이 되는 것을 보여준다(창 25:26). 아브라함이 100세에 이삭을 낳았으므로 2166년에 아브라함이 탄생했음 또한 틀림이 없다(창 21:5).

---

4) Edwin R. Thiele, *The Mysterious Numbers of the Hebrew Kings*, Chicago, University of Chicago Press, 1951.

그것보다 이른 연대는 대부분 부정확하다. 왜냐하면 이미 우리가 지적한 바와 같이 강력한 증거가 있는 데, 더 이른 족보들에는 격차가 있기 때문이다. 아마도 수천년 이상 연대기적으로 설명할 수 없을 것이다. 예후부터 그리스도 시대까지 연대는 거의 모두가 정확하다. 왜냐하면 바벨론의 연대기와 여러 왕의 명단들[5] 같은 자료들을 참고하여 성서적인 연대들은 자세하게 그 연도가 지나감을 판독하기 때문이다. 전체 연대기적 체계는 특별히 후대에 애굽으로부터 프톨레미의 정경같은 다른 요소들, 요세푸스, 헤로도투스, 타키투스, 베로수스 같은 역사가들의 자료들, 그리고 다른 독립적인 증거들에 근거하였는데, 그 증거들은 가치있는 검사점(check point)과 앗수르의 시조 연대와 구약성서 연대들 자체를 도와주거나 고쳐주는 준거를 제공한다. 현재 구약성서 연대를 이해하는데 과학적이고 정확한 근거에 기초한 것은 토론의 여지가 없다. 특히, 다윗시대부터 그 후까지 그것보다 이른 연대는 많은 경우에 고등비평에 의해 "재해석"이 요구되지만 그러나 객관적인 면에서 전체적인 틀은 일관되고 타당하다.

역사적 배경과 출애굽의 연대

출애굽 여정의 역사적인 환경은 출애굽보다 앞선 수세기의 상황, 특히 애굽에서 이해되어야 한다. 우리는 이미 근동 상황에서 애굽의 역할을 살펴본 바 있지만 아주 일반적이고, 개괄적이었다. 지금, 그것은 출애굽 사건의 기초에 깔려있는 애굽인과 이스라엘의 관계성을 제공해 줄 요소들을 모으는 데 유용할 것이다.

BC 2000년경에 12대 왕조의 발흥은 현재와는 균형이 맞지 않지만 애굽의 능력과 영향력의 시대를 열었다. 아직 애굽은 특별한 내부적인 관심들로 인해 외부세계와 교류조차 못하였다. 그러나, 외부세계는 애굽에 관심을 가졌다. 역사는 수많은 사람들이 그 시대 처음부터 끝까지 애굽을 통행했다는 것을 기록한다. 이 사람들은 본래 셈족으로 보인다. 비록 그들 중에 대부분은 무역을 위해 잠시 애굽에 갔던 상인들이었지만 몇몇은 애굽의 다양한 부

---

5) David Noel Freedman, "Old Testament Chronology," *The Bible and the Ancient Near East*, Ed. by G. Ernest Wright, Garden City, Doubleday and Company, Inc., 1965, pp. 265-281.

분들을 점유하려고 머물렀다. 세소스트리스(Sesostris) 3세(1878~1843)는 그 왕조의 바로(Pharaoh)였다. 그는 영토 확장에 관심이 있었다. 우리는 그가 가나안에 있는 세겜 북쪽 끝까지 밀어 붙였다는 증거를 가졌다. 아메넴헤트(Amenemhet) 1세(1991-1962)의 통치 기간에 시누헤(Sinuhe)의 이야기가 전해진다. 그는 애굽의 의사였는데 "시누헤의 이야기"로 알려진 한 서사시에서 지중해 도처를 여행했음을 묘사했다. [6]

18세기 초 가까이에 애굽정권은 힉소스의 영향하에 붕괴되었다. 점차 힉소스의 지배권은 확대되었다. 처음에는 애굽인들과 단순히 공존하는 것 같았지만, 이들 힉소스 왕들[7]이 그 지역으로 이주했을 때, 애굽인들은 점령당하는 것을 두려워했다. 그러나 힉소스를 몰아내거나 더 많은 그들의 이주를 막으려는 애굽의 노력은 너무 늦었다. BC 1730년경에 적어도, 모든 남부 애굽은 힉소스의 지배 아래 있었다. 불행하게도, 힉소스는 물질적인 문화를 생산하는 행동을 하지 않았다. 그래서 비교석 그 기산에 남아있는 유물들은 거의 없다. 그러나 그들은 그 지역에서 비생산적이지는 않았다. 우리는 지금 그들의 군사시설을 알고 있는 것처럼 애굽에서 처음으로 말과 병거를 이용했다는 것을 알려주는 힉소스왕들의 이름을 담고 있는 갑충석(scarabs)들로 이루어져있는 풍부한 문헌들을 소유하고 있다. [8] 그들은 멤피스(Memphis)에서 북동쪽 델타지역에 있는 아바리스(Avaris)로 애굽의 수도를 옮겼다. 거기서 그들은 최후까지 정권을 유지했다(BC 1580년경)

몇몇 애굽인의 지배는 힉소스의 통치 기간을 통하여 계속되었다. 주로 남쪽 애굽의 13대 왕조에서부터 17대 왕조 끝까지, 그러나 그들의 영향은 전무하였다. 왜냐하면, 그들은 그들 자신의 내부적인 문제로 혼란스러웠기 때문이다. 이들 왕조의 마지막에 한 인물이 나왔는데, 그는 아모세(Ahmose)라는 인물로 강력한 18대 왕조의 창설자가 되었다. 그는 대적 힉소스에 대항하여 애굽을 통합했고 비인도유럽어족(Asiatics)을 애굽 변방 팔레스타인으

---

6) John A. Wilson, *The Culture of Ancient Egypt*, Chicago, The University of Chicago Press, 1963, pp. 134-136.

7) or "foreign chiefs;" cf. W. F. Albright, *From the Stone Age to Christianity*, Garden City, Doubleday and Company, Inc., 1957, pp. 202-203.

8) Millar Burrows, *What Mean These Stones?*, New York, Meridian Books, 1957, pp. 193-194.

로 물리쳤다.

여기서, 우리는 야곱과 요셉을 관련짓는 성서적인 기록을 고려해야 한다. 우리가 이미 고려했던 바, 아브라함은 11대 또는 12대 왕조가 통치하는 동안에 애굽을 방문했다. 이 사실은 이 기간에 대해 우리가 알고 있는 것과 일치한다. 아브라함의 이주 연대는 대략 BC 2090년경으로 추정된다. 그 다음 애굽과의 교류는 요셉의 종살이와 관련있고 그후 연대는 대략 BC 1900년경이 틀림이 없다. 그 때가 아메넴헤트 2세의 통치시대일 것이다. 아마도 요셉은 그 다음 바로인 세소스트리스(Sesostris) 2세의 꿈을 해몽했던 것같다. 이 왕은 그의 각료로 요셉을 등용했다. 확실하게 반증할 수 없는 승진이었다. 야곱의 애굽 이주 당시가 힉소스의 침공과 점령시기와 같다는 것과 셈족으로서 요셉이 애굽 정권의 높은 위치에 등용되었다는 것은 논란거리였다. 이 이론은 그의 아버지의 애굽 도착 전후에 애굽의 관습을 따르는 요셉의 주장에 의하여 무너진다. 만일 요셉시대의 왕이 애굽에 반하는 힉소스였다면 이것은 이해할 수 없는 것이다. 더욱이 요셉의 등용을 설명하기 위해서 힉소스왕을 가정하는 것은 우리에게 불필요한 것이다. 왜냐하면, 우리가 이미 살펴본 것처럼 중왕조에서 셈족을 등용한 사례들이 있기 때문이다.

야곱은 세소스트리스 3세(1878-1841)의 통치시대에 애굽으로 이주했다. 세소스트리스 3세는 외국까지 영토 확장을 한 인물일 뿐만 아니라 성공적으로 지방 귀족 계급의 권력을 제거하였고 그의 왕권을 위하여 그들의 땅을 몰수하였다. 이때가 요셉이 국무총리로 있을 때였을 것이다. 그는 궁핍할 때, 양식을 나누어 가질 수 있게 하기 위해서 기근이 있을 때 땅들을 취할 것을 왕에게 진언하였다. 요셉은 그 다음 왕인 아메넴헤트 3세의 통치시대에 죽었다. 그때가 BC 1806년경이다. 12대 왕조는 적어도 25년 이상이나 계속 유지되었다. 그 후 200년 동안 이스라엘 사람들은 애굽에서 비교적 평화와 부를 누리며 살았다. 힉소스의 통치는 확실히 이런 형세에 도움을 주었다. 그들도 역시 주로 셈족이었기 때문이다. 이스라엘이 고센 또는 라암세스에 살았다는 것과 그곳이 힉소스의 수도 아바리스의 자리와 같다는 것은 아주 흥미로운 것이다. 비록 힉소스와 이스라엘이 단일 민족은 아니지만 아주 명

---

9) So argued Josephus in *Contra Apionem* 1, 73; but see John Gray, *Archaeology and the Old Testament World*, New York, Harper and Row, 1962, p. 73.

확한 유사성과 친밀성을 서로 가지고 있다.

우리는 출 1:8에서 "요셉이 모르는 애굽의 새로운 왕이 일어났다"는 것과 이 왕이 이스라엘이 도망하거나 애굽의 대적들과 제휴하지 못하도록 이스라엘을 호되게 다루었음을 알 수 있다(아마도, 힉소스를 쫓아낸 최근까지). 이 왕은 아모세(Ahmose)였으며 그는 18대 왕조의 처음 왕이었고 혐오스러운 힉소스의 대적이었다. 또한 그는 편파적으로 힉소스와 이스라엘을 관련시켰다. 이런 의미에서 그는 요셉을 "알지 못했거나" 히브리인들이 애굽에 온 동기를 동정하지 않았다. 그래서 그는 이스라엘 사람들을 노예로 부렸고 비돔과 라암세스(Raamses)의 도시를 세우는 공공사업을 강요했다(출 1:11). 이런 주장에 얽힌 어려움은 출애굽의 연대를 따지는 논의 아래서 고려될 것이다.

아모세는 애굽의 연합을 주도했고 힉소스를 몰아냈을 뿐만 아니라 세상에서 사라지게 했다. 그의 후계자들은 팔레스타인과 근방 지역을 섬령하고 그의 뛰어난 승리를 한층 드높게 했다. 그리고 다시 북쪽 유목민들의 침공에 대비하여 강력한 요새를 건축했다. 애굽에는 힉소스의 멸망에 따라 수많은 히브리인들이 남아있었던 것같다. 히브리인들은 큰 규모의 군사력을 구성했을 수 있다. 아멘호텝 1세(1548-1528)는 히브리인들에 대하여 아모세의 뒤를 이어 폭력적인 수단을 썼다. 아마도 그는 히브리인 남자아이 모두를 살해하라고 명령한 바로일 것이다(출 1:22). 우리는 먼저 앞서 출애굽에 대한 성서적인 연대가 BC 1446년이라는 것과 모세가 80세에 이스라엘 민족이 출애굽하도록 영도했다는 것을 알았다(출 7:7) 이것은 그가 BC 1526년에 태어났다는 것을 말해준다. 그 해가 아주 악명높은 선포를 했던 바로(Pharaoh) 통치 시대였다면 아멘호텝 Ⅰ세 정권의 연대와 잘 일치한다.

투트모세(Thutmose) 1세(1528-1508)는 팔레스타인에서 유프라테스강까지 많은 군사들을 이끌었다. 그는 핫셉수트(Hatshepsut)(1504-1483)의 부친으로서 역사에 잘 알려져 있다.

이 야망을 가진 여인은 합법적으로 왕위를 차지하기 위하여 그녀의 배다른 동생인 투트모세 2세(1508-1504)와 결혼했다. 투트모세 2세가 이해할 수 없는 환경 아래서 죽었을 때, 그녀는 그녀의 딸을 그녀의 의붓아들, 투트모세 3세와 결혼시켰다.[10] 그녀가 죽은 후에 바로 투트모세(Thutmose) 3세는 단독으로 왕위에 오를 수 있었다. 그것은 출 2:5에서 언급하는 바로의 딸 핫셉수트와 동일인으로 보게 한다. 왜냐하면 그 당시, 그녀의 나이와 히브리 아이를 구출하는 것, 왕궁에서 그를 양육하는 그녀의 담대함 같은 상황들이 완전하게 일치하기 때문이다.

투트모세 3세는 적어도 16회 이상 팔레스타인에서 군사행동을 했고 먼 북쪽까지 진격했다. 그는 또한 분명하게 꽤 멀리 남쪽까지 진격했다. 그가 직면했던 강력한 대적은 미탄니의 새롭게 나타난 왕국이었다. 그 왕국은 티그리스-유프라테스강 체제의 윗쪽에 중요한 자리를 차지했다. 투트모세가 새로운 이웃들과 화친을 맺을 후에 바로들은 그들의 친분관계를 튼튼히 하기 위하여 미탄니 공주들과 결혼했다.[11]

아멘호텝 2세(1448-1423)가 투트모세 3세의 뒤를 이어서 출애굽의 바로가 된 것같다. 그리고 그의 뒤를 이어 투트모세 4세(1423-1410)가 왕위에 올랐다. 애굽은 이 통치 기간 처음부터 끝까지 그의 힘을 유지했으며 정복을 계속하였고, 사방으로 무역을 하였다. 그러나 그 후에 급격한 쇠퇴기를 맞게 되었다. 아멘호텝 3세(1410-1377)는 애굽의 타오르는 불만에 아주 시달렸고 그 불만은 한 신이나 또 다른 신의 주도권에 관련된 혼란이었다. 그의 아들 아멘호텝 4세(1377-1358)는 유일신 종교를 시작하고 다듬어서 문제를 진정시켰다.[12] 그 유일신 종교는 애굽의 신학에 혁명을 일으켰고 대단한 정치적인 충격이 되었다. 그의 새로운 신 아톤에 대한 그의 숭배를 상징하기 위하여 그는 태양 형상을 숭배했다. 아멘호텝은 그의 이름을 아크나톤으로 바꾸고 애굽의 수도를 아크나톤이라고 명명한 새로운 도시로 옮겼다. 그 이후의 이름인 텔 엘 아마르나(Tell el Amarna)는 거기서 발견된 텔 엘 아마르나 서신들에서 찾을 수 있다.

이들 편지는 특히, 팔레스타인 지역에 있는 애굽의 권력 체계 아래 있는

10) Merrill F. Unger, *Archaeology and the Old Testament*, Grand Rapids, Zondervan Publishing House, 1954, p. 144.
11) John Bright, *A History of Israel*, Philadelphia, Westminster Press, 1959, pp. 98-99.
12) 모세가 유일신론에서 아크나톤의 영향을 받았다는 것은 근거가 없다. 사실, 출애굽의 성경 연대가 옳다면(우리는 그렇다고 믿는다), 모세는 아크나톤보다 거의 100년이나 앞선다. 아크나톤이 모세의 가르침에 정통했다는 것이 훨씬 그럴 듯하다.
13) O. R. Gurney, *The Hittites*, Baltimore, Penguin Books, 1964, p. 35.

도시 국가 여러 왕들의 통신으로 구성되었다. 왜냐하면 아크나톤은 그래서 그가 통치하는 지역의 내적인 종교문제들을 없앴다. 그는 외부의 내정간섭으로부터 그의 통치 지역을 보호할 수 있는 시간을 거의 갖지 못했다. 결과적으로, 이 지역들은 하비루(Habiru) 또는 아피루('Apiru)들과 여러 약탈 민족들의 공격에 무방비한 상태로 놓이게 되었다. 예를 들어, 예루살렘 왕은 바로에게 군대를 파견해 줄 것을 간곡히 요청하는 편지를 썼다. 왜냐하면, 하비루들이 그들의 땅 전반에 걸쳐 퍼지기 때문이었다. 우리가 보게 될 것이지만, 이 침입자들은 약 50년 이상 먼저 애굽으로부터 탈출했던 히브리인들 밖에는 없다는 가능성이 지배적이다.

이집트가 몰락하기 전에 괴팍한 아크나톤이 죽었다(아마도 폭력적으로). 그리고 그의 어린 양자 투탄카몬(1358-1349)이 왕위를 계승했는데 그는 아몬의 숭배를 부활하려고 시도했다. 그후, 아이(1349-1345)와 하렘합(1345-1318) 등의 통치자들과 함께 애굽의 18대 왕조는 막을 내렸다.

19대 왕조는 아주 짧은 기간 통치했던 라암세스 1세에 의해 세워졌다 (1318-1317). 그러나 그는 역사에서 가장 명성을 떨친 가문의 한 사람으로 남게 되었다. 그의 뒤를 이어 세티 1세(1317-1301)가 왕위에 올랐다. 그는 선대 왕조 왕들의 제국주의 정책을 회복했다. 그리고 새로운 제국을 그의 후계자에게 계승했다. 후계자는 라암세스 2세(1301-1234)인데 그는 오랜 기간 안정성과 내구성을 유지하였다. 비록 그가 확실히 전혀 성취하지 않은 많은 영광스러운 공적을 자신에게 전유하였다. 그럼에도 불구하고, 그는 그 세계에 있는 애굽의 명성의 큰 부분을 회복하였다.

북쪽과 북서쪽을 엄청난 비율로 차지한 히타이트족이 없었다면 라암세스 2세가 통치하는 애굽은 세력을 크게 확장시킬 수 있었을 것이다. 히타이트족은 그의 변치 않는 문제였다. 그 문제는 1286년에 발발한 카데쉬의 비참한 전쟁인 듯하다. 그는 그들을 결코 정복할 수 없었다. 19대 왕조는 그의 아들 메르넵타(1234-1222)의 통치를 끝으로 종말을 고했다. 메르넵타는 라암세스 말년에 그의 장군이었다. 이 왕은 가나안에 있는 벤산(Beth-shean)까지 점령하였다. 그리고 그는 사실상, 성서 밖에 있는 이스라엘을 알려주는 가장 이른 기념비를 남겼다.[14] 그의 죽음 후에 제국은 망했고, 애굽은 국경선

---

14) Thomas, o p. cit., p. 139.

밖에서 광대한 통제력을 결코 다시는 발휘하지 못했다.

힉소스 통치 기간 말부터 19대 왕조 끝까지의 애굽 역사의 장황한 토의 보다 오히려 이전이 더욱 중요하게 생각되어 왔다. 왜냐하면 그 연대, 경로, 그리고 출애굽의 해석과 정복 등과 그것이 관계있기 때문이다. 현재, 성서적 인 연대들에 대한 특별한 논의들은 이용할 수 있는 가장 타당한 역사적이고, 고고학적인 자료들을 고려해야 한다. 이미 우리가 보았던 왕상 6:1에서 볼 수 있는 출애굽의 연대는 1466년이 틀림없다. 그러나 이 연대는 대다수의 학 자들에 의해 부정되었다. 특히, 자유적인 비평가들은 13세기 중반이 그 연대 라고 말했다. [15] 이 의견은 왕상 6:1의 본문이 틀렸거나, 성서를 저술한 역사 가들이 그 사실을 몰랐거나 그 숫자 480이 해석되어야만 한다는 것이다. 예 를 들면, 그것은 모세에서 솔로몬까지 12대였다는 것을 주장하고 있다. 만일 각 세대의 길이가 25년이라면 출애굽에서부터 성전의 건축까지 단지 300년 간이라는 것이다. [16] 이것은 출애굽 연대가 BC 1260년보다 앞서지 않을 것이 라는 것이다. 이 연대는 일반적으로 비평학자들에 의해서 언급되었다.

우리는 왕상 6:1에 있는 연대기적인 정보의 타당성이 문제가 된다는 것 을 알았다. 이것은 점차 구약성서의 사실성에 대한 전반적인 문제에 영향을 주었다. 그러나, 성서 안에 다른 정보가 있는 바 그 정보는 1446년을 강하게 예증하고 있다. 사사기 11:26에서 입다는 암몬왕에게 이스라엘 사람들이 300년 동안 암몬에 있었다는 것을 생각하게 한다. 입다가 있던 당시가 BC 1100년경보다 더 늦지 않다는 연대를 추정할 수 있다. 그래서 요단 동편 (Transjordan)에 이스라엘의 정착은 왕상 6:1의 주목할 만한 의견과 더불어 BC 1400년경보다 더 늦지 않다고 볼 수 있다.

우리는 왕상 6:1과 사사기 11:26의 구절들이 본문상 또는 다른 내적인 문제가 없을 때, 당연히 액면 그대로 받아들여져야 한다고 믿는다. 다른 요 소들이 고려되고 정확히 해석될 때, 우리는 이 구절들에 의해 진술된 성서적 인 연대가 절대적으로 정확하게 될 것이라고 생각한다.

출애굽 연대의 본래 성서적인 증거 이외에 애굽과 근동의 역사와 고고학

---

15) H. H. Rowley, *From Joseph to Joshua*, London, Oxford University Press, 1950, pp. 132-138.
16) G. Ernest Wright, *Biblical Archaeology*, Philadelphia, Westminster Press, 1957, pp. 50-51.

에서 보충되는 논쟁들이 있다. 예를 들면, 모세의 이야기들은 애굽 역사의 어떤 기간보다 더 이른 18대 왕조 초기의 역사적인 배경과 일치한다. 모든 히브리 아이들을 죽이라는 명령을 한 시기는 아모세(Ahmose)와 아멘호텝 1세 통치하에 힉소스의 추방 바로 뒤에 오는 기간과 아주 일치한다. 바로의 딸, 핫셉수트는 투트모세 2세의 딸임이 분명하다. 왜냐하면, 단지 애굽의 공주로 알려진 그녀가 아버지의 명령에도 불구하고 애굽의 궁중에서 히브리 남자아이를 기르는 담대함을 가졌기 때문이다. 또한 모세는 애굽으로 돌아오기 전에 총 40년 동안 미디안 광야에 머물렀다. 그의 체류는 피하여 도망했던 바로가 죽기까지 필연적인 것이었다(행 7:23; 참조. 출 7:7). 40년 이상 통치했던 라암세스 2세 이전의 유일한 애굽의 왕은 모세 당시의 투트모세 3세였다. 애굽의 바로, 아멘호텝 2세는 그의 장자가 아니면서 바로가 된 아들이었다. 문제는, 그 장자가 누구였는가? 이스라엘의 하나님에 의해 죽게 된 아들을 그가 가졌었는가? 이다. 그 위에 그를 계승했던 아들은 투트모세 4세였다. 그는 거대한 스핑크스 발 사이에서 찾았던 유명한 "꿈의 비문"을 남긴 사람이었다. 이 비문에서 투트모세 4세는 아버지의 장자가 아니지만 그럼에도 불구하고 그가 차기 왕이 될 것이라는 것을 사실로 기록하고 있다. 그것은 이상스러운 왕위 계승이었던 것이다.[17]

   텔 엘 아마르나 서신은 1325년 쓰여졌는데, 여러 작은 도시국가들의 군주들과 애굽제국의 속주들의, 특히 팔레스타인과 시리아의 도와달라는 요청들을 상술하고 있다. 이 왕들은 절망적이었다. 왜냐하면 그들의 도시는 아피루('Apiru)라는 사람들에 의해 뒤덮여 있었기 때문이었다. 아피루들이 모세의 인도하에 나온 히브리인들과 같다는 것을 부인하는 것을 가능하게 하는 유일한 방법들은 이스라엘 사람들이 히브리인과 동일인이 아니라는 것과, 현대의 증거들에 비추어보면 타당한 가설인 이스라엘 사람들 이외에 다른 히브

---

17) G. Frederick Owen, *Archaeology and the Bible*, Westwood, New Jersey, Revell, 1961, pp. 202-203.
18) Wright, op. cit., p. 24; W. F. Albright, *The Biblical Period From Abraham to Ezra*, New York, Harper and Row, 1963, p. 26; see, however, Emil G. Kraeling, "Light From Ugarit on the Khabiru," *Bulletin of the American Schools of Oriental Research*, No. 77, p. 32, February, 1940.
19) Rowley, *From Joseph to Joshua*, p. 55.

118

리인들이 있었다는 것,[19] 이스라엘의 몇몇 족속이라도 애굽에 전혀 있지 않았을 것이라는 것, 이 아피루들은 가나안에 본래있던 종족이라는 등의 결론을 내리게 한다. 다른 말로 표현한다면, 애굽에는 12지파 모두가 살지 않았을 것이고 한 족속 이상은 살지 않았을 것이라는 것이다. 그리고 12지파 동맹의 최종적인 조직은 흩어졌던 지파들이 수백년에 걸쳐서 천천히 합류하여 만든 결과였다는 것이다.[20] 이런 논쟁들은 역사적인 확인이나 확실한 성서적인 도움없이 된 것으로 생각된다. 텔 엘 아마르나 서신의 아피루가 히브리인과 동일하다는 것과 BC 1400년 이전에 여호수아의 인도하에 있는 이스라엘이 가나안을 침공했다고 말하는 것을 반증할 방법은 없다.

여리고의 멸망은 존 가스탕(John Garstang)의 최근까지의 연구덕택으로 약 1400년경이라는 연대가 추정되었다. 가스탕의 연구가 13년에 걸쳐 끝났을 때 그가 추정한 연대는 정확하다는 것과 성벽 밖으로 무너졌던 지층(stratum)인 도시 D의 멸망은 1400년경에 이스라엘 사람들에 의해서였다는 것이 보편적으로 받아들여졌다.[21] 올브라이트(Albright)는 이 연대는 동의하는 바, 가스탕의 의견을 수정하였다. 그리고 캐스린 케년(Kathleen Kenyon)의 여리고에 대한 최근 연구가 포함되는 설득력있는 증거들에 비추어서, 그는 그 연대가 1325년 또는 이스라엘이 여리고를 멸망시킨 후라는 것을 받아들였다.[22] 그러나, 가스탕은 많은 학파의 의견을 완전히 믿을 수 없게 하지는 못했다.[23]

또한 아주 흥미로운 것은 애굽에서 찾은 비문들인데 이 비문에는 아셀족의 이름이 언급되었다. 이것들은 연대가 14세기임이 틀림이 없으며 출애굽과 가나안 정복에 대한 성서적인 연대와 대부분 일치한다.[24] 아셀족이 출애굽에 참여하지 않았다는 가정을 하면서 그것에 의하여 비평가들은 이 증거를 뒤엎으려고 히였다. 그러나 이것은 다시 단지 이스라엘의 본래적인 연합과 모세의 인도로 애굽으로부터 그들이 혼성으로 출발하였다는 것을 잘 설명하기 위

20) Theophile J. Meek, *Hebrew Origins*, New York, Harper and Row, 1960, pp. 27-33.
21) John Garstang, *Foundations of Bible History*, London, Constable and Company, 1937, pp. 61 ff.
22) Burrows, op. cit., p. 78.
23) Unger, op. cit., p. 148.
24) Rowley, *From Joseph to Joshua*, pp. 33-35.

한 한 가지 방법인 것으로 보인다. 비평가들은 아셀이 출애굽의 일부가 아니라는 주장을 하는 것을 제외하고 출애굽의 연대를 추정하기 전에는 어떻게 아셀이 백여년 동안 가나안에 있었는가를 설명하는 것은 어렵다. 또한 앞에서 언급된 메르넵타(Merneptah)의 비문은 BC 1219년경에 가나안에 있는 힘으로서 "이스라엘"을 언급한다. 만일 출애굽이 빨라도, 1300년까지 일어나지 않았고, 방랑 기간이 또 다른 40년이었다면 우리는 1219년만큼 일찍이 어떻게 이스라엘이 강력한 힘을 가지고 있는 족속으로 묘사되었는가에 놀란다. 왜냐하면 특히, 만일 비평적인 견해로서는 일종의 연합체로서 이스라엘의 형성은 정복 후에 수백년이 될 때까지 일어날 수 없었기 때문이다. 이것은 참으로 늦은 연대의 어려움이다. 그리고 비록 그것이 그 이른 연대를 확증하지는 않지만 확실히 그것을 지지한다.

지금 우리는 그 이른 연대에 반대하는 증거를 고려해야 한다. 확실히 그쪽에 논쟁거리가 있기 때문이다. 출애굽기 1:11에는 애굽의 노예로서 이스라엘 사람들이 비돔과 라암세스를 세웠다는 것을 말해준다. 그 도시들은 발굴되었고 그 증거는 그 도시들이 원래 힉소스에 의하여 세워졌다는 것을 가르쳐 준다. 아마 18대 왕조에, 나중에 그 도시들은 라암세스 2세에 의해 재건되었던 것이다. 그러나, 13세기까지는 아니었다.[26] 부가해서 라암세스 시대에 이 도시들의 건설에 이용되었던 셈족 노예들에 대한 증거가 있다.[27]

문제는 어떻게 이스라엘 백성들이 BC 1290년에 이 도시들을 세웠느냐이다. 그리고 성경적인 연대 추정으로 출애굽이 150년 더 일찍 발생했느냐이다. 라암세스의 도시들은 그 이름의 바로(Pharaoh) 이후에 명명되었다는 것이 결코 확실하지 않다는 것이 그 문제에 대한 대답이다. 사실 창 47:11은 이스라엘 백성들이 19세기에 애굽에 들어왔을 때, 야곱과 그의 가족들이 라암세스의 지역에 정착했다는 것을 말해준다. 우리는 시대 착오를 가정하지 않고, 조금도 증명할 수 없기 때문에 우리는 라암세스 바로가 있기 전에 그런 이름의 지역이 있었다는 결론을 내리게 된다. 고대 라암세스 왕조가 오랫동안 있었을 수도 있고, 19대 왕조의 라메시데스(Ramessides)는 그들의 이름을 따랐을지도 모른다.[28] 어느 경우에서도 라암세스의 도시에 대한 언급

25) p. 116을 보라.
26) Bright, op. cit., p. 111.
27) Burrows, op. cit., p. 74.

이, 출애굽이 라암세스 2세의 정권 기간에 일어났음이 틀림이 없다는 것을 인정한다고 가정할 필요는 없다. 13세기 그 도시의 재건은 라암세스 2세의 통치 아래 잘 이루어졌다. 그러나 셈족 노예들의 존재가 출애굽을 시행한 히브리인들이 셈족이었다는 것을 증명하는 충분한 증거는 아니다.

넬슨 글룩은 BC 12-13세기 사이에 에돔과 모압에 정주(定柱)하여 있었던 사람들이 없다는 것을 밝혔다. 모세가 이스라엘을 위하여 에돔을 통과하여(민 20:14) 가는 것을 허락해 달라고 요청했을 때와 그가 모압 사람들과 전쟁을 피하기 위해 모압을 우회했을 때, 만일 15세기 말에 이들 나라에 사는 백성들이 없었다면 어떻게 그가 어떤 간섭을 예상했겠는가?[29] 이 문제에 대한 대답은 구약성서의 기록과 성서지리의 표면적인 지식까지 깊은 연구에 의해 분명해진다. 우리는 모세가 페트라(Sela)의 시(市)를 오고가는 극히 좁은 산을 통과하는 길인 왕의 대로를 얻기 원했다는 것을 말했다. 이 통로는 단지 몇백명의 잘 훈련된 군대에 의해 쉽게 방어할 수 있었고 정주하여 사는 사람들은 필요없었다.[30]

유목민들 또는 반유목민들은 그런 충분한 인원으로 그 지역을 점령했을지도 모른다. 그들은 그들의 어려운 지역을 통과하는 이스라엘을 방해했다. 그러나 그들의 존재의 본질은 영구적인 건축물 같은 어떤 물질적인 유적물의 부족에 대해 설명할 것이다.[31] 게다가 모압은, 비록 유리하게 위치하고 있지는 않지만, 이스라엘 사람들이 살려준 종족들에 의해 정착되었을지도 모른다. 왜냐하면, 그들은 인종적으로 비슷하기 때문이다(창 19:37). 정착민족의 유물이 없는 것은 출애굽의 이른 연대에 영향을 미치지 않았다는 것이다 — 만일 그 사람들이 단순히 유물들을 남기지 않았다면 침묵의 논증

---

28) Albright의 흥미있는 추론을 보라. *From the Stone Age to Christianity*, p. 223.

29) Nelson Glueck, *The Other Side of the Jordan*, New Haven, The American Schools of Oriental Research, 1940, p. 146 ff.

30) Denis Baly, *The Geography of the Bible*, New York, Harper and Brothers, 1957, pp. 245-251.

31) Glueck은 이 시기에 에돔과 모압에 유목민들이 있었던 것으로 인정하는 것 같다; cf. "The Civilization of the Edomites," *The Biblical Archaeologist Reader*, Vol. 2, Ed. by David Noel Freedman and Edward F. Campbell, Jr., Garden City, Doubleday and Company, Inc., 1964, pp. 51-52.

(*Argumentum ad silentum*)은 성서적인 위치를 무너뜨리기에는 충분치 않다.

고고학적인 연구는 오히려 결론적으로, 만일 그 증거가 정확히 해석되었다면(가끔 논쟁이 되는), 14세기에 가나안에 큰 규모의 멸망은 없었다는 것을 밝혔고, 13세기에 그런 파멸이 있었다는 것을 또한 밝혔다.[32] 만일 여호수아가 가나안을 정복했다면 그 증거는 어디 있는가? 만일 이것이 단지 1250년 이후까지 일어나지 않았다면 다시, 우리는 그 문제가 성서의 기록을 잘못 해석함으로써 비롯되었다는 것을 안다. 여호수아서와 사사기는 여호수아의 군사행동이 전체적으로 성공한 것은 아니라는 인상을 준다.[33] 많은 실례로 볼 때, 그곳은 몇번에 걸친 행동으로 얻었을 것이다. 처음에는 쳐부수지 못하고, 아마도 13세기 사사시대까지도 여호수아의 정책이 적의 도시를 쳐부수지 못한 것같지만, 그러나 단지 전장에서 그들을 격퇴했던 것같다(수 10:28-42).[34] 이 정책의 좋은 예는 북쪽에 대한 군사행동을 묘사하는 여호수아서 11장에서 알 수 있다. 북쪽 왕들의 연합과의 전쟁은 하솔이 중심이었다. 그리고 언급된 모든 도시중 하솔만 이스라엘에 의해 멸망하였다. 다른 것들은 "그들의 산위에 세워진 것"을 남겨두었다.[35] 단순히 14세기에 가나안 도시국가들의 엄청난 파멸의 증거는 거의 없다. 왜냐하면 여호수아는 그들을 파괴하려는 의도가 없었기 때문이다.

성서 밖의 논쟁들은 어느 쪽의 입장을 옹호하여 결론을 내리기 힘들다. 그러나 구약성서가 출애굽에 관하여 1446년의 이른 연대와 가나안 정복의 시작에 대하여 1406년에 기운다는 것은 전혀 문제가 없다. 단지, 가나안에서 이스라엘에 의한 일련의 운동들을 가정함으로써 이 증거는 무너질 수 있다. 그리고 그 가정은 가장 설득력이 없다고 보아도 될 것이다.

애굽에서의 이스라엘(출 1-14장)

이제 성서적인 이야기로 돌아가 보자. BC 1580년경 힉소스의 멸망 후에 순수 애굽인이고 군주인 아모세(Ahmose) 1세가 바로가 되었다. 그가

---

32) Albright, *The Biblical Period From Abraham to Ezra*, p. 27.
33) 수 13 :1-6; 삿 1.
34) Unger, op. cit., pp. 163-164.
35) 11:13의 더 나은 번역.

"요셉을 모르는"(1:8) 바로라는 것은 가능성이 있는 것이다. 그가 모든 셈족에 대하여 편견을 가지고, 애굽이 최근에 벗어났던 힉소스 지배를 이유로, 애굽의 안전에 위협이 되는 이스라엘을 막기 위해 그들을 노예로 부렸다. 출 1:11은 그들이 바로를 위하여 비돔과 라암세스(Avaris) 등의 도시를 건축했다는 것을 보여준다. 그러나 그 억압은 이스라엘의 확산이나 강성함을 저지하지는 못했다.

마지막으로, 바로(아마 아멘호텝 1세 또는 투트모세 1세)는 그들의 인구를 억제하기 위해 모든 히브리 남자 아이들을 죽일 필요가 있다고 생각했다. 모세가 레위 가문에 태어난 시기는 이 민족 말살 기간이다. 어린아이가 세 달이 되었을 때 그의 어머니는 그 집에 그를 숨기는 것이 불가능하다는 것을 알고 물이 새지 않는 갈대로 바구니를 만들어 아이와 함께 나일강에 띄웠다. 어린 모세는 떠다니는 요람에 누워있었고 그의 누이 미리암은 그가 어떻게 될 것인가를 가까이에서 보고 있었다. 바로의 딸, 아마 핫셉수트가 그 바구니가 떠내려가는 곳 가까이에서 목욕하다가 가엾은 아이가 누워있는 상자를 목격하였을 것이다. 그녀는 그 광경을 보고 마음이 동하여 아버지의 칙령을 망각하고 그 아이를 구출했다. 그녀는 그를 모세라고 이름지었다(히브리어로 "물에서 건져내다", 이집트어로 "아들"). 그녀는 그 아이를 양자로 삼기로 결정하고 이 모든 것을 보고 있었던 분별력 있는 미리암의 충고를 받아들여 그를 양육할 히브리 유모를 찾았다. 물론 그 유모는 모세의 어머니였고 그녀는 히브리의 풍습과 전통을 그에게 훈련시켰다. 또한 그는 애굽의 모든 예술과 과학들을 교육받았다(히 11:23-27).

모세의 처음 40년의 생활에 대한 언급은 그가 왕족의 일원이 되었다는 것을 제외하고는 거의 없다. 어느날, 모세는 애굽인 감독이 히브리 노예를 때리는 것을 목격하고 격분하여 그 애굽인을 살해했다. 그는 히브리 배경을 가지고 있었기 때문에 보복을 두려워하여 애굽 동쪽 200마일 되는 미디안 광야로 피신했다. 그는 미디안 제사장 이드로(르우엘)를 만났다. 그는 그의 딸 십보라와 결혼한 후에 그와 함께 살았다. 40년 동안, 그가 속했던 투트모세 3세의 통치 동안 계속 모세는 양들을 치면서 아라비아 광야에 머물렀다 — 궁전의 사치스럽던 그의 생활과 아주 거리가 먼.

그를 광야로 몰아낸 목적은 모세가 호렙, 남쪽 시내 반도에서 장인의 양들을 치고 있을 때 어느날 극적으로 설명되었다. 타는 수풀 가운데 하나님께서 나타나셨다. 우리가 알기로 하나님은 400년전 처음으로 아브라함과 이삭과 야곱의 하나님으로서, 동일하게 모세에게 들을 수 있는 수단으로 자신을 계시하셨다. 하나님은 이스라엘의 간구와 신음소리를 들으시고 애굽으로부터 약속의 땅, 언약의 땅으로 이스라엘을 이끌도록 모세에게 덧붙여 명령하셨다. 모세가 능력이 없고 그가 백성들로부터 받게 될 응답이 불확실하다는 것을 항의했을 때, 하나님은 새로운 이름으로 자신을 계시함으로써 그의 약속을 반복하셨다. 모세는 애굽으로부터 하나님의 부르심을 이스라엘 백성들에게 설명할 때, 사용해야 할 하나님의 이름을 물었다. 하나님은 "스스로 있는 자"가 그를 보냈다는 것을 그들에게 말하도록 대답하셨다(3:14, 6:3).

　이 이름은 히브리 동사, hayah("존재하는 것")의 일인칭 단수인 바, 하나님께서 영원하신 존재이시며 하나님께서 출애굽의 모든 여정에서 더욱 확실히 보호해 주시고, 동행하셔서 그들에게 복주실 것이라는 것을 가르쳐주는 것이다. 3인칭 단수로 표현하는 그 이름우 야훼(Yahweh)로 표현되어 있다. 하나님의 이름은 흠정역에서는 "LORD"로, ASV에는 "여호와"로 바뀌었다가 Anchor Bible과 다른 성경에는 "야훼"로 되었다. 확실히, 이 이름은 옛날 성인들에게 알려졌지만, 그러나 그것의 충분한 의미를 파악한 것은 아니었다. 그들은 그 이름을 알았지만, 이런 구원의 시간에 대한 그 이름의 중요성을 안 것은 아니었다. 그들은 이제 막 구속되고, 구출되고, 그리고 언약의 백성으로서 재구성되었다고 생각하였다. 그리고 야훼(여호와)는 이 모든 것을 의미했다. 다른 말로 표현한다면, 이 이름은 하나님이 구속적인 언약 능력을 가지신 하나님이라는 것이었다.[36] 그것이 이름의 능력이었던 바, 모세가 돌아가서 그의 백성을 앞으로 이끌도록 하였다. 그에게 힘이 필요했던 것은 바로가 그들은 결코 떠나보내려고 하지 않았기 때문이다.

　모세가 지도자로서 그의 능력에 대해 더 깊이 언급한 후에, 하나님은 일련의 상징들을 통해 그의 장애물들을 없애주셨다. 그의 양치는 막대기를 그의 고난인 뱀으로 바꾼 것, 나병으로부터 치료, 그의 형 아론을 대변자로 삼겠다는 약속 등. 더욱이, 약속의 상징으로 하나님은 모세에게 이스라엘 백성들이 시내산에서 하나님께 예배할 것을 계시하셨다. 그리고 나서, 그들은 하나님의 언약의 진실성을 깨닫게 되었다. 결국 모세는 순종하여 그의 장인과

---

36) Geerhardus Vos, *Biblical Theology*, Grand Rapids, Wm. B. Eerdmans Publishing Co., 1954, pp. 129-134.

작별하고 아내와 두 아들과 함께 애굽으로 향했다. 도중에 그는 그의 아내와 큰 아들의 할례에 관련하여 다투었다. 그래서 그녀는 미디안으로 돌아가고, 그가 호렙으로 돌아올 때까지 그를 다시 만나지 못했다. 그 사이에 아론은 하나님의 인도를 받아 광야에서 애굽으로 갔고 그들은 함께 무거운 책임을 떠맡고 애굽으로 돌아갔다.

바로 아멘호텝 2세를 처음 만나서 그들은 어려움을 겪었다. 왜냐하면 그가 이스라엘이 가는 것과 시내광야에서 야훼께 경배하는 것을 모세가 요구했을 때 허락하지 않았기 때문이다(출 5:1-2). 사실, 그는 모세의 요구가 많은 여가 시간의 결과라고 이해했고 노예인 이스라엘 사람들을 가혹하게하여 모세의 오만을 처벌했던 것이다. 큰 낙망 가운데 모세와 아론은 여호와께 기도했고 여호와는 그 옛날 조상들과 맺은 그의 약속을 다시 단언하셨다. 여호와는 그들에게 다시 바로에게 돌아갈 것과 바로 앞에서 여호와의 이름으로 능력을 행할 것을 말씀하셨다 만일 바로가 광야에서 예배하도록 허락하지 않는다면 하나님은 아주 가혹한 일련의 재앙들을 애굽에 내려서 바로가 그들의 요구를 억지로 허락하도록 하려고 했던 것이다. 두번째 만남은 더욱 어려웠다. 비록 아론의 지팡이가 뱀이 되었고 애굽 술사가 사탄의 능력으로 만든 뱀들을 삼켰지만 왕은 완강하였다. 그 결과 하나님은, 바로가 순간의 징조들에도 불구하고 이스라엘의 요구들을 묵살하는 결정을 완강히 고수함으로써 모두 열 가지 재앙을 애굽에 내리셨다.

열재앙

1. 물이 피로 변함   (7:19-25)
2. 개구리 떼   (8:1-15)
3. 이떼   (8:16-19)
4. 파리떼   (8:20-32)
5. 가축질병   (9:1-7)
6. 부스럼   (9:8-12)
7. 우박   (9:13-35)
8. 메뚜기   (10:1-20)
9. 암흑   (10:21-29)
10. 장자의 죽음   (12:29-30)

지팡이의 기적들, 재앙들, 등등은 그것들을 기껏해야 자연적인 현상의
과장된 설명으로 항상 무시해버리는 비평가들을 당황스럽게 하는 원천이 되
어왔다. 예를 들면, 그들은 물이 피로 변한 것이 에티오피아나 중앙아프리카
에서 운반된 진흙에 의해 단순히 검게 된 것이라고 말한다. 이 떼는 오늘날
과 같은 모래 벼룩이라고 말하고, 그것은 그들이 번식한 유해(dust) 활동이
원인이라고 한다. 어두움은 태양을 보이지 않게 한 극한 먼지 폭풍이 원인이
라고 한다.[37] 이 기적을 둘러싼 반대는 분명하게 되었다. 왜냐하면, 그들이
완전히 모든 재앙을 설명하는 것에 실패했고, 순전히 자연적인 사건들을 근
거로는 설명할 수 없는 믿을 수 없는 결과들을 설명하는데 실패했기 때문이
다. 어떻게 이스라엘이 살았던 고센지역에만 파리떼와 흑암이 없었는가? 설
사, 자연의 힘이 어떤 경우에 활동했다 하더라도 어떻게 이스라엘이 그런 힘
들의 광범위한 영향으로부터 제외되었는가? 이런 사실들을 설명하려고 한다
면 하나님을 떼어놓고 해답은 없다. 이런 이야기들이 단지 자연 안에서 행하
시는 하나님의 능력을 전설적으로 또는 영적으로 설명한다고 말하는 것은 문
제가 있으며 역사를 비상식적으로 내모는 것이다.[38]

열번째 마지막 재앙은 이집트의 장자 죽음으로 가장 소름끼치는 광경이
고 모든 것 가운데 가장 중요하였다. 애굽사람들에게 그것은 삶과 죽음이 그
들의 신을 능가하는 여호와의 우월성을 나타내는 것이었다. 한편 이스라엘에
게 그것은 여호와의 인자한 해방과 구원의 말씀이었다. 그것은 히브리 종교
적인 해(year)의 의미있는 하나의 예배 제도, 유월절을 있게 했다. 이 유월
절 의식은 하나님의 특별한 백성으로 이스라엘을 하나님이 택하심을 영원히
기념하는 것이고, 열번째 재앙으로부터 경탄할 만한 해방과 그들이 속박의
땅에서 탈출했다는 증거를 기념하는 것이다.

출 12장에서 설명하는 유월절은 이스라엘과 교회 각각을 위한 의미를
담고 있다. 모든 이스라엘 백성들은 아빕(Nisan)월 10일에 양 한마리를 선
택해야만 했다. 니산월은 종교적인 해의 처음이 되는 달이다. 이 양은 "저녁

37) J. Coert Rylaarsdam, "Exodus," *The Interpreter's Bible*, Vol. 1, Ed.
by George Buttrick et al, New York, Abingdon-Cokesbury Press,
1951, p. 839.
38) Bernhard W. Anderson, *Understanding the Old Testament*,
Englewood Cliffs, Prentice-Hall, 1957, pp. 40-41.

때"나, 해질 무렵과 깊은 밤 사이에 잡아죽이는데, 14일까지 집앞 마당에 묶어두었다. 이 희생의 피는 우슬초 가지로 집의 양쪽 문설주와 인방에 뿌려야 했다. 다음에, 양의 구운 고기는 무교병과 쓴나물과 함께 먹게 되었다. 급히 이 음식을 먹는 동안, 가족들은 일어나 있어야만 했다. 그 양은 예수님에게 세례를 준 세례 요한에 의하여 언급된 하나님의 어린양을 상징하는 것이다 (요 1:29). 그리고 그것은 이사야 53장에서도 예언되어있다.

그 피는 죄값을 말하고 히브리 문자적 의미로는 "덮개"(covering)를 말한다. 피를 바르는 것은 하나님의 진노로부터 인간을 보호하려는 피의 능력으로 피 바름을 행하는 사람의 믿음을 나타내는 것이다. 신학적으로 설명하면, 그의 피로부터 인간을 구원하는 것이다(레 17:11; 히 9:22). 불에 태우는 것은 심판의 개념을 끌어내는 바, 대속적으로 고난받은 그리스도를 말한다. 모든 희생제물은 "그의 몸의 뼈가 부러지지 않는다는 것"을 계시했다(시 34:20; 요 19:36). 이것들은 다른 독특한 요소들뿐만 아니라 유월절 축제의 영적인 본질을 가르쳐주고 출애굽의 역사적인 상황을 의미하기에 충분하다.[39]

아빕월 14일 운명의 밤이 마침내 다가왔다. 하나님의 심판이 애굽땅을 덮을 때 이스라엘의 가정들은 그 뿌린 피에 의해서, 애굽의 장자에게 가혹하게 가해진 무서운 희생을 면했다. 자신의 장자를 잃고 슬픔과 분노에 찬 바로는 이스라엘 사람들을 그의 땅에서 떠나도록 명령했다. 이스라엘 사람들은 애굽사람들로부터 "얻은"[40] 옷가지와 귀중품을 가지고 급히 고센의 라암세스를 떠나서 시내광야 가장자리 가까이에 있는 숙곳으로 피했다. 이주의 규모는 상상을 초월하여 어린이와 동물들을 합하여 육십만에 이르렀다(출 12:37). 사실, 이 인원은 거대했다. 그래서 비평가들은 어떤 파견 군대들을 의미하는 군사적인 용어로 번역되어야 하는 히브리어의 알렙(aleph), "천"이라는 말로 그것을 설명했다.[41] 만일 알렙이 평균 50명의 남자 이상이 아니라

---

39) Robert Jamieson, A. R. Fausset, and David Brown, *Commentary on the Whole Bible*, Grand Rapids, Zondervan Publishing House, n.d., p. 56.

40) 여기에서 "요구하다"가 더 나은 번역이다. 되돌려 줄 의도는 없었고, 애굽인들도 그것을 기대하지 않았다.

41) A. H. McNeile, *The Book of Exodus*, London., Methuen, 1908, p. 75.

면 그 수는 단지 50×600=30,000명이 떠났다는 것을 의미한다는 것이다. 이 계산으로 하면 어린이를 포함한 총 숫자는 구체적인 수치로 12만 이상은 아닐 것이라는 말이다. 그러나, 방금 소개된 추론의 선은 후에 12지파의 총 숫자와 상반된다. 그 총숫자는 의미가 어떠하든지 의심의 여지가 없다. 40년 동안 광야에서 한 군중이 먹고 지냈을 것이 틀림없다는 것을 우리가 알기 힘든 만큼, 우리는 성서의 설명을 받아들여야 한다. 왜냐하면 모든 출애굽의 설명은 기적적인 사건의 정신 안에 있기 때문이다. 그러나 이것은 많은 예의 하나이다.

유월절 다음에, 숙곳에 있는 동안 모세는 그것의 중요성을 심도있게 가르쳤다. 유월절 다음에 7일 동안 지키는 무교절 규례가 있었다. 일반적으로 성서상 죄의 상징인 누룩은 그의 과거 삶의 죄악된 요소들로부터의 단절을 상징하는 것으로 집으로부터 제거되어야 했다. 더욱이, 하나님은 모든 장자를 유월절에 은혜롭게 소중히 다루셨기 때문에, 모든 장자는 그의 예배에 바쳐져야만 했다(11:11-13).

한편 모든 초태생 동물들은 만일 그 동물들이 희생제물이라면, 희생제물로 드려야 했다. 그러나, 그렇지 않으면 다른 희생동물로 대체되었다. 예를 들어, 당나귀는 일하는 동물이기 때문에 양으로 대신 "구속"될 수 있었다. 이스라엘의 남자아이들도 마찬가지로 하나님께 드리는 대신에 양으로 대체하여 구속받을 수 있었다.

여행은 숙곳에서부터 다시 시작되었다. 기대와는 반대로 하나님은 모세에게 애굽에서 가나안으로 직접 갈 수 있는 해변길을 금지하셨다. 왜냐하면 그 길은 팔레스타인(블레셋) 영역을 가로질러 나있기 때문이었다. 그리고 하나님은 이스라엘이 호전적인 블레셋을 만날 때, 애굽으로 돌아가려는 마음이 생길 것을 아셨던 것이다. 남쪽 통로(route)가 선택되었고 그것의 세부 사항은 성서적이고 고고학적인 정보가 현재 약하여 알 길이 희박하다. 어쨌든 그들은 비터(Bitter) 호수 북쪽 끝이라고 생각되는 에돔에 진을 쳤고, "믹돌과 바다 사이", 바알-스본(Baal-zephon) 가까이, 비하히롯(Pi-hahi-roth)에 진을 쳤다. 이들 장소는 확인된 바 없고, 그래서 이 경로는 아주 불확실하다.[42] 그곳은 이용할 수 있는 길이 없는 광야와 바다로 둘러싸여 있지만 바다

---

42) Charles F. Pfeiffer, ed., *Baker's Bible Atlas*, Grand Rapids, Baker Book House, 1961, pp. 73-74.

그 자체는 아니었다. 바로는 모든 노예를 탈출하도록 허락했던 것을 후회하면서 병거들을 끌고 이스라엘을 추적했고 마침내 바다 가까이에 진을 치고 있는 이스라엘을 따라잡았다.

그때에, 하나님이 개입하여 가장 믿을 수 없는 기적인 바닷물을 가르셔서 모든 이스라엘 백성이 마른 땅을 거너게 하셨고 추적하는 애굽 군대가 같은 길을 건너려 할 때는 바다 바닥을 범람케 하셔서 되돌아오는 물로 인해 수장되었다. 건너간 장소가 포함되는 이런 전체적인 기적은 거의 매번 그것을 공박해왔던 비평학의 조명 아래서 더 깊은 조사를 요구한다. 그리고, 일반적으로 히브리어에서 바다를 묘사하는 얌숩(Yam suph)은 홍해가 아니라 갈대바다를 의미한다고 지적한다.[43] 그리고 건넌 장소가 아주 얕은 물을 의미한다고 본다.[44] 그러나 이같은 말은 우리가 확신하지만 수에즈와 아카바만이 적합하다(출 10:19;수 2:10;신 11:4;민 21:4). 갈대바다가 얕은 물줄기임에 틀림없다는 논쟁은 무너졌다. 왜냐하면 수에즈만은 그렇지 않기 때문이다.

사실 비터, 팀샤, 그리고 발라호수는 이스라엘이 건널 수 있도록 그리고 애굽사람들의 병거와 말들이 물에 빠지도록 하는 하나님의 이적을 행하시기에 충분하게 깊다. 우리는 이스라엘이 이들 호수 가운데 하나를 건넜다고 믿는다. 학자들은 그 호수가 최남단에 있는 비터호수라고 말한다. 그리고 여전히 기적을 행하기에 충분하다고 믿는다. 강한 바람에 의해 얕은 물이 뒤로 밀렸다거나, 도하 지점이 늪이어서 애굽인들이 길을 잃고 함정에 빠졌다는 설명은 출애굽의 기적적인 본질을 묵살하는 것이다.[45] 적은 수의 배교자 무리가 얕은 물을 통하여 도망했다는 것과 그들의 추적자들이 어둠 속에 빠져버렸다는 것과 그리고, 나중에 하나님의 기적적인 행위로서 사건들(출애굽)을 그들 마음대로 재해석하는 것은 안될 말이다. 유대교와 기독교의 신앙의 보편적인 구조는 그런 불확실한 근거의 도움을 거의 받지 않을 것이다. 바

---

43) Francis Brown, S. R. Driver, and Charles Briggs, *A Hebrew and English Lexicon of the Old Testament*, London, Oxford University Press, 1962, p. 693

44) Anderson, op. cit., p. 49.

45) Lewis Hay, "What Really Happened at the Sea of Reeds?," *Journal of Biblical Literature*, 83:397-403, December, 1964.

로, 여기 기록된 참된 기적은 이스라엘의 민족적인 경험에서 가장 위대한 역
사적 사건으로서 영원히 기억될 사건이다(암 3:1-2; 호 11:1; 겔 20:5-6;
시 66:6; 136:10-11).

시내 지역에서의 이스라엘(출 15-민21)

구약성경의 감동적인 시들 중의 하나인 하나님 찬양을 노래한 이후, 모
세는 도하 지점의 남쪽인 마라를 향해 3일간의 여행을 계속 인도했다. 만약
하루 여행으로 15마일을 갔다 했을 때, 오늘날 그러한 환경 속에 그와 같은
여행을 생각해보면 비터 호수의 도하 위치는 어느 정도 구체화 되는데, 그
위의 북쪽은 삼일이란 시간으로는 너무 멀고 그 아래의 남쪽은 삼일의 시간
이 필요하지 않게 되기 때문이다. 마라라는 곳의 물은 지명의 이름이 뜻하는
"쓰다"라는 말과 같이 마시기에는 부적합한 물이었다. 그러나 모세가 약효가
있는 어떤 묘목가지를 던졌을 때 물은 먹기 좋아져서 지금까지 순수하게 전
해 내려오고 있다.[46] 마라에서부터 이스라엘 민족은 "종려"(palms)라는 이름
의 엘림으로 여행을 계속하여 갔다. 출발 후부터 한달 혹은 조금 지난 후에
그들은 반도 남쪽 부분 신광야에 도착하게 되었다. 거기서 그들은 아마도 수
에즈 만 건너로 보이는 애굽의 광경을 바라보며 그들이 떠나온 지 얼마되지
않는 애굽의 옛 생활을 그리워하기 시작했다. 그들은 부족한 고기와 빵으로
피곤해졌다. 사막에 익숙한 사람만이 그 곤경을 공감할 것이다. 여정의 어려
움과 땡볕 더위와 건조함은 그들을 혹사시켰을 것이다.

이스라엘 민족의 배고픔을 해결키 위해 하나님은 그들에게 그들의 모든
여정에 다시는 빈곤치 않을 양의 메추라기와 식량을 내려주시기로 약속했다.
그들이 만나를 처음 봤을 때, 만나의 특이한 성분 때문에 놀라서 "이것이 무
엇일까?"를 연발하기만 했다. 이 위대한 사건을 기억하기 위해서 만나를 항
아리에 두었다가 나중에는 언약궤에 보관시켰다.

다음으로 이스라엘 민족이 머문 곳은 르비딤으로써 여기서 모세는 반석
을 쳐서 물을 구했다; 또한 이스라엘 민족이 처음으로 그들의 적을 만난 곳
이기도 했다. 시내 내륙의 거친 유목민족 아말렉은 히브리 민족의 측면을 급

---

46) 1956년 시내산 발굴에 참여했던 Manasseh Harel에 의하면, 마라의 물은 맛이
좋았다(1965년 7월 17일 예루살렘의 강의에서). Harel은 히브리 대학교 지리
학 교수이다.

습하고 노약자를 공격함으로써 강력하게 보복을 취해 왔다. 이스라엘은 훈련 받지 않았을 군사들임에도 물자와 지도력이 부족하지 않았다. 모세가 팔을 들어 여호수아를 선봉장으로 한 이스라엘 민족을 축복하자 그들은 하나님이 주신 힘으로 적들을 물리쳤다. 싸움 후에 모세의 장인 이드로가 모세의 아내 십보라와 두 아들 게르솜과 엘리에셀을 데리고 르비딤에 도착했다(18:1-6). 이드로는 여호와가 이스라엘을 이집트에서부터 건져내시고 이 일들을 증거해 보이시기 원하는 소문을 들었다. 미디안의 제사장인 이드로는 이 모든 사건 들의 진실됨을 깨닫고 번제물을 바쳐 여호와를 찬양했다. 이스라엘의 믿음에 대한 이드로의 관계는 너무나 복잡해서 여기서 충분히 고려될 수 없다. 그러 나 이 유효한 증거는 그가 이스라엘의 하나님과 친밀히 관계했다는 것을 확 실히 보여주고 있다.[47]

그가 여호와가 이집트의 다른 신들보다 우위에 있다는 것을 이제 안다고 말한 사실은 그가 그 사실을 계속 의심했다는 뜻이 아니다. 그는 간단히 그가 그 사실이 정당한 의문을 넘어서서 증명된 것으로 우선 보게 되었다고 말할 뿐이었다. 이드로는 모세가 계속적으로 모세에게 조언과 수천 가지 사 사로운 일의 판정을 위해 찾아오는 군중의 떼에 지쳐있는 것을 보고 그에게 이 모든 일이 모세 자신을 너무나 힘들게 한다고 경고하며, 모세에게 쉬운 사건들을 감당할 수 있는 능력을 가진 재판장들의 법정 체계를 갖추도록 조 언했다. 모세는 이 조언을 받아들였으나, 사실상 이 체계는 아주 잠시동안 사용되고 말았다.

이드로가 르비딤을 떠난 후, 곧 이어서 모세도 그 곳을 떠나게 되었다. 이스라엘 민족의 다음 도착지는 그들에게 가장 중요한 시내광야로써 바로 모 세가 타오르는 나뭇가지 속에서 하나님의 임재를 체험했던 시내산이 근접한 곳이었다. 이 지역은 여러 관점에서 하나님에 의한 정치(신정)가 시작된 요 람이라 할 수 있으며, 이스라엘 역사에 너무나도 중요한 사건이 발생했던 곳 이기도 했다. 아브라함에게 약속되었고 이삭과 야곱에게 전해졌던 계약은 이 스라엘에게 민족적으로 표출되었다. 400년의 노예생활에서 이스라엘 민족을 구해내심은 하나님의 놀라운 해방운동이었다. 그리고 현재의 새롭고 생동적 인 경험의 문턱에 있는 어느 정도 이질적인 이스라엘에게 이 성스러운 계약

---

47) Bright, op. cit., p. 116.

의 법은 그들의 풀어진 동맹 응결력을 도와주며 그들로 하여금 정부, 사회 그리고 예배에 임재해 있는 하나님의 뜻을 알게끔 했다.

신성한 산의 정상에 이르라는 하나님의 부르심을 받은 이스라엘 민족의 중재자 모세는, 그곳에서 하나님으로부터 믿는 이의 나라가 창조될 시간이 이르렀다고 듣게 되었다. 하나님은 명백하게 모세에게 하나님께서 그의 권능으로 그들을 애굽에서 구하시고 또 때론 그들과 맺은 오랜 계약의 조건들을 확장하고 확증하는 사실을 상기시켜야 한다고 알리셨으며, 그리고 그들로부터 충실한 순종을 기대하셨으며 순종할 때 제사장의 나라와 거룩한 백성으로 만드시겠다는 것을 상기시키도록 명하셨다. 이 조건과 근엄한 맹세에 동의를 하면서 이스라엘의 대표자들은 계약의 세부 사항을 받아들일 준비를 했다. 삼일 후 하나님은 불과 번개와 땅이 요동치는 무서운 힘을 동반하여 모세 앞에 신정정치의 핵을 이루는 계약의 규칙을 주기 위해 나타나셨다.

율법이 선포되고 한 자씩 낭독된 후, 모든 율법은 12지파를 대표하는 장로들의 의회에 의해 동의되었다는 축연속에 받아들여졌다. 칠십인의 장로들은 단과, 이 사건을 기념키 위해 특별히 세워진 열두 기둥에 모여서 번제를 드리고 번제의 피를 단과 참가원들에게 뿌렸다. 아브라함과의 계약에서 동물의 살육과 그 피의 사용은 계약의 관계자들을 불변의 관계로 결속시키는 매개체가 되었다. 실질적인 면에서 하나님과 이스라엘 민족은 피의 형제가 된 셈이었다. 이어서 하나님은 모세에게 돌판에 적으신 십계명을 주시고 어디서 그가 이스라엘 민족을 만나 예배를 받으실지 설명하기 위해 다시 한번 모세를 시내산으로 부르셨다.

장막과 제사장직은 출애굽기 나머지 부분에 논의되어있다. 이제 이스라엘은 왕(하나님)을 가진 민족이요 율법전(토라)을 가졌기 때문에 하나님과의 교제를 위한 규례가 필요했다. 이것은 죄가 하나님께로의 직접적인 근접 가능성을 방해한 이후 교제를 가능케 하는 수단과 교섭 장소에 관련되어 있었다. 장막의 부분들과 성직자들의 행동이 매우 상징적인 가치를 가지고 있기에 다음 장에서 우리는 그것의 자세한 부분에 대해 논의해 볼 필요가 있다.

역사적 서술은 우리가 장막과 그에 따른 모든 휴대품들의 공사를 감독하기 위한 사람 선출에 대해 배우는 출애굽기 31장에 가서 다시 시작된다. 모든 일들이 매우 복잡하기에 일하는 사람들은 요구되는 기술과 지혜를 얻기 위하여 성령의 도우심이 필요했다. 특별히 두 지도자 브사렐과 오홀리압은 하나님의 지도 아래 모든 일이 성공적으로 운영될 수 있게 선택된 도구로 지명됐다. 모세가 시내산 정상에서 앞에서 이야기한 율법과 규례를 받으러 올라간 사이 아래 평야에 있는 사람들은 모세가 다시 돌아오지 않으리라 생각했다. 그들은 여호와가 그들을 버렸으며, 계약의 아무것도 실현되지 않으리라 생각했다.

그들의 지도자마저 사라진 이후 그들은 물질적인 예배의 대상을 금형상으로 만들어 자신들을 위로했다. 이 황소의 형상은 타국 신이 아니라 여호와가 군림하던 그 자리를 대신했다.[48] 여호와께 바쳐진 축제는 죄가 하나님으로부터 출발하지 않고 적어도 종속적인 방법으로 신을 인성화 시키려는 시도에서 비롯됐다는 사실을 보여주기에 충분하다. 하지만 이것은 십계명 제2항에서 분명하게 금지되어 있다.

아론이 중심 역할을 맡았음이 분명한 축제가 법석거리고 있을 때 하나님은 모세에게 이 모든 일을 알리고 그들의 죄로 인하여 그들을 멸망시키겠다고 하셨다. 말씀을 들은 모세는 하나님의 변치 않으시는 약속에 용서를 호소했고 하나님이 친히 쓰신 십계명의 돌판을 들고 산에서 내려왔다. 너무나도 상징적으로, 모세가 끔찍한 이스라엘 민족의 풍경을 보고 십계명을 내동댕이친 것은 최근에 이스라엘 민족에게 주어진 계약이 파괴됨을 보여 주었다. 화가 난 모세는 돌판을 갈아 티끌로 만들어 내에 뿌린 후 주모자들로 하여금 그 물을 마시게 했다. 모세는 아론이 한 일에 대해 ─ 비록 아론이 그의 일을 구차하게, 금붙이가 불에 던져져 마술에 의해 황소가 되었다는 변명에 상관없이 ─ 통렬히 그를 비난했다. 이 사건은 모세가 종교적인 특권을 수행하는 레위인들에게 죄지은 자들을 도륙하라는 명령으로 그들이 적어도 삼천 명에 이르는 사람들을 멸하므로 끝이 났다. 모세는 하나님을 향해 절실히 감동적이고 헌신적인 말씀으로 만약 하나님이 원하신다면 자기 자신을 바쳐서라도 이스라엘을 용서하실 것을 빌었다(32:30-32). 허나 하나님은 모든 사람들을 용서하시고 모세에게 그의 계속적인 임재를 약속하셨다.

그리고 나서 하나님은 가장 장엄한 방법으로 모세에게 나타나셨다. 진밖의 임시장막에 모세를 부르신 하나님은 장막 위의 구름기둥에서 모세와 회중

48) Martin Buber, *Moses*, New York, Harper and Row, p. 214.
49) H. H. Rowley, *The Growth of the Old Testament*, New York, Harper and Row, 1963, p. 19.

에게 임하셨다.[49] 그 후 하나님은 앞으로의 날들에 모세와 함께 하실 증거로 모세에게 얼굴이 아닌 등을 보여주셨다. 모세가 본 것은 육신적인 것이 아닌 하나님의 영광을 반영하는 눈부신 광채였음에 틀림이 없고 하나님 아버지는 영으로써 우리에게 임재하실 뿐이다. 그 후 모세는 파괴된 십계명을 새롭게 받기 위해 다시 한번 시내산에 오르게 되었다. 모세가 다시 내려왔을 때 그의 얼굴에 반영된 하나님 임재의 광채가 너무 강렬함으로 이스라엘 민족은 차마 모세가 그의 얼굴을 수건으로 가리지 않는 한 쳐다볼 수 없었다.

성막의 건설, 용기, 옷 그리고 다른 물건들의 제작 과정과 성직자의 임명은 출애굽기 35장에서 40장에 기록되어있다. 이 장들에 있는 대강의 세부사항들은 일의 정확성과 낱개에서 전체에 이르는 모든 항목들이 주님 보시기에 매우 중요했고 이것에 대해 신중히 공부하고자 하는 이들에게 교훈적이었다는 사실을 분명하게 보여준다.[50] 성막이 마침내 지어지고, 모든 가구들이 그 안에 정착되었을 때, 하나님은 그의 영광의 임재로 그 안을 채우셨다.[51] 낮엔 구름이, 밤엔 불이 성막에 나타났을 때 이스라엘 민족은 하나님이 거기에 계시고 그들이 움직일 때 그들을 새로운 경험터로 이끄심을 알았다.

다음으로 성직자들이 그들의 첫 번제를 드림으로써 성례에 의해 임명되고 봉헌되었다. 아론의 두 아들 나답과 아비후가 여호와가 명하시지 않은 불로 번제를 올리다 그 결과 목숨을 잃었다. 징벌의 혹독함은 하나님께 드리는 성스러운 번제 의식은 결코 변형되어서는 아니됨을 다른 사람들에게 경고했다. 같은 시기에 모세는 가나안으로의 긴 여정을 계속하기 위해 사람의 수를 파악 배열했다(민 1-2). 사람들은 진을 따라 행진했는데 3지파는 성막의 측면에서, 레위지파는 성막을 둘러쌌다. 각 진은 그들 나름의 기준을 가지고 행진 때나 정착 때 항상 그에 맞춰 자리를 잡았다.

이른 계시에도 불구하고 특별한 임무를 위한 레위지파의 선택은 나중에 이루어졌다(민 3). 공식적으로, 이스라엘 가정의 장자는 하나님께 영원한 봉

---

50) 성막의 역사적 근거를 잘 연구한 책은, Frank M. Cross, "The Priestly Tabernacle," *The Biblical Archaeologist Reader*, Vol. 2, Ed. by David Noel Freedman and Edward F. Campbell, Jr., Garden City, Doubleday and Company, Inc., 1964, pp. 201-228.
51) Shekinah glory; from Heb. shakan- "to dwell."

사를 위해 바쳐졌으나, 하나님은 레위 지파를 선택해 이 의무를 맡기셨다. 모든 장자는 법에 따라 레위인에 의해 대표되었으나 레위인의 수가 모든 장자를 대표하기에는 부족하므로 남은 장자들은 한 사람당 은 다섯 덩어리를 대신함으로써 그들의 의무를 다하게 되었다. 레위지파는 가족을 따라 게르손과 고핫과 므라리의 아들들로 계수되었고 이들 세 가족은 레위 족장의 아들들이었다. 각자의 집단들에게는 성막의 운송과 운영, 봉사에 따르는 특별한 임무가 주어졌고, 모두 각자의 임무에 종속되었다. 레위 민족의 선택과 봉헌에 관한 부연 사항들은 민수기 8장에 기록되었다.

마침내 약속의 땅을 향한 여행의 날이 되었다. 1년 남짓 나라가 형성되는 동안 이스라엘 민족은 시내에서 머물렀고, 나팔소리와 함께 바란광야를 향해 출발했다. 간신히 시내를 떠나오자, 그들은 불평을 또 다시 털어놓기 시작했고 최고의 불만은 고기와 향긋한 애굽음식의 부족이었다. 사람들의 원성을 들을 대로 들은 모세는 신이 임한 칠십인의 장로를 모아서 그의 너무나도 과중한 업무를 돕도록 하였다. 이후 하나님은 넘칠듯한 양의 메추라기를 허락하셨으나 욕심으로 가득 찬 사람들은 주께 감사를 돌리지 못했다. 이에 대해 하나님은 진노하셨고 탐욕을 부린 사람들이 죽은 그곳은 기브롯핫다아와(탐욕의 무덤)라 전하여졌다.

여기서 그들은 미리암과 아론이 모세가 구스여자를 취함에 반란을 일으켰던 장소인 하세롯으로 이동했다.[52] 미리암과 아론이 취했던 태도의 참된 이유는 그들이 선지자라고 모세와 같이 칭함을 받고도 모세처럼 하나님과 친밀한 관계를 유지하지 못한 부러움에서였다. 반란에 대한 대가로 미리암과 아론을 부르신 하나님은 아마도 미리암이 여자로서 그녀의 남동생에게 하나님이 허락하신 권위를 훼손키 위해 주된 난동을 부린 까닭에 그녀에게 문둥병이 들게 하셨다. 모세의 열성적인 기도의 덕으로 그녀는 치료를 받고 다시 진안으로 들어올 수 있었다.

바란 광야에 이르러 모세는 열두 명의 정탐꾼을 가나안 땅에 보냈다. 이스라엘이 가나안 땅의 남쪽 경계에 근접한 것으로 보아 모세의 의도는 남쪽

---

52) 이것은 인종간의 결혼이었을 수 있다. 비록 히브리어 "구스인"이 아라비아 반도의 원주민을 가리킬 수 있지만 말이다; cf. Buber, op. cit., p. 217. 물론 이 때 십보라는 죽었던 것으로 가정한다.

으로부터 가나안에 들어가려고 한 것같다. 열두 명의 사람이 가나안 영토에 들어가 그들의 정탐을 보고토록 임명됐다. 사십 일 후 정탐꾼들이 이스라엘의 진영 가데스에 돌아왔다. 그들 중 열 명은 가나안의 높은 성벽과 거대한 적들 때문에 정복할 길이 없다는 매우 부정적인 보고를 했다. 단지 갈렙과 여호수아 이 두 명만이 하나님을 믿고 그의 은혜로써 가나안을 정복하자고 이스라엘을 설득했다. 허나 그들의 주장은 먹혀들어가지 않았고 곧 이은 반란때 민족들은 대다수의 의견에 따라 모세와 아론을 뒤엎고 애굽으로 돌아가려했다. 하나님은 다시 이스라엘을 치시려 했고 모세를 모든 백성들보다 강하게 하려 하셨으나 모세가 선지자의 자질로써 자기 민족을 위해 간구한 덕에 하나님은 민족의 멸망을 돌리셨으나, 그들이 38년 혹은 40년 동안 방황하게 하셨으며 오직 20살 미만의 아이들만 제외하고 결코 가나안에 도달치 못하게 하셨다. 여호수아와 갈렙만 그들의 순종으로 가나안 땅을 볼 수 있게 되었다.

이 저주를 들은 이스라엘 민족은 남쪽으로부터 긴급히 가나안으로 들어가려 시도했으나 호르마에서 크게 패배했다. 이 일은 다음에 이어지는 38년이란 세월의 많은 사건에서 단지 처음에 불과하나 매우 적은 이같은 일이 모세의 저술에 기록되어있다. 아마도 가장 눈에 띄는 것은 고라, 다단, 아비람의 반란이었다. 이들은 그들의 가족과 친구들과 함께 모세와 아론이 너무나 그들의 권력을 남용하고 있다고 판단하고 모세와 아론에게 이스라엘과 하나님의 중재자가 누구인지 성령의 부르심을 들어보자고 도전했다. 도전은 받아들여졌고 반란자들이 번제를 드리고자 했을 때 그들 밑의 땅이 갈라져 그들에게 속한 가족과 진영 그리고 소유물들이 모두 다 삼킨 바 되었다. 그러나 이스라엘 민족은 이 충성된 신앙의 사람의 기도에 대한 하나님의 축복을 인정치 않아 하나님은 순식간에 민족을 멸하려 하셨다. 마지막으로 확실한 증거를 보이시기 위해 각 지파는 아론의 지팡이와 더불어 지팡이 하나씩을 거두어 성막 안에서 하룻밤 동안 두었다. 싹이 나는 지팡이의 임자가 하나님의 계시자임을 상징했다. 다음날 모든 지팡이가 검사되었을 때, 아론의 것은 싹뿐 아니라 꽃까지 피어 있었다. 모든 논쟁은 잠잠해졌고 단독적으로 하나님의 사용물이었던 지팡이는 언약궤 옆에 간직되어 값있게 기념되었다.

휴식처 가데스 인접 지역에서의 긴 방황이 끝날 무렵 이스라엘은 신 광야에 이르렀다. 거기서 미리암은 고령의 나이로 죽었다. 광대한 사막에 물이 없자 사람들은 모세를 원망했고 화가 난 모세는 하나님의 지시를 통해 물을 구하려 하지 않고 바위를 쳤다. 이 일을 통해 모세는 약속의 땅에 들어갈 수 없게 되었지만 하나님은 모세가 멀리서 그 땅을 바라만 볼 수 있게 하셨다. 이 때의 노여움에 이르기 전까지 수많은 세월을 실수없이 하나님의 뜻을 따라왔던 모세의 이번 거역은 하나님께서 확고한 순종을 기대하는 이들에게 허락하시는 축복과 책임의 원칙을 생각해 볼 때 이해될 수 있다. 소인 같으면 그냥 지나칠 것 같은 일도 모세와 같은 영적 대인의 작은 죄는 평생에 거쳐 쌓인 죄보다 확대되어 보였다.

　　남쪽으로부터 가나안에 침입하는 것이 불가능한 것을 깨달은 모세는 여리고 맞은편 요단강 건너에 있는 모압 평지에서 침입할 것을 결심했다. 모압에 도달키 위해서는 가능한 에돔의 국토를 통과해야만 했다. 이 경로는 아카바만에서 북쪽으로 에돔 왕국 특히 수도인 셀라(헬라어로는 페트라)에 이르도록 펼쳐져 있다. 통과할 수 없는 좁은 산길을 제외한 지형을 이 경로는 횡단하고 있었다. 만약 에돔 사람들이 원한다면 수백의 잘 훈련된 군대로 수천의 침략자를 물리칠 수 있음으로 행상들과 군인들은 할 수 없이 일렬로 통행하게 되었다. 그러므로 모세는 에돔왕에게 길을 열어줄 것을 요구했으나 거절당했다(20:17-21). 모세가 방안을 연구중에 형 아론이 죽어 호르산에 장례했다. 가나안 사람 아랏왕이 이스라엘을 공격해왔으나 이스라엘이 승리했다(21:1-3).

　　다음으로 모세는 남쪽을 돌아 시로-아라비아 사막을 둘러 에돔의 동쪽으로 가려 했으나 그 길이 너무 힘들자 발을 북쪽으로 돌려 아라바를 거쳐 에돔을 서쪽에 두고 지나가도록 노력했다. 행진중 사람들은 또다시 불평을 늘어놓기 시작했고 이들은 하나님이 보내신 불뱀에 의해 쓰러졌다. 모세가 구리로 만든 장대에 건 불뱀을 물린 자들이 믿음을 가지고 쳐다보자 상처가 아물었지만 많은 사람들이 죽었다.[53] 마침내 그들은 사해의 남동쪽 구석 에돔의 북쪽에 있는 이예아바림에 도달했고 모압과 에돔의 경계선을 이루는 세렛 골짜기로 진행, 아모리왕국 남쪽에 위치한 모압평야에 도착했다. 거기서 여호수아의 지도로 요단강을 건너기까지 이스라엘 민족은 머물렀다.

---

53) 여기는 딤나 혹은 부논일 것이다. 둘다 오늘날까지 구리광산으로 알려져 있다. See Baly, op. cit., p. 212.

요단 동편에서의 이스라엘(민 22-신 34장)

모압평야와 거기서 거하는 동안, 이스라엘은 많은 난관을 극복해야 했다. 이들 중 처음은 모압의 북쪽 지역을 장악한 아모리 종족과의 전쟁이었다 (21:21-25). 그들의 왕 시혼이 모세의 길을 열어달라는 요구에 응답을 거부하자 이스라엘은 그들을 공격하여 무찌르고 그들의 소유를 차지했다. 이스라엘인들의 첫 소유물은 나중에 갓 지파에 의해 대부분 처분되었다. 이후로 이스라엘 군대는 시혼 영토의 북쪽을 떠나 바산 지역에 이르러 간단한 전초전 끝에 바산의 왕 옥을 무찌르고 나중 므낫세 지파 절반의 거주지가 되는 지역을 확보했다(21:33-35). 이같이 단 두번의 기습공격으로 이스라엘은 사실상 모압의 북쪽과 요단 동쪽 전부를 차지하게 되었다.

군사 행동도 아닌 가장 힘든 시련이 모압족들과의 접촉에서 찾아왔다 (22-25). 모세는 이스라엘과 모압의 옛관계를 기억했기에 의심을 두지 않고 모압민속에 대해 상경한 태도를 취하지 않았다. 그럼에도 불구하고 모압왕 발락은 히브리 유목민에 의해 자기의 왕국이 시혼과 옥이 패한 것처럼 통합될까봐 불안해했다. 동시에 그는 군사력으로 이스라엘을 당해내기 힘듦을 감지하고 초자연적인 힘을 의지하려 했다. 그는 메소포타미아에 있는 발람이란[54] 예언자를 통해 이스라엘을 저주하면 이스라엘이 황폐케 되리라 믿고 발람을 불렀다. 처음 발람은 신이 허락치 않아 오기를 거절했다.

그러나 수차례의 물질적 유혹과 설득으로 발람은 자기의 길을 나섰으나, 여전히 그는 신이 원하시는 대로만 예언하리라 주장했다. 가는 도중 발람은 길에서 하나님의 사자를 만났으나 그가 알아보지 못하자, 그의 나귀가 발람에게 입을 열었다.[55] 이 일은 발람을 아주 놀라게 하였고 그에게 하나님의 계시를 가르쳐 그가 오직 하나님의 말씀만 전해야 함을 깨닫게 했다.

발람이 모압에 도착하자마자 발락은 발람을 예배와 제사를 드리는 높은 곳으로 이끌었고 수차례의 종교적 예식이 끝나자 발람은 아래 평야에 넓게

---

54) 거짓 선지자로서 발람에 관한 논의는, "An Investigation of the Person and Work of the Old Testament Prophet of God," Ph.D. Dissertation, Greenville, South Carolina, Bob Jones University, 1963, pp. 139-155.

55) See C. F. Keil and Franz Delitzsch, *Biblical Commentary on the Old Testament: The Pentateuch*, Vol. 3, Grand Rapids, Wm. B. Eerdmans Publishing Company, 1948, p. 173.

분포된 이스라엘을 저주하기 시작했다. 발람과 발락에게는 놀랍고 유감스럽게도 발람은 신의 축복을 저주할 수 없음에 이스라엘을 축복했다(23:9-10). 두번 더 발락은 발람에게 이스라엘을 저주하기를 사정했으나 두번 다 엄청난 예언의 축복이 이스라엘에게 전해졌다(23:18-24; 24:49). 마침내, 발락은 축복을 계속 전하고 있던 발람을 내쫓으며 분개했다. 발람의 의사를 넘어선 이 전체에 걸친 사건 중, 발람은 구약성경에서 가장 성스러운 예언을 말하게 되었다. 잔잔한 어조로 발람은 "내가 그를 보되 지금은 아니며 내가 그를 보아도 가까이에서가 아니며 한 별이 야곱으로부터 나오고 한 왕권이 이스라엘에게서 일어나 모압의 구석들을 치며 셋의 모든 아이들을 멸하리라" (24:17). 이 예언은 수백년 후에 동방박사들로 하여금 이 원대한 예언의 주인공을 찾아 메소포타미아에서부터 이끌게 되었다(렘 23:5; 눅 1:32-33).

그러나 발람의 일은 아직 끝나지 않았다. 그는 모압지역에 거주하며 이스라엘이 바알브올에게 열을 올리게하는 원인적 요인이 되었다. 그가 하고자 했던 저주를 못하자 그는 미묘하게 일을 추진해, 수천명의 이스라엘인들, 특히 시므온 종족으로 하여금 모압의 딸들과 음행을 저지르게 하였다. 여호와로부터 떠난 이 변절은 정신적, 육체적으로 음란한 범죄였다. 이 일은 이스라엘에게 처음으로 성적 탈선으로 도덕적이지 못한 다량의 민족 수를 늘리는 가나안 사람들의 미신과의 교제였다. 이 결과로 2만 4000명의 이스라엘인이 죽었고 하나님은 명백히 이 모든 문란을 폐지할 것과 조금도 이스라엘을 용서치 않을 것을 엄포하셨다.

드디어 모세의 지도자 생활이 마감의 날로 치달았을 때, 그는 죽기 전 그가 백성들을 이끌어왔던 땅의 경계를 마지막으로 바라보았다. 그리고 그의 후계자로 여호수아가 하나님의 선택을 받아 모세의 자리를 대신하게 되었다 (신 31:14-23). 르우벤, 갓 그리고 므낫세 반지파는 그들이 벌써 목축과 농사를 위해 다져놓은 요단 동쪽의 땅에 머물기를 모세에게 요구했다. 모세는 이 세 지파에게 그들의 군사를 동원해 남은 지파와 함께 요단을 건너 팔레스타인의 서부 지역을 차지할 수 있게 도울 것을 요청했다. 그리고나서 그 군사들은 가족과 자기의 집으로 돌아올 수 있었다(민 32:20-33). 갓은 아모리 왕국으로 알려진 지역에, 므낫세는 바산에, 르우벤은 결국 모압에 정착했다. 동시에 모세는 남은 종족들이 거주할 가나안 땅을 경계선을 그어 나누어 주었다(민 34). 게다가 모세는 48개의 도시를 뽑아 선택된 지파로서 아무것도 유업이 없는 레위지파에게 주어 살며 가르치게 하고 이들 도시중 여섯 곳은 요단강 각 측면에 위치시켜 피난처로 삼았다(민 35; 신 14:1-10).

모든 법을 점검하여 필요한 사항을 더하고 변형시킨 후, 모세는 마지막으로 군중들을 불러 모았다(신 27:1). 모세는 사람들에게 가나안에 들어가면 먼저 에발산과 그리심산 사이에 있는 세겜에 단을 쌓을 것을 명령했다(27:2-8). 거기서 그들은 십계명을 돌에 쓰고 언약의 말씀에 복종할 것을 다짐했다. 그리고 나서 레위지파는 입을 열어 언약의 불이행에 대한 경고를 했다. 사람들은 세겜 총회에서 동의함으로써 그 저주의 공정함을 받아들여야 했다(27:11-26). 모세는 이스라엘의 앞날에 순종과 불순종의 결과에 따른 또 다른 축복과 저주를 했고, 하나님과 맺은 언약에 거할 것을 부탁했다(28-30).

모세가 그의 민족에게 하나님의 율법을 가르친 이 거대한 회합 후에 모세는 모든 율법을(31:9) 써서 여호수아에게 주었고(31:23) 하나님이 이스라엘에게 향하신 신실히심을 노래로 찬양했다(31:28-32:43). 그리고나서 모세는 마지막으로 축복을 한 후 비스가산에 올라 최종적으로 약속의 땅을 바라보았고, 마침내 120세의 나이로 하나님이 준비하신 알 수 없는 모압의 어느 곳에서 그의 지도자 삶을 마감했다(34:1-7). 그 어떤 비명(碑銘)도 모세의 죽음에 대하여, 신명기 34:10보다 더 적절하지 못할 것이다: "그 후에는 이스라엘에 모세와 같은 선지자가 일어나지 못하였나니 모세는 여호와께서 대면하여 아시던 자요 … "(신 34:10).

제5장

신정의 기초

고대 근동의 법률

고대 근동에는 모세 율법보다 더 오래된 율법 조항들이 있었다. 그 중에서 가장 유명한 것은 주전 17세기경의 함무라비 법전의 조항들이다. 그런데 그것조차도 이미 수세기 이전에 있던 수메르족, 셈족의 법조항들을 수집하고 개정한 것일 뿐이다.[1] 지중해 세계의 다른 여러 나라들도 나름대로의 법률을 가지고 있었는데 어떤 것은 조악한 것도 있지만, 대체로 거대한 공통적인 법체계를 가지고 있었다. 알트(Alt)와 여러 학자들이 지적한 바와 같이 모세 율법도 현저한 예외가 있기는 하나, 이러한 것들과 유사한 점들이 아주 많이 있다.[2] 예를 들어 히브리 율법에는 정언 형태로 된 율법과 결의론적 율법의 두 가지 종류가 있다. 전자는 십계명에 가장 잘 나타나 있는데, 그 속에는 구체적인 특정 사항과 관련이 없는 단순한 명령이나 금지 등을 포함하고 있

---

1) E. Winton Thomas, *Documents From Old Testament Times*, London, Thomas Nelson and Sons, Ltd., 1958, pp. 27-28.
2) Theophile J. Meek, *Hebrew Origins*, New York, Harper and Row, 1960, pp. 72-73. 반대 견해에 관해서는 Erhard Gerstenberger, "Covenant and Commandment", *Journal of Biblical Literature*, 53:50, March, 1965를 보라. 계약의 기초로서 율법에 관한 논의는 다음을 보라. Meredith Kline, "Law Covenant", *Westminster Theological Journal*, 27:19ff, November, 1964.

다. 그것은 항상 구속적이고, 또한 그것이 옳기 때문에 엄격하게 지켜져야 하는 것이다. 결의론적인 법은 용어 자체가 암시하듯이 여러 개인들이 처하게 되는 다양한 경우들을 다루는 특정한 법률들과 연관되어 있다. 이것은 단지 히브리 율법에서만 독특한 것은 아니다. 왜냐하면 함무라비 법전의 법률 조항에서도 300조항 이상의 다양한 종류의 가능성 있는 위법 사항들을 다루고 있기 때문이다. 결의론적인 율법에서 공식 어구는 다음과 같다. "만약 누구누구가 이러저러하게 행하면 어떠어떠한 벌을 받게 될 것이다." 거기에는 구체적인 원칙이나, 보편적인 법률 의무 사항에 관한 언급이 없다.

단순한 법률의 형식을 넘어서서, 모세의 율법은 다른 율법의 조항들보다 도덕적, 영적인 면에서 상당히 우월하며, 다른 법 조항에서는 찾아볼 수 없는 박애 정신을 많이 담고 있다. 예를 들어 바벨론의 법에서는 만약에 어떤 의사가 수술을 하다가 환자를 죽일 경우, 그 의사의 오른손을 자르도록 되어 있었다.[3] 그러나 모세 율법에는 이러한 잔인한 조항이 없을 뿐만 이니라, 그것과 비슷한 것조차도 없다. 가장 가까운 것이라고 한다면 동해복수법(lex talionis) 즉 "눈에는 눈, 이에는 이"라 불리는 법이다. 그런데 그것조차도 사회(이스라엘 공동체)에 의해서 주도면밀하고 정당하게 시행되도록 통제되어 있었다. 많은 학자들은 다른 나라의 법률처럼 히브리 율법도 대개 다른 많은 고대 법률 조항에 기초하고 있다고 주장하고 있다.[4]

이것은 다음과 같은 의미에서만, 즉 모든 율법 조항들이 옳고 그름을 판가름하는 일반적인 인간의 윤리와 형식화된 규범에 공통적인 근거를 가지고 있다는 의미에서만 사실이다. 의심할 바 없이 모세는 신적인 영감하에 많은 자연법들을 채용하여 율법의 조항에 편입시켰다. 그렇지만 정언법이나 이스라엘의 여호와에 대한 독특한 관계와 연관되는 두드러진 특징들은 하나님의 계시로서만 설명될 수 있다. 신정은 일상의 삶과 종교적인 것을 규정하는 독특한 제도이며, 율법체계였다. 그런데 그것은 비록 다른 곳에서도 비슷한 요소들이 발견되기도 하지만 아주 독특한 것이었다. 이 사실은 나중에 각각 율법 조항들을 살펴볼 때 자세히 논의될 것이다.

---

3) George Barton, *Archaeology and the Bible*, Philadelphia, American Sunday School Union, 1937, o. 400.
4) W. F. Albright, *From the Stone Age to Christianity*, Garden City, Doubleday and Company, Inc., 1957, pp. 268ff.

율법의 확장 및 신정의 의미

구약 성서는 이스라엘의 기원이 아브라함, 이삭, 야곱(창 12:1-3) 가족에 있다는 사실을 분명하게 가르쳐주고 있다. 그러나 족장 역사를 통하여 국가적인 실재가 존재하지 않았음도 또한 분명하다. 이스라엘은 애굽으로 이주하기 전 가나안에서도 씨족 형태였고, 애굽에서의 체류 기간 중에도 공통된 혈연적, 역사적 배경을 가진 매우 엉성한 집단이었다. 그럼에도 불구하고 그 집단은 그것을 최우선 순위에 둔 계약이라는 것에 의하여 현저한 것으로 되었다. 그리고 시내산에서 아주 결정적인 사건이 발생하였다. 말하자면 이러한 씨족 집단이 오래 전의 아브라함의 믿음을 계승하는 부족 국가로 탈바꿈되었다는 것이다. 이러한 형성은 단순한 일이 아니었다. 왜냐하면 반유목 유랑자들이 정치적, 사회적, 종교적으로 뭉쳐서 함께 살아가며, 계약의 내용을 지킬 뿐만 아니라, 이러한 단결을 와해시키려는 시도들을 물리치는 계약의 백성이 되었기 때문이다. 더군다나 그들에게는 미래의 약속은 있었으나 땅도 없었고, 중앙집권적인 국가나 법률도 없었다는 것이다. 더 나아가 그들에게는 공식적인 신앙고백문이나, 공식화된 제사 의식도 없었다. 이 모든 것들은 이스라엘을 한 국가로 세우기 위한 변형을 시도하기 위하여 시내산에서 새롭게 만들어져야 했다.

시내산 계약의 법률 조항에서, 첫째 부분은 산 정상에서 여호와 하나님과의 만남을 통하여 모세에게 주어진 것이다. 그것은 언약의 책(the Book of the Covenant)이라 불린다(출 20-23장). 그것은 십계명(또는 열마디 말씀)으로 이루어져 있는데(20:2-17), 출애굽 사건을 독립 선언으로 선포하면서 새로운 나라의 헌법을 제정하는 것과 같다. 그리고 종교적, 문화적, 도덕적 법령들을 포함시키고 있다. 출애굽기에 나오는 이러한 법령들은 모세계약의 초기적 표현들이기는 하나 그것이 결코 유일한 표현은 아니다. 시내산에서는 동시에 예배와 제사장 제도와 제의에 관한 규정들이 공포되었다. 이런 규정들이 레위기의 대부분과 출애굽기의 마지막 17장들, 민수기의 첫 10장들을 차지하고 있다. 또한 민수기의 나머지 부분의 곳곳에서 광야에서의 방랑생활중에 확장되고 반복되었던 사상들이 포함되어 있었다.

신명기에서는 마침내 그 명칭이 암시하듯이(두번째 율법) 조금 수정된 시내산 율법과 추가 율법들이 주로 포함되어 있다. 그것들은 모세의 죽음이나 가나안 정복 40년 이전에 모압 평지에서 주어진 것이었다. 이러한 율법의 반복은 신명기적 계약(Deuteromonic Covenant)이라고 알려져 있는데, 이 것은 시내산 계약과는 다른 방법으로 그 내용이 서술되었기에 붙여진 이름이 다. 그러나, 모세의 율법은 이스라엘의 역사를 통하여 이따금씩 축제 기간이 나, 영적 각성 시기에 나타나고는 있지만(수 24; 대하 15:12; 왕하 23:3; 느 9:38) 이제 그 이상의 모세의 율법은 보이지 않는다.

이와 같이 모세의 책, 즉 토라라는 이름은 아주 적절한 용어라고 볼 수 있다. 왜냐하면 그것이 시내산과 신명기에서 나타난 계시의 핵심을 표현하고 있기 때문이다. 이스라엘 백성들은 함께 모여 신정 사회를 이루었고, 영원한 계약의 형태로 하나님과 동반자로서 하나님의 위임을 받게된 것이다. 사회 적, 정치적, 종교적인 측면에서 토라의 교훈은 그것이 계약이라는 용어를 이 해하고, 계약이라는 용어에 집착하도록 하는 수단이라는 것이다.

모세의 율법

모세의 율법은 민사법, 도덕법, 제의법 등으로 구분되어 있었다. 그러나 신정 사회는 본질적으로 종교사회였기에 '교회와 국가'라고 하는 분리가 없 었고, 그런 분리는 오히려 피상적인 것이다. 모든 율법은 종교적인 것일 뿐 만 아니라 세속적인 것이었으며, 백성들의 모든 분야에까지 침투해 있었다. 율법에 따라서 곡식을 심는 것도 종교적인 문제였고, 지정된 방법으로 희생 제물을 드리는 것도 나라의 문제였다. 그러나 실제적인 목적을 위해서 모세 율법을 어느 정도 몇 가지로 나누는 것도 그 율법의 본질과 목적을 완전히 이해하는데 도움이 될 것이다.

민사법

사람과 그 이웃과 연관된 율법을 먼저 고찰해 보기로 하자. 이것은 무엇 보다 십계명에 잘 나타나 있다. 십계명의 마지막 여섯 가지 계명(출 20:12-17)은 사회의 기본 요소들을 포함하고 있다. 즉 부모 공경, 인간 생명의 존 중, 이웃 부인에 대한 존중(존엄성), 이웃의 재산에 관한 권리, 이웃의 명예 에 대한 가치, 이웃의 소유를 탐내지 않는 것 등이다. 나머지 율법은 이러한 기본적인 계명을 해석하고, 그것을 특별한 경우에 적용하는 것을 다루고 있 다고 보면 될 것이다.

부모와 가족에 관계된 율법들이 많이 있다(출 21:17; 레 19:3, 20:9;

신 21:18-23). 부모가 가족의 머리라는 사실은 당연한 것으로 받아들여졌고, 자녀들에게는 무조건적인 의무가 요구되었다. 이와 비슷한 율법으로 결혼과 성관계에 연관된 것들이 있다. 결혼의 경우 흥미로운 것은 포로로 잡혀온 여자와 이스라엘인 사이의 결혼이며(신 21:10-17), 이혼은 간음한 경우에만 허용되었다(신 24:1-5). 근친혼(레 18; 20:10-21)은 불법으로 간주되었고, 또한 변태적인 성행위는 철저하게 금지되었다(출 22:16-17, 19; 레 19:20-22; 민 5:11-31; 신 22:22-30). 덧붙여서, 매춘은 특별히 금지되었는데, 그것은 가나안 종교의 중요한 일부분을 형성하고 있었기 때문이었다(레 19:29; 신 22:12-21; 23:17-18).

노인(레 19:32), 과부, 고아(레 22:22-24; 신 24:17-18), 가난한 자(출 23:3; 레 19:9-10; 23:22; 신 24:19-22) 그리고 장애인(레 19:14)들에게는 특별한 관심을 기울였다. 예를 들어 농부는 자신의 밭의 가장자리를 추수하거나, 밭에 떨어진 이삭들을 거두어 들이는 것이 금지되어 있었다. 그렇게함으로써 가난한 자들이 그의 밭으로 들어와서 남은 것들을 거두어 갈 수 있게 하였다. 더 나아가 이스라엘 자신이 애굽에서 이방인이었기 때문에, 그들 중에 거하는 이방인들을 특별히 돌보아 주도록 하였다(출 22:21; 23:9; 레 19:33-34). 이와 관련하여 노예와 자발적으로 품을 파는 자들을 규제하는 규정도 있었다.

경제적으로 아주 절박한 시기에 히브리인들은 어떤 특정한 값에 자신을 이웃에게 팔 수 있었다. 그리하여 얻은 돈으로 자신의 부채를 갚을 수 있게 하였다. 자신의 이웃에게 6년간 일을 해주어야 하지만 7년째는 자유롭게 된다. 만약 그가 주인에게 더 오래 머물러 있으려면, 증인 앞에서 송곳으로 자신의 귀에 구멍을 냄으로써 자신의 선택을 알려야 했다. 이러한 방법으로 그는 전혀 타의에 의해서가 아닌 자발적인 형태로 노예 약정을 맺게 된다. 그이유는 그렇게 함으로써 이런 노예들은 독립에 따르는 의무없이 일상생활에 필요한 것들을 공급받을 수 있었기 때문이다(출 21:1-11; 레 25:39-55; 신 15:12-18; 24:14-15). 외국인에 대한 강제적인 노예는 하나님에 의하여 허락되지는 않았으나 일반적으로 허용되고 있었다. 어떤 경우이든 노예는 동정심을 가지고 다루어져야 했으며, 모든 법령은 엄격한 규정에 따라야 했다(출 21:16; 신 23:15-16; 24:7). 예를 들어 주인이 종의 눈이나 이를 빠지게 만들면, 그 대가로 종은 자유를 얻게 되었다. 이것은 자연히 종으로 하여금 가혹한 행위를 당하는 것을 방지하게 해 주는데, 그 이유는 종을 잃어버리는 것은 곧 주인에게 경제적인 타격을 준다는 의미이기 때문이다.

　동족들에 대한 이스라엘인들의 관계도 역시 율법으로 규정되어 있었다. 도둑질하는 자는 엄격하게 처리되었으며(출 22:1-5), 방화범(출 22:6)이나 유언비어 유포자(출 23:1; 레 19:16), 폭력을 행하는 자(출 23:2)도 똑같이 취급되었다. 폭력의 경우에는 동해복수법 즉 "눈에는 눈"(출 21:18-36; 레 24:18-22; 신 25:11-12)이라는 원리가 적용되었다. 또는 과실치사는 처벌을 받았으나 사형당하지는 않았다(민 35:6-20; 신 19:4-10). 살인자는 법에 의하여 지정된 도피성으로 피신하여, 공정한 재판을 받을 때까지 보호되어야 했다. 만약 무죄로 판결이 나면 대제사장이 죽을 때까지 그 곳에 머물러 있어야 했다. 그러나 유죄로 판결이 나게 되면 사형에 처해졌다. 살인이 알려지고, 범인으로 확정되면 즉시로 보복이 가해졌고 살인자는 장로들이나 복수자들에 의하여 사형에 처해졌다[5](출 21:12-15; 레 24:17; 민 35:30-34; 신 19:11-13; 21:1-9).

　이스라엘인들의 상거래에 관한 것도 율법에 포함되어 있었다. 돈을 대출하는 문제(출 22:25-27), 대출에 대한 이자 문제(레 19:35-37; 25:35-38; 신 23:19-20) 공정한 저울과 자를 사용하는 문제(신 25:13-16) 등은 엄격하게 규정되어 있었다. 상거래나 여러 분야에서 뇌물을 받는 것은 공정한 판단을 내리지 못하게 하는 것이므로 금지되었다(출 23:8). 이웃에게 물건을 맡겼다가 분실하게 되면 그 분실에 대하여 보상을 해야 했다(출 22:7-15).

　땅과 토지가 국가 경제에 아주 중요했기 때문에 그것의 사용에 관한 세분화된 규정들이 있어야 했다. 예를 들어 매 7년마다 토지는 6일간의 우주 창조를 기념하기 위하여, 동시에 토지로 하여금 휴식할 수 있는 기회를 주기 위하여 휴경해야 했다(출 23:9-13). 더욱이 50년째 되는 해에는 아무것도 경작하지 않는 희년으로 지켜야 했다. 따라서 49년째 되는 해와 50년째 되는 해는 안식년으로 지켜야 하였다(레 25:1-24). 곡물에 관한 흥미있는 법이 하나 있는데 그것은 이웃의 밭을 무심코 지나다가 포도나 곡식알을 따는 것은

---

5) 보복자(avenger)는 살인자의 생명을 취할 수 있는 죽은 사람의 가족의 한 사람이 될 수도 있었는데, 그는 율법과 국가의 허락하에서 그렇게 할 수 있었다. Gustave Oehler, *Theology of the Old Testament*, Grand Fapids, Zondervan Publishing House, 1883, pp. 236-238.를 참고하라.

허락되었으나 낫을 대는 것은 금지되어 있었다(신 23:24-25).

　　재산 상속이나 사람과 재산의 속량에 관한 여러 가지 규정들도 있었다. 사회내에 빈곤 계층이 형성되는 것을 방지하기 위하여, 토지를 포함한 부동산과 같은 한 가족의 소유물을 그 가족이 영구히 소유하도록 규정되었다. 이런 땅들은 경계 표지에 의하여 정확하게 표시되었는데 그것은 어떤 사람도 함부로 제거할 수 없었다(신 19:14). 여러 이유로 재산을 팔게 될 경우, 그것은 희년이 되면 원 소유주에게 돌려줘야 했다. 그러나 성읍 내의 재산은 예외적이었다(레 25:24-34). 타인에게 빚진 히브리인은 면제년이 되는 7년째 되는 해에 자동적으로 부채가 면제되었다(신 15:1-11).

　　가족의 재산을 팔거나, 개인적으로 돈을 빌릴 경우, 속량의 가능성이 있었던 것으로 추측할 수 있다. 종살이 하기 위하여 자신을 판 히브리인들의 경우도 마찬가지였다. 만약 어떤 사람이 자신의 재산을 팔게 되면, 가까운 친척이 희년까지 남아있는 총 햇수만큼의 원래 가족보다 적은 값을 지불하고 되살 수 있었다(룻 4:1-8). 바꾸어 말하면, 그 재산이 25년간 구매자의 손에 있었다면 구매자가 그것을 희년 기간(50년)의 절반 동안 사용해왔기 때문에 가까운 친척되는 사람은 원래 가격의 50퍼센트만 지불하면 되었다. 그러나 만약 그것을 도로 사 줄 사람이 아무도 없을 경우에는, 그 땅을 희년에 그냥 원 주인에게 돌려주어야 했다. 구매자가 돌려주기 전 여러해 동안 사용했던 값은 그가 처음에 지불해야 했던 금액과 동등한 것으로 여겨졌다. 희년은 전체 토지 모두에 유효하였다. 따라서 어떤 재산이 팔릴 때마다 팔리는 곳마다 가격은 다음 희년까지의 남은 해에 비례했다(레 25:25-34). 동일한 면제의 원칙이 그 땅에 사는 외국인들에게 노예가 된 히브리인들의 해방에도 적용되었다. 그러나 그들은 희년에는 자유롭게 될 수 있었으나 면제년에는 풀려나지 않았다. 만약 노예 기간 중 어느 때에 가까운 친척이 그 종을 자유롭게 해주고 싶을 때에는, 희년이 될 때까지 남아있는 햇수에 해당하는 액수를 지불해야 했다(레 25:47-55). 대체적으로 개인의 자유와 가족의 재산 소유를 대대로 보장하기 위하여 모든 노력들이 동원되었다. 재산을 상속할 형제가 없는 아버지의 재산을 딸이 상속받을 수 있는 특별한 경우도 있었다(민 27:1-11; 36:1-10).

　　만약 어떤 사람이 자식없이 죽었을 경우, 그의 미망인은 남편의 형제중 한 사람과 결혼을 해야 했고, 거기서 난 자녀는 죽은 아버지의 상속자가 되었다(신 25:5-10; cf. 눅 20:27-40). 물론 그의 동생이 아내가 없는 상태에서, 형수와 그 시동생이 다시 결혼하여 낳게 된 자식들 모두가 죽은 사람의 자손으로 간주되지는 않았다는 사실도 추정해 볼 수 있다. 그렇지 않다면 율법은 한편으로는 자신의 가족을 무정하게 돌보지 않는 그러한 경우를 허용하는 것이 되고 만다. 앞서 언급한 유다와 다말의 경우(창 38장)는 이러한 수혼법(Levirate law)을 가장 잘 보여주는 유용한 예라고 볼 수 있다. 또한 신약에서도 이런 것이 여러 곳에서 언급된 것을 볼 수 있다. 룻과 보아스의 경우, 과부(룻)에게 만약 직계가족 내에 남자가 없을 경우에는 가까운 친척(보아스)과 결혼하는 것이 허용되어 있었다.

왕들이라 할지라도 이 법을 따라야 했다. 그 이유는 신정하에서는 어떠한 사람도 그 권위에서 제외될 수 없었기 때문이다(신 17:14-20). 이 말은 법정에서는 정의가 있어야 하며(신 16:18-20; 19:15-21; 24:16; 25:1-3) 모든 종류의 권위는 존중되어야 한다는 것을 의미한다(출 22:28; 신 17:8-13). 공의를 행하는 데에 중요한 점은, 교수형을 당한 죄수의 시체는 그것이 집행된 날이 저물기 전에 교수대에서 치워야 한다는 것이다(신 21:22-23). 이것은 그리스도의 시신이 처형당한 바로 그날 십자가에서 치워졌다는 사실을 우리에게 일깨워준다(요 19:31). 정의의 개념은 전쟁의 영역까지로 확대되었다. 전장에서 역시 적을 대하는 행동에서 분명하게 원칙들이 지켜졌다는 것이다(신 20장; 23:9) 우호적인 이방 민족들을 어떻게 대할 것인가에 대한 규정들도 있었다(신 23:3-8).

어느 사회이든 바람직하지 못한 사람들이 있게 마련인데 이스라엘도 예외는 아니었다. 그렇지만 이 사람들도 아주 단호한 자세로 율법에 복종해야만 하였다. 무당(출 22:18; 레 19:31; 20:27; 신 18:9-14)이나 거짓 예언자(신 13:1-5; 18:20-22), 또는 이단 무리의 지도자(신 13:7-18; 17:2-7) 등은 아주 엄하게 다루었다. 성도착증(transvestitism)과 같은 문제는 특별히 저주받을 일로 지목되었다(신 22:5, 12).

마지막으로 여러 가지 잡다한 법률들이 있었는데, 이웃에게는 어떻게 대해야 하는가(레 19:11, 13, 15, 17-18; 신 22:1-4, 8; 24:6, 10-13)와 심지어는 동물을 우호적으로 대하는 것까지 언급하고 있다(신 22:6-7; 25:4). 모세의 민사법(civil law)이 다루지 않은 분야는 거의 없을 정도이다. 이러한 율법이 잘 지켜졌더라면 이스라엘은 그야말로 가장 통치가 잘되는 나라가

148

되었을 것이지만, 그러한 이상은 자주 무시되었는데, 후대 이스라엘 역사에서는 더욱 그러했다.

의식법

모세 율법의 나머지 부분들은 예배 의식을 포함하여 좀더 종교적이고 의식적인 측면을 다루고 있다. 이것은 아주 중요하나 일반 백성의 일상 생활과는 거리가 먼 것이므로 다음에 따로 논의할 예정이다. 이 율법들 중에서 특히 중요한 점은 하나님께만 예배드리는 것, 우상이나 잘못된 신들을 배척하는 것 등이다(출 20:2-11, 22-23; 22:20; 23:24, 32-33; 34:12-17; 레 9:4; 20:1-6; 26:1; 신 4:14-24; 7:25-26; 11:16; 16:21-22). 또한 중요한 율법은 성막(장막)이 올바른 예배의 장소라는 것이다(신 12:1-14). 그러나 그럼에도 불구하고 하나님께서 '자신의 이름을 두시는 곳'에서는 모든 예배가 허락되었다(출 20:24-26). 아마도 이것은 성막(장막)이 바로 모든 이스라엘 백성들이 특별한 경우에 나와서 예배드려야 하는 곳이었음을 의미하는 것 같다. 그러나 가나안에서는 일상적인 경우에 성막(장막)이 아닌 다른 곳에서 하나님께 예배드릴 수 있는 가능성도 있었음을 의미하는 것 같다.[6]

엄격하게 지켜야 할 안식일 규정(출 31:12-17; 34:21; 35:2-3; 레 19:30; 26:2) 외에도 종교적으로 중요한 날들이 있었다. 매월 하루는 초하루 축제로 지켜야 했는데 이 날은 아마 달의 첫째 날이었던 것같다(민 28:11-15). 연중 일곱개의 절기가 있었는데, 그 중에서 적어도 세번은 그 땅에 살고 있는 모든 성인 남자들이 성막에 가야했다. 여기에 포함되는 것이 무교병절기(출 23:15; 34:18-20; 레 23:5-8; 민 9:1-14; 신 16:1-8), 50일 후에 돌아오는 맥추절 또는 오순절(출 23:16; 34:22; 레 23:15-21; 신 16:9-12), 일곱번째 달의 15일에 돌아오는 장막절(출 23:16; 34:22; 레 23:34-44; 신 16:13-15) 등이다. 무교병의 절기와 관련이 있는 것이 유월절인데, 무교병의 절기는 사실상 유월절의 시작이다(출 12). 장막절은 나팔절

---

6) O. T. Allis, *The Five Books of Moses*, Philadelphia, The Presbyterian and Reformed Publishing Company, 1943, pp. 178-184. 중앙 성소는 후기에 발전되었다는 견해에 관해서는 다음을 보라. H. H. Rowley, *The Growth of the Old Testament*, New York, Harper and Row, 1963, p. 28.

인데 7월의 첫째날에 해당된다. 7월 10일은 속죄일이며, 일주일 동안 계속되는 수장절은 장막절 바로 다음인 15일에 시작된다. 이런 일곱 축제 절기는 대부분 봄의 무교병 절기와 가을의 장막절 부근에 몰려있었다. 예외적인 것이 하나 있었는데 칠칠절(the Feast of Weeks)로서 3월, 또는 여름에 있었다.

봄의 절기의 목적은 이미 언급되었고, 다음에는 속죄일에 대하여 언급하기로 하자. 칠칠절은 첫번째 곡식, 보통 보리의 추수를 축하하는 절기이다. 나팔절은 가을 절기의 시작을 알린다. 장막절은 나팔절 다음 주에 이어지는데, 이스라엘 사람들은 이 기간동안 들판의 허술한 초막에서 지내면서 광야에서 살았던 과거 조상들의 궁핍을 되새긴다. 수장절은 그 해의 마지막 추수를 축하하는 절기이다. 비판적인 학자들은 때때로 이러한 다양한 절기들의 기원을 이방 가나안인들의 관념과 연결시키려 하지만, 그것은 잘못된 것이다. 예를들어 장막절이 그 다음 해의 토지의 디산을 기원하는 그 시대의 자연 제의로부터 유래되었다는 증거는 존재하지 않는다. 뿐만 아니라 장막절이 가을에 신년을 시작하는 가나안인들과 근동 사람들로부터 전해받아서 수정한 신년 축제라는 사실도 받아들일 수 없다.[7] 우리는 이 절기가 구약에 설명되어 있는 여러 목적으로 지켜졌음을 의심할 이유가 없는 것이다.

이스라엘 사람들의 개인적인 생활과 관습들은 시민법 속에 어느 정도 포함되어 있으며, 또한 아주 종교적인 측면을 가지고 있었다. 이스라엘은 선택된 민족이며, 모든 다른 나라와 구별된다는 것을 일깨워주는 성별의 윤리가 있었다. 심지어 다른 종류의 두 동물이 쟁기를 가는 것이나, 두 가지 직물로 만들어진 옷을 입는 것도 엄격하게 금지되어져 있었다(레 10:9-11; 11; 19:19; 20:25; 민 19:1-10; 신 14:3-21; 22:9-11). 또한 여자들의 정결 문제(레 12장), 질병의 예방과 치료(레 13-15장; 민 5:1-4; 신 24:8), 부정한 것들(민 19:11-22; 신 3:1-2; 10:14)에 대한 규정들도 있었다. 제물로 드리기에 부정한 것이나, 또 먹어서는 안되는 음식이 어떤 것인가 하는 것도 율법에 의하여 결정되어야 했다(출 22:31; 신 12:15).

많은 이스라엘인들, 특히 제사장들과 레위인들은 평생 동안 자신들을 하

7) John Gray, *Archaeology and the Old Testament World*, New York, Harper and Row, 1962, pp. 107-108.

나님의 종으로 헌신해야 했으며, 나실인과 같은 사람들은 정해진 기간 동안 헌신해야 했다. 각각의 경우에도 위임, 유임, 퇴임에 관한 정해진 절차가 있었다. 모두가 아론 계통 출신인 제사장들은 특별한 의식과 앞서 논의되었던 세분화된 규정에 의하여 자신들의 직무를 선별받았다(출 29:1-37; 레 8장). 우리가 측측해 보건대, 가나안에서는 한 사람의 대제사장과 수천명의 정규 제사장들이 있었다. 그들은 의식을 집행하기 위한 정결예식을 준수해야 하였고(출 30:17-21), 예식에 사용되는 관유와 향을 만드는 법을 준수해야 하였다(출 30:22-38; 레 24:1-9). 그리고 가족생활이나 사회생활에 대한 엄격한 규례들도 준수해야만 하였다(레 21:1-22; 13; 민 18:8-9; 신 18:3-5).

레위인들은 준사제들에 해당되었는데 그들의 주요 기능은 제사장들을 돕고 예배 장소를 청결케 하며, 백성들의 영적 생활 상태를 감시하는 것이었다. 하나님께서 이스라엘의 각 가정의 장자들에 대하여, 애굽에서 구해주신, 즉 그 곳에서 태어난 장자들을 죽음에서 구해 주신데 대한 감사의 표시로 바칠 것을 명하신 사실을 기억해야 한다. 나중에 이것은 한 사람의 레위인이 나머지 지파의 장자를 대신하게 되는 것으로 바뀌게 된다(민 3:4-36, 40-51; 4:1-33; 8:5-26; 18:20-32; 신 18:1-2, 6-8). 그렇지만 그들 장자의 숫자에 비하여 레위인이 부족했기 때문에 나머지 장자들은 헌금을 통하여 하나님에 대한 의무에서 면제될 수 있었다.

머리를 자르지 않으며, 죽은 시체를 만지지도 않고, 포도주나 어떠한 종류의 독주도 마시지 않을 것을 하나님 앞에 맹세한 사람은 나실인(구별된 자)이 될 수 있었다(민 6:1-21). 그러한 맹세를 하는데는 어떠한 요구 사항도 없었으나, 만약 어떤 남자나 여자가 여러 가지 이유로 하나님께 특별히 감사드리고자 할 때, 그 사람은 자신의 뜻에 따라 나실인이 되는 것을 포기할 수도 있었고, 그가 원하는 기간 만큼 유보할 수도 있었다. 그러나 어떤 방법으로든지 맹세한 것을 파기하면, 정결제사를 드린 후에 그 기간 만큼을 다시 보내야 했다. 삼손과 사무엘은 잘 알려진 나실인들이었다. 그러나 그들의 경우는 어머니들에 의하여 하나님께 바쳐졌기 때문에 좀 독특한 경우이다.

나실인의 맹세 이외에도 재산, 토지, 사람 등도 여러 가지 다양한 기간으로 하나님께 봉헌될 수 있었다. 이러한 것에 관한 맹세는 물건이나 개인의 나이 그리고 특정한 다른 요소들에 따라서 다양하게 요구되는 속량 액수를 통하여 해제될 수 있었다(레 27; 민 30; 신 23:21-23). 장자, 곡식, 물건 기타 재산에 대한 십일조(tithe) 등은 자동적으로, 봉헌 서약없이도 하나님의 소유로 간주되었다. 왜냐하면 그런 것들은 서약이 없이도 하나님의 것으로 간주되었기 때문이다. 다시 말하자면, 그러한 모든 서약들은 순전히 자원하는 것이었으며, 하나님께 대한 사랑과 감사의 표시로 여겨졌다. 그러나 한번 서약을 하면 반드시 그대로 이행되어야 했다. 그 서약을 이행하지 못하는 것은 죄로 간주되었다(신 23:21).

마지막으로 여러 가지 잡다한 규정들이 더 있었는데 그것은 다음과 같다. 가나안에 도착하여 토지, 곡식을 사용하는 방법(레 19:23-25), 종교세의 지불 또는 매년 지불해야 할 속전(출 30:11-16), 하나님의 이름과 인격에 대한 경외(레 19:12), 이방인을 모방하여 신체를 손상시키지 말 것(레 19:27-28; 신 14:1-2). 정결한 것을 먹을 것(레 22:15-16; 신 12:17-18, 20-28; 15:19 22), 마지막 규정은 자의적으로, 혹은 자신도 모르게 희생 제물을 먹는 것과 연관되어 있다. 그러한 제물을 먹을 수 있는 것은 제사드리는 장소인 성막에서만 허용되었다. 훗날 가나안에 정착한 다음에는 성막이 너무 멀리 떨어져 있어서 이 규정을 실행하기가 어려웠기 때문에, 그들의 집에서 허용된 양만큼의 제물을 먹었다. 그러나 피는 하나님께 속한 것으로 간주되었기에 먹지 못하였다.

제사와 제물들

이스라엘 민족에게는 제사 절차에 관한 일련의 완전한 조항들이 있었다. 하나님과 이스라엘은 계약관계에 들어갔고, 예배 장소인 성막이 지어졌으며, 제사장 직책과 레위인에 관한 규정이 하나님 앞에서의 백성을 대표하는 것으로 확립되었다. 이제는 이스라엘이 하나님께 대한 자신의 종교적인 헌신을 질서있게 표현할 수 있는 수단, 즉 제의 양식이 필요하였다. 이 수단은 바로 개인이 소유할 것을 하나님께 드리는 것이었는데, 하나님 앞의 순종이 곧 진정한 제사를 이루고 있는 것이다. 인간의 가슴 속에는 하나님을 향한 자신의 헌신과 감사, 사랑 등을 표현하려는 욕구와 자신의 죄가 용서되고 그래서 하나님과의 교제가 회복되기를 원하는 욕구가 함께 있다. 구약성서에서는 이런 모든 것들이 믿음으로 충만한 심정에서 드리는 제사를 통해 이루어질 수 있었다. 율법의 준수는 구원을 가져다 주지 못하며, 하나님께 대한 인간의 미

152

약한 제사는 아무런 효과가 없다. 그러나 양자가 하나님의 은혜와 믿음의 정신으로, 하나님께 의지함으로써 수행될 때, 예배자는 자신의 삶 속에서 현존하시는 하나님의 실재를 알게 된다.

구스타프 욀러(Gustave Oehler)는 자신의 저서 「성서신학」(*Biblical Theology*)에서 모세 제사의식의 내용과 목적을 아주 잘 요약해 놓고 있다. 다음의 내용들은 대부분 그 책에서 인용한 것이다.[8] 제사가 모세 예배에 필수적이라는 것은 다음의 구절들에서 잘 알 수 있다(출 22:29-30; 23:18-19; 29:38-42; 30:7-10; 34:25-26; 레 1-7; 19:5-8; 22:17-33; 민 15:1-31; 28-29; 신 14:22-29; 17:1; 26:1-15). 이제 우리는 제물로 드릴 수 있는 것과 없는 것에 대하여, 또 그러한 것들이 드려지는 방법과 목적들을 간단히 살펴보고자 한다.

피가 수반되는 제물과 그렇지 않은 제물이 있었는데, 전자는 물론 짐승제물이었고, 후자는 식물 제물이나 술 등이었다. 식물 제물은 종종 독립적으로도 드려졌으나, 대체로 짐승 제물에 수반되어 드려졌다. 제물을 선택할 때에는 짐승제물이거나 식물제물 모두 다 아주 엄격한 규정이 적용되었다. 그리고 실제로 드려질 수 있는 제물은 아주 제한되어 있었다. 적합한 제물로 드려지기 위해서 동물은 먼저 정결케 되어야 했다(레 27:9, 11). 이 말은 곧 큰 동물 중에는 되새김질을 하는 동물과 굽이 갈라진 동물만이 제물로 드려질 수 있었다는 것이다(레 11장). 수중 동물들 중에서는 지느러미와 비늘이 있는 것만 수용되었다. 22 종류의 새들은 부정한 것으로 간주되었고, 따라서 제물로 드려질 수도 먹을 수도 없었다(레 11). 작은 동물들 중에서는 메뚜기만 먹을 수 있었고, 소위 기어다니는 파충류, 양서류 등은 먹을 수 없었다. 덧붙여 말하자면 제물로 드려지기 위하여 그 동물은 길들여져야만 하였다.[9] 야생동물을 사냥한 것은 진정한 의미에서 제물이 될 수 없었으며, 자신의 마음대로 할 수도 없었고, 하나님께 드릴 수도 없었다.

이것은 곧 다음의 사항들을 의미했다. 예를 들어 사슴은 되새김질 하는 동물이지만 제물이 될 수는 없었다. 또한 동물로 드리는 제물은 적어도 8일은 경과한 것이라야 하였다(레 22:27). 그 이유는 8일이 경과해야만 동물의

---

8) Oehler, op. cit., pp. 261-319.
9) Ibid., p. 269.

생존이 확정되기 때문이었다. 다시 말하면, 어떤 사람이 단기간내에 죽어버릴지도 모르는, 새로 태어난 새끼를 드릴 때, 그것은 제물이 될 수 없었다는 것이다. 결국 제물로 드려지는 동물은 그 동물의 (생육의) 전성기를 넘겨서는 아니되었다(레 9:3; 12:6; 민 28:3). 대개 그 기간은 양의 경우 1년, 수소의 경우 3년이었다. 그 외에도 제물로 드릴 동물의 적기를 그 동물의 주인에게 알려줌으로써, 그 동물이 너무 나이가 들어 자연사하게 됨으로써 제물로 드리지 못하게 되는 일이 없도록 해 주었다.

　식물로 드리는 제물은 볶은 콩이나 밀가루, 무교병 등이었다(레 2). 이런 식물들은 반드시 소금과 기름과 향이 곁들여져 있었다(레 2:13,15). 어떤 종류이든지 발효제 등을 첨가하지 못하게 하였는데, 그 이유는 이러한 것들이 부패를 유발하는 것으로 간주되었기 때문이다. 관제(drink offering, 술로 드리는 제물)는 포도주 한 종류만 허용되었고, 다른 제물과 함께 드리도록 되어 있었다. 희생제시 의식은 전체적인 개요에서, 제사의 종류의 차이에도 불구하고, 일반적으로 아주 일관성이 있었다. 식물제물은 그것을 태우는 제단에 드리기만 하면 되었는데, 아주 간단하였다(레 2). 관제는 제단 위에 쏟아 붓기만 하면 되었다. 그러나 동물 제물은 좀더 복잡했으며, 다음의 형식을 따르고 있다.[10]

　첫째로, 제사드리는 사람이 동물을 제단 앞으로 끌고 나왔다. 그 다음에 제사드리는 사람은 자신의 손을 희생 제물의 머리 위에 올린다. 그것은 상징적으로 자신을 동물에게로 전이시키는 것을 의미한다. 다음에는 제물을 잡았는데, 개인적인 경우에는 제사드리는 사람이, 공적인 제사의 경우에는 세 사람이 제물을 잡았다. 제물을 잡을 때는 주로 제물의 목을 땄다. 피가 흐르기 시작하면, 제물의 종류에 따라 그것을 대야에 담기도 하고, 여러 곳에 뿌리기도 하였다. 그것은 때로 제단 위에 뿌려지기도 하였고, 혹은 제단의 뿔위에 뿌려지기도 했으며, 베일에 뿌려지기도 했고, 성막 안의 여러 기구들에 뿌려지기도 하였다. 그리고 속죄일에는 지성소의 속죄소에 뿌려지기도 했다. 피가 사용된 이유는 그것이 속죄(보호)를 상징하고, 대표적으로는 제사드리는 사람의 영혼을 보호한다고 보았기 때문이었다. 왜냐하면 히브리인들의 생각으로는 피란 생명과 동등한 것으로 여겨졌으며, 제물을 드리는 자의 생명

10) Ibid., pp. 274-319.

154

을 보호하여 주는 것은 동물의 생명이라고 생각했기 때문이다. 죄없는 (동물의) 생명은, 자신의 죄를 사함받는다고 믿었던 죄지은 사람의 생명을 대신하는 것이었다. 죄사함은 속죄일에 속죄염소를 쫓아버림으로써 이루어졌다. 이것은 잠시 후에 다시 언급할 것이다. 동물의 피를 제대로 드린 후에 그 동물은 불태워졌다. 연기를 날리는 것은 아마도 제물의 진정한 실재가 하나님의 존전에 도달하여, 하나님께서 그 향기를 맡으시고 제사 행위에 만족하시는 것을 의미하는 것 같다.

이제 여러 종류의 제사들에 대해 고찰하여 보기로 하자. 그 첫번째 것은 모든 사람을 대표하여 성막에서 하루에 두번씩 드리는 단순한 번제이다(레 1장). 이것은 하나님께 드리는 헌신의 제사인데 흠없는 수양 한마리를 드려야 하였다. 안식일이나 성일, 절기 같은 특별한 경우에는 제물의 숫자를 늘려서 아침, 저녁 모두 다 몇 마리씩 드렸다.

두번째 경우는 화목제였는데, 하나님과 제사드리는 사람 사이의 평화로운 관계를 이루기 위한 제사였다(레 3장). 그러나 그것은 단지 둘 사이의 화목한 관계를 이루기 위함만이 아니라 모든 사람과 화목한 관계를 이루기 위한 것이었다. 특별히 감사드릴 경우나, 또는 별도로 필요한 경우에도 하나님에 대한 사랑의 표시로, 혹은 하나님께 대한 간구의 표시로 화목제를 드릴 수 있었다. 히브리인들은 자신들이 하나님과 함께, 같은 식탁에서 잔치를 벌인다는 생각을 가지고 있었을 것이라는 추측으로 보건대, 화목제에는 항상 제물을 나누는 식사가 있었다. 제물의 기름이나 특정 부위의 내장, 혹은 다른 정해진 부위들은 하나님의 몫으로 제단에서 태워졌다. 제사를 집례하는 제사장들은 (제물의) 가슴과 오른쪽 어깨를 취하였는데, 그 제사장은 그것들을 아래 위로 흔들고, 좌우로 흔들었다. 그 의미는 하나님과 제사장 자신을 뜻하는 행위였다. 제사에 참여한 제사드리는 사람과 그의 가족, 레위 지파들과 참여하기를 원하는 가난한 자들은 자리를 잡고 앉아서 제물의 나머지 부분들을 먹었다. 제사장들과 하나님의 몫은 그 전에 미리 바쳐졌는데, 태우도록 되어있는 특정 부위가 바로 하나님의 몫이었다.

속건제는 이웃과 하나님과 관계된 율법 조항을 어겼을 때 드리는 제사였다(레 5장). 수양만이 제물로 사용되었고, 가난하거나 부자이거나 간에 모두 동일한 제물을 드려야 했다. 이것은 법률상 모두가 평등하며, 동시에 모두가 평등한 배상을 해야 한다는 것을 뜻하였다. 수양의 정해진 부위는 태워졌고,

제사장들은 나머지를 먹었다. 자신의 속죄를 위한 그 제사에는 제사드리는 자가 참여할 수 없었기 때문에, 당연히 자신은 아무것도 먹을 수 없었다.

마지막으로 속죄제가 있는데 그것은 하나님과의 올바른 도덕적 관계를 유지하기 위하여 드려졌다(레 4장) 그 제사에는 세 가지의 등급이 있었는데, 첫째는 속죄일에 대제사장을 위한 제사와 제사장 임직을 위한 제사, 둘째는 속죄일과 절기때 백성들을 위한 제사, 셋째는 일반 백성이 원할 때 드리는 제사 등이다. 첫번째 경우 수소만이 제물로 드려졌으며, 두번째 경우에는 어린 염소가 제물로 드려졌고, 세번째 경우에는 염소 또는 암양이 드려졌다. 염소나 어린 양을 드릴 수 없는 가난한 사람의 경우에는 비둘기를 드릴 수 있었으며, 더 가난한 사람의 경우에는 고운 가루를 드릴 수도 있었다. 만약 제물이 하급품이면 제사장이 태웠고, 상품일 경우 제단에서 불사르는 기름을 제외한 제물이 장막 바깥에서 불살라졌다.

이스라엘에서 일년 중 가장 중요하고도 의미심장한 종교의식은 이스라엘 모든 백성들이 전체로 회개하는 속죄일이었다(레16장).[11] 가을대회의 일부분을 이루고 있는 이 의식은 다음과 같이 잘 다듬어진 예식을 지킨다. 티쉬리(Tishri) 10일 아침에 대제사장은 깨끗하게 목욕을 한 뒤 순백색의 옷을 입는다. 그리고 그는 커다란 번제단에서 수소를 잡는다. 그런 다음에 그는 불붙는 석탄이 들어있는 향로를 지성소로 가져왔는데, 거기서 나오는 연기는 백성들의 기도를 의미하였다. 그리고 나서 그는 바깥 마당으로 나가서, 수소의 피를 취하여 지성소로 가지고 와서 속죄소(시은좌)에 뿌렸다. 그 다음에 그는 바깥 마당으로 다시 한번 나가서 번제단 곁에 서 있는 두 마리의 염소 중 첫번째 것을 잡았다. 그리고 그 동물의 피를 지성소로 가져와서 속죄소에 뿌렸다. 그렇게 하여 수소의 피로써 백성의 죄를 속죄함으로써 제사장은 자신을 위한 속죄도 받게 되었다. 그런 다음 두 짐승의 피가 섞여서 두 번제단과 성막의 내부에 뿌려졌다.

이러한 정결 행위는 다가오는 1년간을 성결케 해 주었다. 이러한 속죄의 피는 속죄염소라고 불리는 다른 염소에게도 적용되었는데, 그 염소는 머리에 백성들의 죄를 지고 진 바깥으로 보내졌다. 이렇게 함으로써 적어도 1년간은 죄가 가리워지고, 온전히 사하여졌다. 의식의 마지막으로 대제사장은 다시

---

11) Ibid, pp. 309-310.

156

한번 아주 정결하게 목욕을 한 후, 자신의 일상복으로 옷을 갈아 입었다.

이러한 여러 가지 규정과 규범들이 포함되어 있는 모세 율법은 이스라엘이 하나님의 언약 백성이며, 그들을 부르시고, 그들을 자기 백성으로 삼아주신 하나님을 예배하기 위한 구조틀일 뿐이다. 규정이나 규례, 제사의식들은 모두 계약 신앙의 의식적 표현이다.

그 자체로서는 무의미하지만, 그것들은 이스라엘 백성에게 그 당시에는 절대적으로 필요한 것이었다. 그러한 것들은 고대 셈족의 사고에서 나온 고안물들이 아니라, 그들의 하나님으로부터 받았던 하나님의 계시였다.

성막[12]

아주 초기에 히브리인들은 하나님께서 어떤 한 장소나, 특정한 시간에 머물러 계실 수도, 그렇지 않을 수도 있다고 생각했다. 그럼에도 불구하고 그들은 하나님께서 여러 장소 중에서 한 곳을 선택하시고, 그 곳에서 어떤 특별한 방식으로 그의 백성의 경배를 받으신다고 보았다. 여기에 해당하는 것은 처음에는 번제단이나, 소박한 산당, 시내산 번제단 등이었다. 이제 하나님과 계약이 이루어지고, 그 장소는 광야를 지나 가나안으로 이동하면서 이스라엘 백성들이 모시고 다녔던 이동용 성막이었다. 가나안에 들어가서는 다른 종류의 성소가 마련되었다. 앞으로 우리가 살펴보겠지만, 솔로몬 시대까지 여호와의 지상 거주 장소는 예루살렘의 큰 성전이었다. 실제로는 예수께서 사마리아 여인에게 말씀하신 것처럼, 예배를 위한 특별한 장소가 있다고 생각되지는 않았다(요 4:21-24). 하나님께 신령과 진정으로 예배를 드리면, 모든 장소가 하나님을 예배하기 위한 장소가 되는 것이다. 그러나 그때까지도, 하나님께서는 손으로 만든 건물 안에 거하시기를 원하셨다. 시내산에서 주신 명령에 의하면, 하나님께서는 성막을 정확한 치수에 의하여 만들 것을 명하셨다.

---

12) 성막에 관한 비평적 견해에 관해서는 다음을 보라. Frank M. Cross, "The Prestly Tabernacle", *The Biblical Archaeologist Reader*, Vol. 1, Ed. by G. Ernest wright and David Noel Freedman, Garden City, Doubleday and Company, Inc., 1961, pp. 201-228. 참고, William C. Moorehead, *Studies in the Mosaic Institutions*, Dayton, W. J. Shuey, 1896, pp 31ff.

　성막을 만들기 위한 재료가 먼저 열거된다(출 25-30). 그리고는 언약궤에서부터 시작하여 그곳에 둘 여러 가지 기물들을 자세히 묘사하고 있다. 언약궤는 상자 모양으로 된 것으로 45×27×27인치의 규격에 싯딤(아카시아)나무에 금을 입힌 것이었다. 언약궤의 덮개는 속죄소(kapporeth)라고 알려져 있는데, 그것은 금으로 만든 널판지로 되어 있으며 그 위에 얼굴을 마주하고 날개를 언약궤 위에 펴고 있는 그룹(Cherubim, covering ones)이 있었다. 궤의 모서리에는 고리가 있었는데 그곳에 금을 입힌 막대기를 끼워서 레위인들이 어깨로 옮길 수 있도록 되어 있었다. 언약궤와 그룹 사이 바로 위에는 하나님이 거하시는 곳, 즉 하나님의 영광이 거하시는(shekinah, 거함) 곳이었다. 언약궤 속에는 만나와 십계명 돌판이 들어 있었다.
　진설병 상은 또한 금으로 덮여 있었고, 36×18×27인치의 크기였으며, 모서리에는 또한 고리가 달려 있어서 옮길 수 있게 되어있었다. 이 상은 진설병을 두기 위한 것이었고, 매일 열두 덩이의 진설병이 이스라엘의 물실적인 필요에 대해 풍성히 공급하시는 하나님을 상징하는 뜻으로 만들어졌다. 그 상 위에는 또한 금으로 만든 그릇이 있었는데 그것은 상을 차리고, 예배 시에 사용되는 것이었다. 그 외 일곱개의 등잔이 있는 금 등대(7가지 등대)가 있었는데, 한 개의 등잔은 중앙에 위치해 있고 나머지는 좌우로 세개씩 가지 모양을 한 이음새가 있었는데 모든 모양이 화려하고 예술적이었다. 이 금 등대는 조명을 위한 목적뿐만 아니라, 하나님이 빛의 계시의 근원이 되신다는 것을 이스라엘 백성들에게 일깨우기 위함이었다.
　성막의 제작이 그 다음에 묘사되어 있다. 성막은 45×15×15피트 크기였고, 성소, 지성소 등의 두개의 방으로 나뉘어 있었다. 성소에는 북쪽에 진설병상, 남쪽에 금등대가 있었고, 지성소에는 언약궤가 안치되어 있었다. 지성소의 크기는 15×15×15피트로써 정방형을 이루고 있었고, 성소는 15×15×30피트 크기였다. 성막의 측면과 후면은 두꺼운 널판지로 이루어져 있었는데, 그것은 길게 세워져서 그것을 이어주는 막대에 의해 고정되어 있었다. 그 널판지들은 바닥에 있는 구멍에 견고하게 고정되었다. 성막의 지붕은 여러 종류의 천과 동물가죽으로 덮여 있었는데, 그 천과 동물 가죽들은 측면과 후면의 땅에까지 드리워져 있었다. 이 덮개들은 때로는 아름다운 디자인으로 짜여진 것이었고, 다른 경우에는 단순히 실용적인 목적, 즉 기물들을 보호하기 위하여 짜여진 것이었다. 성막의 두 방은 옆의 여러 기둥에 걸려있는 커튼이나 베일로 구분되어 있었다. 이러한 베일은 네 가지 천(실) 즉, 청색, 자색, 홍색, 흰색의 천으로 만들어졌고, 그 위에 그룹의 모양을 수놓았다. 대제사장만이 오직 속죄일에 이 베일 뒤로 들어갈 수 있었다. 다른 제사장들은 성소에서 예배할 수 있었다. 일반 이스라엘 백성들은 성막의 어느 부분에도 들어가지 못하도록 되어있었다.

그 이외에 다른 기물로는 번제단, 향단, 놋대야 등이 있었다. 번제단은 $7\frac{1}{2} \times 7\frac{1}{2} \times 4\frac{1}{2}$ 피트 크기로, 불로부터 보호하기 위한 동으로 만든 창살을 덮어씌운 나무로 만들어졌다. 이 번제단의 눈에 띄는 특징은 각 모서리에 튀어나온 뿔인데 이것은 힘과 안전을 의미한다. 번제단의 모서리에도 역시 고리가 달려있어서 막대로 움직일 수 있었다. 이것은 성막의 정면에 놓여있었으며, 모든 동물과 식물제물을 드리는 센터였다. 작은 향단은 성소의 휘장 바로 앞에 위치하여 있었다. 그것은 금으로 입혀져 있었으며, 기도를 상징하는 것이었다. 향 연기가 휘장 위로 피어오르면 이스라엘은 하나님께서 그들의 기도를 들어주시고, 그들의 간구에 응답하실 것을 믿었다. 놋대야는 번제단 바로 앞에 놓여있던 씻는 그릇이었다. 그것은 정결한 물을 담는데 사용되었으며, 제사장들은 그곳에서, 성막에서의 어떤 종류의 제사든지 행하기 전에, 그들의 손과 발을 씻었다.

성막을 둘러싸고 마당이 있었는데, 160×95 피트 크기의 공터였다. 이 마당은 천을 걸쳐서 만든 7.5피트 높이의 담으로 둘러싸여 있었다. 마당으로 향하는 출구는 하나가 있었는데, 성막 내부의 베일과 꼭같은 천으로 만든 휘장(커튼)으로 덮여 있었다. 일반 백성들은 마당에까지 들어가는 것은 허용되었으나, 장소가 좁았기 때문에 아주 적은 수의 사람들만 들어갈 수 있었다.

성막과 그 기물들이 익히 알려진 것처럼 큰 의미를 가지고 있다는 것에는 의심할 바가 없으나, 여기에는 더 큰 의미가 있었다.[13] 예를 들어 진설병은 예수께서 생명의 떡이 되신다는 것을, 등대는 예수께서 세상의 빛이 되심을 모형적으로 보여주는 것이다. 번제단은 하나님의 어린 양께서 세상 죄를 위해 돌아가신 갈보리를, 향단은 기도, 더 나아가 그리스도인들의 기도를 일깨워 준다는 것이다. 특별히 베일은 우리의 구세주이신 예수 그리스도의 몸

---

13) Gleason Archer, *A Survey of Old Testament Introduction*, Chicago, Moody Press, 1964, pp. 224-226.

을 뜻하는데, 그의 몸이 십자가에 못박히셨을 때 예루살렘 성전의 휘장이 위에서부터 아래로 찢겨진 것은 놀라운 일이다. 히브리서 기자는 우리 주님의 몸이 이 휘장을 뜻한다고 주장함으로써 이러한 모형을 입증하고 있다(히 10:20). 그렇지만 모형론의 본질적인 성격으로 인하여, 만약 구약의 모형에 대응하는 신약의 모형이 분명하게 언급되어 있지 않다면 그것을 구약의 모형으로 간주하지 않기 때문에, 신약적인 신앙을 바탕으로 모든 것을 모형이라고 간주하는 것은 지나치다고 할 수 있다.

제사장 제도

신정의 중요한 세 가지 요소는 예언자, 왕정 그리고 제사장제도였다. 시간적으로는 제사장 제도가 가장 우선한다. 이스라엘이 가나안에 정착하기 전에도 종교적인 면은 이미 잘 조직되어 있었기 때문에 이 점은 이해할 만하다. 대부분의 예언자들은 왕국의 수립까지는 수적으로 많지 않았으며, 중요한 위치를 차지하지도 못하였다. 왜냐하면 예언자들은 왕들이 올바른 길을 가도록 하는 역할을 감당했기 때문이었다. 이스라엘 전 역사의 기본을 이루는 것은 종교적 혹은 제의적 기초였는데, 이것은 대부분 제사장 계층이었다.

우리는 이미 아론과 그의 아들들이 성막에 관한 율법 조항을 받고 제사장직에 임명되었던 예식에 관해 언급했다. 그 이후 아론의 자손들만이 제사장직에 합법적으로 임명되었고, 전체 제도는 여러 가지 규정과 방법으로 제한되었다. 제사장에 대한 기름부음, 의복, 기능 등 모든 것이 율법에 의하여 엄격하게 규정되었다. 예를 들어 제사장 의복에 관한 한(출 28) 그 의복의 주요 부분은 에봇으로 만들어야 했으며, 어깨 앞 뒤로 두개의 견대를 매어 달아서 만들어야 했다. 이 두 조각의 견대 위에는 각 어깨 위에 하나씩 두개의 보석을 달아야 했으며, 그 보석에는 각각 여섯 지파씩 열두 지파의 이름을 새겨넣어야 하였다. 이것은 물론, 제사장이 하나님 앞에서 자신의 어깨에 하나님의 백성에 대한 책임을 지고 있다는 뜻이었다. 에봇 앞쪽에는 9×9인치 크기의 흉패를 달아야 했다.

그 위에 열두 지파의 이름을 새긴 열두 개의 보석을 한줄에 두개씩 배열하여 달았다. 이것은 제사장이 자신의 백성을 향하여 정성을 다해 보살핀다는 뜻이었다. 이러한 흉패 위의 열두 개의 보석 외에도 두 개의 보석이 더 있었는데 그것은 판결의 돌이었다. 이것은 우림(빛)과 둠밈(완전함)이라고 불렸는데, 제사장들이 어떤 일을 결정할 때 하나님의 뜻을 묻는 일종의 신성한 제비 혹은 주사위로 이것이 사용되었다(삼상 28:6; 에스라 2:63; 느 7:65). 그 뒤 선견자, 선지자들의 출현과 더불어 이것들은 사라졌다.

여러 다양한 종류의 의복을 언급한 후에 출 29장에서는 제사장 임명에 관한 절차를 다룬다. 먼저 수소 한 마리를 제사장 후보를 대신하여 속죄제로 잡는데, 그 사람은 자신의 손을 수소의 머리에 올려놓았다. 그것은 자신의 죄를 수소에게 전가시키는 의미였다. 다음으로 성별의 행위로써 수양 한 마리를 드려야 했다. 그리고 또 다시 제사장 후보의 손을 그 동물의 머리 위에 올려놓았는데, 그것은 하나님께 자신의 손을 드린다는 뜻이었다. 그 수양의 피를 오른쪽 귀, 오른쪽 엄지 손가락, 오른쪽 발가락에 발랐는데, 그것은 하나님의 말씀을 듣는 귀와 하나님의 뜻을 행하는 그들의 손과, 옳은 길을 걷는 그들의 발을 성별하기 위한 것이었다.

원래는 아론과 그의 네 아들들만이 제사장이었다. 광야에서는 이 정도로 충분하였다. 왜냐하면 어떤 면에서는 평신도 사역자들인 레위인들이 그들을 도와주었기 때문이었다. 그러나 후에 이스라엘이 가나안에서 널리 흩어지게 되고, 중앙 성소만을 사용하기가 불편하게 되었을 때, 제사장들의 숫자는 증가되었으며 수백명에까지 이르게 되었다. 중요한 제사만이 성막이나 성전에서 행하여졌고, 작은 규모의 제사들은 지방 산당의 제사장들에 의해 행하여졌다. 성막만이 합법적인 예배 장소라는 계명은 분명 시내산에서의 반유목민적인 생활이라는 상황하에서였고, 일년에 세 차례씩 행해지는 절기를 뜻하는 것이었다. 중앙 성소에 대한 우위성은 인정되었지만, 그 이후의 여러 가지 상황하에서 다양한 제단들이 허용되고 공인되었다.[14]

---

14) John Bright, *A History of Israel*, Philadelphia, Westminster Press, 1959, p. 147.

제6장

정복과 은사

이 시기의 역사적 배경

　다음으로 이 장에서 이스라엘의 이야기 자체를 다루겠는데 우리가 가장 관심을 갖는 나라의 일은 가나안에 대한 것이다.[1] 동시에 우리는 이것이 꼭 한 나라에 대한 기사가 아니라 여러 나라와 관련이 있다는 사실을 먼저 덧붙이지 않을 수 없다. 왜냐하면 가나안은 특히 이 시기에 아주 다른 배경과 이해 관계를 갖는 사람들에 의해 산산이 부서지고 정복당했기 때문이다. 이 사람들은 대부분 여호수아 9:1과 같은 구절에 열거되는데 즉 히타이트인(헷 사람)과 아모리 사람과 가나안 사람과 브리스 사람과 히위 사람(후리아 인)과 여부스 사람이며, 이들은 모두 같은 땅에서 살았고 어떤 경우에는 서로 섞여진 채로 살았다. 그렇지만 그들은 이스라엘 사람의 침략 위협이 있으면 때때로 연합하기는 했을지라도 어떤 경우에도 단일 국가를 형성하지는 않았다.

　애굽의 힉소스의 통치를 받는 이 셈족 전사들은 애굽으로부터 가나안, 특히 적어도 그 일부가 가나안 원주민과 동화되었던 북부 지역까지 물러났다. 그 나머지는 훨씬 더 북쪽으로 이동하여 역사에서 그 존재 자체조차 상당히 사라지게 되었다. 이 힉소스가 증대하여 가나안 사람들(일찍이 BC

---

1) 가나안족에 관한 최근의 권위 있는 논문으로는, John Gray, *The Canaanites*, New York, Frederick A. Praeger, 1964을 보라.

3000년부터 원주민 모두에게 붙인 일반 용어를 사용함)에게 자극을 주자 그들은 아주 강력하게 되어 애굽이 BC 1580년 이후로 신속히 회복하지 못했다면 틀림없이 그들보다도 더 크게 영향력을 행사했을 것이다. 특별히 아모세(Ahmose) 1세 치하에서 애굽 사람들은 일찍이 BC 1550년에 팔레스타인을 합병하기까지 비옥한 초승달 지대로 진출하기 시작했다.[2] 그러므로 가나안 사람들은 애굽의 속국이 되어 적어도 이론적으로 450년 후에 히브리 군주국이 들어 설 때까지 그런 상태로 계속 존속했다. 그러나 애굽의 주권은 이 기간 동안 거의 내내 몹시 약화되었다. 그러므로 여호수아와 사사기에서 애굽에 관한 것을 거의 찾을 수 없다 할지라도 이상할 것은 전혀 없다.

이러한 형편을 살피는 데 도움이 되는 주요 요인은 아멘호텝(Amenhotep) 3세의 통치와 특히 그의 후계자 아멘호텝 4세의 통치였다. 이 두 왕은 유명한 제18 왕조 말엽에 살았으며 그 왕조가 기울어 가는 패운을 직접 목격했는데 그 원인은 대부분 그들의 무능에 있었다. 팔레스타인 정권은 애굽에 책임을 져야 할 시시한 수십 명의 "왕들"이 쥐고 있었지만, 그들은 애굽으로부터 전혀 아무 도움도 받지 못했던 것으로 보인다. 이것은 특별히 전술한 바 있는 텔 엘 아마르나 서신에 나타난다. 14세기 초에 여호수아의 영도로 아피루('Apiru, 히브리인들)가 가나안을 공격했을 때 침공을 받고 있는 여러 속국 왕들이 아멘호텝 3세와 4세에게 원조를 청했지만 이 두 왕은 반드시 살펴야 할 다른 문제들 때문에 아무런 도움도 주지 못한 것으로 기록했다.[3] 아멘호텝 3세는 분명히 미탄니(Mitanni) 즉 유프라테스 상류에서 최근에 우호적이고 강력한 세력을 형성한 자들과 관계를 갖는 한편 아멘호텝 4세는 그가 발전하도록 도왔던 일신론적 철학적 개념을 직접 시행하고 있었다.

이 시기의 성경 기록에서 애굽을 그렇게 가볍게 취급한 또 다른 이유는 애굽 관할의 가나안 모든 주민이 주로 팔레스타인 평원에서 산 반면에 이스라엘 사람들은 중앙 언덕을 점령했기 때문이다. 가나안 사람들과 히브리 사

---

2) W. F. Albright, *From the Stone Age to Christianity*, Garden City, Doubleday and Company, Inc., 1957, p. 206.
3) D. Winton Thomas, *Documents From Old Testament Times*, London, Thomas and Sons, Ltd., 1958, pp. 39-40에 나오는 예루살렘 왕 아브디-헤바(Abdi-heba)가 이그나톤(아멘하텝 4세)에게 보내는 편지를 보라.

람들은 사실 서로 전혀 접촉하지 않았다. 여호수아서와 텔 엘 아마르나 서신에 기록된 처음의 사실 곧 애굽 사람들의 아무 간섭도 받지 않은 것으로 나타난 사실을 제외한다면 말이다. 드보라 시대에 이스라엘 사람들이 대규모로 다시 가나안 사람들과 대결했을 그 무렵 북쪽의 히타이트인의 위협 때문에 애굽으로부터 안전하게 피할 수 있었다. 애굽이 팔레스타인 전역을 효과적으로 장악했을 때는 라암세스(Rameses) 2세(1290-1224)의 통치 초기 시절이었다. 그러나 이 오랜 통치 기간 동안에 히타이트인이 애굽 사람들을 남쪽으로 몰아냈거나 적어도 애굽이 확실하게 장악하고 있지 못하는 팔레스타인에 그들을 그대로 방치해 두었다.

위에서 언급한 미탄니 사람들은 BC 15세기 초에 주로 상(上) 메소포타미아를 잠시 장악하여 유명해졌다. 사실 그들이 애굽에 위협이 된 것은 두 나라가 거의 BC 14세기 내내 전쟁을 그치지 않고 했기 때문이었다. BC 1400년경 히타이트인이 동진하자 미탄니와 싸우게 되었는데 미탄니는 하는 수 없이 애굽에 원조를 청했다. 두 민족 간의 관계는 호전되어 아멘호텝 3세가 미탄니 공주와 결혼까지 하게 되었지만 히타이트인의 위협으로 이 평화의 시기는 끝이 났다. BC 1370년쯤 히타이트인은 미탄니를 점령하고 수리아에서 애굽과 인접 국가가 되었다.[4] 두 나라는 이스라엘이 가나안을 상당히 정복한 시기에 2, 3년 동안 국제 문제로 서로 관계를 맺었지만, 끝내 적대 행위로 양자의 관계는 깨지고 말았다. 이미 살핀 대로, 라암세스 2세는 그 전 지역에 대한 애굽의 종주권을 되찾으려고 했지만, 히타이트인들은 그에게 아주 많은 힘을 과시했다. 그런데도 히타이트인들은 새로 일어난 앗수르 사람들 및 북쪽과 서쪽의 다른 세력들과 빚는 문제들로 인해 팔레스타인을 점령할 수도 적극적으로 관계 개선을 할 수도 없었다. 이렇게 팔레스타인이 활짝 열려 있었으므로 히브리인은 BC 14, 13세기 내내 그곳을 정복할 수 있었다. 이 상황은 오직 하나님의 은혜로운 시간 결정이라는 사실로써만 설명이 가능하다.

히타이트 제국은 BC 1200년경 즉 기드온 시대에 붕괴되었으며, 지배력을 확보한 앗수르 사람들은[5] BC 1300년경부터 점차 영향력을 확대시켜 나

4) O. R. Gurney, *The Hittites*, Baltimore, Penguin Books, 1964, p. 29.
5) Ibid., pp. 38-39.

갔다. 히타이트 제국 정복과 함께 그들은 아무데서도 저항을 받지 않았다. 애굽은 제19 왕조 말기와 제20 왕조 내내 무력하게 되어 앗수르에 대항할 수도 없었고, 사실은 팔레스타인을 간섭조차 할 수 없었다. 그렇지만 앗수르는 초기에 남부 수리아보다 더 밑에 있는 남쪽 지역에 대해 압력을 가할 수 없었다. 그리하여 다시 한번 이전 세기처럼 팔레스타인은 BC 1200-1100년 시기 동안 내내 강대국들의 위협으로부터 벗어나 있었다.

그러나 또 다른 세력에 대해 분명히 알아야 할 것이 있는데 성경에 강조되어 기록된 세력이다. BC 1200년경에 팔레스타인 해안, 특히 남부 해안에 들어와 자리 잡은 블레셋 사람들이 있는데 그들은 최근에 소아시아와 애굽에서 이주했지만 원래는 에게 해 출신이다.[6] 그곳에 아주 이른 시기부터 블레셋 사람들이 있었지만(출 13:17), 이때 그 수효가 크게 증가했다. 그들이 삼손 시대에 특히 BC 1075년경에 이스라엘을 위협했고, 나중에 사무엘 시대에도(BC 1050년경) 하나님의 백성을 거의 압도했다. 다윗이 예루살렘에서 통치하기 전까지는 이스라엘이 그들을 정복할 수 없었지만 그 후 그들은 이스라엘의 속국이 되었다.

이 시기에 바벨론 사람들은 북쪽과 동쪽에서 온 다양한 사람들의 통치를 받는 암흑 시기 동안에 침묵으로 일관했다. 단지 그들은 산발적으로 힘을 약간 발휘해 보았을 뿐이지 아무튼 이스라엘이 약속의 땅에 정착하는 것을 막지는 못했다.

이처럼 역사를 간략히 살핌으로써, 분명히 제한은 있지만, 근동 세계의 무대에서 이스라엘 사람들이 정복하고 정착한 중대한 사건 전개를 아주 쉽게 살펴볼 수 있다. 서로 싸울 뿐만 아니라 내부 문제로 시달린 강대국들은 그 당시 별로 중요하지 않은 팔레스타인과 같은 곳을 향하여 떼를 이루어 이동하는 사막의 한 백성에 대해 전혀 관여하지 않았다. 많은 소도시 국가들은 서로 연합하지 못하고 대체로 자기 평원에 틀어 박혀 자기 경계 내에 있었는데 여호수아를 중심으로 뭉친 이주자들을 반대하는 일에 서로 협력조차 할 수 없었다. 겨우 블레셋 사람들이, 때때로 암몬 족속과 모압 족속과 미디안 족속과 같은 주변의 작은 나라들이 하나님께서 의도적으로 세우신 나라들이

6) Sabatino Moscati, *Ancient Semitic Civilizations*, New York, G. P. Putnam's Sons, 1960, pp. 110-111.

며, 불신의 때에 자기 백성을 징계하기 위한 수단으로 예비하실 수 있었고 정작 예비해 두셨던 나라들이다. 히브리 족속들이 가나안에서 하나님의 목적을 성취할 수 있었던 때는 결코 그 이전이나 또는 그 이후도 아니었다.

정복(수 1:1-삿 3:7)

준비(수 1:1-5:15)

모세는 BC 1406년경에 죽었고 그 후 즉시 약속의 땅 가나안 정복이 시작되었다. 이스라엘의 새 지도자로 세움 받은 여호수아는 현재 자신이 진 무거운 책임을 사려 깊게 감당해야 했으며 앞으로 펼쳐질 장래를 아마 크게 두려워하며 내다 보았을 것이다. 모세는 더 이상 자신의 스승과 모범이 될 수 없었다. 이 사실로 인해 여호수아는 자신이 불충분한 것을 확실히 느끼게 되었다. 그렇지만 근 40여 년 동안 이스라엘이 바라던 이 순간이 눈 앞에 다가왔다. 최근에 그들에게 재확언해 주셨던 약속이요 수백년 전에 선조들에게 보장해 주셨던 그 땅을 그들이 마침내 실제로 차지하게 될 바로 그 순간이었다. 여호수아는 자신이 무엇을 해야할지를 알았지만 그에게 그 일을 감당할 용기와 임기 응변력이 있었는가?

하나님은 궁지에 빠져 있는 여호수아에게 말씀하시고 그에게 명하시기를, 하나님께서 모세와 함께 하셨던 것처럼 모든 발걸음마다 그와 함께 하시겠다고 안심시켜 주시면서 그에게 기업을 위해 일을 시작하라고 하셨다. 하나님의 임재를 계속 보장받기 위해서 여호수아와 이스라엘은 아주 최근에 그 나라에 주신 모세의 법에 마음을 다하지 않으면 안 되었다. 그들은 하나님께서 이때 매우 특별하신 방법으로 반드시 역사하셔야 한다는 것을 알았다. 왜냐하면 요단 강을 건너 여리고 평야로 들어가라고 하신 명령이 넘실거리는 요단 강으로 방해를 받았기 때문이었다. 이 시기는 보리 추수하는 봄철이었는데 레바논의 눈이 녹아 단층 골짜기를 완전히 휩쓸어 내려 가는 때였다(수 3:15). 대개 이 지점에서 늦여름에만 요단 강을 건널 수 있었다. 그런데 하나님의 명령의 즉각성이 뜻하는 바는 정확히 40년 전 바로 이 달에 홍해에서 일어났던 대로 지금 여기에서도 불가능이 가능으로 바뀌어야만 한다는 것이다.

분명히 여호수아의 전략은 도하 시도 전 얼마 동안 아주 좋았다. 그것은 그가 정탐꾼 몇을 여리고 성에 보냈기 때문이다. 이 성은 요단 골짜기로부터 서쪽 중앙 산악 지방으로 들어 가는 길목을 지키고 있었다. 그는 무엇보다도 먼저 이 요새를 반드시 정복해야 한다고 생각했다. 그 이유는 그의 군대를 앞으로 더 전진시키고 내지 이동 후 가나안 사람들의 배후 위협을 없애려는 목적 때문이었다. 두 정탐꾼이 은밀히 이 고대 성의 강점과 취약점을 상세히 지도로 작성하였지만 곧 탄로가 나 목숨을 거의 잃을 뻔하였다. 이들은 이 성의 한 기생 라합의 용감한 행동으로 겨우 도피하여 싯딤에 있는 여호수아에게 수집한 정보를 가져 올 수 있었다. 이 용감한 행동으로 라합은 이 성이 정복될 때 이스라엘의 징벌에서 목숨을 구할 것이라는 약속을 그 정탐꾼들에게 받게 되었다(수 2:8-22). 이보다 훨씬 더 좋은 보답은 이 평판 나쁜 여인이 하나님의 은혜로 언약의 계보에 들어온 사실이다. 그녀는 다윗 왕과 메시야의 조상이 되었다(룻 4:18-22; 마 1:5).

정탐꾼의 보고가 숙지되고 전술상의 결정이 확정되자 여호수아는 명하여 그 백성을 행진 대열로 정렬시키고 요단 강을 건널 채비를 하게 했다. 언약궤를 메는 제사장들이 맨 앞에 서고 백성은 멀찍이 뒤따라야 했다. 그러한 행동에 들어 있는 믿음을 가시화하기는 힘들지만 아마도 마음 속에 줄곧 출애굽을 기억함으로써 그 백성은 기꺼이 순종으로 전진했을 것이다. 제사장들의 발이 넘실거리는 물가에 닿자 흐르는 물이 멈추고 요단 강 위쪽으로 5,6km 떨어진 지점인 사르단에 일어나 쌓였다. 이는 출애굽 기적의 반복이었다. 누군가는 지진으로 그호르(Ghor)의 높은 석회석 벼랑이 사르단에서 좁아지는 요단 강에 미끄러져 내려가 강물이 댐으로 변하게 되었다고 제시했다. 이러한 자연적인 다른 사건들이 역사에서 인용되기도 한다.[7] 물론 이것은 가능성이 적은 것이지만 분명히 필요 적절한 순간에 지진이 발생한 것은 요단 강을 멈추게 할 어떤 다른 방법과 다름 없는 기적이라는 것을 명심하지 않으면 안 된다. 더욱이 성경은 진술하기를 신중하리만큼 제사장들과 백성이 마른 땅으로 요단 강을 건넜지 대개 사람들이 지진과 같은 자연적 사건 이후에 있을 것으로 예상되는 진흙 땅을 건너지 않았다는 것이다.

일단 강을 성공적으로 건너자, 여호수아는 강 가운데서 돌 열둘을 취하고 기적으로 건넌 사실을 기념하기 위해 강 서편에 그것들을 세워 두도록 명

---

7) Samuel Schultz, *The Old Testament Speaks*, New York, Harper and Brothers, 1960, p. 94.

했다. 마찬가지로 돌 무더기도 자기 백성을 위해 베푸신 하나님의 이적의 능력을 증거하는 상징으로 강 가운데 세워졌다(수 4:1-9). 출애굽의 그것처럼 요단 강을 건넌 사실로 말미암아 이스라엘은 구속받은 백성, 특별한 구속적 사명을 받은 백성이라는 것을 오는 모든 세대가 기억하게 되었다. 이스라엘이 할례를 받은 사실은 광야에서 등한시한 의식을 행한 것이었고, 그들은 유월절을 기념했다. 아브라함의 언약과 모세 언약의 표징이 지금 이곳에서 세워져야 한다는 것은 마치 이스라엘이 그 약속된 운명에 이른 것처럼 참으로 적절한 것이다. 그리고 유례없을 정도로 아주 시의적절한 것은 이러한 일들에 이어 거의 즉각적으로 여호와의 군대 장관이 나타나 이 새 땅은 거룩한 곳이라고 여호수아에게 상기시켜 준 사실이다(수 5:15). 그리고 이 백성은 길갈에 진을 쳤다. 이곳은 여러 해 동안 그들의 활동 기지가 되었다.

중앙 전투(6:1-10:14)

여리고 성은 강한 요새였으므로 평상의 상황에서는 여러 해 동안 포위 공격을 당해도 저항할 수 있었다는 데에 일체 의문의 여지가 없다. 성벽은 높고 견고했으며, 가파른 언덕 때문에 성에 접근하기가 굉장히 어려웠고 물은 성 자체에서 풍부히 공급할 수 있었다. 그러므로 여호수아가 최소한의 시간과 노력으로 이 성을 점령하려고 할 때는 특별한 수단이 세워지지 않으면 안 되었다. 제2차로 이삼 일 내에 여호수아는 백성에게 명을 내려 이상한 행진 대열을 만들어 엿새 동안 하루에 한 차례씩 그리고 안식일에는 일곱 번 여리고 언덕을 돌게 했다. 그는 제사장들에게 명하여 이때 일제히 나팔을 불게 하고, 특별히 백성에게 이르기를 열세 번 도는 것을 마치면 큰 소리로 외치라고 했다. 그 후에 그들은 이 성의 거민들을 진멸하고 유형의 재산 이외의 것만 남겨두어야 했다. 왜냐하면 그 거민과 땅이 "저주"를 받았기 때문이었다. 이것은 이 성의 모든 물건과 모든 사람이 그들의 우상 숭배 성향 때문에 하나님의 특별한 진노의 대상이 되었다는 것을 뜻한다. 그들을 살려 두면 이 성향으로 이스라엘은 몰락하게 된다. 전문 용어로 말하자면, 여리고는 하나님의 '저주'(cherem) 아래 있어서 전멸시켜 하나님께 바쳐져야만 한다. 이스라엘은 "거룩한 전쟁"을 수행하고 있었다.[8]

---

8) Bernhard W. Anderson, *Understanding the Old Testament*, Englewood Cliffs, Prentice-Hall, 1957, pp. 128-129.

결과는 여호수아가 예상한 대로 나타났다. 백성이 크게 외치자 성벽이 무너졌다. 그 성벽이 언덕으로 무너져 내렸다(수 6:20). 이 기적을 다르게 설명할 만한 아무런 근거도 없다. 즉 또 다른 완전한 정기적인 지진 또는 정확한 리듬에 맞춰 행군하는 수천의 백성에게서 나온 충격의 결과 또는 제사장들의 나팔로부터 나오는 성벽을 산산조각내는 듯한 음색을 띔으로써 발생하는 충격의 결과라고 설명할 만한 아무런 사항도 없다.[9] 이러한 일들은 강을 건널 때와 같이 하나님께서 자신의 목적을 이루시기 위해 적절한 순간에 쓰신 수단의 하나로 이해하려고 하지 않는다면, 과학적 견해로도 설명하기가 어렵다. 이 경우에 기적은 결단코 손상을 입지 않는다.

이 시기의 성벽 유적에 관한 논의가 현재 진행되고 있다고 할지라도, 적어도 가스탕(Garstang)은 그 유적지의 위치를 알아냈다고 생각한다. 그는 BC 15세기 말엽의 것으로 추정되는 이 성벽이 실제로 성 바깥 쪽으로 무너졌다는 타당한 증거를 확신있게 제시한다.[10] 대개 전투에서 당시에 쓰던 성벽 공격용 무기나 다른 전쟁 도구로 성벽 밑을 공격했다면 성벽은 안 쪽으로 무너졌을 것으로 생각되는데 성벽이 바깥 쪽으로 무너졌다는 것은 특이한 사실이다. 만약 성벽이 붕괴되기 전에 라합과 그 식구가 그 성에서 구출되지 않았다고 주장한다면, 그의 집이 있던 그 부근 성벽 일부만은 그대로 남아 있었을 것이다. 본문은 이러한 가능성을 허용한다. 마지막으로 온 성이 불에 탔고 모든 것은 여호와의 명령대로 파괴되었다(6:24).

비극적으로 이 '저주'의 문제에서 하나님의 명백한 뜻에 감히 불순종한 사람이 하나 있었다. 갈미의 아들 아간은 무시무시한 대화재 가운데서 그냥 지나칠 수 없었던 가치 있는 어떤 물건들을 여리고에서 보았다. 탐욕스럽게도 그것들을 자기 장막으로 가져와서 그 바닥에 묻고 완전히 비밀에 붙였다. 그런데 이스라엘이 아이 성을 점령하려고 했을 때 누군가가 하나님을 불쾌하

9) John Garstang, *The Story of Jericho*, London, Hodder and Stoughton, Ltd., 1940, pp. 137-138
10) Ibid., p. 136.
11) Merrill F. Unger, *Archaeology and the Old Testament*, Grand Rapids, Zondervan Publishing House, 1954, p. 163. 최근의 정보를 위해서는, Joseph A. Callaway, "The 1964 Ai(et Tell) Excavations," *Bulletin of the American Schools of Oriental Research*, No. 178, pp. 27-28, April, 1965을 보라.

게 해서 그들이 패배한 것으로 드러났다. 이 작은 성은 벧엘 성에 딸린 군수비대일 가능성이 있는데[11] 이스라엘 3,000명을 물리치고 36명 가량이 죽게 되었다. 아주 최근에 여리고를 크게 승리한 사건에 뒤이어 일어난 이 반전은 참으로 비통했다. 여호수아는 하나님 앞에서 얼굴을 떨어뜨리고 그런 열등한 세력에 패배한 이유를 간절히 물었다. 하나님은 범죄한 자가 밝혀질 수 있는 방법을 여호수아에게 계시함으로써 응답하셨다. 아간은 모두 잃게 될 것을 알고서 '저주' 조항을 어기고 오직 하나님께만 정당하게 바쳐야 할 것을 취했다고 여호수아 앞에서 자백했다. 이렇게 자백하자 아간과 그 식구가 죽게 되었는데, 그 식구들은 아간의 행위를 알고도 함께 침묵을 지켰던 자들임에 틀림없다(7:22-26).

일단 그 문제가 해결되자 아이 성에 대한 두번째 포위 공격은 능란한 매복 방식에 힘입어 대대적으로 성공을 거두었다. 그 성은 폐허가 되었고 왕은 교살당했다. 분명히 아이 성의 세거로 가나인 중앙 언덕 지방을 아무 힘도 들이지 않고 정복할 수 있게 되었다. 왜냐하면 이스라엘이 고대의 성스런 세겜[12]이라는 장소에 모두 함께 모였다는 것을 다음에 배우게 되기 때문이다. 그곳은 에발 산과 그리심 산 사이에 있는데 아브라함이 수 백년 전에 단을 쌓기도 한 그곳에 여호수아도 단을 쌓았다. 모세의 임종 교훈에 순종하여 그 나라는 선택받은 백성으로서 그들의 운명과 직결된 율법 곧 축복과 저주에 귀를 기울였다(8:32-35).

이스라엘이 중앙 언덕에서 아무런 반대도 만나지 않았다는 사실은 여러 세대 동안 그곳에 살고 있고 이제 그들의 침입을 기쁘게 맞아들인 연고가 있는 부족들이 이미 존재했다는 사실로 설명될 수 없다. 오히려 하여튼 이 지역에 아주 소수의 사람들이 살고 있었다는 것만은 확실한 것같다. 이는 고고학의 증거로 세워진 사실이다.[13] 우리가 잊어서는 안 될 가나안 사람들은 해안 지역과 그 평야를 따라 많이 살고 있었다. 특히 중앙 언덕에서는 이스라엘이 그들과 전혀 접촉하지 못한 것으로 생각해야 할 것이다.

---

12) 세겜의 성경적인 중요성에 대해서는, Bernhard W. Anderson, "The Place of Shechem in the Bible," *The Biblical Archaeologist Reader*, Vol. 2, Ed. by David Noel Freedman and Edward F. Campbell, Jr., Garden City, Doubleday and Company, Inc., 1964, pp. 265-275을 보라.

13) G. Ernest Wright, *Biblical Archaeology*, Philadelphia, Westminster Press, 1957, p. 46.

그러나 아이 남쪽의 언덕에 대해서는 전혀 그렇지 않았다. 왜냐하면 구약에서 아모리 족속과 같은 알려진 사람들의 집단이 있었기 때문이다. 이들은 이스라엘의 성공을 듣고 미개한 유목민의 침입에 대항하기 위해 동맹을 맺었다(9:1-2). 그러나 기브온에 있는 한 고립 지역은 이스라엘 쪽에 승산이 있다고 판단되어 원수와 연합하는 것이 현명한 유일한 처신이라고 생각했다(9:3-15). 그들은 이스라엘이 원수와 동맹할 수 없다고 공표한 방침 때문에 이들과 쉽게 연합할 수 없다는 것을 알았다.

그들은 아주 교묘하게 사신을 꾸며 길갈 곧 이스라엘이 가나안에서 처음으로 영구히 정착한 곳에 그들을 보냈다. 그 외교 사절들은 낡은 옷을 입고, 낡아 기운 신을 신고, 곰팡이 난 떡을 준비하여 먼 땅에서 온 것처럼 가장함으로써 이스라엘과 동맹을 맺는데 거리낌이 되지 않게 했다. 이에 속아 넘어간 여호수아와 이스라엘 장로들은 그 이야기를 수긍하고 그들과 평화 조약을 맺었다. 그 음모는 3일 후에 탄로났지만 여호수아는 기브온 사람들을 어떻게 응징할 도리가 없었다. 그것은 그 조약을 깨뜨릴 수 없었기 때문이다. 그러나 그는 즉시 그들을 종으로 삼았다. 유감스럽게 전혀 알지도 못하고서, 이스라엘은 그 땅의 백성 중 누군가와 연합하게 되었다. 이 연합으로 장차 그들은 괴롭힘을 당해야 했다(삼하 21:1-9).

아모리 사람들은 기브온이 이스라엘과 새로운 동맹을 맺은 것에 대해 알고서, 아모리 다섯 왕은 그들의 도시 국가 — 예루살렘과 헤브론과 야르뭇과 라기스와 에글론 — 를 이끌고 보복 조치로써 기브온을 쳤다(10:1-5). 상호 협력 조약 항목으로 인해 이스라엘은 기브온을 도와야 할 책임이 있었으므로 밤새도록 강행군하여 길갈로부터 기브온 정서(正西) 방향에 있는 아얄론 골짜기까지 가야만 했다. 아모리 사람들은 여호와의 군대와 맞붙지 않고 그 골짜기로 내려가 서쪽으로 도망쳤다. 여호와께서 초자연의 직접적인 도움인 하늘로부터 큰 우박 덩이를 도망하는 무리에게 내리셨다. 더욱이 여호수아의 기도에 응답하시어 낮의 햇빛으로써 무시무시한 임무를 완수할 수 있도록 하기 위해서 낮을 연장시켜 주셨다. 이 기적에 대한 최선의 설명은 하나님께서 단지 우주를 전체적으로 붙들어 두시므로 천체계의 본래적 상호 관계가 유지되게 하신 것으로 보인다. 긴 날 또는 긴 밤에 대해 말하는 세상 다른 편의 전승은 있지만(팔레스타인의 지구 정반대 쪽에도 그런 사례는 있을 것으로 보인다), 세상이 하루나 또는 그 일부를 "획득" 또는 "상실"했다고 하는 증거는 하나도 없다. 그런데도 우리 모두가 여기서 말하지 않을 수 없는 것은 여호수아가 지나치게 상상했다거나 또는 더 긴 날의 환상을 갖도록 햇빛이 특별히 굴절했다는 것은[14] "태양이 중천에 머물러서 거의 종일토록 속히 내려가 아니하였다"(수 10:13)고 명백히 말하는 본문의 명확한 진술과 서로 일치하지 않는다.

아모리 왕들은 완전히 패배하여 유다 세펠라에 있는 막게다로 도피한 후 그 지역에 있는 수많은 동굴 중 어디엔가 숨었다. 여호수아는 그들이 숨은 위치를 알고서 다시 길갈을 떠나 막게다로 추격하여 피신한 동굴을 찾아냈다. 그는 즉시 동굴에서 불쌍한 거주자들을 끌어내어 곧바로 목을 나무에 달고 그들이 숨었던 그곳에 그 시체를 묻었다. 그리고 이스라엘은 남방으로 깊숙이 내려가 싸워 빛나는 성과들을 거두었다. 이 과정에서 그들은 분명히 대항다운 대항도 받지 않았으며 중요한 성읍이면 어느 것이든지 모두 정복했다. 이 공격으로 모든 주민을 완전히 징악한 것은 아니다. 단지 일시저으로 진압했을 뿐이며 그것은 잠시 후에 이 동일한 성읍들이 계속 이스라엘 사람들의 야심과 정착에 대항했다는 사실에서 뚜렷이 드러난다(삿 1:1-21).

북부 출정(수 11)

그 땅이 북부와 남부로 서로 나뉘게 된 것은 이스라엘 사람들이 중앙 언덕과 골짜기들을 장악하고 그리고 더 나아가 남쪽 지방을 유린함으로써 일어났다. 그리고 북부 가나안 거민들이 자신들의 존재에 대해 위협을 느꼈다는 것은 하나도 이상할 것이 없다. 그들은 결연히 사회를 형성하여 남쪽으로는 이스르엘 골짜기로부터 북쪽으로는 요단 강 상류에 이르기까지, 그리고 서쪽으로는 지중해 연안으로부터 동쪽으로는 헤르몬 벼랑에 이르기까지 뻗어 있는 도시 국가들로 구성된 거대한 동맹을 구축했다. 그들의 지도자 하솔 왕 야빈은 자신의 큰 성 정동 편에 있는 메롬 물가에 그들을 집결시켰다. 그곳에서 그들은 병거와 강력한 최신 전쟁 무기를 가지고 이스라엘 사람들의 침입을 기다렸다.

승리에 대한 하나님의 약속을 확신했기 때문에 여호수아는 북쪽으로 행군하여 그들의 땅에서 가나안 사람들과 접전하여 재기 불능의 대패를 그들에

14) Bernard Ramm, *The Christian View of Science and Scripture*, Grand Rapids, Wm. B. Eerdmans Publishing Company, 1954, pp. 156 ff.

게 안겨 주었다. 인구 4만 명 쯤 되는 하솔 성만 불로 소실되는 한편 연합한 다른 나머지 성들은 "산 위에 건축된" 그대로 존속하게 되었다(수 11:13). 이는 고고학으로 인해 완전히 입증된 사실이다.[15] 가나안 전체는 이제 이스라엘 사람의 정복력의 실체를 느꼈으며, 여기저기 고립된 지역, 특히 평원과 연이은 남부 해안을 제외한 모든 지역이 이론으로는 이스라엘의 수중에 들어갔다. 이것이 정말로 얼마나 이론적이었느냐 하는 것은 여호수아서의 다음 장들에서 드러나며, 사사기 내내 지울 수 없는 확실한 사실은 어느 점령지든지 기껏해야 일시적인 점령일 뿐이었고 여러 차례 많은 곳을 다시 점령해야만 했다. 다윗 또는 확실히 사울 시대 이전까지 이스라엘은 약속에 따라 그들의 것이 되었던 영토를 거의 점령하지 못했다. 거의 예외없이 이스라엘 12지파는 여호수아 1-11장에 기록된 이 처음의 정복 기간 중에 틀림없이 이스라엘에게 적어도 패했던 지역들도 그대로 보유할 수 없었다.

잇따른 정착 시도(12-22)

정복 역사를 개략한 후(12장), 우리는 여러 지파들이 그들에게 분배된 땅을 차지하는 시도들에 대해서 배우게 된다. 즉 그것은 거룩한 제비 뽑기나 또는 다른 어떤 수단 중 하나였다. 처음의 정복이 실패라는 반박의 여지 없는 증거는 미정복지를 모두 열거한 13장에서 찾을 수 있다. 이렇게 여호수아가 그들의 과제가 무엇인지를 그 나라에 간략히 이야기했는데 그는 동부 지파들 즉 르우벤, 갓, 므낫세 지파에게 트랜스요르단(요단 동편)에 있는 그들의 기업에 관하여 계속 교훈했다. 르우벤에게는 모압 땅을 주었는데 바로 사해 동편에 있었다. 아르논 강 북쪽에 있는 처음의 길르앗 땅에 갓이 서게 되었다. 그 영토는 서쪽으로 요단 강, 동쪽으로 암몬과 얍복 강, 북쪽으로 긴네렛(갈릴리) 호수 남동 모퉁이에서 뻗어 나가는 경계선이 그 경계가 되었다. 이곳의 북쪽과 긴네렛 동쪽 지역은 전에는 바산 땅으로 알려졌는데 므낫세 반(半) 지파에게 분배되었다. 물론 므낫세 다른 반 지파는 나머지 다른 지파들과 함께 요단 서편에 정착할 수 있도록 뽑혔다.

가나안 본토에서 땅의 양도와 관련한 최초의 문제는 갈렙이 평생토록 여호와께 신실했기 때문에 모세를 통해 개인 기업을 약속받은 그와 관련이 있

---

15) Yigael Yadin, "Excavations at Hazor," *Biblical Archaeologist*, 19:12, February, 1956.

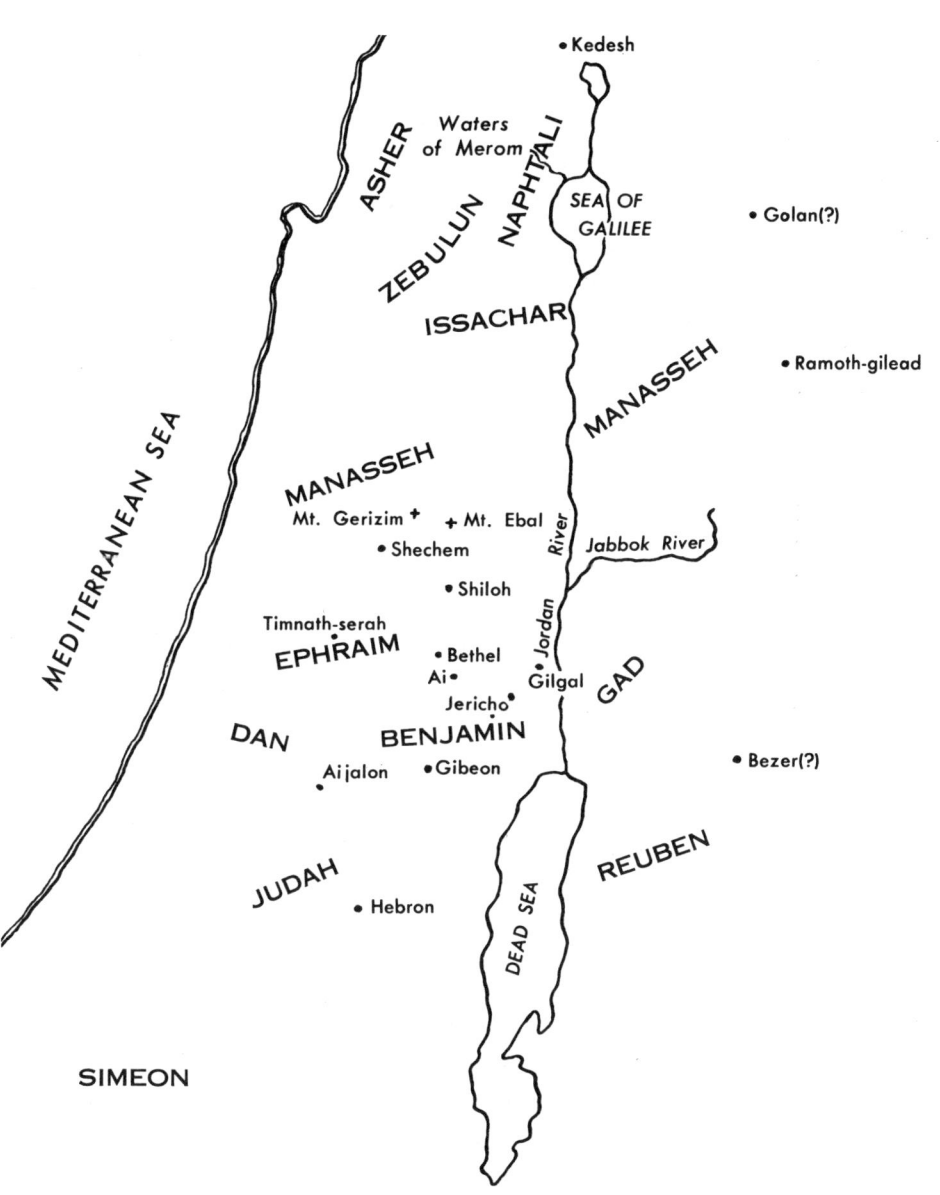

각 지파의 땅

었다(신 1:36). 여호수아는 노령의 영웅에게 기럇 아르바(헤브론)를 비롯한 그 일대를 분배함으로써 모세의 약속을 존중했다. 갈렙은 85세의 노구에도 불구하고 처음에 정복당했다가 곧바로 재정착한 아모리 사람들을 신속히 몰아냈던 인물이다. 그는 다음으로 사해 북쪽 맨 위에서 서쪽으로 향하는 경계선의 남쪽 지역을 유다에 분배했는데, 서쪽으로 지중해, 남쪽으로 사해 남쪽 끝에서부터 애굽 강(엘아리시 와디)까지 이르는 경계선, 동쪽으로 사해가 그 경계를 이루었다(15장). 갈렙의 땅과 시므온 자손의 땅도 유다에 포함되었는데(19:1-9) 그들은 분명히 싯딤 평원에서 살해되어 많이 죽었고(민 25:14) 독자적 분배를 요구할 수 없었다.

유다 북쪽에 에브라임 지파가 있었는데 그 지파의 경계는 다음과 같다. 동쪽으로 요단 강, 서쪽으로 지중해, 남쪽으로 유다, 북쪽으로 가나 골짜기와 그 동쪽 방향이 경계였다. 달리 말하면, 중앙 언덕 지방의 남부 지역이 에브라임이 차지한 주요 지역이었다(16장). 바로 그 북쪽에 므낫세가 있었다. 므낫세 지파는 남쪽으로 에브라임, 서쪽으로 지중해, 동쪽으로 요단 강, 북쪽으로 이스르엘 골짜기가 그 경계가 되었다. 적어도 분명한 것은 이 대평원의 거민들이 므낫세로 인해 기세를 펼 수 없었으므로 므낫세는 중앙 구릉까지 차지하게 되었지만 완전히 장악하지는 못했다(17장)

베냐민의 분배는 다음과 같다. 참 이상하게도 베냐민은 유다와 에브라임의 영토 사이에 분배된 것으로 보인다(18:11-28). 하여튼, 그 경계는 동쪽 여리고로부터 기럇 여아림 정서쪽 소렉 골짜기까지 이르며, 북쪽과 남쪽으로는 에브라임과 유다 일부 지역으로까지 확대된다. 주요한 사실은 예루살렘 성이 그때 베냐민 사람의 것이 되었다는 점이다. 왜냐하면 유다의 새 경계는 힌놈 및 기드론 골짜기를 따라 그 성 남쪽으로 이어졌기 때문이다. 그러나 예루살렘은 베냐민 사람의 거주지가 되지 못했다. 사실 다윗이 그곳을 수도로 정할 때까지 이스라엘·사람 어느 누구도 그곳에 거주하지 못했다.

이스르엘 골짜기 북쪽으로 네 지파가 있었다. 스불론은 북쪽으로 갈멜산, 동쪽으로 지중해, 남쪽으로 상(上) 갈릴리 언덕과 경계를 이루었다. 동쪽으로는 거의 긴네렛 호수까지 이르렀다(19:10-16). 스불론 남쪽과 므낫세 북쪽에 잇사갈 지파가 있었다. 이 지파는 동쪽으로 요단, 서쪽으로 갈멜 산 기슭, 북동쪽으로 하(下) 갈릴리 언덕이 시작하는 곳까지 펼쳐졌다(19:17-23). 아셀은 지중해 오른 편, 스불론 북편, 납달리 서편에 정착했다. 그 북쪽 경계는 나중에 뵈니게로 알려진 가나안 사람의 지역이었다(19:24-31).
마지막으로, 납달리 지파는 아셀 정동편, 스불론과 잇사갈의 북편에 위치했
으며, 그 동쪽 경계는 긴네렛 호수와 요단 강이었다. 북쪽으로는 단 길(way
to Dan)까지 이르렀다(19:32-39).

단 지파는 에브라임 지파로부터 땅 일부를 분배 받았다. 이 불행한 지파
는 에브라임 서편과 지중해 연안을 따라 정착했는데, 이 연안에서는 원주민
블레셋 사람들이 자신들의 힘을 과시하였고 단 지파를 그 언덕에 있는 작은
지역에 제한시켜 버렸다(19:39-48). 여분의 땅을 필사적으로 차지하기 위해
단 지파 사람들은 분배된 자기 땅에서 이동하여 납달리 북쪽까지 이르러 평
화를 사랑하는 사람들이 사는 외딴 지역인 라이쉬로 옮겼다. 그들은 그 거민
을 죽이고 그들의 집과 땅으로 들어갔으며 그들의 조상 단의 이름을 따서 그
지명을 바꿨다. 이 사건은 사사기에 더 자세히 서술된다(17-18장).

여호수아가 자신의 분깃을 받은 것은 그도 갈렙처럼 신실한 믿음에 따른
보상의 약속을 받은 이유 때문이다. 그는 에브라임의 땅 일부를 요구하여 받
았는데 그곳에 자기 성읍 딤낫세라를 세웠다(19:49-51).

레위인들은 모세를 통해 그들이 현세의 땅을 기업으로 받지는 못했지만
영적 상급이 그들의 것이 된다는 말을 들었다. 그렇지만 그들은 육신으로 살
고 육신이 거처할 곳이 필요했으므로 레위인들에게도 성읍이 분배되었다(21
장). 그 수효는 48개였고 요단 강 이편 저편 전역에 걸쳐 골고루 분배되었
다. 레위인들 이외에도 다른 사람들이 이 성읍에서 사는 것이 허용되었고 실
제로 이곳에서 살기도 했지만, 레위인들은 이 성읍 이외의 다른 곳에서 사는
것이 금해졌던 것으로 보인다. 성막에서는 시행되지 않은 어떤 종교적 의식
및 봉사가 레위인들이 사는 여러 성읍에서 그들에 의해 수행된 것이 분명하
다. 레위인의 생활은 어떤 의미에서 세속적이지 않았다. 레위인은 수입을 올
리기 위해 직접 자기 손으로 일을 해서는 안 되었다. 그러나 이외에 유일한
예외가 있었다. 몇 마리의 가축을 기르고 성읍 '주변'에 최소한의 농작물을
재배할 수 있었는데 단지 그 자신만 쓸 수 있었다. 이 레위인의 48개 성읍
중 6개는 도피성이었는데 셋은 요단 동편에 — 르우벤의 베셀, 갓의 길르앗
라못, 므낫세의 골란 — 있었고, 나머지 셋은 요단 서편에 — 납달리의 게데
스, 에브라임의 세겜, 유다의 헤브론 — 있었다. 이 성읍의 존재 목적은 이
미 논의한 바 있다.

　각 지파의 정착을 대충 다루지 않으려면 다시 한번 이것이 사실과 거리가 멀다는 것을 우선 제시해 보자. 그 경계와 분배에 관한 기술은 매우 이상적이었지만 어느 지파도 거의 그대로 실현한 지파는 하나도 없다. 유다는 자기 경계 내에서 고립된 저항 세력 때문에 괴롭힘을 당했고 해안 평야 또는 남쪽 네게브까지 밀고 들어 간 적이 한 번도 없었다(삿 1장). 에브라임은 중앙 언덕의 비교적 안전하고 아무도 살지 않는 곳임에도 불구하고 가나안 사람들에게 괴롭힘을 당했는데 특히 게셀 근방에서 그랬다(16:10). 므낫세는 이스르엘 평야에 근접해 있어서 가나안 사람들에게 심히 압박을 당했으므로 비록 그들이 많은 사람들에게 공물을 받았다고는 할지라도 그들을 완전히 그 땅에서 쫓아낼 수는 없었다. 가나안 사람은 특히 병거를 만들 때 철을 사용함으로써 이스라엘 사람들보다도 크게 유리했다. 사사기에는 이스르엘 북쪽 네 지파가 초기 역사 내내 뵈니게 계통 가나안 사람들과 다른 사람들에게 침략을 받았다는 증거가 아주 많다(삿 4-5). 철수를 자극한 단 지파의 탐탁치 않은 위치는 이미 언급한 바 있다. 그 상황은 전체적으로 매우 비관적이었으며 이스라엘이 느슨한 인보(隣保) 동맹 사회를 유지하는 한 나아질 것을 전혀 기대할 수가 없었다. 가나안 환경에서 어느 정도 통일과 안정이 이스라엘 안에서 이룩될 수 있었던 때는 정복 후 삼백 년이 지난 왕정 시대였다.

　이스라엘이 그 땅의 여러 지역에 정착한 후 일어난 이질화 현상은 지리적으로 극히 단절된 상태가 되었다는 점에서 찾아볼 수 있다. 실제로 서로 다른 지파 공동체가 넷이 나타나게 되었는데 각각 지리적 문화적 언어적 독특성을 지녔다(삿 12:5-6). 그런데 확실히 이런 차이점들이 유감스럽게도 점차 나타나기 시작했다. 첫째로, 요단 동편의 지파들은 강으로 고립될 뿐만 아니라 그 주변 사람들의 문화를 흡수하는 경향 때문에 서편 지파들 대다수가 보는 관점과는 굉장히 달랐다. 이 지파들은 맨 처음부터 그런 결과를 염려했다. 왜냐하면 가나안 정복 이후 동편 지파 사람들에게 귀향하라고 하기에 앞서 모세의 신앙에 신실하라는 경고가 엄숙히 내려졌기 때문이다(수 22:1-6). 그들이 여리고 근처 요단 가까이에 단을 쌓았을 때, 그 동기가 서쪽 지파들의 의문을 불러 일으켰고, 그 단이 순전히 기념의 역할을 한다는 사실을 여호수아의 사자들에게 납득시키기란 여간 어려운 것이 아니었다.

　나중에 갈릴리 지역으로 알려진, 이스르엘 골짜기 북쪽 네 지파도 즉시 이스라엘 주류의 영향을 받지 않게 되었다. 그들은 우리가 아는 한 매년마다 장막절을 지켜야 함에도 불구하고 내부 문제와 당시 가나안 이웃 주민에 대항하는 일에 몰두하는 나머지 남쪽 지파들과 밀접하게 접촉할 시간을 거의 갖지 못했다. 이스르엘 골짜기가 자신들과 남쪽 지파들 사이에 놓여 있는데 접근 수단보다는 서로에게 큰 장애 요소로 작용했다.

유다와 중앙 언덕에 있는 지파들은 다른 어느 지파와 연락하며 지내는 것 이상으로 서로 훨씬 밀접하게 지냈다. 그렇지만 그들 사이에도 어떤 지리적 단절이 여전히 가로 놓여 있었다. 때때로 그들은 공동 경계선을 따라 마을로 쳐들어 오는 가나안 사람들과 블레셋 사람들로 말미암아 서로 내왕할 수 없었다. 유다와 북쪽 지파들 사이에 항상 어떤 경쟁 심리가 있었는데 이 상태가 사울과 다윗 시대에 있었고, 다시 솔로몬이 죽은 이후로 극심해졌다. 이 모든 요인들로 인해 이스라엘 내부에 어떤 상이점이 나타날 수 있었다. 그러나 물론 상이점보다도는 유사성이 더 우세했다는 것은 확실하다. 자신들의 일체감을 부단히 확인해 줄 수 있는 가장 근본적인 것은 의식(儀式) 자체였다. 왜냐하면 그 영적 공동체가 여러 번 위태롭게 된 것처럼 보였을지라도 공동의 하나님, 공동의 법, 공동의 예배 중심지에 대한 인식이 물질적 지리적 응집의 결핍을 메우고도 남을 수 있었기 때문이다.

각 지파에 기업을 분배하는 과정에서 여호수아는 성막과 언약궤가 영구히 모셔질 곳을 택했다. 이 장소는 중앙에 위치하는 곳이어야만 했고, 가능하다면 이스라엘이 기억할 수 있는 이미 성스런 곳이거나 또는 그 부근이어야 했다. 그러한 곳은 실로였다(수 18:1). 이곳은 분명히 이전에 점령해 본 일이 전혀 없는 곳일지라도 유명한 두 성읍 벧엘과 세겜에서 가까운 곳이었고 중앙일 뿐만 아니라 상대적으로 안전한 에브라임 지파 지역 안에 있었다. 언약궤는 요단을 건넌 후에 길갈 또는 어쩌면 세겜에 모셔진 이래 마침내 300년 이상 거처할 한 집을 만나게 되었다. 요단 동편과 서편의 모든 지파들은 매년 순례 때와 다른 특별한 일로 실로에 갔다. 실로에 대해서 그들은 하나님의 지상 거처로 인식했다. 다른 요인 이상으로 이것은 왕이 나타나서 그들의 전 국가 조직을 바꾸기 이전까지 그들의 통일성을 유지시켜 주었다.

요단을 건넌 후 아마 칠팔 년 이내로 정복을 다 마치고 여호수아는 동편의 두 지파 및 반 지파 — 르우벤, 갓, 므낫세 — 를 자기 처자식들이 있는 트랜스요르단으로 되돌려 보냈다. 그는 그들에게 하나님과 맺은 언약뿐만 아니라 정해진 때에 실로에 있는 중앙 성소로 모여야 한다고 일러주었다. 그들은 충성을 맹세했고 그 후에 곧 그들은 요단 물가에 기념할 만한 단을 쌓기로 하고 고향을 향해 떠났다. 이로 인해 서편 지파 지도자들이 깜짝 놀라게 되었는데 그것은 유일한 한 예배 장소로 규정한 법을 깨뜨린 것으로 보였기 때문이다(신 12:5; 수 22:19). 이를 조사하기 위해 실로에서 대표단을 파견하여 이의를 아주 많이 제기한 후 동쪽 지파들이 해될 만한 짓을 하지 않은 형제로 확신할 수 있었다. 그들은 기념비를 세우고 그 이름을 '에드'("증거")라고 하였다.

말년에 여호수아는 이스라엘이 쓸데없이 동쪽 지파 분배지를 점령하려고 한 시도를 목도하였다. BC 1380년경 불굴의 정복자 여호수아는 마지막이 가까워지자 자기 백성을 모아놓고 거룩한 집회에서 그들에게 연설을 했다(23장). 그는 먼저 하나님의 뜻 안에서 계속 전진하라고 그들에게 격려했지만, 그들이 그 과정에서 이탈하면 하나님의 심판의 경고로 점철되리라는 내용이 그 격려 가운데 들어 있었다. 다음으로 그는, 세겜의 옛 단의 성역(聖域)에 섰던 그들에게 아브람의 부르심에서부터 지금 이 순간까지 진행된 전 구속사를 상기시켜 주었다. 그는 계속 선언하기를, 하나님이 과거에 그들과 관계하신 결과로서 이스라엘의 책임은 다시 한번 언약 관계에 맡기는 데 있고 거짓 신들 가운데서 취하지 않고 새롭게 하나님을 택하는 것이라고 하였다. 그 길을 인도하기 위해서 여호수아는 하나님께 충성하기로 공언하고 자기 자신과 그의 모든 집은 결과와 상관없이 여호와를 섬기기로 맹세했다. 이의없이 그 백성은 언약 규정에 찬동했다. 말은 기록으로 남기고 사건은 세겜에 큰 돌을 세워 기념했는데 그 증거비는 언약 갱신에 대해 언급했다. 여호수아가 죽자 그의 시체는 딤낫 세라에 묻혔다. 요셉이 바라는 대로 애굽에서 옮겨온 그의 뼈도 세겜 자기 집에 수년 후에 장사되었다. 마지막으로, 아론의 아들 엘르아살도 죽자 에브라임 산에 그의 유골이 묻히게 되었다. 이러한 죽음과 장사에 대한 기록은 우리에게 인생의 덧없음을 이야기하는 것같아 보인다. 이스라엘의 형성과 정착은 적어도 일반적인 의미에서 기정 사실이 되었고, 새 세대는 이제 이스라엘의 영광스런 유산을 영구히 드높이지 않으면 안 된다.

여호수아 이후의 문제점(사 1:1-36)

틀림없이 사사기 처음 부분에 역사상의 문제점이 있다. 왜냐하면 여호수아서에 주어진 것과 겹치는 정복 기사뿐만 아니라 분명히 그 다음 시기에 나오는 다른 것도 사사기 처음 부분에 나오기 때문이다. 그렇지만 만약 사사기 처음 두 장이 연대 순으로 구성되어 있지 않다면 어려운 문제들은 대체로 사라진다. 이 부분을 다음과 같이 재구성할 수 있다. 사사기 1:1-8은 여호수아 사망 이후 유다의 정복 사건에 대해서 다룬다. 그러나 추측하건대 8절에서 여호수아 사망 전에 예루살렘이 이미 강탈당했다는 것을 알 수 있다. 이것은 2:7로부터 아홉 절이 유다를 통한 예루살렘의 멸망에 연이어 나오지만 여호수아의 사망보다 앞선다는 것을 뜻한다. 그의 죽음은 여호수아 24:29-30에 나오며 사사기 2:8-9에도 나오는데, 여호수아와 동시대 장로들에 대한 언급도 여호수아서에 나오는 것처럼 사사기에도 나온다.

그렇다면 결국 우리는 요약 형식으로 이스라엘 역사의 계승 세대에 대해서 알게 된다. 2:11-23은 사사기 시대 곧 여호수아로부터 사울에 이르는 시기를 거의 반복하는 식으로 예고하고 있다. 즉 그 백성은 다른 신들을 쫓아 갔고, 외국의 침략자들을 통해서 하나님께 징계를 받았고, 회개했고, 하나님께서 구원자(사사들)를 세우셨고, 번영과 자유를 누렸고, 다시 다른 신들을 쫓아 갔다. 이리하여 이 시기는 거의 단조롭게 규칙적으로 흘러 갔고 전체가 하나님의 백성에게는 실패의 시기로 간주될 수 있다.

여호수아의 생애 중 이스라엘이 원수들을 몰아내고 그 땅을 완전히 차지할 수는 없었다. 하나님의 임재와 여호와의 사자의 입을 통해 준엄히 꾸짖으셨는데도 변한 것이 없었다. 그 꾸짖음 때문에 일시적으로 회개할 뿐이었다. 이스라엘이 언약을 깨뜨렸기 때문에 여호와께서 그들에게 분명히 분을 내어 비난하셨다. 이에 대해 성경은 이렇게 말한다. "그 열국을 머물러 두사 속히 쫓아내지 아니하시며 여호수아의 손에 붙이지 아니하셨음이 이를 인함이었더라"(삿 2:23). 이 열국의 명단은 3장에 나오며 그 다음에 곧 이어서 이스라엘을 침략하고 굴복시킨 그들의 원수들에 대한 첫 기사가 나타난다.

가나안의 종교

여호수아를 추종한 이스라엘의 첫번째 죄는 원주민과 결혼하는 것으로서 율법에서 강하게 정죄하는 문제였다. 이것은 바알과 아세라("신성한 나무들 또는 기둥들" 또는 "작은 숲") 숭배와 관련이 있는데 가장 비열한 방식의 성적 부도덕의 구조 속에서 자행된 숭배였다.[16] 풍요신 숭배 의식들은 고대 근동에서 볼 수 있었던 아주 일반적인 특징이지만 그 숭배가 절정에 달한 곳은 가나안이었다. 그 의식들은 바알과 아세라가 원래 우주의 원시 상태 세력 편에서 재생산 활동으로 만들어졌고 그리고 살아있는 모든 생물들도 이와 동일한 방식으로 만들어졌다는 관념에 근거하여 형성되었다. 그 추종자들은 믿기를 식물과 동물과 사람들이 발생하는 것은 그 신들이 서로 교접함으로 일어나며 생존을 보장받기 위해서 그 신들에게 의식과 희생제를 통해 간청하지 않으면 안 된다고 하였다. 아마도 식물과 동물의 생명을 낳고 생산하는 그 신들을 격려하기 위해서 그 의식을 맡은 제사장과 여사제들은 "흉내내는 마술"을 시행했을 것이다.[17]

즉 그들은 그 신들로 하여금 자신들의 모범들(?)과 겨루게 하기 위해 성스런 매춘업에 힘껏 종사했다. 만약 그 신들이 그렇게 꾀임에 빠지게 되면 성대한 풍년을 매번 예상할 수 있었다. 흉작과 다른 농작물 재해는 신들의 불쾌함 때문에 일어나는 것이라고 하였다. 가나안 주신제(酒神祭)는 풍요를 뜻하는 작은 숲이나 푸른 나무 그늘이나 신전 중 어느 한 곳에서 이루어졌다. 그러므로 번식과 관련이 있는 여신은 대체로 아세라("작은 숲") 또는 아세림(아세라의 복수)으로 알려졌다.

우리는 여기에서 가나안의 만신전(萬神殿)에 대해 간략히 논하려고 한다.[18] 전반적으로 '엘'이라고 하는 음산하고 흐리멍텅한 상이 있었다. 엘은 초기 가나안 신학에서 최고신이었던 것으로 보이지만, 점차 그의 아들 바알이 그 자리를 차지했다. 그리고 엘은 다만 부신(父神)으로 계속 존재했을 뿐이었다. 그 아내는 앞에서 말한 풍요의 여신 아세라로서 아주 이상한 것 같지만 처녀 여신이었던 것 같다. 바알은 사실 인간과 가장 직접적으로 긴밀한 신이었다. 그 이름은 단지 '주인'이라는 뜻이며 그것은 원래 호칭에 불과했던 것같다. 나중에 고유 명사가 되었지만 심지어 많은 신들 또는 동일한 그 신의 다양한 현현을 가리키는 것으로 보였다.

---

16) 그 기본적인 사상을 위한 논의에 대해서는, Mircea Eliade, *The Sacred and the Profane*, New York, Harper and Row, 1961, pp. 125-128을 보라. 아세라에 관해서는, Raphael Patai, "The Goddess Asherah," *Journal of Near Eastern Studies*, 24:37-52, January-April, 1965을 보라.

17) John Gray, *Archaeology and the Old Testament World*, New York, Harper and Row, 1962, p. 111)

18) Gray, *The Canaanites*, pp. 119-138.

예를 들면, 우리가 이미 살펴 보았듯이 모압 브올에 바알(역주 — 한글
개역성경에는 '바알브올')이 있었다(민 25:3). 다른 여러 곳에도 바알브릿
(삿 9:4), 바알브라심(삼하 5:20), 바알세붑(왕하 1:3)이 있었다. 그렇지만
이러한 것들 가운데 지역 대표신들이거나 또는 후대의 표현들로 보이는 인격
적인 바알이 존재했다. 몇몇 학자들에 따르면 이 신은 사망의 신 못(Mot)을
이겼으므로 죽었다가 부활한 신이었다.[19] 이 사건을 축하하는 행사가 새해를
시작하는 매 가을마다 거행되었는데 이른 비 내리는 시기와 맞물리는 때였
다.

바알의 부활은 못이 장악하고 있는 건기 곧 무더운 비생산적인 여름의
종말을 고하고 그 해의 최초의 비로써 씨뿌리고 생장하는 생명을 주는 시기
의 시작을 알렸던 것으로 생각되었다.[20] 비가 오지 아니하면 바알은 지하 세
계로부터 벗어날 수 없었고 못이 더 우세한 신으로 여겨지게 되었다. 아합
시대의 가뭄 때에 엘리야가 갈멜 산에서 바알의 부재를 가지고 바알 선지자
들을 비웃을 때 이 모든 것을 참조한 것으로 보이며, 그들이 느꼈던 바알 신
의 부재가 가뭄이 있게 된 원인이었다.

엘리야의 기도로 비가 오자 모든 백성은 비뿐만 아니라 모든 좋은 것을
주시는 분이 바알이 아니라 여호와였다는 것을 알게 되었다(왕상 18장). 바
알이 자신의 누이이며 배우자인 아낫 또는 아스타르테와 성적으로 결합함으
로써 비가 내리고 그 결과 땅이 비옥하게 되었다. 그러므로 신년 축제는 특
별히 부도덕한 때였다. 왜냐하면 제사장들과 여사제들 그리고 아마 평신도들
까지도 그 추잡한 기원 의식들에 관련되었기 때문이다.

그렇다면 이스라엘이 다른 신들을 좇고 "음행을 저질렀을" 경우에는 이
것이 그런 상황이었다. 이것은 영적 간음일 뿐만 아니라 육체적이고 실제의
간음이며 이스라엘로 하여금 가장 가증스러운 죄에 빠지게 했던 것이었다.
이 종교적 배교는 이스라엘이 다른 신들을 좇고 여호와를 버리는 엄청나게
큰 죄가 무엇인지를 설명해 준다.

사사들(삿 3:8-16:31)[21]

19) 원문을 위해서는, G. R. Driver, *Canaanite Myths and Legends*,
Edinburgh, T. and T. Clark, 1956, Baal IV, pp. 116-117.
20) Moscati, op. cit., pp. 116-120.

하나님께서 이스라엘 백성들을 각성시키기 위해서 압제자를 불러 일으키셨는데 그 첫번째 압제자는 메소포타미아(아람)의 왕 구산 리사다임이었다. 이 압제자의 침략이 있었던 시기는 BC 1380년경부터 8년간이었음이 틀림없다(3:8). 이 고통스러운 압제 속에서 이스라엘 백성들이 구원을 받기 위해 하나님께 부르짖자 하나님께서는 이들 가운데 갈렙의 사위(역주 — 한글개역성경과 일부 영어 성경에는 '아우'로 번역됨) 옷니엘을 일으켜 그들 가운데서 재판하는 일을 하며 또한 대적의 손에서 그들을 구원하는 일을 하게 하셨다.

여기서 "사사"(judge)라는 말이 다소 오해의 소지가 있으므로 잠깐 사사와 그의 책무에 대해서 논하는 것이 좋을 것으로 생각된다. 이스라엘 백성들 가운데는 적어도 모두 12명의 사사가 있었고, 그들 중 일부는 동시대 사람들이었으며, 그들은 그 이후 11세기 중엽까지 활동했다. 이 사사들이 맡았던 가장 중요한 책무는 그 직책의 이름이 함축하고 있듯이 중재자(arbiter)와 통치자(governer)의 역할이었던 것으로 보이지만, 그러나 그들은 또한 유사시에는 군대 통솔자(military leader)로서의 역할을 맡는 책무도 보유하고 있었다. 한 가지 꼭 짚고 넘어가야 할 사실은, 사사는 선지자처럼 틀림없이 신적 권위를 지닌 직무자였을 것이라는 사실이다.[22] 이는 사사가 사람들에 의해서 선출된 것도 아니고 또한 혈통을 따라서 선임자의 직임을 물려 받거나 또는 선임자의 지명으로 선출됐던 것도 아니었다는 사실을 의미한다. 사사는 하나님이 선출한 사람임에 틀림없다. 이처럼 사사가 하나님의 택하심으로 되었다는 사실은, 그가 사사로서 선출을 받지 않았더라면 단지 인간으로서는 할 수 없었을 일들을 하나님의 신의 충만함을 받아서 행했다는 사실로 입증된다(3:10; 6:34; 11:29; 13:25).

영향력을 행사했던 사사들 가운데 이스라엘 백성들 전체를 한꺼번에 다스렸던 사사는 간혹 있어도 아주 적었던 것으로 보인다. 오히려, 그들은 아주 제한된 지역을 대상으로 사사로서 활동을 했고, 어떤 사사의 경우에는 하

---

21) 이 복잡한 시대를 나타내는 연대들은 John Whitcomb의 것이다. "Chart of Old Testament Patriarchs and Judges," Winona Lake, Indiana, Grace Theological Seminary, 1963을 보라.
22) Max Weber, *Ancient Judaism*, Trans. and ed. by Hans H. Gerth and Don Martindale, Chicago, Free Press, 1952, p. 40.

나 또는 두 지파만을 대상으로 활동을 했던 것이 분명하다. 어쩌면 어떤 기간에는 사사가 이스라엘 전역에 한 명도 없던 때가 있는가 하면, 다른 어떤 시기에는 동시에 몇 명의 사사가 있었던 것으로 추정된다. 예를 들면, 입다와 삼손은 동일한 시기에, 입다의 경우는 암몬 족속의 압제하에 있던 트랜스요르단을, 그리고 삼손의 경우는 블레셋의 압제하에 있던 유다와 및 유다의 주변 지역을 각각 관할하면서 사사로서 활동을 했던 것으로 보인다. 침략하는 대적들이 전혀 없던 시기에는 아마 사사들이 전혀 없었거나 또는 적어도 성경에서 언급하고 있는 사사들은 아무도 없었던 것으로 여겨진다.

에훗과 삼갈(3:12-31)

하나님의 신의 감동하심을 받아 다스리던 옷니엘 치하의 이스라엘은 주변 국가로부터 아무런 침략을 받는 일이 없었고 또한 그 이후 이스라엘은 40년 동안 "평화"를 누렸다. 이와 같은 한 동안의 평화로운 시기가 지난뒤 다시금 외부로부터의 침략의 주기가 시작되었고, 그래서 BC 1335년경 모압의 왕 에글론이 이스라엘을 침공하여 여리고에 주도(provincial capital)를 세웠다. 이는 동쪽 지역 족속들의 패배를, 적어도 르우벤 족속이 패배했음을 의미하며(첨언하면, 르우벤 족속은 이때 즈음에 역사의 무대에서 거의 사라졌다), 또한 모압 나라가 강성했음을 암시한다. 다시금 이스라엘 백성들은 하나님께 부르짖었고, 또한 하나님께서는 그들의 부르짖음을 들으시고 그들 가운데 또 다시 사사를 세워주셨다. 이번에는 베냐민 족속의 에훗이 사사가 되었다. 에훗은 비상한 꾀를 써서 에글론을 직접 암살할 수 있었다. 그 전투 결과 이스라엘은 대적 모압 족을 물리치고 18년 동안 받아왔던 압제에서 벗어나게 되었다. 그뒤 이스라엘은 오랜 기간의 평화를 누려 BC 13세기(대략 BC 1240년경)에 이르는 거의 80년 가까이 외부 세력과의 아무런 전쟁 없이 지낼 수 있었다. 이 기간에 아마 블레셋으로 인한 약간의 어려움은 겪었을 것이지만, 아낫의 아들 삼갈의 지도하에 이와 같은 블레셋의 침략도 즉시 물리칠 수 있었다.

드보라(4-5장)

이스라엘이 외부로부터 침략을 받게 되는 그 다음의 주기는 북쪽 지역에서 강력하게 세력을 발휘했던 가나안 족속들과 관련이 있었다. 일찍이 가나안 족속들은 그들의 지도자 하솔 야빈(어쩌면 이 하솔 야빈이 여호수아 시대에 나오는 그 야빈의 후손일지도 모른다)의 지도하에 대규모의 군사를 모집하여 이스르엘 계곡 근방에 집결시켰다. 이 부대를 지휘하던 장군은 시스라라는 군대 장관이었음이 분명하다. 그들은 900승이나 되는 철병거와 그밖에 다른 위협적인 무기들을 동원하여 이스라엘의 북부지역을 장악하고는 20년 동안 압제하였다. 때가 되어 마침내 하나님께서는 에브라임에 거하던 여선지자 드보라를 통하여 말씀하셨고, 또한 그녀에게 게데스-납달리의 바락으로 하여금 회개하며 부르짖는 하나님의 백성들의 구원자로 세울 것을 명하셨다. 바락이 드보라가 동행하지 않는 한 가나안 족속을 대항해서 싸우는 전투에 나아가지 않겠다고 거절하자, 용맹스러운 드보라는 함께 전쟁에 나아갈 것을 동의했다. 다만, 그녀는 바락에게 그 전쟁은 물론 승리로 끝나게 될 것이지만 그 승리의 영광은 그의 것이 되지 않고 한 여인의 것이 될 것임을 말해주었다. 이것이 바락에게 불공평한 처사가 아니었느냐고 의아해 할지도 모르겠지만, 우리는 드보라가 하나님의 신의 은사(카리스마)를 받은 자였고 또한 바락은 하나님의 임재의 보증자로서만 자기와 함께 가길 바랐다는 사실을 기억할 필요가 있다.

납달리와 스불론의 장정 1만 명이 이 전투의 소집에 응하였고 드보라와 바락의 인도를 받아 다볼산의 경사지까지 진군하여 이스르엘 골짜기에서 시스라의 군대와 접전하였다. 하나님의 군대(이스라엘 군대)는 엄청난 대적을 맞이하여 그들 각자의 영웅적인 행동과 또한 하나님의 전능의 손의 도움을 받아 압도적으로 승리를 거두었다. 이 전투가 벌어지는 동안 하나님께서는 갑자기 폭풍우를 일으키사 작은 강 기손이 범람하도록 하셨던 것이 이스라엘의 승리의 커다란 요인이 되었던 것이다. 가나안 족속들이 소유하고 있는 무적의 무기인 병거들이 진흙 속에 빠져서 꼼짝 못하게 되었고, 그 병거 탄 자들은 살기 위해 거기에서 나와 맨발로 도망해야만 했다(삿 5:21).

시스라는 자기 생각엔 신뢰할 수 있겠다고 여긴 어떤 겐 사람의 장막으로 도망을 갔다. 그러나 그가 그 장막 안의 숨어지내는 곳에서 몹시 곤하여 잠에 떨어져 있을 때, 그 집의 여인이 장막 말뚝을 가져와서 그의 머리를 관통시켜 죽였다. 그것은 이 여인이 본래 이스라엘 백성들에 대해서 공동의 조상을 갖고 있다는 이유와 그 밖의 다른 이유들로 인해 이스라엘에 동정심을 갖고 있었던 때문임이 분명하다. 이렇게 해서 야빈과 그의 부대는 연약한 여자들한테 패배를 당하였다. 물론 그 여인들은 하나님의 능력을 받은 자들이었다. 이 사건을 기념하는 노래를 드보라와 바락이 불렀는데, 이 노래는 문학 역사상 가장 아름답고 감동적인 노래의 하나이다(삿 5장).

기드온, 돌라, 야일(6:1-10:5)

이스라엘의 그 다음 사사는 기드온이었다. 기드온은 미디안이 위협적인 세력을 과시하던 BC 12세기 초엽에 살았다. 사막에 거하는 이 사나운 미디안 족들은 70년 동안 이스라엘 특히 북부지역을 침공했다. 처음에는 주로 낙타들을 전쟁에 사용했다.[23] 이들 미디안 침략자들로 인한 문제는 군사적인 면에서 뿐만 아니라 경제적인 면에서도 심각했다. 왜냐하면 그들이 전쟁에 사용하는 짐승들이 그 땅의 모든 농작물들을 마구 먹어버리므로 국토를 벌거숭이로 만들었기 때문이다. 이 위기 상황에서 여호와의 사자가 므낫세 지파에 속한 오브라 마을에 사는 한 주민인 요아스의 아들 기드온에게 나타났다(6:11). 그는 기드온에게 위난에 처해 있는 하나님의 백성을 지도할 책임을 맡으라고 명령했다. 그러나 기드온은 자신은 가난한 농가 출신의 비천한 농부에 지나지 않으므로 그 책무를 맡을 자격을 구비하지 못하고 있다며 거절했다. 그렇더라도 그는 하나님의 임재를 인식하고는 서둘러서 가까이 있는 제단 위에 제물을 놓고 제사를 드렸다.

기드온이 제물을 준비하자 여호와의 사자가 손에 잡은 지팡이 끝을 내밀어 그 제물에 대매 불이 반석에서 나와 그 제물을 살랐다. 기드온은 여호와의 사자(여기에서는 여호와의 사자가 다시금 여호와와 동의어로 나온다) 앞에 부복하였다. 그는 기드온에게 그가 하나님을 대면하여 보았으나 죽지 않을 것임을 확신시켜 주었다. 이때 기드온은 그 곳에 제단을 쌓고 그 이름을 여호와살롬("여호와는 평강이시라")이라고 하였다.

그날밤 하나님께서 기드온에게 그의 부친의 바알 제단들을 헐어버리고 그 제단들과 연관이 있는 숲의 나무들을 베라고 명하셨다(6:25). 기드온은 믿을 만한 종들을 데리고 그 명령대로 시행하고, 그 곳에 여호와를 위하여 한 단을 쌓았다. 기드온은 새로 쌓은 단 위에 하나님께 바치는 수소(성경에는 둘째 수소로 나옴)를 드렸다. 그렇지만 기드온이 밤에 은밀하게 행한 일은 금방 탄로가 났다. 그러자 그 성읍 사람들 가운데 바알을 섬기는 사람들

---

23) W. F. Albright, *The Biblical Period From Abraham to Ezra*, New York, Harper and Row, 1963, p. 41.

이 요아스에게 찾아와 그의 아들의 신을 모독하는 행위에 대한 해명을 요구
했다. 요아스는 아마 독실한 바알 숭배자는 아니었던 것으로 여겨지는데(비
록 그가 아들의 이름을 독창적으로 여룹-바알이라고 이름지었더라도 말이
다), 아무튼 이 요아스는 만약 바알이 그렇게 엄청난 명예 손상을 입었다면
왜 바알이 복수하지 않느냐는 질문을 함으로써 응수했다. 이 일로 기드온을
해하려는 행동은 저지되었고, 기드온은 나아가 그의 지파인 므낫세를 비롯해
서 아셀, 스불론, 그리고 납달리의 상비군들을 소환했다. 기드온은 "양털을
제시하는" 방법으로 하나님의 신실하심을 확인한 뒤에, 전기(戰旗)를 손에
잡고 돌진하여 모레 산 남쪽의 이스르엘 골짜기에 진치고 있는 미디안 군사
들과 대치했다.

  하나님께서는 이 어간에 기드온에게 그의 3만 2000명의 군사들이 너무
숫자가 많다고 말씀하셨다. 그것은 만일 이와 같은 수의 군사로 싸워서 이스
라엘의 승리로 끝날 경우 이스라엘 백성들이 하나님의 능력 때문이 아니라
자기들의 군사력 때문에 승리하게 된 것이라고 주장하게 될 것이기 때문이었
다. 그래서 기드온은 고향집으로 돌아가고 싶은 사람들은 모두 되돌아가도록
허락했다. 기드온의 이 말을 듣고 즉시 집으로 돌아간 병사의 수가 2만
2000명이었다. 그래도 기드온의 병력은 또 감축을 단행해야만 했다. 그래서
기드온은 그의 부대를 이끌고 부근의 시냇가로 인솔해 갔다. 그리고는 기드
온은 그의 병사들이 준비 태세 상황에서 물을 마시는 동작들을 유심히 관찰
했다. 나머지 부대의 전체 병사들 가운데서 눈 앞에 둔 적의 기습적인 공격
을 고려하여 머리를 처든 채 물을 마실 정도로 매우 주의깊은 경계심을 갖춘
자는 300명 뿐이었다. 나머지 사람들은 얼굴을 완전히 물에 푹 담근 채 물을
마셨다. 그야말로 이런 행동은 비상시에 도무지 믿을 만하지 못한 행동이었
다. 그래서 기드온은 이들도 되돌려 보냈다.

  이제 기드온은 이 적은 군대를 3대로 나누어 이끌고 전투에 나갔다. 기
드온과 그의 종은 미디안 군사 몇 명이 임박한 이스라엘 군대의 공격에 대해
수군거리는 말을 미리 엿들었다. 기드온과 이스라엘 군대들은 그날밤 매복지
에서 매복하고 있다가 미디안 사람들 중 하나가 꾼 꿈을 그 동료에게 이야기
하고 있는 것을 엿듣고는 용기를 얻게 되었다. 그 꿈은 사실상 미디안 진영
이 전복당하게 될 것이라는 예고를 함으로써 기드온의 부대가 이 전투에서
승리하게 될 것을 보증했다. 그래서 기드온은 더 이상 소란을 피우는 일이

없이 작전에 들어갔다. 지금 서투른 공격은 일체 해선 안 돼! 한 손엔 빈 항아리에 횃불을 감춘 채 들게하고 또 다른 한 손에 나팔만 들게 하고서 300명의 용감한 남자들은 앞으로 공격해 나갔다. 어두움이 짙게 깔려 한 치 앞도 내다볼 수 없는 칠흑같은 어둠 속에서 한 손에 쥔 나팔을 갑작스럽게 불어대고, 또한 나머지 한 손에 든 항아리를 박살을 냈다. 그러자 강렬하게 타오르는 횃불이 어두움을 물리치며 사방으로 퍼져나갔다. 그러자 미디안 사람들은 이루 헤아릴 수 없는 수 많은 군대에 의해 공격을 받고 있다고 생각하고는, 당황한 나머지 사방에서 서로간에 치고 받기 시작했다. 그 결과 미디안 병사들의 대다수가 멸절을 당하여 나중에는 겨우 몇 명만 남게 되었다. 미디안의 왕들은 요단강 동편으로 도망하였지만, 머지 않아 그 두명의 왕도 붙잡혀 처형받았다. 일시적으로는 포위망에서 벗어날 수 있었던 그 두 왕들은 브누엘과 숙곳의 주민들이 기드온에게 그 두 왕들의 행방을 누설하기를 거절한 것에 대헤서 고맙게 생각했다. 그러나 마침내는 그 두 왕들의 거처가 알려져 체포되었고, 그들의 거처를 알면서도 말하길 꺼려했던 사람들은 기드온에 의해서 아주 엄하고 비참하게 처형되었다(8:13-17).

이 전투에서의 승리가 이스라엘 백성들이 보기엔 대단히 영광스러운 일이었다. 그래서 이스라엘의 몇몇 지도자들이 기드온으로 하여금 왕으로 추대받기를 권유하였다. 비록 이 일이 있기 이전에도 이와 같은 군주제를 바라는 열망이 있었다 할지라도, 이처럼 명백하게 군주제에 대한 욕구를 표출한 것은 성경에서 첫번째의 일이다. 기드온은 이스라엘 백성을 다스리는 분은 하나님이시요 따라서 하나님이 이스라엘의 왕이시라는 사실을 인식하고는 그 제의를 거절했다. 그러나 기드온은 그 제안을 거절하는 데서 끝나지 않고 이번에는 기드온 쪽에서 백성에게 하나의 제안을 하여 모은 금과 여러 가지 패물로 아주 기념이 될만한 에봇을 만들었다. 그러자 이 에봇은 그것이 기드온과 관련성을 갖고 있다는 이유로 기드온을 흠모하던 이스라엘 백성들의 종교적인 헌신의 대상물 곧 숭배의 대상이 되었고, 또한 그렇게 해서 그것은 이스라엘의 "올무"가 되었다.

기드온의 남은 생애 동안 이스라엘 백성들이 주위의 여러 대적들한테서 괴롭힘을 받지 않고 태평을 누렸던 것은 분명하지만, 대체적인 이스라엘 백성들의 영적 상태는 바람직한 수준에서 훨씬 떨어지는 상태에 있었다. 기드온 자신이 많은 아내를 거느리므로 그 낳은 자식들이 많았는데, 이 사실은 이스라엘의 국민 생활에 심한 고통을 안겨 줄 것이었다.

기드온이 죽은(BC 1150년경) 뒤, 그의 첩의 아들이자 세겜 출신인 아비멜렉은 출신지인 세겜으로 가서 그곳 사람들을 선동하여 자신을 왕으로 삼게 하고, 또한 기드온의 70명의 아들들 곧 그의 이복 형제들을 살해했다. 그 아들들 가운데 한 명 요담이 간신히 그 위기의 순간을 모면하였다. 그뒤 그는 아주 뛰어난 비유를 써서 아비멜렉에게 그가 오래 지속하지 못할 것이며 또한 세겜 사람들 자체가 그에게 반항하며 그를 거절할 것이라는 예언을 하였다(9:7-21). 과연 3년이 지난 뒤 세겜 사람들이 아비멜렉을 배반하였다. 아비멜렉이 그 성읍을 떠나 있는 동안 가알이라는 사람이 이끄는 세겜 사람 일당이 아비멜렉한테서 독립할 것을 선언했다. 그 성읍의 장관 스불이 그 음모 사실을 아비멜렉에게 보고했다. 아비멜렉이 돌아와 그 반역하는 일당을 소탕하는 전투를 성읍 밖까지 계속했다. 그 결과 가알과 그의 혁명 세력들은 뿔뿔이 흩어지게 되었다. 아비멜렉은 세겜 사람들이 대체로 이 사건에 연루되어 있을 것이라는 의구심을 가졌기 때문에, 아비멜렉은 그 성을 쳐서 멸하도록 명하였고, 폐허가 된 그 성터에 소금을 뿌렸다. 그 난리를 피한 사람들 중 일부가 세겜의 망대에서 다시금 바알브릿(성경에는 '엘브릿'으로 나옴) 신당으로 들어가 숨었지만, 아비멜렉의 추적을 피하는데 성공하지 못했다. 왜냐하면 아비멜렉이 그 곳의 신당을 불태워 버렸기 때문이다(9:49). 그렇게 하고 나서 아비멜렉은 이번에는 부근에 있는 데베스 마을로 갔다. 틀림없이 아비멜렉은 이 곳의 주민들도 그의 명령에 약간이라도 반항했을 것이라는 의구심을 가졌기 때문이었을 것이다. 그러나 그 곳의 망대 위에 있던 한 여인이 갑작스럽게 던진 맷돌로 아비멜렉의 생애는 막을 내리게 되었다. 이렇게 해서 이스라엘의 군주제 실현을 위한 첫번째 시도는 비참한 실패로 끝나 중단되고 말았다.

입다, 입산, 엘론, 압돈(10:6-12:15)

그 다음에는 다른 두 명의 잘 알려지지 않은 인물 곧, 잇사갈의 돌라와 요단 건너편의 영토인 길르앗의 야일, 이 두 사람의 사사로서의 지도력 하에서 안정된 기간이 뒤따랐다. 그러는 동안에 성공적이지 못한 애굽의 침입으로 인해 블레셋 사람들 다수가 가나안에 들어 왔고(BC 1200년경), 그리고 이미 좀더 낮은 블레셋 해안에 정착하고 있던 좀더 적은 무리의 블레셋 주민들과 합세했다. [24] 그들은 영토를 넓히기 위한 욕구에서 BC 1100년경 서부 지역에 압력을 가했고, 자연히 이스라엘 족속들, 특히 유다 지파와 충돌하게 되었다. 동편에 있는 암몬 족속들은 오랜 시간을 휴면 상태에 있다가 다시금 역시 활기를 되찾아 길르앗에 심한 압력을 가했다. 이들 대적들의 손에서 이스라엘을 구원하기 위해서 하나님께서는 서부 지역에서는 삼손을, 동부 지역에서는 입다를 일으켜 세우셨는 데 이들 두 사사들은 동시대의 사람들이거나 혹은 거의 동시대의 사람들에 해당하는 사람들이었으며, 따라서 블레셋과 암몬의 압력 또한 동시에 있었던 일인 것 같다(10:6).

우선 동부 지역으로 관심을 돌려서 그곳에서 전개된 일들을 살펴보도록 하자. 이스라엘 백성들의 습관적이다시피한 배교의 행위가 있고 또한 그에 따른 형벌, 이번에는 암몬 족속을 통한 징계가 있은 뒤, 이스라엘은 하나님께 부르짖었고 그러자 하나님께서는 입다를 일으켜 세우셨다. 입다는 길르앗 출신으로 기생의 자식으로 태어난 불행한 사람이었다. 그래서 그의 이복 형제들한테서 배척을 받아 동편 길르앗 광야 부근에서 도피 생활을 하지 않을 수 없게 되었다. 그럴지라도 그는 용맹스러운 사람으로 인정을 받아서, 이스라엘이 어느 새 위험에 처하여 있게 되었을 때 그는 돌아와서 그들의 지도자가 되어 달라는 청을 받았다. 그는 이 제의에 단 한 가지의 조건을 붙여 동의했다. 그 조건은 만일 승리를 얻게 될 경우 그가 자신의 지위를 다시는 박탈당하게 되어서는 안 된다는 조건이었다. 달리 선택할 여지가 거의 없는 길르앗 사람들은 입다의 제안에 동의했고, 입다는 돌아가서 암몬 침략자들과의 싸움에서 선취권을 확보했다. 그는 전쟁을 통해 피흘리게 되는 일을 가능한 한 줄이기 위한 노력으로 암몬 왕에게 편지를 써 보내면서 그에게 그들이 과거 이스라엘의 출애굽 이후 300년 동안 가졌던 평화 관계를 상기시켰다 (11:15-27). 입다는 하나님께서 과거에 항상 그의 백성들을 보살피고 보존해 오셨으며, 더구나 이 전쟁은 이스라엘이 먼저 일으킨 전쟁이 아니므로 하나님께서는 역시 이전처럼 이스라엘을 돌아보실 것이라는 사실을 기억할 것을 암몬 왕에게 간곡히 부탁했다. 하지만 암몬 왕은 이와 같은 전갈에 전혀 귀기울이지 않고 전쟁을 준비했다.

---

24) p. 164를 보라.

입다는 전쟁에 들어가기에 앞서 만약 하나님께서 자신에게 승리를 안겨 주신다면 자신이 집에 돌아올 때에 집 문 앞에서 그를 영접하는 사람이 누구든지간에 그를 하나님께 번제로 드리겠다고 서약하였다. 이것을 가리켜 흔히들 입다의 "무모한 맹세"(rash vow)라고 한다. 물론 그렇게 부르는 것이 당연하지만, 이 구절에 담긴 저자의 뜻이 자주 오해되어 왔다. 우리는 일반적으로 입다가 집에 돌아 왔을 때, 그의 무남독녀인 젊은 딸이 그를 만나러 달려 나왔고 또한 그래서 입다는 자신이 맹세한 대로 자신의 딸을 번제로 하나님께 드렸다고 하는 말을 듣는다.[25] 하지만 일이 이렇게 진행되었을 가능성은 다음 몇 가지 이유에서 거의 불가능해 보인다.

(1) 우리는 입다가 하나님의 신의 충만함을 받은 상태에 있었다는 사실을 성경의 기록에서 보게 된다. 만약 하나님의 신의 충만함을 받은 상태에 있는 사람이라면 구약에서 아주 강력하게 금하는 사람을 제물로 드리는 일을 용납할 여지의 가능성이 거의 없어 보인다.

(2) 입다는 틀림없이 자신이 집으로 돌아갈 경우 자신을 맞으러 딸이 나올 가능성이 크다는 것에 대해서 아주 잘 알고 있었을 것이다.

(3) 원문 성경 31절의 접속사 와우(Vau)를 "그리고"(and)로 번역해 놓고 있는데, 사실 이것은 "또는"(or)으로도 충분히 번역할 수 있는 말이다. 그럴 경우엔 이 말은 입다가 문에서 누구를 처음 만나게 되든지 그를 여호와께 선물로 드리거나 번제로 드릴 것을 약속하는 것이 된다. 다시 말해서, 입다는 자신의 딸을 염두에 두고서 만약 그 딸이 자기를 맞으러 처음에 나오게 된다면 그녀로 하여금 평생을 하나님께 헌신하여 봉사케 함으로써 하나님께 드리는 일이 되도록 약속하였다는 말이 된다.

(4) 만약 자식을 잃은 아버지가 하나 밖에 없는 자식을 하나님께 드림으로써 자신의 가문의 이름을 영속적으로 잇게 할 조그마한 가능성도 잃게 되었다는 사실을 알았다면, 그가 자신의 맹세를 성급하게 했다는 사실에 대해서 인식하기 시작하는 모습이 나타날 것이다. 그에겐 아들이 한 명도 없었고 또한 그렇기 때문에 후손을 얻을 기대는 아직 미혼의 상태에 있는 이 딸한테 있었다.

---

25) George F. Moore, *A Critical and Exegetical Commentary on Judges*, New York, Charles Scribner's Sons, 1895, p. 301.

(5) 그 딸이 자신의 처녀로 인해 애곡하기 위해서 황야로 가려는 것을 허락해 달라고 구한 사실은 그녀가 얼마 안 있어 성전에서 봉사하게 될 것이라는 사상을 지지하는 것으로 보인다. 왜냐하면 만약 그녀가 얼마 안 있어 희생의 제물이 되어야 할 처지에 있었다면 그녀가 자신이 미혼 상태로 있는 것에 대해서 곡하게 될 것으로 거의 볼 수 없기 때문이며, 또한 그녀가 그런 처지에 있었다면 자기가 극진히 사랑하는 아버지를 떠나서 마지막으로 남은 두 달이라는 시간을 허비한다는 것도 거의 있을 수 없는 일이 되기 때문이다. 오히려, 그녀가 과연 그러한 처지에 있게 된다면 그녀 자신의 인생의 덧없음(짧은 나날)을 슬퍼할 것이다.

(6) 마지막으로, 본문에 그녀가 "남자를 알지 못하고"라는 구절이 나오는 데, 만약 그녀가 죽임을 당하게 되었다면 이것은 아무 의미 없는 진술이 될 것이다. 그러나 만약 그 이후로 독신 생활에 들어가게 되었다면 이 진술은 아주 뜻이 분명하게 잘 통하는 것이 된다. 게다가 우리는 본문에서 그 이후로 이스라엘의 소녀들이 매년 4일씩 입다의 딸을 위하여 "애도하는 것"을 풍습으로 삼았다는 진술을 보게 된다. 하지만 이 부분의 진술도 이 소녀들이 입다의 딸에게 "말하러" 매년 찾아갔다는 뜻으로도 번역 가능하다.[26] "슬퍼하다"라고 번역한 것은 그녀가 죽었다는 가정하에서 그렇게 하는 것인데, 실은 이러한 가정도 우리가 앞에서 살펴 보았듯이 불필요한 가정이다.

우리가 이 책의 훨씬 앞부분에서 논했던 지파 차원에서의 시샘은 입다와 길르앗 사람들이 암몬 자손과 싸워서 승리한 것에 대해 에브라임 사람들이 보인 반응에서 분명하게 나타난다(12:1-4). 입다가 그들 에브라임 사람들을 불러 그 전투에 함께 참여하길 청하지 않았다고 해서, 사실 이 일은 어디까지나 사사로서 거절하였던 것인데, 아무튼 그들은 이런 일을 이유로 복수의 뜻에서 입다의 집을 불태우기로 결정했다. 하지만 그들의 이와 같은 노력은 성공하지 못했다. 또한 이 일을 계기로 발생한 지파간의 전쟁은 에브라임 지파 측의 엄청나게 많은 수의 희생자를 초래하는 결과로 끝났다. 에브라임 사람들은 요단강을 건너 서쪽으로 되돌아 가려고 서두르던 중에, 그 강 나루터에 나타나 "십볼렛"("시냇물")이라는 발음을 따라서 해보라고 요구하면서 책략을 쓰는 길르앗 사람들한테 죽임을 당하였다. 히브리 말에 몇 가지 방언상

26) Schultz, op. cit., p. 111.

의 변화가 있기 때문에 이들 서부 지역 사람들은 "sh"(쉬)발음을 할 수 없었을 것이고, 그래서 결국은 "s"(사)로 발음했을 것이다(12:6). 이것은 그들이 에브라임 사람이라는 사실을 드러냈고, 따라서 그들의 운명을 결정짓는 일이 되었다. 이와 같이 해서 적어도 이 땅은 외부 대적으로부터 위협에서는 한동안 벗어나는 평화로운 시기를 다시금 맞이했다.

이처럼 동부 지방이 누리는 평화를 서부 지방, 즉 블레셋이 나타나서 태만한 유다를 벌하시는 하나님의 징계의 막대기 역할을 하게 된 서부 지역에서는 깜깜하게 모르고 있었다. 그 시기에 유다에는 별로 알려지지 않은 인물이 사사로 있었지만, 그러나 그는 하나님께서 블레셋을 쓰셔서 이스라엘에 행하시는 하나님의 징계의 채찍과 거의 관련이 없었던 것으로 보인다(12:8-10). 그 밖에 이스라엘의 다른 두 지역에서 활동했던 이름이 덜 알려진 사사들로 스블론의 엘론(12:11-12)과 에브라임의 압돈(12:13-15)도 있었지만, 그들도 입산처럼 외부의 세력과의 전쟁이나 국가적 안녕에는 관계하는 일이 없는 지역의 사사로서만 활동했던 것으로 보인다. 그렇기 때문에 이스라엘은 BC 11세기의 1/4분기 즈음에 이르러 한 차례 구원자를 찾았다.

삼손(13-16장)

블레셋의 압제 초기에 여호와의 사자가 아이를 낳지 못하는 한 여인 곧, 단 지파의 마노아 아내에게 나타나 아이를 낳게 해 주겠다는 약속을 했다. 이 아들은 어머니의 태에서 나올 때부터 나실인이 될 것이며 또한 하나님의 백성들에게 구원을 가져다 주는 특별한 도구로 쓰이게 될 것이라는 점에서 비범한 인물이 될 것이었다. 마노아는 여호와의 사자가 그 아내에게 처음 나타났을 당시에는 그 자리에 없었지만, 그러나 그가 아내한테 그와 같은 대화를 가졌던 이야기를 듣고나서는 그 다음에 하늘의 방문자가 나타날 때에는 자신도 거기에 동참해서 이야기를 꼭 들어보고 싶다는 강력한 마음의 소원을 표시했다. 그 즈음에 여호와의 사자가 다시금 나타나 그 약속을 되풀이 하였고 또한 마노아가 제물을 드리자 불꽃이 단에서부터 하늘로 올라가는 동시에 여호와의 사자는 단 불꽃 가운데로 좇아 올라갔다. 이 광경을 보고 자신이 하나님을 만났고 또한 하나님께서 아직 태어나지 않은 그의 아들을 이스라엘의 구원을 위해서 이제 머지 않아 사용하시려 한다는 사실을 알고는 위엄에 눌린 마노아는 얼굴을 땅에 대고 엎드렸다.

삼손의 어린 시절부터 하나님께서 그의 은혜의 손을 그 소년 위에 두셨다는 사실이 아주 명백해진다. 왜냐하면 하나님의 신이 그를 통해서 명백히 나타났기 때문이다(13:24-25). 그런데도, 또한 분명한 사실은 삼손은 하나님의 계획에 즐거이 복종하는 자가 아니었다는 사실이다. 그 즈음에 청년 삼손은 부근의 블레셋 성읍 딤나에서 온 한 소녀를 보고서 이 이방 소녀한테 사랑에 빠졌다. 삼손은 그런 마음에 사로잡혀 부모님께 찾아가 그녀와 결혼을 허락해달라고 졸랐다. 그의 부모들이 그 문제를 놓고 삼손에게 아무리 좋은 말을 해도 소용이 없었고, 결국에는 결혼 날짜가 정해지고 말았다. 이보다 훨씬 전의 일인데, 삼손이 딤나로 가는 도중에 길에서 사자를 만나 힘 안 들이고 그 사나운 맹수를 죽여버린 적이 있었다.

이와 같이 하나님의 신께서는 삼손에게 자신을 나타내셨고, 만약 그렇지 않았더라면 삼손은 본래 신체적인 면에서 전혀 용감한 행위를 발휘하지 못할 그런 사람이었을 것임이 분명하다. 그가 그 결혼식을 거행하러 약혼녀에게 돌아가던 중 길에서 지난 번에 죽였던 그 사자의 주검을 보았다. 삼손은 그 주검에 벌들이 와서 만들어 놓은 꿀을 얻기 위해서 나실인의 맹세를 어겨가면서까지 그 주검을 만졌다. 딤나에서 삼손은 그 혼인식 손님들에게 그 사자와 꿀에 대한 수수께끼를 제안했다(삿 14:14). 만약 그들이 그 혼인식 날에 앞서 그 칠일 기간의 마지막 날에 그 의미를 말할 수 있다면, 그는 그들에게 어떤 옷가지들을 주겠노라고 했다. 또 만약 그들이 그렇게 하지 못한다면, 그들은 각자가 삼손에게 그와 같이 주기로 했다. 그 한 주간이 다 지나도록 그들은 애썼지만 그 수수께끼를 풀 수 없었고, 마침내 그들은 삼손한테서 그 정답을 알아내기 위해서 삼손의 신부인 그 블레셋 여인을 설득했다. 그들이 삼손에게 그 수수께끼의 답을 이야기 했을 때 삼손은 그들이 그의 약혼녀를 협박했다는 사실을 알았다. 격분한 그는 블레셋 성읍 아스글론으로 내려가서 그곳 사람 삼십명을 쳐죽이고 그들의 옷을 벗겨서 그 혼인식에 참석한 자들에게 주므로 자기가 한 맹세를 지켰다. 그뒤 그는 자기 아내가 될 사람을 그 식장에 남겨두고 급히 고향집으로 돌아갔다.

그가 그 사건에 대해 곰곰이 생각하기 시작하고는 그로서는 자신이 너무 성급하게 행동하였던 것 같다는 생각에 다시금 자신의 신부를 도로 찾기 위해서 딤나로 돌아갔다. 그러나 이게 웬 일인가! 삼손의 약혼녀는 이미 삼손이 그 자리를 떠난 사이에 다른 좋은 남자에게 돌아갔던 것이다(14:20). 이 일로 삼손은 너무 화가 난 나머지 300마리의 여우를 붙잡아 그 꼬리와 꼬리를 묶고 꼬리 사이에 홰를 달고 홰에 불을 붙인 채 여우를 블레셋 사람의 곡식 밭으로 몰아 들여서 곡식단과 아직 베지 아니한 곡식과 감람원을 사르게 했다. 그러자 이번에는 블레셋 사람들이 삼손의 옛 신부의 집을 불살라 그녀와 그녀의 아비로 하여금 불에 타 죽게 했다. 그래도 아직 노를 완전히 풀지 못한 삼손은 에담이라는 이름의 언덕 꼭대기로 도망갔다. 그러자 그의 유다 동족 가운데 일부가 그에게 찾아와 그를 만났다. 그들은 자기들이 삼손을 붙잡아 블레셋 사람들에게 보상금조로 건네주려고 하니 내려오라고 큰 소리쳤다. 삼손은 순순히 응하였지만 그들이 친히 자기를 해하지 않겠다는 조건에서만 그렇게 하겠다고 했다. 이 제안에 대해 그들도 동의했지만, 삼손은 블레셋 사람들 가운데 놓이게 되자마자 자신을 묶고 있던 결박을 풀고는 초인적인 힘을 발휘하여서 나귀의 턱뼈를 가지고 일천 명을 죽였다(15:15).

삼손의 생애는 이상하게도 이방 여인들의 삶과 얽혔던 것으로 보인다. 아마 여인들이 그의 최고의 약점이었던 것 같다. 우리는 그가 블레셋의 가장 주요한 성읍 중 하나인 가사로 가서 한 기생한테 사랑에 빠지게 되는 일을 읽는다(16:1-3). 블레셋 사람들이 그를 살해할 것처럼 보이자, 그는 밤중에 일어나 하나님의 신으로 충만하여 거대한 그 성읍의 문짝들을 어깨에 매고는 서쪽 수 마일 떨어진 곳에 위치한 헤브론에다 갖다 놓았다. 그러나 그를 궁극적으로 파멸에 이르도록 한 여인은 또 다른 블레셋 사람으로 소렉 골짜기에 살던 여인이었다. 블레셋 사람들에게 매수당한 들릴라는 삼손의 그 경이로운 힘이 어디에서 나오는 것인지 삼손한테서 알아 낼 몇 차례의 기회들을 노렸지만 모두 허사로 끝났다.

마침내, 삼손은 들릴라의 끈질긴 요구에 굴복하여 자신의 머리카락이 잘리면 자신은 더 이상 평범한 인간에 지나지 않는 사람이 될 것이라는 사실을 말해 주었다. 이는 분명히 그 머리카락 자체에 무슨 초자연적인 능력이 들어 있는 것을 암시하는 것은 아니었고, 다만 자르지 아니한 상태에 있는 머리가 그로 하여금 하나님과 나실인의 관계를 묶어주는 유대 관계를 상징한다는 것을 암시할 뿐이었다. 따라서 그 머리카락을 자른다는 것은 그러한 유대관계를 파기한다는 것과 그의 삶에서 하나님의 신이 떠나신다는 것을 물리적으로 나타내는 것이었다. 그래서 그 유대관계가 깨어지게 되자, 그는 다른 사람과 다를 바 없는 평범한 사람이 되어버렸다.

이 비극적인 인물의 생애의 마지막 장면에서 우리는 그가 장님이 되어 블레셋의 옥중 방앗간에서 맷돌을 돌리며 있는 비참한 모습을 본다(16:21). 그러나 마침내 그의 마지막 승리의 날이 왔다. 블레셋 사람들은 가사에 있는 큰 다곤 신전에서 제사를 드리며 즐거워하였다. 또한 그들은 그들의 이전의 원수였던 삼손을 이끌어 그들 가운데로 데려와서 그를 조롱하기 위해서 삼손으로 하여금 재주를 부리게 했다. 그의 머리가 다시금 자랐고 또한 더욱 중요한 사실은 그의 믿음과 힘이 다시금 회복되었다는 사실이었다. 그래서 삼손은 이 순간을 이 이방인들 가운데 자신이 어떠한 자이며 또한 자신의 하나님께서 어떠하신 분이신지를 입증해 보일 기회로 삼고자 하였다. 눈먼 삼손이 재주를 부리는 일이 절정에 달했을 무렵 그는 한 소년의 인도함을 받아서 그 거대한 신전을 버티고 있는 두 기둥들 사이로 갔다. 그리고는 그는 자신이 소유하고 있는 최후의 힘을 다해 그 기둥들을 한꺼번에 끌어잡아 당겼다. 그러지 그 지붕이 무너지면서 수많은 블레셋 사람들(성경에는 삼천 명 가량이라고 기록되어 있음)과 삼손과 그 아래에 있던 모든 사람들을 덮쳤다. 그 사고로 죽은 사람들의 유골을 확인하여 조사한 끝에 삼손이 이때 죽인 대적들의 수가 그가 평생동안 죽였던 대적의 수보다 훨씬 많았음이 밝혀졌다. 이렇게 해서 BC 1050년경에 서부에서의 위협은 일시적으로 중지된 상태에 있었고, 또한 일종의 위태위태한 평화이지만 몇 년 간은 지속되었다.

앞에서 약술한 사사 시대의 이스라엘의 역사에 대한 약술은 완벽하지 못한 것이 당연하다. 왜냐하면 성경의 자료들이나 성경 외의 자료들 중 어디에도 그 시기의 블레셋에 관한 것으로 알려진 자료가 거의 없기 때문이다. 우리에게 있는 성경 사사기의 내용들은 이따금 발생했던 특별한 비상시기에 대처하도록 세움을 받은 몇몇 사람들에 관한 삶과 업적을 위주로 기록된 것이다. 성경 역사에서 자주 나타나듯이 언약 관계에 직접 접촉하는 그러한 사건들만이 두드러진 특징을 이루고 있다. 결국은 사사기의 이야기는 하나님과 하나님의 백성에 관한 이야기요, 또한 그 백성이 언약 조항을 위반한 때조차도 — 물론 이런 일이 이 시기에 많이 있었던 것은 아니지만 — 그럴지라도 그 이야기는 신뢰할 만하게 기술되어 있다.

그렇지만 우리가 가지고 있는 그 당시의 역사적 상황에 대한 상은 비록 단편적이긴 하나 아주 분명한데, 그것은 하나님의 영향력과 인도하심의 모습이 확실히 보이기 때문이다. 우리가 보는 대로 하나님의 영광은 당시 사람들의 순종적인 봉사의 순간들에서 뿐 아니라 암울한 고난의 시기에서도 자주 나타난다.

이스라엘의 사사들

압제자	사사	관련 구절
메소포타미아(1383-1375)	옷니엘(1375-1336)	삿 3:8-1
모압(1336-1319)	에훗(1319-1240)	삿 3:12-30
블레셋(?)	삼갈(?)	삿 3:31
가나안(1260-1240)	드보라(1240-1201)	삿 4-5
미디안(1201-1194)	기드온(1194-1155)	삿 6-8?
?	돌라(1152-1131)	삿 10:1-2
?	야일(1131-1107)	삿 10:3-5
암몬(1107-1089)	입다(1089-1083)	삿 10:6-12:7
?	입산(1083-1076)	삿 12:8-10
?	엘론(1076-1066)	삿 12:11-12
?	압돈(1066-1058)	삿 12:13-15
블레셋(1089-1049)	삼손(1071-1051)	삿 13-16

시대 상황(17-21장)

사사기 17-21장에서 우리는 사사기 시대에 있었던 특별한 두 가지 중요한 사건들에 관한 진술 내용을 읽는다. 그 사건들이 중요한 것은 그것들이 일면 정치적 의미를 갖는 것이 사실이긴 해도 그 점 때문에 그렇게 중요한 것이 아니라 그 사건들이 사사 시대 전 기간의 전반적인 영적 상황을 나타내는 데 의미를 갖기 때문이다. 그 영적 상황들을 종합적으로 평가할 때 한마디로 "사람마다 자기 소견에 옳은 대로 행하였더라"(17:6; 21:25) 하는 말로 압축된다. 이스라엘이 이론상으로는 그들이 자원해서 받아들인 언약에 따라 하나님께 매일 수밖에 없는 신정국가였지만, 지리적으로 분열되었을 뿐 아니라 우리가 앞에서 약술한 대로 특히 사회적으로 그리고 영적인 면에서 붕괴되어 있었다. 백성들은 자신들이 선조로부터 어떤 유산을 물려 받고 내려왔는지에 대한 관심을 까맣게 잊어 왔고, 또한 무정부 상태와 같은 난폭하고 무법한 세상을 만듦으로써 율법을 따라 사는 주민들을 밀어냈다. 그렇지만 우리는 그 당시 사람들 가운데 한 사람도 빠짐없이 모두 악에 빠지거나 하나님의 뜻을 행하는 일에 소홀히 했다고 생각해서는 안 된다. 왜냐하면 거기에 예외적인 사실들이 많이 있었기 때문이다. 구약의 룻기는 그 본문에 나타난 시대적 배경을 살필 때 사사 시대에 있었던 일로 보이며, 또한 당시 소수의 경건한 사람들의 삶을 나타내는 것으로 보인다. 더욱이 사사기의 마지막 부분에 나오는 두 이야기는 — 흔히 이 부분을 사사기의 부록이라고 하는데 — 거의 믿을 수 없을 정도의 부도덕과 방종의 생활상을 묘사한다.

17-18장에서 우리는 미가라 하는 에브라임 사람이 자기 어머니한테서 은 얼마를 훔쳤던 사실에 대해서 알게 된다. 그가 잘못을 뉘우치고 자기 어머니한테 자신이 그런 짓을 했다고 고백하자 그 어머니는 자기 아들이 '정직'하다고 해서 그 은을 선물로 도로 주면서 그것을 가지고 은 신상을 만들도록 했다. 미가는 그 선물로 주는 것을 거절하였지만, 그의 어머니는 하여튼 신상을 만들어서 집 안에 특별히 만든 신당을 꾸며 그것을 거기에 두었다. 그뒤 미가는 자기 아들들 가운데 한 명을 제사장으로 세워 자신의 독립 종교 체제를 유지하는데 요구되는 것들을 충족시키도록 했다. 그러던 어느 날 베들레헴에서 온 한 레위인 소년이 있었다. 이 소년은 분명히 무언가 일자리를 찾고 있는 것으로 보였다. 그는 담대히 에브라임에게 가서 미가를 만났다. 미가는 약간의 협상을 한 뒤에 그 레위 사람을 고용하여 그를 성별하여 제사장으로 삼았다. 미가의 생각으로는 레위인을 채용함으로써 자신이 운영하는 독자적인 종교 기관이 외형상의 합법성을 갖추도록 하려는 속셈이었다.

이와 같은 시기에 단 지파가 블레셋 연안 지대 부근을 방황하면서 고생하고 있었다(18:1-2). 그들은 이때까지 그들이 거할 기업을 얻지 못하고 있었는데 그 이유는 뛰어난 병기를 갖추고 있고 또한 수에서도 압도적인 블레셋 사람들 때문이었다. 그들은 그들에게 남아 있는 서부 언덕 지역은 자신들의 능력으로는 도저히 유지할 수 없다고 보았다. 그래서 그들은 좀더 안전하게 거할 수 있는 지역을 찾아보려는 기대감을 갖고서 땅을 정탐하도록 정탐꾼을 보냈다. 정탐을 행하던 그들은 에브라임 산을 지나 미가의 집 부근에 이르렀다. 그들은 미가의 제사장에게 그들이 그 정탐하는 일에 어떤 결과를 얻게 될 것인지에 관해 물었다. 그들은 그 제사장에게서 그 모든 사람들이 나아질 것이라는 확신을 얻었다.

198

그들은 그곳에서부터 사람들이 한가하고 평안하게 거하고 있는 북쪽 먼 지역까지 갔다. 그래서 마침내 그들이 거주지로 정하기로 결정한 곳은 메롬 물가의 정북에 위치한 라이스였다. 그들은 그들의 백성들에게 돌아가서 라이스 땅에 대해서 이야기하자, 주민들은 한꺼번에 이주하기로 결정했다. 그들은 이주의 여정 가운데서 또 다시 에브라임 산지에 이르렀다. 이전에 그 땅을 탐지하러 갔던 인도자들은 그곳이 자기들이 미가의 집에 있는 레위 사람을 만났던 곳이라는 사실을 기억하고는 가던 길을 멈추었다. 아주 잘 꾸며진 신당과 은으로 만든 신상에 유혹을 받은 그들은 그것들을 취하였지만, 그들은 그렇게 몰래 그것들을 다 취하기 전에 그 레위 사람한테 들키고 말았다. 그렇지만 그들은 재빨리 그 레위 사람한테 나아가 단지 한 집의 제사장 노릇을 하는 것보다 지파의 제사장으로 활동하는 것이 명예에서나 또한 재정적인 수입에서 훨씬 낫지 않겠느냐고 설득했다.

그러자 그 레위 사람은 거의 싫어하는 기색 없이 그들의 말대로 따랐다. 미가가 자신의 신상과 제사장이 없어진 사실을 발견하고는 훔쳐 달아나던 단 지파 사람들을 뒤쫓아 가서, 결국에는 그들을 따라잡고 따졌지만 그들이 그렇게 하는 것을 막을 힘이 없었다. 미가는 기가 꺾인 채 되돌아 왔고, 반면에 단 지파 사람들은 라이스로 가서 그곳에 거하는 사람들을 처참하게 살해했다. 라이스에 본래 거하던 사람들은 주변 아무에게도 도움을 받지 못하고 당하기만 했다. 그러나 여기서 주목하고 지나가야 할 더욱 중요한 사실은 그들이 미가의 은 신상을 세워놓고 또한 그 레위 사람 곧 게르솜(모세의 손자)의 아들 요나단을 그들의 제사장으로 삼았다는 사실이다.[27] 이렇게 해서 우상 숭배가 이스라엘에서 공식적인 방법으로 그리고 한 지파에 근거를 두고 시작이 되었다. 이때부터 계속해서 심지어 그리스도께서 오실 때까지 단은 우상숭배의 중심지로 남아 있었다.

두번째 사건은 19-21장에서 논의되고 있다. 거기에서 우리는 에브라임에 사는 또 다른 레위인 한 사람을 보게 되는데, 그러나 이 레위인은 베들레헴에서 첩을 취했다. 그녀는 그 사람한테서 도망하여 베들레헴 아비의 집으

---

27) 이 사람은 모세의 손자였을지도 모른다(18:3). 만약 그렇다면 이는 그 사건이 사사 시대 초기에 일어난 사건임을 말한다. 므낫세(삿 18:30)나 모세의 문제에 관해서는, John W. Haley, *Alleged Discrepancies of the Bible*, Grand Rapids, Baker Book House, 1958, p. 338을 보라.

로 갔다. 하지만 그 레위인은 그녀를 매우 사랑했기 때문에 그녀를 좇아서 그곳까지 가서는 돌아와 줄 것을 간곡히 권했다. 그 아버지는 레위 사람으로 하여금 아무리 급해도 며칠을 베들레헴 집에 있다 가라고 고집했지만, 결국에 가서는 변명을 하고는 자기 아내를 데리고 떠났다. 그들은 그날 저녁에 출발하였기 때문에 어두워지기 전까지 집에 도저히 도착할 수 없었다. 그들은 그날 밤을 예루살렘에서 보낼 것에 대해 생각했지만 그곳이 아직은 이스라엘의 성읍이 아니므로 그 생각을 포기했다. 그래서 그들은 베냐민의 기브아에 머물기로 했다. 너무 늦어서 숙박시설을 찾을 수는 없었다. 그들이 길에서 잠 잘 준비를 하고 있는데 에브라임 사람 한 사람이 우연히 그곳을 지나다가 그들을 부르더니 자기와 함께 성읍에 들어가서 하룻밤을 머물자고 청했다. 이 제의에 그들은 기꺼이 동의했다. 그러나 한밤중이 되어 폭한들이 그 집을 포위하고는 자신들의 본성을 만족시키기 위해서 그 레위 사람을 내보낼 것을 요구했다.[28] 그 주인은 그의 손님에 대한 이와 같은 모욕에 대해서 항의하며 그 대신에 자신의 딸과 그 레위인의 첩을 그들에게 놓아 주었다.

그 다음 날 아침 그 레위 사람은 문간으로 가서 욕 보임을 당한 자신의 아내가 그 문지방에 죽은 몸으로 누워 있는 것을 발견했다. 그는 그 시체를 집어서 그의 집으로 돌아가서는, 그 다음에 이루 상상할 수 없을 행위이지만 그녀의 주검을 12조각으로 절단하여 그것을 열두 지파의 우두머리들한테 보냈다(19:29-30). 때때로 사람 또는 나라가 너무나 기괴하고 충격적인 일로 인해 그냥 지나칠 수 없이 현실을 다시금 새롭게 인식할 수 있게 될 때가 있다. 이런 때는 어두움의 시간이다. 이스라엘 백성들은 여러 세대 동안 안전하다고 하는 거짓된 감각에 사로잡혀 속아 지내 왔다. 그들은 여호수아가 지도자로 있을 때 세겜에서 하나님과 맺은 언약을 잊어 왔다. 그들은 재삼재사 이방 신들을 섬겼다.

그럴 때마다 그들은 하나님께서 이스라엘을 징계하시기 위해서 들어 쓰시는 나라들한테 침략을 당하는 벌을 받긴 했지만 결국에는 사사들을 통해서 구원을 받고는 그 다음에는 다시금 신앙을 버릴 뿐이었다. 그들은 그들의 존재 이유를 잊었다. 이제 그 가운데 그들은 그들의 백성의 상태에 대한 상징이 되는 처참하게 절단된 그 첩의 몸 토막을 통해서 그 지파들은 당시의 위

---

28) p. 90을 보라.

기적인 문제들을 앞에 놓고 대 국민적인 차원에서 각성하게 되었다. 이스라엘이 신앙에서 얼마나 멀어져 있었기에 그렇게 잔인한 행동이 지지를 받을 수 있었겠는가? 이제 이런 기회에 그들은 할 수 있는 한 최대한도로 각성하는 계기가 되었을 것이다.

이스라엘 각 지파의 지도자들은 군대들을 미스바에 모집해 놓고 베냐민 자손에게 그 경계선 안에서 저질러졌던 파렴치한 행위에 대해서 베냐민 지파가 벌을 주어야 한다는 성명을 발표했다(21:13). 베냐민은 이 최후 통첩에 동의하기를 거절했고, 지파간의 전쟁은 위기일발의 직전까지 갔지만 유혈사태를 면할 수는 없었다. 열한 지파들은 계속되는 작전 수행에 빈번히 패하다가 마침내는 베냐민 지파의 수적으로 열세한 점을 이용하는 비상한 책략을 써서 싸움에 이겼다. 하지만 그들이 베냐민 지파 소탕 작전을 너무도 잘 치른 나머지 그 지파가 아예 사실상 멸절되었다.

언덕으로 도망간 600명의 사람을 제외하고는 남자나 여자나 어린아이가 모두 목숨을 잃고 만 것이다. 이스라엘 백성들은 그들 자신 내부의 파멸과 그 결과로 인해 이제 12지파를 온전히 채우지 못하는 불완전한 나라를 이루게 되었다. 그 동안 이스라엘 백성들은 12지파 연합체를 항상 유지해 왔고, 따라서 도대체 그 지파의 수가 줄어든다는 것은 도저히 생각조차 할 수 없는 일이었다. 그런데 정의감에 불타오르는 보복심의 열기에 사로잡힌 나머지 그들은 말짱한 정신으로는 도저히 할 수 없는 일을 행했던 것이다. 그들은 벌을 주기를 원했지만 그것을 그렇게 철저하게 시행한다는 것은 분명코 하나님의 뜻이 아니었다.

지파의 지도자들은 이 새로운 문제에 직면하여 중앙 성소에 모여서 그 남은 600명의 베냐민 지파 사람들을 중심으로 새로운 지파를 형성해 나갈 수 있게 하는 방법을 모색했다. 이것이 그렇게 생각대로 단순한 문제가 아니었다. 왜냐하면 베냐민의 여자들이 모두 살해를 당했다는 사실 외에도 이스라엘 백성들은 자신들은 자기 백성 가운데 어느 누구도 베냐민 지파 사람에게 혼인을 시키지 않겠노라는 변경할 수 없는 맹세를 하였기 때문이다(21:1). 그러던 중 마침내 한 지혜로운 사람이 그 딜레마에서 벗어날 수 있는 묘책을 제안했다. 그는 이스라엘의 이름을 위해 군대를 보내지 아니한 그 어떤 사람들이 있는지를 확인하기 위해서 조사를 실시할 것을 부탁했다.

세심한 조사를 마친 뒤에 야베스-길르앗이 그렇게 하지 않았다는 사실이 밝혀졌다. 그러자 그 지혜로운 노인은 그 야베스-길르앗 사람들을 처형하고 그들 중에 혼인하지 아니한 여자들을 베냐민의 아내로 줄 것을 제안했다. 이것이 그대로 실시가 되었지만, 불행하게도 그렇게 해서 구한 여인의 수는 400명뿐이었다. 200명이나 모자라는 수였다. 그러자 또 다른 한 지혜로운 사람이 그 남은 200명의 베냐민 사람들이 해마다 그곳의 포도원 부근의 한 지역에서 춤을 추면서 절기를 축하하는 일을 하는 실로로 직접 나갈 것을 제안했다.[29] 그래서 그 소녀들이 춤을 추러 나아올 때, 그 200명은 그들이 원하는 사람을 골라 강제로 붙잡아 자기들의 아내로 삼아야 한다고 주장했다. 비록 이 방법이 정당화 할 수 있는 아무런 근거가 없는 것이기 하지만, 그렇게 이루어졌고 또한 그렇게 해서 이스라엘의 완전함은 확실해졌다.

룻

이렇게 해서 이스라엘에 행운이 지속되었다. 그뒤 이스라엘의 백성들은 자신들의 눈에 옳게 보이는 대로 행했다. 하나님의 은혜가 없었다면 의심할 여지없이 그 언약 공동체는 그 자신들이 하나님의 교훈에 소홀함을 보이고 또한 이미 정착해서 살고 있는 사람들 가운데서 우상숭배와 부도덕에 빠짐으로 인해 하나님의 언약 백성으로서의 역할을 중단하고 말았을 것이다. 그렇다고 해서 우리가 그 시기에는 의로운 하나님의 백성들은 도무지 없었다고 생각해서는 안 된다. 앞서 언급했던 타락의 시기 가운데서도 이따금 자신들의 마음의 온전한 뜻이 오로지 진리 안에서 주님을 경배하는 데 있었던 사람들이 있었음을 본다. 이에 대한 두드러진 사례가 룻기에 기록되어 있는데, 이 룻기 이야기의 배경은 사사 시대 초기이다. 마치 거의 사막 가운데 오아시스처럼 타락과 무정부 상태의 현상이 가득한 가운데 순결과 건전한 신앙의 자태가 룻과 그의 가족에게서 아주 희귀하게 나타났다.

유다 땅에 심한 기근이 들어서 엘리멜렉, 나오미, 그리고 그의 두 아들을 포함한 많은 이주민들이 구원의 길을 찾아서 사해 동쪽 모압으로 피난하였다. 그곳에 있는 동안 그 두 아이들은 성장해서 모압 여인들과 혼인했다. 그들의 아내가 된 모압 여인의 이름은 오르바와 룻이었다. 그러나 그런 생활을 계속하는 가운데 그의 두 아들들과 엘리멜렉이 죽었다. 과부가 된 세 명

---

29) 분명히 이때 즈음이면 실로는 바울 숭배의 중심지가 되었을 것이다. 혹시 그렇지 않다면 적어도 여호와 예배는 몹시 저하되었을 것이다(참조. 삼상 2:12-22).

의 여인들은 자신들의 장래가 불확실했다. 유다에 기근이 멈추었다는 사실을 전해 들은 나오미는 고향으로 돌아갈 것을 결심했다. 이 경건한 여인과 그녀의 며느리들 사이의 사랑의 유대 관계는 너무나도 강력했고 따라서 며느리들은 시어머니에게 자기들도 데리고 갈 것을 애원했다. 결국 오르바는 자기 백성 가운데 남아 있기로 했지만 룻은 시어머니 나오미를 따라 갈 뜻을 확고히 했다. 그녀가 주장하는 내용을 실은 구절은 성경 어디에서도 거의 찾아볼 수 없는 아름다운 구절일 것이다. "어머니께서 가시는 곳에 나도 가고 어머니께서 유숙하시는 곳에서 나도 유숙하겠나이다 어머니의 백성이 나의 백성이 되고 어머니의 하나님이 나의 하나님이 되시리니 어머니께서 죽으시는 곳에서 나도 죽어 거기 장사될 것이라 만일 내가 죽는 일 외에 어머니를 떠나면 여호와께서 내게 벌을 내리시고 더 내리시기를 원하나이다"(룻 1:16-17).

나오미는 베들레헴에 돌아오자마자 그의 옛 친구들한테 환영을 받았다. 가족을 잃고 슬픔을 당한 그녀는 그들이 자신을 더 이상 나오미("희락")라 부르지 말고 마라("괴로움")라 불러달라고 부탁했다. 하나님께서는 그녀로 풍족하게 나가게 하셨다가 비어 돌아오게 하셨다. 나오미는 자기와 함께 온 며느리가 비록 모압 여인이지만 다윗 왕의 위대한 조모가 될 자였다는 사실을 거의 알지 못했고 또한 알 수도 없었다! 그녀는 결코 빈 손으로 돌아온 것이 아니라, 오히려 자신에게 생의 가장 큰 복이 될 근원을 가지고 온 것이다. 그러나 그녀는 물질적으로 아주 적은 부를 가지고 돌아 왔다. 따라서 실제로 그녀는 빚을 지지 않고 살기 위해 베들레헴에 있는 그녀의 죽은 남편의 재산을 팔아야 했음이 분명하다. 그것을 변제할(즉 그것을 도로 살) 도리가 전혀 없는 그녀와 룻은 빈곤한 처지에 있을 형편이었다. 물론 그것은 희년이 되어서 그들에게 돌아오기 전까지는 그런 상태에 있어야 했다.

그러는 동안에 룻으로서는 그녀의 시어머니의 좋은 은혜들을 추정하지 못했지만, 발견할 수 있는 일은 무엇이든지 함으로써 경제적인 짐은 덜 수 있겠다는 생각이었다. 모세 율법에 의하면, 그 땅의 가난한 자는 좀더 유복한 자들의 밭에서 이삭을 주울 권리가 있었다. 이것은 그들이 추수하는 사람들을 따라 다니면서 그들 뒤에 떨어지는 이삭은 얼마든지 주울 수 있음을 의미했다. 게다가 그들은 그 밭의 구석진 땅의 수확물을 거두어들일 수 있었다. 왜냐하면 가난한 자들을 부양하기 위해서 밭의 구석진 땅의 것들은 베지 않도록 되어 있기 때문이다. 룻이 그 성읍에서 비교적 잘 살고 이름이 잘 알

려진 사람들 중 한 사람이요 또한 엘리멜렉의 가까운 친척인 보아스의 밭에
갔을 때 그와 같은 일이 일어났다. 물론 룻은 이를 알지 못했다. 보아스가
그 아름다운 이방 여인을 유심히 살펴보았을 때, 그는 그녀의 정체에 대해서
와 그녀의 가정 배경에 대해서 묻고는 그녀가 그의 고인이 된 친족의 며느리
라는 말을 들었다. 우리는 이 이야기를 무슨 로맨틱한 동기를 가지고 읽어서
는 안 된다. 적어도 이 부분에서는 그러하다. 왜냐하면 보아스가 그녀에 대
해서 관심을 갖게 된 것은 그 가문의 유대 관계 때문이었던 것으로 보이기
때문이다.

　게다가, 그는 그녀보다 아주 나이가 많았던 것이 틀림없기 때문이다. 이
는 그가 그녀를 "내 딸"이라고 불렀던 것에서 알 수 있다. 그는 그녀에게 그
녀가 원한다면 자기 밭에 남으라고 했다. 그리고 그녀가 노력해서 성공하도
록 하는 것을 보장해 주기 위해서 그는 또한 그의 추수하는 종들에게 관대함
을 베풀어 그녀가 이삭을 주울 수 있도록 그 곡식단을 조금씩 뽑아 버리라고
명하였다(2:16). 그는 그들에게 그녀를 괴롭게 하지 말라고 경고했고 또한
심지어는 (그리고 이것은 여인들이 물을 긷는 나라에서는 도저히 생각할 수
없는 일인데) 그녀가 그들의 물을 마실 수 있도록 허락했다. 이 모든 친절을
베풀도록 하게 하는 진정한 이유는 그들을 묶어주는 친척됨 때문이었다. 그
러나 보아스는 룻에게, 그녀가 불운한 그녀의 시어머니한테 참으로 아름다운
친절을 베풀었다는 것을 들었기 때문에 그렇게 했다고 말했다.

　룻이 그 첫째날 끝 시간에 커다란 바구니에 보리 한가득을 담아 가지고
돌아오자, 나오미는 그녀가 어디에서 이삭 줍는 일을 했는지 물었다. 그녀가
이삭 줍는 일을 보아스의 들에서 했다는 이야기를 듣자마자, 그녀는 그것으
로 인하여 그녀가 그 젊은 과부를 위한 남편감을 발견할 수 있는 계획을 곰
곰이 생각하기 시작했고, 동시에 그녀는 빚진 자한테서 그녀의 재산을 변제
할 방법을 생각하기 시작했다. 몇 주가 지난 뒤 그녀는 룻에게 어느 날 밤에
보아스의 타작 마당으로 가서 그의 발에 누우라고 말했다. 그 시간과 장소에
서 그런 행동을 한다는 것은 어느 모로 보나 적절치 못하다는 인상을 주는
것은 결코 아니었다. 왜냐하면 한 여인이 그녀의 혼인 관계의 의사를 알린다
는 것은 아주 합법적인 일이요 또한 관행적인 일이 되었기 때문이다. 특히
재물상의 구조에 관한 이와 같은 상황들을 고려할 때 더욱 그러하다. 보아스
가 그녀가 누구인지 그리고 그녀의 의향이 무엇인지를 물었을 때 그녀는 자

기가 혼인 의사가 있다는 것을 알려야 했다. 나오미는 율법대로 그녀의 재물을 변제하길 원했다. 그녀가 할 수 있는 능력이 없었기 때문에, 그것을 행할 책임은 그녀의 가장 가까운 친족에게 있었고 또한 그녀는 그에 해당하는 사람으로 보아스를 생각했다. 그러나 만약 보아스가 그 재산을 변제한다면 그는 동시에 룻을 아내로 취하며 또한 그녀의 고인이 된 남편의 이름으로 자녀들을 길러야 했다(단 25:5-10). 그 다음에 보아스를 무르는 사람으로 만들려는 계획은 동시에 그가 룻의 남편이 됨을 포함했다.

보아스는 룻의 의도를 알아채고는 너무나도 기뻤다. 왜냐하면 그때쯤이면 틀림없이 보아스로서는 그녀에 대한 사랑이 극에 달해서 더 이상 억제할 수 없을 정도의 상태에 있었기 때문이다. 그런데도 그는 자기는 실은 가장 가까운 친족이 되지 않는다고 말했다. 이에 해당하는 다른 한 사람이 베들레헴에 있었다. 그래서 그것을 무르거나 무르지 않을 선택권이 우선은 그 사람에게 주어져야 했다. 그 다음 날 보아스는 성 문에서 이 사람을 만나 그에게 그가 그 일을 책임질 의향이 있는지를 물었다(4:1). 그 친족은 나오미를 위해서 그 기업을 무를 것에 동의했지만, 보아스가 그에게 룻과 혼인도 해야 한다는 말을 꺼내자 그때부터 그의 마음은 변하기 시작했다. 이를 거절하는 이유는 그가 이미 혼인한 사람이고 또한 아들들도 있는 몸이기 때문이었다. 만약 그가 룻과 혼인도 해야 하고 또한 그래서 아들들도 갖게 된다면, 그 아들들이 그들의 고인이 된 아버지의 재산을 소유하고 또한 그밖의 다른 권리들도 얻을 가망성이 크게 될 것이었다. 아무튼, 그 사람은 그러한 혼인은 자신에게도 자기의 가족에게도 유익이 되지 못할 것이라는 생각 때문에 두려워했고 그래서 그 제안을 거절하는 편을 택했다.

물론 이는 보아스에게 그 권리를 넘긴다는 뜻이 명백한 것이었지만, 가장 가까운 친족이 무를 그 모든 권리들을 포기하고 또한 그러한 권리들을 보아스에게 넘긴다는 공식적인 의식이 있어야 했다. 그 두 사람은 그러한 일을 처리하는 평상시의 장소인 성문에 있는 장로들 앞에서 그러한 일들에 대한 일반적인 절차를 밟았다. 친족이 되는 사람이 신을 벗고 그것을 보아스에게 건네 주었는데, 이것은 룻과 혼인하는 것을 포함한 그 소유권이 이제 보아스의 손에 있다는 것을 의미했다. 그리고 보아스는 거기에 모인 증인들에게 그가 그의 친족 나오미의 재산을 무를 의향이 있다는 것과 또한 룻과 혼인할 뜻이 있음과 그녀의 고인이 된 남편의 이름으로 아들들을 낳을 뜻이 있음을 증언했다.

첨언하자면 기생 라합의 아들이었던 보아스(마 1:5)가 룻과 혼인하여 그 사이에서 오벳이라는 아들이 태어난 것이다. 오벳은 다윗의 아버지인 이새의 아버지였다. 그렇기 때문에 우리는 여기에서 다시 한번 하나님께서는 그의 뜻하신 목적을 이루시기 위해서 국가뿐 아니라 개인들의 삶을 어떻게 그의 손길로 인도하셨는가를 보게 된다. 어두움의 시대에 아름다운 인상을 남겼던 순박한 그 모압 소녀는 그녀의 더 위대한 아들이신 주 예수 그리스도의 가계의 또 하나의 조상이 될 자로 예정되었다. 사사 시대가 완전히 황폐한 것들만 있었던 것은 아니었다. 그 어두움의 와중 속에서도 자기들의 눈에 보기에 좋은 대로 행하지 않고 어떠한 희생을 치르더라도 하나님의 뜻을 따를 각오를 한 몇몇 사람이 있었던 것이다.

사무엘(삼상 1-7장)

사사 시대 끝무렵에 구약 성경에 나오는 가장 중요한 인물들 중 한 사람이 살았다. 그 사람은 사사 시대와 군주 시대 사이의 가교 역할을 하는 자였다. 그는 또한 이 군주제를 이룩하는데 도구로 쓰이는 자였다. 사무엘은 자신을 사사로 여겼다. 물론 비록 삼손과 같은 그런 의미의 사사로는 분명히 아니었다. 그러나 이 사실보다 더욱 중요한 것은 그가 제사장이자[30] 선지자였다는 사실이다. 이스라엘에 군주체제가 생기면서 그와 동시에 공존하기 시작한 것은 누가 보아도 명백하게 사무엘을 지도자로 하는 선지자 학교가 존재하기 시작했던 사실이다. 물론 이전의 이스라엘의 역사에도 개인적인 선지자들이 있어 왔던 것은 사실이지만, 이 시기에 이르러 자리잡게 된 것처럼 그 어떠한 선지자들의 체계가 자리잡았던 적은 없었다.

사무엘의 출생은 우리가 앞에서 연구하면서 아주 익숙하게 다루었던 문제인 아이를 낳지 못하는 어머니라는 문제와 관련한 또 하나의 실례가 된다. 사무엘의 아버지 엘가나는 에브라임의 라마다임 소빔(라마)에서 두 아내 곧, 한나와 브나야를 거느리고 살았던 것으로 보인다. 브나야는 엘가나에게 몇

---

30) 사무엘은 아론 가문이 아니었고, 그래서 그는 대제사장이 될 수 없었다. 그는 아마 제사장으로서의 권한을 허락받은 선지자였을 것이다. Clive A. Thomson, "Samuel, the Ark, and the Priesthood," *Bibliotheca Sacra*, 118:259-263, July-September, 1961을 보라.

명의 자녀를 낳아주었지만, 한나는 하나님께 열심히 기도했는데도(헌신한 사람임에도) 불구하고 아이를 낳지 못했다. 브나야는 그 불운한 한나가 아이를 낳지 못한다는 이유로 또한 엘가나가 보상으로 한나에게 좀더 많은 애정을 보인다는 이유로 한나를 괴롭혔을 것이다. 당시 매년 실로에 있는 회막에서 여호와께 예배드리기 위해서 실로로 가는 순례 여행을 하는 것이 이스라엘 백성들의 관례였다. 그런데 엘가나는 매년 한나에게 여호와께 드릴 제물을 두 몫을 주었다.

어느 해 한나는 회막 앞에서 무릎을 꿇고는 마음에 커다란 짐을 안고서 여호와께 아들을 주시길 기도하기 시작했다. 만약 하나님께서 그 기도를 들어주신다면 그녀는 낳게 될 그 아들을 평생토록 여호와께 나실인으로 드릴 것이라고 약속했다. 그녀는 아주 강렬하게 기도하면서 입술을 움직였고 또한 이 장면을 마침 대제사장인 엘리가 목격하고는 그는 한나가 술취한 것으로 생각했다(1:10-13). 물론 그녀는 이 사실을 부인하고는 자신에게 커다란 마음의 짐이 있다는 사실을 그에게 밝혔다. 대제사장 엘리는 그녀의 믿음을 알고는 하나님께서 그녀의 기도를 응답해 주실 것이라고 그녀를 확신시켰다. 그 해가 지나기 전에 하나님께서 약속하셨던 아이가 태어났고 또 그 아이의 이름을 사무엘("여호와께 구하였다")이라 지었다. 이렇게 이름을 지은 이유는 그 아이가 특별한 기도의 응답으로 태어난 아이였기 때문이었다. 몇 년 후, 그 아이가 젖을 떼었을 때, 그는 회막으로 돌아가서 그를 엘리의 보호에 맡겨 하나님을 섬기는 자로 훈련시켰다.

2장에서 우리는 놀라운 한편의 시를 보게 되는데, 이 시는 한나가 자기로 하여금 아이를 낳을 수 있도록 해 주시고 또한 그녀의 대적들을 물리치고 승리할 수 있도록 해 주신 하나님께 대한 감사를 표현하는 시였다. 수백년이 지난 뒤 우리 주님의 모친 마리아도 오래 전부터 있던 이 환희의 노래를 기초해서 성모 송가(Magnificat)를 불렀다.

그 시대의 악이 어떠했는가를 일견에 볼 수 있도록 해 주는 또 하나의 사례를 실로의 제사장들로 있는 엘리의 아들들의 행위에서 보게 된다. 하나님의 백성들이 여호와께 제물들을 드릴 때마다 사악한 이들은 그것들을 착복하여 자신들의 것으로 사용하는데 썼고, 또한 결국에는 하나님의 것을 도적질하는 죄를 저질렀다. 그들은 심지어 하나님의 회막을 매춘굴로 만들었다. 그런 행위를 하려고 많은 시간을 그곳에 머물러 있는 도덕적으로 행실이 아주 불순한 몇몇 여인들과 성행위를 갖기까지 했던 것이다.[31] 그러나 또한 어쩌면 이보다 더욱 놀랄 만한 사실은 도덕적으로 매우 불순한 이런 모든 일들이 엘리가 지켜 보는 가운데 행해졌다는 사실이다. 엘리는 그러한 일들을 보고는 약간 못마땅한 기색을 나타낼 뿐이었다. 그와 같이 제사장 직무와 관련해서 신성모독적인 일이 발생한 것은 하나님의 진노를 불러 일으키지 않을 수 없었던 것이 당연하다. 그래서 그 일이 있은 지 얼마 되지 않아서 한 선지자가 엘리에게 찾아가 제사장직이 엘리의 가문에서 거두어져 그것을 좀더 신실하게 감당할 또 다른 자에게 주어질 것이라고 통보했다. 이것은 후에 솔로몬 때에 제사장 사독과 그의 가문(집안)이 제사장직을 승계함으로써 이루어졌다(왕상 2:35). 그러나 이것이 좀더 충분하게 이루어진 것은 그리스도의 온전한 제사장직에서였다(히 2:17).

이 모든 일이 진행되고 있는 동안 사무엘은 장성하고 있었고 또한 하나님과 사람 앞에서 사랑스러워 갔다. 신앙심이 깊은 사무엘의 어머니는 그녀의 무사기함 때문에 복을 받음으로써 다섯이나 자녀들을 더 낳았는데, 사무엘의 어머니는 예배를 드리고 또한 아들을 만나보러 해마다 갔다. 이제 마침내 하나님께서 자신을 사무엘에게 친히 나타내실 때가 되었다. 이것은 모세의 시대 이래 보편적인 준칙이 되는 하나님의 계시가 전혀 없었다는 점을 고려한다면 아주 특기할 만한 사건이었다(삼상 3:1).

여호와의 부르심은 아주 분명했는데도 사무엘은 엘리가 그 음성이 자신의 음성이 아니라는 사실을 알려주기 전까지는 그 음성을 엘리의 음성으로 잘못 알았다. 이 첫번째 계시에 담긴 메시지는 아주 심상치 않은 것이었다. 왜냐하면 그 내용이 하나님께서 엘리의 제사장직이 끊기게 될 것을 다시 한 번 말씀하시는 것이었기 때문이다. 이렇게 해서 엘리와 이스라엘 백성들은 사무엘이 하나님의 선지자가 될 것으로 확정된 사실을 인정하게 될 것이라는 메시지의 정당성에 대해 크게 확신할 수 있게 되었다(3:20). 또한 그 밖의 다른 예언들이 좀더 성취되는 가운데 사무엘의 권위는 확증되었다. 왜냐하면

---

31) 물론, 이것은 풍년을 기원하는 의식을 동반하는 종교적인 매춘을 가리켰을 가능성이 매우 크다. 만일 그렇다면, 실로에서의 여호와 예배는 그밖의 다른 곳에서의 바알 예배와 별로 다를 바 없었을 것이다. A. F. Kirkpatrick, *The First and Second Books of Samuel*, Cambridge, University Press, 1930, pp. 19-20을 보라.

사무엘이 예언한 예언들 가운데 하나라도 어떠한 점에서든 그대로 이루어지지 않은 것이 없기 때문이다.

블레셋 사람들은 삼손으로 인해 잠시동안만 제압을 당했다. 이제 BC 11세기 중엽 무렵 그들은 이전보다 좀더 큰 일체감과 결단력을 가지고 일어나서는 휘몰아치는 공격을 감행하여 유다와 에브라임의 서부 고지대로 침공했다. 이스라엘 백성들은 급히 군대를 소집하여 샤론 평야의 에브라임 영토 서쪽 끝부분에 위치한 아벡 근방에서 블레셋 침략자들과 대치했다(4:1). 블레셋 사람들은 이번의 첫번째 접전에서 거의 어려움을 느끼지 않았던 것으로 보인다. 이스라엘 백성들은 자신들이 패배하게 된 요인을 조사하고 그 이유는 다름아니라 실로에 하나님의 궤가 없기 때문인 것으로 결론을 내렸다. 이 침략자들의 공격을 맞이하여 또 한 차례의 노력을 기울였는데, 그러나 이스라엘은 다시금 격퇴를 당했고 또한 이번에는 전쟁에서 엘리의 악한 두 아들 홉니와 비느하스가 죽임을 당하는 일이 발생했다. 홉니와 비느하스가 하나님의 궤를 메고 전투에 임했음은 의심할 여지가 없다. 더구나, 하나님의 궤 자체는 이때 즈음에는 이스라엘 백성들에게 옛 세대의 미신적인 유물에 지나지 않았는데, 적들에게 빼앗겨 그들의 성읍 아스돗으로 가게 되었다(5:1).

이스라엘이 패하고, 사무엘의 두 아들이 전사하고, 또한 하나님의 궤를 빼앗겼다는 소문들이 실로에 있는 엘리에게 전해졌을 때, 그 늙은 제사장 엘리는 너무 놀란 나머지 앉아 쉬고 있던 의자에서 떨어져 목이 부러졌다. 동시에 무슨 전조라도 되듯이 엘리의 아들 비느하스의 아내가 이가봇이라는 이름의 아들을 낳았다. 이 이름의 뜻은 ― "영광이 어디에 있느냐?" ― 하나님이 없는 이스라엘의 처지를 웅변적으로 말해 주었다(4:21-22).

하나님의 궤는 아스돗에 있는 다곤 신당에 보관되었다. 그렇지만 하나님의 궤가 거기에 도착한 뒤 바로 그 다음 날 아침에 "다곤 신"(corn deity)[32]이 궤 앞 정면에 엎드려 있는 것이 발견되었다. 다시금 그것을 일으켜 세워 놓았지만, 다음 날 역시 궤 앞에 엎드려 부복하였을 뿐 아니라 산산조각이 나 있었다. 이것은 블레셋 사람들에게 그들의 신이 이스라엘의 하나님만 못하다는 생각을 갖게 했다. 블레셋 사람들은 이스라엘의 하나님에 대한

---

32) Donald Harden, *The Phoenicians*, New York, Frederick A. Praeger, 1962, pp. 86-87.

생각을 그저 하나님의 궤에 국한시켜 생각하거나 또는 적어도 그것으로 대표된다고 생각했다. 그들이 지독한 병에 모두 걸리게 되자 그들은 분명코 여호와가 자기들에게 격노하셨다고 느꼈다(5:6-7).

그들은 급히 궤를 가드로 보냈다. 혹시 그렇게 변화를 주는 것이 여호와를 다소나마 기분좋게 해드리는 것이 되지나 않을까 하는 바람에서 였다. 그러나 결과는 그곳 가드에서 악독한 병에 걸리는 일이 더욱 심하게 나타날 뿐이었다. 그래서 이번엔 다시 한번 그것을 에그론으로 보내고 또한 비슷한 재난을 겪은 뒤에 그들은 지혜로운 방법은 그것을 다른 곳으로가 아니라 이스라엘로 되돌려 보내는 것이라는 판단을 내렸다. 그러면 어떤 방법으로 이것을 되돌려 보내느냐 하는 것이 최종적인 문제로 남았다. 그들로선 궤를 직접 거기에서 호송하여 가져다 줄 수 없었다. 왜냐하면 그렇게 할 경우 그것을 가져갔던 자신들의 정체를 드러내어 결국에는 이스라엘 사람들에게 복수의 기회를 제공해 줄 것이 되기 때문이다.

다른 한편 이스라엘 백성들이 그들의 이 신성한 유물(하나님의 궤)을 되찾으려고 블레셋 영토로 들어가려는 모험을 할 가망성은 거의 없어 보였다. 마침내 해결책이 떠올랐다. 그리고 그 묘책을 쓸 경우 법궤는 되돌려지고 또한 블레셋 사람들은 동시에 과연 그 궤가 그들의 불운에 대한 책임이 있었던 것인지 여부를 알 수 있게 될 것이다. 그들은 새 수레를 만들어 멍에를 메어 보지 아니한 소에 메우고 그 궤를 가져다가 수레에, 이스라엘의 하나님께 속건제로 드릴 금 보물을 상자에 담아 궤 곁에 두었다. 만약 그 소가 이스라엘로 곧장 되돌아가면, 그들은 여호와께서 과연 자신들의 고통의 근원이었던 것을 알 수 있을 것이다. 그렇지만 만약 모는 사람이 없는 그 소가 목적지 없이 정처없이 나아간다면 그들의 걱정거리는 오직 우연히 생긴 것인 줄로 알게 될 것이다(6:3-9).

그 소가 놓임을 받자마자 곧장 이스라엘 지경을 향해 출발했다. 이 광경은 이스라엘의 대적들을 제어하시는 하나님의 능력을 나타내는 믿음직스런 일이었다. 처음에 물건들은 벧세메스라는 유대인들의 성읍에 도착했다. 이곳은 예루살렘에서 남서쪽으로 약 25마일 떨어진 곳에 위치했다. 이 성읍의 사람들은 하나님의 임재를 피부로 느낄 수 있을 정도로 나타내 주는 궤를 보고서 대단히 기뻐했다. 그리고는 블레셋 사람들이 보낸 소를, 그 새 수레를 땔감으로 써서 번제로 드렸다. 그들 가운데 조심성 없이 열심을 내는 일부 사람들이 궤 안을 들여다 보았다. 이 일은 본래 율법에서 금하고 있는 행동으로, 그들 중 많은 사람들이 하나님의 징계를 받아 목숨을 잃게 되는 결과들 초래한 엄청난 죄였다(6:19). 그들은 이제 어찌할 바를 몰라 동쪽으로 몇 마일 떨어진 곳의 소렉 골짜기에 자리잡은 마을인 기럇여아림 사람들에게 호소했다. 그러자 그 기럇여아림 사람들은 파견단을 보내어 궤를 가져와 아비나답의 집에 두어 지키게 하였고, 이들은 적어도 20년간 궤를 보관했다.

이스라엘 백성들이 하나님의 궤를 빼앗기고 실로가 파멸(BC 1050년 경)[33]당한데 이어 사무엘이 이스라엘의 군대를 미스바에 소집했던 것으로 우리는 믿는다. 블레셋 사람들은 이와 같은 세력의 집중 현상을 알았고 한 차례의 정복을 위해서 출발했다. 물론 이스라엘 백성들은 한번 더 결정적인 패배를 맛보게 될 경우 자기들은 나라를 빼앗기게 될 것이요 또한 블레셋 사람들이 자기들을 손아귀에 넣을 것이라는 사실을 알았다. 절망 상태에 있던 이스라엘 백성들은 사무엘이 그들을 위해 기도해 주길 간곡히 부탁했다. 그러자 이에 대해 선지자 사무엘은 믿음으로 응답했다. 사무엘은 어린 양을 취하여 번제로 드리면서 여호와께 부르짖었고, 여호와께서는 그 기도의 응답으로 큰 우레를 발하셨다. 블레셋 사람들은 이 우레 소리를 듣고 용기를 잃었고, 그 결과 그들은 안정을 잃고는 곧 이스라엘 앞에서 패하였다. 그 승리는 너무 인상적이어서 사무엘은 그곳에 돌로 기념비를 세우고 그 이름을 이스라엘의 하나님께 대한 감사의 표시로서 '에벤에셀'("도움의 돌")이라 하였다 (7:12).

또한 이렇게 해서 우리는 정복과 좌절과 패배와 실패의 시기인 사사 시대의 종말에 도달한다. 그렇더라도 이 시기에도 이따금 용기와 믿음과 헌신의 빛이 번쩍이는 때가 있었던 것을 볼 수 있다. 어떤 땅에 들어가면 어느 정도 규모의 정복이 있게 되고 또한 하나님의 그 선지자의 예언적인 말의 응답이 부분적으로라도 이루어지게 된다. 타락과 패배의 전철을 밟았던 이스라엘 세력이 왕성하여 절정에 달했지만, 과거부터 내려오는 부족간의 느슨한 동맹 체제가 현재로선 적합하지 못하며 특히 주변 모든 나라들이 상당히 세력을 조직화해 나가고 또한 한 왕을 중심으로 효과있게 뭉쳐나가고 있는 현

---

33) 이에 대한 고고학적 증거를 위해서는, Millar Burrows, *What Mean These Stones?*, New York, Meridian Books, 1957, p. 80을 보라.

실을 감안할 땐 아주 못마땅하다는 생각이 국민들 사이에 점점 더 확고해져 갔다.

이스라엘에도 사실은 왕이 있었지만, 그 왕은 몇 사람들을 제외하고는 대부분의 사람들에게서는 잊혀져 있는 상태에 있을 뿐이었다. 이와 같은 국민적인 요구는 지상의 영웅을 바라는 것이었다. 즉, 자기 나라로 하여금 이 세상에서 어떤 위치를 확보할 수 있도록 해주며 또한 그 자체의 정치 체제 안에서 단결할 수 있는 결속력을 가져다 줄 수 있는 그런 영웅적인 지상 왕을 요구했던 것이다. 하나님의 응답은 왕을 주시겠다는 것이었다. 하지만 하나님께서는 교정 수단을 제공하며 또한 정신적인 면에서 영향력 있는 지도력을 제공함으로써 하나님의 주도권을 지켜나가기 위해서 선지자직도 세우셨다.

제7장

위대한 시대

역사적 배경

블레셋의 위협은 BC 1050년의 실로의 파멸로 절정에 달했고, 이 일은 이스라엘로서는 어떤 중심이 되는 권위가 없는 상태에서 느슨하게 결속 관계를 유지하는 부족들간의 결속으로는 이스라엘 나라 자체를 유지할 가망성이 거의 절망적인 상태에 이르렀음을 알렸다. 비록 애굽 제국이 자기들의 모든 실제적인 유익 때문에 이스라엘에 대해서는 그 어떤 직접적인 영향력을 행사하는 일을 중단하긴 했지만, 그럼에도 불구하고 연합되지 않은 상태에서 국가 체제를 유지하는 일에는 위험성이 따르며 또한 바람직하지 못해 보인다는 것이 더욱 명백해졌다. 왜냐하면 주변의 이스라엘보다 세력이 약한 모든 나라들이 국가의 세력을 강하게 조직화하고 또한 군사력을 점점 더 강화해 나가는 추세에 있었기 때문이다. 사실, 이스라엘이 안고 있는 가장 심각한 문제점은 이스라엘 백성들이 국가적인 차원에서의 조그마한 의미에서라도 하나님을 잊고 있었다는 사실에 있었다. 그러나 이 문제는 자신들이 앞으로 계속해서 국가적으로 존립해 나갈 수 있느냐가 주변 나라들의 경우처럼 왕에 달려 있다고 믿는 견해에 편승하여 간과되었다.

블레셋 사람들 즉 "바다 사람들"은 앗수르 사람들이 BC 1200년 직전[1]

---

1) O. R. Gurney, *The Hittites*, Baltimore, Penguin Books, 1964, p. 39.

에 시작했던 히타이트 위협을 제거하는 과업을 이룩하는데 성공했다. 그 뒤
에 그들은 소아시아에서부터 팔레스타인을 급습하여 그들과 함께 히타이트의
예술품과 공예품, 특히 철 제품 등을 가져가고 또한 팔레스타인 남부 연안지
역에서 기반을 잡았다. 처음에는 이 제한된 지역에 만족하면서 그들은 결국
은 11세기 초두에 들어서면서 동부와 북부쪽에 압력을 가하기 시작했고, 또
한 오로지 삼손과 같은 사람들의 영웅적인 행동이 있을 때만 견제를 받았을
뿐이었다. 그렇지만 우리가 앞서 지적한 대로, 그들은 실로를 파멸하기에 충
분할 만큼 멀리 떨어져 있는 에브라임으로 그럭저럭 침투해 들어 갔고, 또한
의심할 여지없이 그들은 사무엘과 사울의 시대에 이스라엘 영토 내의 다른
많은 지역을 점령했다. 이스라엘로 하여금 왕을 요구하도록 재촉하되, 그 왕
은 사사의 계열을 이은 자로서 그 왕직은 사사보다는 훨씬 더 항구적이고 안
정적인 직책인 그런 왕을 요구하게끔 촉구하는 주요인이 되었던 것은 바로
이런 유일한 위협 때문이었다. 그와 같은 지도자 없이는 이스라엘 나라 전체
가 블레셋 사람들에게 먹혀버릴 것이라는 생각이었다.

　　북쪽으로 수리아에서는 아람 사람들로 알려진 사람들이 정착하여 살고
있었다. 그들은 서로간에 독립적으로 여러 나라를 이루며 살았지만 문화나
언어에서는 동질성을 유지하며 살았다.[2] 또한 블레셋의 세력이 팽창하던 이
시기에 미디안족, 암몬족, 모압족 등과 같은 사람들은 자신들의 존재를 알아
볼 수 있도록 특히, 요단 동편에서 세력을 나타내기 시작했다. 이들이 이스
라엘의 일부 사사들과 관련이 있던 것으로 우리는 앞서 살펴보았다. 그밖의
다른 한 집단이 있었는데 그것은 강력하고 독립적인 여러 성읍을 이루며 갈
멜 북쪽에 살고 있던 페니키아 사람들이었다. 이들의 주 관심사는 영토 확장
이 아니었다. 적어도 극동 지역에 대해서는 그러했다. 다만 이들은 해상 무
역과 식민지 정책을 추구했다. 그들은 히브리 국가의 군주제 시대 이전에는
탁월한 명성을 얻지 못했다. 그러나 그 무렵부터 여러 면에서 그들의 영역을
넓혀가기 시작했다. 게다가 그들의 항해와 선박 제조 기술은 구약성경에 자
주 언급될 정도로 대단했고, 또 그들은 의심할 여지없이 처음으로 실용 알파
벳을 발명하였다. 이 문자 사용의 기원은 거의 BC 1500년대로 거슬러 올라

---

2) John Bright, *A. History of Israel*, Philadelphia, Westminster Press,
　 1959, p. 153.

갈 것이다. 이스라엘은 이들 북부 지역의 이웃 나라들과 평화로운 관계를 유지하며 지냈고, 특히 두로와 시돈의 왕들은 다윗, 솔로몬, 오므리 왕과 아주 친근한 관계를 유지했다.[3]

앗수르는 BC 1200년경 블레셋의 도움을 받아서 히타이트족(헷족)을 멸망시키고 계속해서 티그리스 강 북부 주변 모든 지역들을 복종시켰으며, 또 바벨론으로 쳐들어가 대승을 거두었다. 앗수르의 영토 확장은 디글랏빌레셋 1세 치하 1100년경까지는 제한적이었지만, 그 뒤에는 영토 확장 사업은 아주 더 강력하게 새롭게 시작되었다. 그러나 수리아의 아람 국가들은 또 다른 200년 동안 앗수르가 팔레스타인으로 들어오는 그 어떤 기도라도 막아내는 데 성공했다. 이 덕택에 이스라엘 통일 왕국은 그 기간에 평화와 안정을 누릴 수 있었다. 바벨론은 앗수르 정복의 결과로 인해 아무 힘을 쓰지 못하는 상태에 계속 있었고, 이 기간 동안 내내 그런 상태에 있다가 심지어 7세기까지 그런 상태가 계속되었다. 1050-930년의 이 기간은 강대국들간에 세력을 주고받고 하는 기간 중 하나였음이 입증되었다.

애굽, 미탄니, 히타이트 족이 저 바다 사람들(블레셋인들), 아람 사람들, 그리고 앗수르 사람들에게 굴복했다. 이스라엘은 이들 세력 국가들이 치고받는 틈에 어부지리로 이익을 얻으며 군주제 치하에 주변 나라가 견줄 수 없을 정도로 세력과 부와 국가 방위에서 크게 성장했다. 좀더 세력이 작은 나라들인 에돔 족속, 암몬 족속, 모압 족속은 이스라엘의 세력권 안에 들어가게 되었고, 페니키아와 같은 우호적인 이웃 국가들은 아주 필요한 기술이나 물품을 공급했으며, 심지어는 블레셋과 아람과 같은 평소의 적대국들은 대개 결국에 가서는 정복당하게 되고 말았다.

사울(삼상 8-31장)

사울의 부각(8-14장)

사무엘이 마침내 고령의 나이가 되면서 그의 죽음이 임박한 것으로 보이자 이스라엘의 장로들은 그에게 나아가 그의 임직을 계승할 자에 관해서 언급했다. 그들은 사무엘의 아들들은 배제했다. 왜냐하면 그의 아들들은 아버

---

3) Donald Harden, *The Phoenicians*, New York, Frederick A. Praeger, 1962, pp. 50-51.

지와는 달리 정직하지 못하고 또한 탐욕이 가득하였다. 그러나 백성들은 적어도 사무엘이 그가 가졌던 권위를 주장할 수 있는 사람을 임명해 주길 바랐다. 그렇지만 이런 지도자란 틀림없이 사사 이상의 인물이 되어야 했고, 또한 그는 주변 모든 나라들의 왕들과 같은 왕이어야 했다. 괴로운 가운데서 사무엘은 여호와께 찾아갔다. 그러자 여호와께서는 사무엘에게 그들이 사무엘을 버린 것이 아니라 그들을 지배하는 하나님을 버린 것이라고 확신시켜 주셨다. 그리고 나서 하나님께서는 사무엘 선지자에게 왕을 허락할 것을 말씀하시면서, 다만 그런 결정으로 어떤 결과들이 임하게 될 것인지를 주의깊게 이야기하라고 하셨다. 새 왕이 될 자는 전제적인 왕으로서 왕 자신의 이익을 채우기 위해서 이스라엘의 젊은 남녀들을 노예 부리듯 부리는 상태로 몰아넣을 것이다. 그런 경고의 말에도 불구하고 이스라엘 백성들은 자기들의 길을 고집했고, 그렇게 해서 그럴만한 후보자를 찾는 행동이 취해졌다.

우리는 왕을 구하는 사상 자체가 잘못된 것이라고 믿어서는 안 된다. 왜냐하면 군주제를 준비하는 일에 대한 교훈이 이미 신명기에 기록되어 있기 때문이다(신 17:14-20). 그러나 이 시기의 백성들의 이와 관련된 행동은 너무 서두른 것이었다. 하나님께서는 이미 마음 속에 한 왕을 생각하고 계셨다. 그리고 국가를 구상하고 계셨다. 만일 하나님의 뜻을 기다렸더라면 모든 일은 완전히 다르게 전개되었을 것이다. 그러나 그들은 이 일을 성급한 행동으로 주장하였기 때문에, 하나님께서는 그들로 하여금 한 왕을 갖도록 허락하셨고 그 상황 하에서 가능한 한 가장 좋은 선택을 하셨다.

이렇게 선택하신 자가 사울이었다. 사울은 베냐민의 기브아 출신으로 신체적인 면에서 거구요 눈길을 끌 정도로 선택할 만한 사람이었던 것으로 묘사되고 있다(삼상 9:2). 사울은 아버지의 잃은 나귀 몇 마리를 찾아서 라마 성읍까지 왔다. 이 성읍은 사무엘이 자기의 본고장으로 삼은 곳이다. 여호와께서 일찍이 사무엘 선지자에게 하나님께서 왕으로 예비해 두신 후보자가 그 날 그 성읍에 나타날 것이라고 알려 주셨다. 그래서 사울이 잃은 짐승들에 관한 조언을 구하러 자기에게 찾아 왔을 때, 사무엘은 즉각적으로 이 사람이 바로 하나님께서 선택해 놓으신 인물이라는 것을 알았다. 그는 그 날 거행되고 있는 한 제사에 그를 초대하였다. 그리고 그 다음 날 사무엘은 사울에게 하나님께서 그를 이스라엘을 통치할 자로 택하셨다는 사실을 발표했다. 선지자 사무엘이 이 발표에 이어서 사울에게 기름부었는데도 불구하고 그 베냐민 사람(사울)은 자기는 지파들 가운데 가장 작은 지파 출신이요 그러므로 자신은 왕이 될 후보자로 바람직하지 않은 사람이라고 주장했다. 그러자 사무엘은 사울에게 그가 하나님께서 하나님의 은혜를 나타내는 어떤 징표들을 보게 될 것이라고 주장하면서 또한 그에게 나중에 하나님의 사람(사무엘)이 제물들을 드릴 곳인 길갈에서 자기를 만날 것을 부탁했다.

사울이 라마를 떠나자, 그는 두 사람을 만났는데 이들이 사울의 나귀의 행방에 대해서 일러주었다. 그 다음에, 사울은 벧엘로 향해 가는 다른 세 사람을 만났는데 이들은 떡과 포도주를 가지고 가고 있었다. 마지막으로 그는 예언적인 메시지를 노래로 예언하며 한 언덕에서 내려오는 선지자 무리를 만났다. 이 일들은 모두 사무엘이 말했던 그대로 일어난 것이다. 그리고 이 일을 계기로 사울은 그 선지자가 진리를 말했다는 것을 알았다. 게다가, 사울은 그 선지자들과 함께 예언까지 했다. 하나님의 신의 충만함을 받은 사울은 완전히 딴 사람으로 변했다. 이것을 가지고 어떤 회개의 경험을 한 것으로 말할 필요는 없다. 왜냐하면 사울의 후기 생애를 보면 이 사실과 전혀 딴판의 삶을 사는 것으로 보이기 때문이다. 다만 이것은 거칠고 배우지 못한 시골 청년이 이제 일개 왕으로서 갖는 마음을 갖게 되었고 또한 왕직을 수행하기에 필요한 지혜를 소유하게 되었음을 의미할 뿐이다.[4]

이제 여기서 잠깐 멈추어서 예언자 기관(prophetic institution)[5]에 대해서 간략하게 논의하는 것이 좋을 것 같다. 우리는 예언자 운동 자체는 아주 오래 전부터 있었던 것이라는 사실을 앞서 살펴 본 적이 있다. 심지어는 아브라함이 선지자로 칭함을 받았던 사실을 확인했다. 그러나 예언하는 일이 하나의 직책으로서 시작되기는 사무엘 시대보다 앞서지는 않는 사실을 알아야 하고, 아마 이것은 그의 지도하에서 시작되었을 것이다. 어떤 의미에서 태고적에 하나님을 믿은 경건한 사람이면 누구나 선지자였다. 왜냐하면 하나

4) C. F. Keil and Franz Delitzsch, *Biblical Commentary on the Old Testament: Samuel*, Grand Rapids, Wm. B. Eerdmans Publishing Co., 1948, p. 100.
5) 일반적인 선지자 직무에 대한 논의를 위해서는, 출판되지 아니한 나의 박사학위 논문 "An Investigation of the Person and Work of the Old Testament Prophet of God," Ph. D. Dissertation, Greenville, South Carolina, Bob Jones University, 1963을 보라. 이 부분의 나의 진술은 주로 그 연구에서 내린 결론들에 근거를 두고 있는 것이다.

님께서는 그들을 통해서 그들의 세대에 말씀하실 때 진리의 그 어떠한 객관
적인 기준이 없는 상태에서 말씀하셨기 때문이다. 그렇지만 선지자 모세가
시내산에서 율법을 받고 나서부터는 이제 더 이상 사람마다 계시를 받을 필
요성이 없어졌다. 왜냐하면 최종적인 가르침이 기록된 형태로 모든 나라에
주어진 상태에 있게 되었기 때문이다. 그렇더라도 그 이후 시대에라도 특별
한 필요가 생겼을 때에는 하나님께서 때때로 개인들에게 계시의 말씀을 직접
전해 주셨다. 우리는 이 사실을 사사 시대에서 보았다. 그러나 그 시대라도
조직화된 형태를 갖춘 계시 운동의 흔적은 조금도 없었다.

사무엘이 하나님으로부터 계시가 거의 임하지 않던 시대로 특징지을 수
있을 만한 그런 시대에 선지자가 되자, 그는 예언할 사람을 키우는 사역을
통해서 제자 선지자를 육성하는 일을 계속했다. 이 말은 일개 선지자가 예언
을 할 수 있게끔 훈련될 수 있다는 말은 아니다. 왜냐하면 예언자적 소명이
라는 것은 하나님께로부터 오는 것임이 아주 확실하지만, 그러나 일단 사람
이 하나님으로부터 소명을 받았더라도 그들은 어떤 예언자로서의 직무나 예
언 기술 등에서 훈련을 받을 수 있는 것이기 때문이다. 예를 들면, 사울이
만났던 그 선지자들은 언덕을 내려가면서 노래로 예언하고 있었고, 또한 하
나님의 신으로 충만함을 받은 사울은 그들과 합세하여 예언하는 일에 동참할
수 있었다(삼상 10:9-12). 사울의 편의 이 행동의 결과는 또한 예기치 않았
다. 왜냐하면 사울은 하나님께로부터 오는 은사를 받았다는 아무런 증거를
이전에 보인 적이 없었기 때문이다. 그래서 그 일은 그 땅의 사람들로 하여
금 사울이 이제 과연 선지자들 가운데 있는지 질문을 하도록 했다.

이름이 알려지지 않았고 또한 비교적 별로 중요치 않은 이들 선지자들에
대해서 우리는 아는 바가 거의 없다. 그러나 우리는 그들이 제사장직과 왕직
의 잘못된 행사에서 오는 폐단들을 바로잡는 자들로서 활동했다고 추정할 수
있을 것이다. 제사장직이 엘리와 그의 아들들의 지도하에서 그 영적 절망 상
태에 도달했을 바로 이때 강력한 예언자 운동이 일어났던 것을 보면 참으로
흥미롭다. 그리고 그처럼 강력한 예언자 운동은 또한 이스라엘의 군주제의
시작과 때를 같이 했던 것을 볼 수 있다. 왕직이라는 것은 가장 쉽게 세속화
될 수 있는 직책이었고 또한 그 직책은 예언하는 사람의 지속적인 충고가 꼭
필요했을 것이다. 선지자들은 대중적인 지성으로 예언하는 일과 항상 관계가
있긴 하지만, 어디까지나 이 일은 그들의 사역의 한 측면이었을 뿐이다. 그

218

들의 주된 사역은 그들 당대를 향해서 말하는 데 있었던 것으로 보이며, 또한 가능한 한 신정정치의 관행을 지켰던 것으로 보인다.[6]

사무엘이 죽은 뒤 선지자들의 무리에 대한 이야기를 거의 듣지 못하다가 엘리야와 엘리사 시대(BC 875-800년경)에 이르러서 그들이 다시 나타나는 것을 보게 된다. 그러나 이번에는 "선지자의 아들들"이라는 새로운 칭호로 나오는 것을 본다. 선지자들의 집단이 사무엘 이후 엘리야 때까지 계속해서 있었다고 생각해도 무리가 없겠지만, 그 사이 기간의 선지자들은 백성들 가운데서 활기찬 지도력을 발휘하는 일 없이 여타의 시대에 비교하면 국민 생활에 훨씬 적게 두드러진 위치를 점유하고 있었다.

게다가 우리는 일반적인 용어 선지자(나비)라는 말 외에도 선견자(로에〔roeh〕와 코체〔chozeh〕), 파수꾼(watchman), 초병(sentinel), 그리고 그 밖의 다른 이름들도 보게 된다. 그렇지만 이 이름들 가운데 제일 처음에 말한 선지자라는 용어는 훨씬 일반적으로 사용되는 말로서, 그 근본적인 의미는 어원상으로나 용법상으로나 "대변인"이라는 뜻이다.[7] 이 어휘에 대한 고전적인 성경의 정의는 출애굽기 7:1과 4:15-16에서 볼 수 있다. 이 구절에서 아론은 한편으로는 모세의 나비(선지자) 그리고 또 다른 한편으로는 모세의 입(mouthpiece)이나 대변인으로 불린다. 다시 말해서, 나비(선지자)의 적절한 역할은 다른 사람을 대신해서 또는 대표해서 말하는 데 있었다. 이것이 하나님의 선지자의 사명임이 틀림없다. 즉, 하나님을 대신해서 하나님의 백성들에게 말하는 것이 그의 사명이다. 또한 선견자(seer)는 이해력이 빠른 것을 특징으로 하는 일개의 선지자였다. 즉, 선견자는 하나님한테서 임하는 계시를 보았다. 환상이나 꿈 속에서 보거나 들리는 소리를 귀로 알아 듣든지 또는 그 밖의 다른 여러 종류의 인상 혹은 감명을 통해서 알았다. 선지자는 나비(선지자)도 선견자도 둘 다 될 수 있었다. 실로, 그는 둘 다 되어야 했다. 왜냐하면 그는 그가 본 적이 없는 것을 도무지 선포할 수 없었기 때문이다. 두 칭호가 동일한 한 사람에게 적용되었던 증거를 사무엘의 예에서 볼

---

6) George E. Mendenhall, "Biblical History in Transition," *The Bible and the Ancient Near East*, Ed. by G. Ernest Wright, Garden City, Doubleday and Company, Inc., 1965, pp. 47-48.

7) Theophile J. Meek, *Hebrew Origins*, New York, Harper and Row, 1960, p. 150.

수 있다(삼상 3:20; 9:11).

　이따금 비평가들은 이스라엘의 초기 선지자들은 아주 광적인 데르비시(회교 금욕파의 수도사를 가리키는 말)들이었다고 주장한다. 그래서 이들 초기의 선지자들은 그런 황홀경의 상태에서 심지어는 자신들조차 알아 들을 수 없는 말로 지껄이기만 했다고 주장한다.[8] 그와 같은 견해는 히브리 선지자들을 가나안이나 그밖의 다른 근동지방의 선지자들과 비슷한 유의 선지자로 보는 견해에 근거를 두고 있다. 이들 근동지방의 선지자들은 과연 말 그대로 "열광하는" 방법으로 예언한다. 그러나 이 비평가들의 이런 주장을 지지할 만한 근거가 전혀 없다. 왜냐하면 구약성경 내에나 혹은 그밖의 다른 어떤 문서에라도 그 사실을 입증할 아무런 요소가 없기 때문이다. 심지어는 사울이 몹시 흥분한 상태에서 "예언했을" 때조차도(삼상 18:10), 그 모든 것이 의미하는 바는 그가 선지자의 특징을 나타내는 말들을 했다는 의미에서 선지자처럼 활동했음을 뜻한다. 물론 사울은 자신의 메시지를 절제할 수 없는 상태에 있었다.

　이와 비슷한 경우로, 사울이 나중에 다윗을 추적하여 라마에까지 갔을 때, 사울은 하나님의 신에 크게 감동함을 입어 "예언하기" 시작했다(삼상 19:23-24). 이 일로 사울은 밤낮 그 곳에 엎드려 있음으로 인해 다윗의 도피를 가능케 했다. 그러나 우리가 예언하는 일과 엎드려 누워 있는 것을 아주 똑같은 일이나 또는 서로에 필요한 일인 것으로 단정해서는 안 된다. 이 경우의 예언의 일은 우리가 인용했던 다른 경우처럼 아마도 사울이 단지 갑자기 노래나 말을 하기 시작했음에 지나지 않았음을 의미한다. 물론 이 경우의 노래나 말은 하나님께 대한 찬양이었을 것이지만, 그런 특수한 상황하에서는 어떤 충고를 해도 자신의 통제를 벗어나는 일이었다. 사울의 경우를 예로 든다면, 사울은 몹시 흥분된 상태에 있었고 따라서 아주 무책임한 상태에 있었던 것이 분명하고 그래서 선지자직에 대해 이런 특징이 있다고 여기도록 만든다는 것은 사실 무근이며 또한 공정치 못한 일이다. 일반적으로 지목되는 다른 예들은 그들이 역사적인 이야기 가운데 나타나는 것으로 간주될 것이다.

---

8) Theodore H. Robinson, *Prophecy and the Prophets*, London, Duckworth and Co., 1923, p. 50.

이제 시간은 바야흐로 사무엘이 백성들에게 새로운 왕이 어떠한 자일지에 대해서 공적으로 발표하려는 목적으로 백성들을 미스바에 모이도록 한 때가 되었다. 그러나 사울이 소개되었는데 사울은 아무데서도 발견되지 않았다. 왜냐하면 그는 당황해 하며 또한 겸손한 까닭에 사람들의 행구 사이에 숨었다(10:22). 그들은 곧 사울이 있는 데를 찾아냈고, 사울이 백성들 앞에 섰을 때 사람들은 그들의 새 지도자에 대해서 모든 관점에서 아주 깊은 인상을 받았다. 그는 신체적인 면에서도 아주 위풍이 있었고, 또한 그가 하나님의 신으로 충만함을 받은 상태에 있음은 이미 입증해 보였고, 그런데도 아주 겸손해 하는 모습이 여전했다. 분명히 인간적인 관점에서 보면, 그는 그의 백성들을 블레셋의 위협에서 건져낼 수 있는 영웅적인 인물로서 가장 적합한 선택의 대상이었다. 그런데도 모든 사람이 다 그렇게만 생각한 것은 아니었다. 왜냐하면 이 신체 건장한 거구를 싫어하는 몇몇 반대자들이 있었기 때문이다. 아마 이런 사람들은 사울이 보인 겸손해 하는 태도가 꼴보기 싫었을 것이다. 그래서 이들은 사울을 그들의 왕으로 인정하기를 거절했다. 그러나 사울의 관대함은 그 반대자들을 제거하기를 거절하는 데서 볼 수 있다. 심지어 그는 나중에 첫번째 군사 원정에서 승리하고 돌아왔을 때에도 그들에게 보복을 가하는 일을 하지 않고 대우를 해 주었다.

이 새 왕은 암몬 족속의 침공에 맞서 싸우는 것으로 그의 능력의 첫 시험대에 올랐다. 이때 암몬 사람들은 나하스 왕을 중심으로 따르면서 야베스-길르앗이라고 하는 길르앗 성읍을 항복시키려는 생각으로 그 성읍을 포위하고 있었다. 절망 상태에 있던 야베스-길르앗 사람들은 암몬 사람들에게 자기들과 조약을 체결하자고 간곡히 부탁했다. 그러자 암몬 사람들은 야베스-길르앗 사람들이 각자의 오른 눈을 빼어버린다면 그 제의를 받아들이겠다고 했다. 다시 말해서, 그들이 조약을 체결하더라도 그 조약의 세부 사항들은 야베스-길르앗 사람들로서는 도저히 응할 수 없는 아주 엄청난 희생을 요구한 것이다. 이 제안에 대해서 야베스-길르앗 사람들은 자기들이 그 조약을 체결하는 대가로 암몬 사람들이 그들에게 7일간 보류의 기회를 달라고 했다. 그 기간에 그들은 이스라엘 족속들에게서 도움을 얻을 것이었다. 이와 같은 희한한 요청을 했는데도 암몬 사람들로서는 야베스-길르앗 사람들이 그와 같은 도움을 얻을 가망성이 있을 것 같아 보이지 않으므로 그냥 받아들였다. 게다가, 그들 같으면 그 성읍 사람들로 하여금 굶어 죽도록 하기 위해 애써 그들

을 포위 공격하는 일을 감행하기보다는 7일 동안 그 성읍이 항복하길 기다리
는 것이 더욱 나았을 것이다.

이 애절한 호소의 부르짖음이 마침내 사울의 귀에 들렸다. 그때 사울은
기브아[9]에 있는 그의 초라한 궁전 부근 밭에서 일을 하고 있었다. 사울은 몹
시 분노하여 일어나서는 밭을 가는 데 사용하고 있던 소를 즉석에서 잡아 죽
였다. 그리고는 그것을 잘게 썰어서 마치 그 레위인과 그의 첩을 연상케 하
듯이 그 고기 조각들을 이스라엘 모든 지경에 두루 보내어 야베스-길르앗을
도우러 나아오지 않는 자는 누구든지 이와 같이 될 것이라고 경고했다. 그들
은 이스라엘 각 처에서 재빨리 나아오는 반응을 보였다. 이는 실로 베냐민의
완패 이래 참으로 진정한 협동정신을 발휘한 첫번째 일이었다. 그래서 그들
은 암몬 사람을 완전히 대패시켰다. 사울에 의한 이와 같은 성공적인 노력의
성과는 모든 백성이 길갈로 가서 그를 왕으로 공식적으로 추대함으로써 절정
에 달했다.

길갈에 있는 동안, 그리고 추측컨대 사울 왕의 취임식 석상에서였을 것
으로 여겨지는데 아무튼 사무엘은 그 백성이 인간 왕을 구하고 여호와를 거
절한 것에 관한 도전적인 발언을 했다. 사무엘은 그들에게 과거 하나님께서
그들에게 보이신 모든 은혜로운 일들을 상기시켰고, 또한 인간 왕 없이도 그
들이 훌륭하게 잘 살 수 있었던 사실을 말해 주었다. 또한, 그렇지만 비록
그들이 인간 왕을 구했다 할지라도 그들과 그들의 왕이 율법을 지켜 행하기
만 한다면 하나님께서는 여전히 그들과 또한 그들의 왕과 함께 하실 것이라
는 말을 전했다. 사무엘은 그의 충고의 말의 위력을 나타내기 위해서 하나님
의 재가(Divine sanction)를 구했다. 그 재가는 엄청난 우레와 비로 나타났
다(12:17-18). 거의 비가 내리지 않는 계절인 한여름에 이런 일이 일어났다
는 사실은 거기에 모인 무리들로 하여금 사무엘의 말이 하나님의 진리를 말
한 것이며 또한 그들이 치명적인 위험을 무릅쓰면서라도 오로지 불순종만을

---

9) 이 부지는 Abright에 의해 발굴되었는데, 올브라이트는 그곳이 아주 거칠고 개
   간이 전혀 되어 있지 않은 곳으로 보았으며, 이는 성경의 증거가 암시하고 있는
   바와 일치한다(삼상 11:4-5). 이에 관한 더 이상의 연구를 위해서는, G.
   Ernest Wright, *Biblical Archaeology*, Philadelphia, Westminster
   Press, 1957, pp. 67-69와 또한 Paul W. Lapp, "Tell el-Ful," *Biblical
   Archaeologist*, 28:2-10, February, 1965을 보라.

222

일삼았던 사실을 확신시켜 주었다.

사울이 왕위에 오른 지 2년 뒤 블레셋과 처음으로 전쟁을 하였다. 그는 그가 이끄는 소규모의 부대를 두 대로 나누었다. 그의 부대는 아마 그의 왕궁을 지키는 왕궁 수비대와 민병대에 불과했을 것이다. 이 두 대 중 한 부대는 사울이 직접 지휘했고, 나머지 다른 한 대는 그의 아들 요나단에게 지휘권을 맡겼다. 이스라엘 군대들은 미리 짜놓은 신호에 따라 게바에서 블레셋 파견대를 공격했다. 그러나 수적인 면이나 무기 면에서 월등히 앞선 블레셋 군대는 그 공격을 막아내는데 성공했다. 사울과 그의 군사들은 곳곳의 동굴들이나 요단강 건너 안전한 다른 지역으로 도피할 수밖에 없는 형편이었다. 하지만 사울은 길갈에 남았다. 그곳에서 그는 2년 전에 본 합의대로 사무엘을 기다렸다. 사울은 블레셋이 그를 곧 죽일 것이라는 현실을 인지하고 그에게 있는 소망이란 오직 하나님께만 있다는 것을 알았다. 따라서 사울은 그 선지자가 도착해서 정당한 제사를 드릴 수 있기까지 칠일을 기다리라는 선지자의 명령을 무시하고 그 자신이 직접 그 일들을 행했다.[10]

바로 그 시점에서 사무엘이 나타났고, 또한 그는 사울이 주제넘은 짓을 행한 것을 알아채고는 사울의 통치권이 그의 불순종으로 인해 대대로 세습되지 않을 것임을 선언했다. 낙심한 상태에 있었지만 사무엘이 함께 있으므로 정신적인 힘을 얻은 사울은 서쪽으로 방향을 돌려 믹마스로 향했다. 이 믹마스는 그곳에 자리잡고 있던 블레셋과 불가피한 한판 승부를 벌이기 위한 준비로 사울이 자신의 부대들로 하여금 전투 대열로 정렬시켰던 곳이다.

블레셋에게 가장 유리했던 점 가운데 하나는 그들이 당시의 철기 시장을 독점하고 있었다는 사실이다(13:19-22). 최근의 증거에 따르면, 블레셋 사람들은 철을 녹이는 방법과 그것을 평화의 때나 또는 전쟁때 활용하는 방법을 알고 있었다고 한다. 그들은 철기에 관한 노하우를 가장 처음으로 발견했던 사람들로 확실하게 밝혀진 히타이트족 사람들과 아주 가까운 관계를 맺고 지내면서 이들에게서 그와 같은 지식들을 얻었다고 한다.[11] 그들은 철에 관

10) 여기에 나오는 사무엘상 10:8과 11:14과 관련된 어려운 연대 문제를 위해서는, John P. Lange, *Commentary on the Holy Scriptures: Samuel*, Ed. by Philip Schaff, Grand Rapids, Zondervan Publishing House, n.d., pp. 11-13.
11) W. F. Albright, *The Archaeology of Palestine*, London, Penguin Books, 1956, p. 110.

한 이 비밀을 유지하고 있는 것이 얼마나 중요하고 가치 있는 일인지를 알았고, 따라서 이스라엘 백성들은 철기 용구를 얻기 위해서, 블레셋 사람들에게 부탁하여 그러한 용구들을 날카롭게 만드는데 엄청나게 많은 비용을 지불해야만 했다. 전시에는 블레셋 사람들은 그들이 직접 사용하려고 모든 철을 보유했을 것이고, 그밖의 다른 족속들에게는 기껏해야 청동 무기를 남겨 주었다.

사울과 요나단은 훨씬 우수한 무기를 소유한 블레셋 군사들을 대항해서 일련의 성공적인 군사작전을 벌이므로 믹마스에서 아주 중대한 승리를 거두었는데, 이 승리로 인해 코앞에 닥친 블레셋의 완전한 지배의 위협을 막았던 것으로 보인다. 그러나 이 전투가 진행되는 동안, 요나단은 그의 부친 사울이 그 날 저녁 승리를 얻기까지는 군대가 아무 것도 먹어서는 안 될 것이라고 백성에게 명할 때에 듣지 못하였으므로 지팡이 끝으로 꿀을 찍어서 손으로 먹었다. 이 전투의 첫 단계가 끝났을 때, 그 백성들은 블레셋 사람들한테서 양, 소, 그리고 어린 짐승들을 전리품으로 취하고 그것을 땅에서 잡아 피째 먹었다. 이 모세의 율법을 어긴 것을 보상하고자 하는 뜻에서 사울은 그 전쟁터에 제단을 쌓고 그 위에 합법적인 제사를 드렸다. 그뒤부터 전투를 계속해서 할 것인지에 대한 하나님의 뜻을 알기 위해서 힘썼지만, 하나님께서는 그에게 답변을 주시지 않으셨다. 이 일을 통해서 사울은 분명코 이스라엘 백성 가운데 누군가 그 명했던 금식의 맹세를 어겼을 것이라고 생각했다. 또한 그는 그 위반자를 죽일 것을 결심했다(14:39). 사울은 그 위반자가 다름 아닌 바로 자기 아들이라는 사실을 알고도 그 처벌의 뜻은 단호했다. 그 백성의 중재가 없었더라면 그의 위협적인 생각은 그대로 이행되었을 것이다.

사울이 전쟁을 치르고 정복한 사실들에 대한 약술이 14장 후반부에 기록되어 있다. 그는 사방에 있는 모든 대적 곧 모압, 에돔, 소바(아람 국가들 중 하나), 블레셋, 그리고 아말렉의 왕들과 싸웠고, 또한 어느 정도 성공을 거두었던 것이 분명하다. 그런데도 그가 왕으로 있는 동안 내내 그리고 그의 후임자 다윗의 재임기까지 전쟁이 있었다. 다만 솔로몬이 왕위에 오르고 나서야 오랜 기간의 진정한 안정과 평화가 그 땅에 있었다.

사울의 거절당함 (15장)

사울이 아말렉과 싸운 활동들에 관한 기사가 특별히 중요한 것은 그것이 그의 왕으로서의 위치와 관계가 있기 때문이다. 이 당시로부터 거슬러 올라가 400년 전 아말렉이 시내 반도에서 이스라엘을 공격한 그 시간부터 하나님께서는 그들을 멸하시기로 작정해 오셨다(출 17:40). 이제 사울의 치하에 그 시간이 도래한 것이다. 사무엘은 사울 왕에게 아말렉과 싸울 군대를 이끌고 남쪽 사막 지대로 내려가서 그들을 쳐부수되 마치 여호수아에 의해서 완전히 멸망당한 "저주받은" 성읍 여리고처럼 완전히 진멸하라고 전했다. 사울은 그 말에 응했지만, 돌아올 때 아말렉 왕을 살려 돌려보내고 또한 좋은 짐승들 일부를 전리품으로 가져왔다. 사무엘이 사울에게 왜 하나님의 뜻을 온전히 순종하지 않았는지 물었다. 사울은 자신은 좀더 좋은 의견을 제시했지만 그것을 무시하고 짐승들을 취한 백성들의 압력에 못이겨 어쩔 수 없이 그 일을 승인하게 되었다는 어리석은 핑계를 대다가 결국에는 자신의 죄를 인정했다. 사무엘은 뛰어난 말로 사울을 책망했는데, 이때 사무엘이 한 말은 우리에게 아주 잘 알려진 말씀으로, 순종이 제사, 즉 짐승을 통해 나타내는 외형상의 목적보다 낫다는 내용이다(15:22).

그리고 그는 사울이 여호와의 말씀을 거절했기 때문에 하나님께서 사울로 하여금 계속해서 왕이 되지 못하게 하셨다는 말을 했다. 이 선언은 이보다 앞서 동일한 뜻으로 말한 선언과 연결되는 것으로 사울의 집안이 계속해서 왕의 보좌를 차지하지 못하게 될 것임을 최종적으로 선언하는 것이었다. 적어도 외관상으로는 사울이 회개치 않고 고집하였음이 나타나지만, 사울에게 참된 회개가 없었음을 사무엘은 확실히 보았음이 분명하다. 왜냐하면 사무엘이 직접 아말렉 왕을 살해한 뒤, 그는 사울한테서 최종적으로 영원히 떠났기 때문이다.

비평가들은 보통 사무엘과 사울 사이에 개인적인 적개심이 있었다고 생각하며, 또한 그래서 그들은 보조를 맞춰 나간 적이 한번도 없다고 생각한다. 그들간에 어떤 문제를 놓고 대립이 항상 있었던 것으로 보이는 것은 사실이지만, 사무엘이 이의를 달았는데도 왕이 되었다는 단순한 이유 때문에 사울이 사무엘에게 복수심을 조금 품었을 것이라고 말하는 것은 그 위대한 선지자를 과소평가하는 것이 된다. 또한 그 전체 "싸움의 동기"가 군주제를 동경하는 사람들과 군주제 이전의 지파 동맹 체제를 선호하는 사람들 사이의 반목을 포함하는 쪽으로 확대한다면, 그런 비평은 너무 도에 벗어난 것이라고 느껴진다.[12] 사무엘이나 그 밖의 다른 어떤 사람이 이미 사울이 왕으로 즉

위하여 있을 때 군주제를 반대했다는 증거는 전혀 없다. 우리가 보게 되는
사울과 사무엘 사이의 모든 대립은 사울이 개인적으로 율법의 가르침들을 신
봉하기를 거절하였기 때문에 생긴 것이다. 초기 선지자들과 왕 사이의 대립
을 어떻게든지 이해할 수 있는 유일한 방법은 선지자들이 왕을 위한 예비적
인 교훈을 제시하고 있는 신명기 율법에 익숙하지 못하였다고 믿든지 또는
신명기 책이 보통 추정하는 것보다는 훨씬 뒤인 7세기의 한 저자에 의해서
기록된 것으로 믿든지 하는 것이다. 이 두 가지 추측 모두 실증한다는 것은
똑같이 불가능하다. 사무엘이 그 다음 왕 다윗에게 기름을 붓고 또한 그를
지지했던 것에서 볼 수 있듯이 왕 자체를 무조건 반대하지는 않았다. 다만
사무엘은 왕이 되었든 농부가 되었든 그 누가 되었든 일단 하나님의 뜻을 거
스르는 것에 대해서 그 어떤 경우든 참 선지자로서 반대했다.

사울과 다윗 (16-26)

사울이 단호히 거절하자 여호와께서는 사울의 그 다음 왕위 계승자에게
기름부을 것을 사무엘에게 말씀하셨다. 선지자 사무엘은 베들레헴이라는 유
다의 성읍으로 가서 이새의 집에서 제사를 드리라는 지시를 받았다. 이 말씀
대로 한 뒤에 사무엘은 이새의 아들들을 자기 앞으로 한 사람씩 나아오라고
하였다. 그것은 그들 중 한 사람이 왕위를 물려 받아야 할 것이기 때문이다.
모든 아들들이 사무엘 앞에 모습을 보였지만 하나님의 뜻은 여전히 나타나지
않았다. 사무엘은 그밖에 다른 아들은 없는지 물었다. 이새는 나이 어린 아
들이 하나 있는데 그가 지금 자기 집의 양떼를 돌보고 있다고 대답했다. 사
무엘은 그를 데려오게 했다. 그리고 그가 나타나자 선견자 사무엘은 즉시 그
용모가 좋은 젊은이가 미래의 왕이 될 자임을 알았다. 그는 다윗의 머리에
기름을 부었고, 그 날부터 양치는 그 젊은이는 하나님의 신으로 충만했다.

사울에 대한 하나님의 거절 및 뒤이은 다윗에 대한 기름부음과 거의 때
를 같이하여 하나님의 신이 사울 왕에게서 떠났고 악신이 그를 끊임없이 괴
롭히기 시작했다. "하나님의 부리신" 이 악신은 어쩌면 사울이 사는 날 동안
사울을 마음대로 하도록 하나님께서 허락하신 미친 귀신의 영이었을지도 모

---

12) Johannes Pedersen, *Israel Its Life and Culture*, Vol. 2, London,
    Oxford University Press, 1954, pp. 49 ff.
13) Lange, op. cit., p. 222.

른다.[13] 그의 정신착란의 발작증에 대한 유일한 치료책은 부드러운 음악을 연주하는 것이었다. 그런 목적을 위해서 수금을 잘 타는 다윗이 기브아에 있는 사울의 궁전에 보내어졌다. 다윗은 음악적 재능이 탁월한 것으로 명성이 나 있을 뿐 아니라 맹수들을 혼자서 꼼짝 못하게 죽였기 때문에 이미 청소년 시절부터 용맹스러운 영웅으로도 잘 알려져 있었다. 이것이 사울 왕에게 아주 좋은 인상을 주었고 또한 그가 호감이 가는 태도를 취했기 때문에 사울은 그를 자기의 병기 드는 자로 삼았다(16:19-23).

얼마 뒤 다윗은 분명하지 않은 기간 베들레헴으로 되돌아 갔다. 그가 없는 동안 사울은 그의 평생에 가장 지독하게 도전적인 위협을 경험했다. 블레셋 군대와 이스라엘 군대가 예루살렘 남서쪽에 위치한 엘라 골짜기 양쪽에 전투대열을 취하고 똑같이 정렬하고 있었다. 공방전을 벌이지는 않고 최소한 블레셋 사람들은 양쪽 군대를 대표하는 영웅들이 1:1로 싸워서 승패를 가르자는 결정을 하였다. 그들의 도전자는 골리앗이라 이름하는 약 270cm의 거인으로 골짜기에 서서 하나님을 저주하면서 이스라엘로 하여금 자기의 도전에 반응을 보이라고 떠들어댔다. 다윗이 때를 맞춰 그 전장터에 와서 그 블레셋 사람이 여호와를 거스려 모독적인 발언을 하는 것을 목격했다. 분노한 다윗은 만약 왕을 포함해서 그밖에 아무도 나라의 명예를 걸고 그 거인과 싸우려고 생각하는 자가 없다면 자기가 나가겠다는 결심을 했다. 다윗은 사울 왕을 설득하여 마침내 싸움에 나갈 왕의 승락을 받아 낸 뒤에, 투석기(물매)와 시냇물 바닥에서 주운 몇 개의 돌만 가지고 나아갔다. 그는 하나님을 전심으로 믿는 믿음과 하나님께 기도를 드리면서 돌 한 개를 던져 그 거인으로 하여금 땅으로 곤두박질치게 했다. 그는 재빨리 나아가서 쓰러진 거인의 목을 베고 그 머리와 칼을 승리의 환호를 올리는 이스라엘 군대로 가져왔다. 이에 놀란 사울은 이 청년이 누구의 아들인지 물었다. 왜냐하면 사울 왕이 이미 과거에 다윗을 자기의 개인 음악 연주가와 병기 든 자인 것으로 알고 있었지만, 이 용맹스러운 공적을 목격하고 그런 아들을 낳은 아버지를 기리려는 마음이 생겼기 때문이다.

다윗은 또 다시 기브아의 궁전에 거하기 시작했고, 그러는 동안에 사울의 아들 요나단이 그의 절친한 친구가 되었다(18:1-4). 다윗에 대한 사람들의 평가는 대단해서 이스라엘이 전투에서 돌아온 지 오래지 않아서 여인들은 이렇게 노래했다. "사울이 죽인 자는 천천이요 다윗이 죽인 자는 만만이라"

(삼상 18:7). 처음에는 이것이 사울 왕을 별로 괴롭히지 않은 것으로 보이지만, 다윗이 백성의 애정을 훔쳐가고 있다는 사실이 점점 더 명백해지자 사울은 다윗에 대한 의심을 떨쳐 버릴 수가 없게 되었고 결국에는 증오심을 갖기 시작했다. 사울은 정신 착란 증세를 나타내면서 한 차례 이상 그 청년 영웅을 죽이려 했지만, 매번 청년 다윗은 사울을 피했다. 결국 사울은 다윗을 해고했지만, 아무 소용이 없었다. 왜냐하면 사울이 어떻게 해도 다윗의 인기는 계속 증가했기 때문이다.

사울은 마침내 다윗을 죽이는 방법이 생각났다. 사울은 다윗에게 자기 딸 메랍과 혼인하라고 강력히 권했다. 그러나 그렇게 하고는 막상 그 혼인할 날이 되어서는 그 딸을 다른 사람한테 주었다. 그러나 둘째 딸 미갈이 다윗을 사랑하는 고로, 사울은 이것을 자기에게 유리하게 이용할 수 있겠다고 마음 먹었다. 사울은 다윗에게 한 조건을 제시하며 그녀와의 혼인을 약속했다. 그 조건은 다름아닌 다윗이 먼저 가서 100명의 블레셋 군사를 죽이고 그 증거를 가져온다면 혼인을 승락해 주겠다는 것이었다. 사울 왕의 마음을 좋게 하려는 열의와 또한 왕가와 혼인할 기회를 얻은 것에 대한 감사의 생각에서 다윗은 사울이 처음에 요구한 것보다 더 많은 200명이나 되는 블레셋 사람들을 살해했다. 물론 사울로선 다윗이 이 되지도 않을 엄청난 요구에 응하다가 죽을 것으로 바랐지만 의외의 결과로 다시금 패배를 인정하고 혼인을 승락했다. 그러나 사울은 게으름을 피는 사람은 아니었다. 그밖의 모든 방법에서 실패했던 사울은 자기 아들과 종들에게 다윗을 암살할 필요한 단계들을 밟을 것을 말하자, 요나단은 이런 계획이 아주 나쁜 것이라고 이야기했지만 결국 아버지를 확신시키지 못했을 뿐 아니라 다윗을 용서하고 그로 하여금 왕궁의 옛 직책을 다시 맡도록 설득하는 일도 성공하지 못했다(19:1-7).

그렇지만 사울의 노가 다시 한번 다윗을 덮쳤다. 그래서 사울은 다윗을 향해 창을 던졌고, 그 창은 다윗의 몸을 살짝 빗나가 꽂혔다. 다윗은 그 성읍에 있는 집으로 도망하여 미갈에게 작별을 고했고, 미갈은 다윗이 도망하는 것을 도와주었다. 이렇게 해서 다윗은 라마에 있는 사무엘의 집을 향해 떠났다. 다윗은 거기에 가서 성소에 있기를 바랐다. 사울의 부하들이 다윗의 집에 도착해 보니 이미 다윗은 그곳을 떠나고 없었다. 왜냐하면 다윗은 미갈의 지혜로운 계략 덕분에 그들보다 한발 앞선 책략을 취했기 때문이다. 사울은 즉시 신하들을 라마로 파견했다. 다윗이 사울 자신의 옛 대적인 사무엘과 합류했을지도 모른다는 의심에서 였다. 그러나 그 신하들이 그곳에 도착할 즈음 선지자 사무엘과 다윗은 이미 나욧으로 가버린 상태였다. 나욧은 라마 부근 또는 라마의 한 지역으로 선지자들의 학교와 관련이 있는 곳이었다 (19:18). 그래서 사울의 부하들은 사무엘이 이끄는 일단의 선지자들을 만났다. 그러자 그들은 절제할 수 없이 그 선지자들과 함께 "예언하기" 시작했다. 이는 어쩌면 그들이 하나님의 신에 압도되어서 그들이 이전에는 다윗을 체포하려고 했던 반면에 이제는 다윗의 친구들과 돕는 자가 되었다는 것을 의미할지도 모른다. 그 일이 있은 뒤 사울이 나욧으로 직접 갔는데, 이번에는 사울도 예언을 하게 되었다. 마치 그가 전혀 "딴 사람"이 되어서 그 선지자들을 만났을 때의 경우처럼 그렇게 많이 예언을 했다. 그는 하나님의 임재와 능력에 너무 압도당한 나머지 땅에 엎드려 겉옷들을 벗어 던진 채 밤낮 예언을 했다. 이것은 사울에겐 범상치 않은 경험이었기 때문에 목격자들의 속담으로 전해 내려오는 질문을 한번 더 했다. "사울도 선지자 중에 있느냐?" 이 경험의 목적은 분명했다. 하나님께서는 사울을 이런 모양으로 꼼짝 못하게 해 놓으시고 다윗으로 하여금 그의 악한 궤계에서 벗어나 멀리 떨어져 있는 광야까지 안전하게 도피해 갈 수 있도록 하시려는 것이었다.[14]

다윗은 요나단을 만나 의논을 하려는 생각에서 도중에 기브아를 지나갔다. 그가 혹시 자신과 사울 사이에 평화를 구할 수 있는 어떤 방법을 발견할지도 모른다는 간절한 바람에서였다. 요나단은 다윗에게 자기가 한번 더 자기 부친 사울 왕에게 다윗이 왕을 해하려는 의도가 조금도 없다는 것을 확신시켜보고 그 다음날 성 밖 한 들에서 그를 만나 그 노력한 결과에 대해서 알려주겠노라고 말했다. 요나단은 혹시 부친 사울 왕이 자신이 다윗과 만나는 것을 알게 될까 두려운 나머지 암호를 짜놓고 그 암호를 통해서 접촉하기로 했다. 요나단은 활과 화살을 취해서 마치 궁술을 연습하는 체 하기로 했다. 만약 그가 화살 한 개를 쏘고 그가 데리고 있던 소년에게 이르기를 보라 화살이 네 앞편에 있다 하면 숨어 있는 다윗은 기브아로 돌아오면 안전하지 못할 것으로 알 것이다. 만약 요나단이 그 소년에게 이쪽으로 좀더 가까이 오라 하면 다윗은 모든 상황이 좋다는 것으로 알 수 있을 것이다.

---

14) M. S. Terry, *Commentary on the Old Testament: Joshua to II Samuel*, Ed. by D. D. Whedon, New York, Hunt and Eaton, 1873, pp. 415-416.

사울이 되돌아 와서는 하루나 이틀을 기다렸다가 다윗에 관해서 물었다. 사울이 아들 요나단을 통해서 다윗이 사울 왕 자신에게 아무 허락을 받은 일 없이 베들레헴으로 가버린 사실을 알고 사울왕은 격분하여 다윗을 죽일 것을 다시 한번 맹세하였다. 요나단마저도 자기 아버지 사울이 울화통을 터뜨리는 바람에 죽을 뻔 하다가 간신히 위기를 모면했다. 무거운 마음으로 요나단은 들로 나가서 자신의 노력이 실패했음을 신호로 알렸다. 그들은 마지막 작별을 나누고 서로 헤어졌다. 그 뒤 그들은 십에서 최후의 만남을 가지기 전까지는 다시금 재결합하는 일이 없었다(23:16-18). 다윗은 먼저 놉으로 내려 갔다. 그곳에는 회막이 있었다. 그래서 그는 그곳에 있는 제사장에게 떡을 얼마 달라고 부탁하였고 또한 어떤 이유에서 그곳에 두어 왔던 골리앗의 칼을 달라고 한 뒤에 블레셋 성읍 가드로 나아갔다. 우리는 그가 변장을 하고 갔을 것으로 추정하지만 그래도 이와 같은 그의 움직임은 아주 위험스러운 행동이었다. 왜냐하면 이 가드는 얼마 전 다윗이 살해했던 골리앗의 고향이기 때문이다. 다윗의 정체가 금방 드러났고, 또한 그 사실이 블레셋 왕 아기스에게 알려졌다. 일이 이렇게 되자 다윗은 미친 체 하는 수밖에 다른 수가 없었고 또한 그렇게 해서 간신히 이스라엘 영토로 되돌아 갈 수 있었다.

그는 그 다음에 유다의 세벨라 지역을 중심으로 활동을 하며, 이곳저곳의 동굴에서 살며 또한 어느 곳을 가든지 그곳에서 피난 장소를 찾아 숨을 곳을 발견할 수 있었다. 그 후 얼마 안 있어 그는 그 주변에 있는 배반자 일당들의 마음을 끌었다. 이들은 환난당한 모든 자와 빚진 자와 마음이 원통한 자들로서 쇠퇴해 가는 사회에 대해서 염증을 느끼고 있던 자들이었다(22:1-2). 그의 가족은 한동안 그와 함께 머물러 있었던 것이 분명하지만, 사울의 보복이 그들에게 임할까 두려워 하여 다윗은 자신을 위해서 그들을 그의 증조모인 룻의 고향인 모압 땅으로 보냈다. 그는 선지자 갓의 지시에 따라 아둘람에 있는 동굴을 떠나서 유대 광야로 들어가 헤렛 숲으로 갔다. 사울은 이때쯤에는 에돔 사람 도엑을 통해서 그의 소재와 최근의 활동상에 대해 들어서 알고 있었다. 에돔 사람 도엑은 다윗이 이전에 놉을 방문했을 때 놉에 있었던 자이다. 도엑은 사울에게 놉의 제사장이 사울의 대적에게 도피처를 제공해 준 일이 있다고 알려 주었다. 그러자 사울은 서둘러 놉으로 향했고, 다윗에게 달아나서 다윗의 개인 제사장이 된 아비아달을 제외한 그곳의 모든 제사장들을 무자비하게 살해했다. 사울의 정신적·영적 상태가 얼마나 극단적으로 치우쳐서 그를 몰아붙였는지는 하나님의 기름부음 받은 이 제사장들에 대해서 이처럼 유혈 숙청을 단행한 데서 아주 분명하게 드러난다.

그러는 동안에 다윗은 그 불운한 궁정에 거하는 주민들을 블레셋의 공격에서 구출하기 위해서 그일라로 가버렸다. 이와 같은 구조 행동들은 유대의 모든 사람들로 하여금 다윗에게 애정을 느끼게 했다. 그렇기 때문에 나중에 그들이 다윗을 그들의 왕으로 그렇게 자원해서 삼았던 것을 볼 때 별로 놀라운 일이 못된다. 사울도 오로지 다윗을 붙잡기 위해서 그일라로 갔지만, 한 발 늦었다. 다윗은 이미 십 광야로 떠나 버렸다. 십 광야는 이전에 다윗이 요나단을 만나서 그의 지속적인 우정을 통해서 새 힘을 얻었던 곳이다. 그 다음에 다윗은 마온으로 이동했다. 다윗은 어떤 산의 이쪽 편으로 지나간 반면에 사울은 저쪽 편으로 지나갔다. 다윗은 그 추적자 사울을 또 다시 간신히 피했다. 그 때 긴급 보고가 사울에게 전달되었다. 그 보고의 내용은 블레셋 사람들이 다시금 공격을 해오고 있다는 것이었다. 그래서 사울은 잠시 그곳을 떠나지 않을 수 없었다. 그곳에서 사울이 자리를 뜬 틈에 다윗은 마침 상당히 쉴 수 있게 되었다.

다윗과 그의 부하들은 사해 서부 해안에 위치한 엔게디 황무지에 새로운 도피처를 발견했다(22:29). 방금 전 블레셋과의 전투를 벌이던 지역에서 돌아온 사울은 즉시 다윗의 소재에 대해서 알게 되었고, 또한 그를 뒤쫓아 그곳으로 갔다. 이곳은 가파른 산기슭에 수백 개의 동굴들이 있기 때문에 도피자에게 아주 기가막힌 도피처를 제공해 주었다. 또한 다윗이 그 다음에 그를 괴롭히는 자(사울)와 조우하던 곳이 바로 이 동굴들 중 하나였다. 사울은 그곳의 어느 한 동굴에 들어가 쉬고 있었는데, 그 굴은 우연히도 다윗이 이미 그 굴 깊은 곳에 들어가 있는 바로 그 동굴이었다. 사울이 그 동굴 깊은 곳에 있는 동안 다윗은 사울이 그 굴 바깥 부분에 놓아 둔 왕의 겉옷을 취하여 그 옷자락을 베었다. 유감스럽게 여긴 사울이지만 자신의 이전 친구인 다윗에게 악하게 행했던 잘못을 시인하고 그처럼 악의적인 일을 도모하는 것을 그만두겠다고 약속했다. 사울은 즉시 집으로 돌아왔지만, 다윗은 사울의 약속이 아무래도 믿어지지 않아서 자신이 숨는 곳에 가서 여전히 숨었다.

다윗은 유다 지파 사람이었고 또한 그가 대의를 위해서 고통당하고 있었기 때문에 자기 지파 사람들이 절망적인 곤경에 처해 있는 자신을 좀 도와주어야 마땅하다고 생각했다. 그러므로 그는 나발이라고 이름하는 농부에게 즉

시 그가 그의 부하들을 부양하기에 필요한 먹을 것과 그밖에 쓸 것들을 많이
좀 가져와 달라고 부탁했다(25:8). 나발은 그 요구를 완고하게 거절했다. 그
래서 다윗은 자기가 원하는 것을 나발에게서 강제로 빼앗기 시작했고 동시에
나발의 이기심에 대해 형벌 줄 일에 착수했다. 그의 아내 아비가일은 자기
남편에 대한 다윗의 의도를 알아 채고는 다윗이 요구했던 것들을 준비했다.
그녀는 길에서 그 도피 생활을 하는 자(다윗)를 만나서 그에게 그녀의 좋은
것들을 주면서 자기 남편을 죽이지 말아 달라고 애원했다. 그녀는 이렇게 애
원하면서 자기 남편은 그의 이름처럼(나발 — "미련한 자") 어리석게 사는
사람이라고 말했다. 그녀가 집으로 돌아온 뒤 얼마 안 있어 그녀의 남편은
술로 인한 마비 증세로 죽었다. 다윗의 마음은 이미 아름다운 아비가일에게
사로잡혀 있었다. 그러던 다윗이 나발이 죽었다는 소식을 듣자 그 과부 아비
가일을 아내로 취했다. 게다가, 다윗은 이스르엘 아히노암을 아내로 취하였
고, 또한 이미 사울의 딸 미갈을 아내로 취했었다.

　이때쯤 되어서 다윗은 십 황무지로 돌아갔다. 다윗을 그냥 내버려 두겠
다고 약속했던 사실을 그렇게 빨리 잊은 사울은 다윗의 뒤를 쫓아 그곳으로
갔다. 사울은 숨차게 헐떡거리며 다윗을 추적하느라 몸이 지칠대로 지친 나
머지 가파른 골짜기의 기슭에서 잠이 들었다. 잠자고 있는 동안 그의 군장
아브넬이 보초를 서고 있었다. 시간이 얼마 지난 뒤 아브넬도 도저히 잠이
와 견딜 수 없었다. 그리고 그 진영 전체가 잠에 떨어졌다. 용감무쌍한 다윗
과 그의 심복 아비새는 사울의 진영을 침투해 들어가 사울 왕의 창과 물병을
가지고 조용히 건너편 골짜기로 되돌아왔다. 다시 한번 다윗에게 그의 대적
을 제거할 수 있는 기회가 주어졌지만 — 그는 아비새가 사울을 즉석에서 살
해하지 못하게 하였을 뿐이다 — 그는 사울이 비참한 처지에 있지만 그래도
여전히 이스라엘의 기름부음 받은 왕이라는 사실을 의식하지 않을 수 없었
다. 그들에게 붙잡힐 만한 지역을 안전하게 벗어난 곳에서 다윗은 건너편 골
짜기에 있는 사울과 아브넬을 향해서 외쳤다. 그는 아브넬에게 그의 주인(사
울)이 창과 물병을 도난당할 때 어디에 있었느냐고 물으면서 비웃었다. 그
사건을 통해서 제일 놀란 사람은 사울이 아니었다. 우리는 아브넬이 당한 결
과에 의문을 갖고 주목해 볼 필요가 있다. 사울은 다시금 다윗에게 용서를
구했고 또한 깊이 회개한 것처럼 보였다. 다윗은 사울 왕의 창을 되돌려 줄
때 사울 왕에게 그의 진영에서 한 소년을 보내어 그 창을 가져가게 하라고

함으로써 다윗 자신이 사울 왕의 회개를 얼마나 크게 신뢰했는지를 암시했다. 그런데도 사울은 다시금 기브아로 돌아갔고 불행한 처지에 있는 다윗에게 보복하려는 생각을 결코 버리지 않았다.

사울의 최후 (27-31장)

다윗은 바로 전에 물러갔던 사울의 철수가 분명히 일시적인 것일 뿐이며, 그래서 결국에는 자신이 붙잡히고 말게 될 것이라고 생각했다. 다윗은 대담하게 블레셋 왕 아기스에게로 다시 가서 그를 위해 봉사할 것을 말했다. 이때 즈음에 블레셋 측에서는 다윗과 사울이 완전히 불화 상태에 있다는 것을 알고 있었다. 따라서 아기스가 다윗을 쌍수를 들고 환영해 맞이했다는 사실은 놀랄만한 일이 못된다. 골리앗 같은 용사를 살해할 수 있는 사람들이 소중한 협력자가 되었을 것이다. 가드 주변 지역의 왕(seren)인 아기스는 자신의 관할 구역 내에 다른 여러 성읍들을 소유하고 있었는데, 그 가운데 한 성읍을 새로운 친구 다윗에게 거처로 주었다. 우리가 현재 알고 있는 블레셋의 정치 구조를 감안할 때, 다윗은 시글락 성읍을 아기스와의 협력하에 다윗이 통치하도록 봉건 영지로 받았을 가능성이 큰 것으로 보인다.[15] 다윗은 평시에나 전시에나 아기스를 후원할 책임이 있었을 것이며, 또한 반대로 블레셋의 지원을 요청할 수 있었을 것이 분명하다. 이와 같은 협력을 기반으로 다윗은 이따금 다윗의 참된 목적에 주의하지 못하고 있는 아기스가 그의 새로운 이스라엘 동맹(다윗)을 깊게 존경하는 동안 사막에서 그의 대적과 싸우기 위해서 나아갔다.

이스르엘 골짜기에서 돌아온 사울의 부대는 블레셋과 치를 전투를 준비하기 위해서 정렬을 갖추었다. 다윗은 그의 블레셋과의 협약에 따라 대적 편에 들게 되었다. 그래서 다윗은 자신이 이미 심히 타협적인 위치에 있다는 사실을 알게 되었다. 다윗은 이미 그가 아기스를 후원하기로 약속했기 때문에 블레셋 편에서 싸우는 것을 도저히 거절할 수 없었다. 다른 한편, 그는 자신의 진정어린 동정심은 여전히 이스라엘 백성들에게 있으므로 자신은 사

---

15) Martin Noth, *The History of Israel*, New York, Harper and Brothers, 1958, p. 180. 몇 가지 흥미로운 대안들을 알아 보기 위해서는, Hanna E. Kassis, "Gath and the Structure of the Philistine Society," *Journal of Biblical Literature*, 84:259-271, September, 1965.

울 왕과 이스라엘 백성들을 향해서 결코 칼을 던질 수 없다는 것을 알았다. 다행스럽게도 다윗은 이 딜레마를 그 스스로 해결하지 않아도 되었다. 왜냐하면 블레셋의 방백들은 전투가 가열될 경우 다윗이 자기들을 배반할 것이라고 의심한 나머지 다윗을 전투 대열에서 제외시키고 시글락으로 돌려보냈기 때문이다.

그러나 사울은 쉽사리 자신이 처한 곤경을 풀 수 없었다. 그는 하나님의 뜻을 확인하고 또한 이 중요한 군사 작전에 하나님께서 복을 내리실지를 확신하려고 애썼지만, 하나님께서는 그 불행한 왕에게 자신을 계시하지 않으셨다. 또한 사울은 제사장들을 의지할 수도 없었다. 왜냐하면 다윗이 얼마 전에 놉에서 제사장들을 살해한 일이 있었기 때문이다. 사울 왕이 그렇게 대단히 의지했던 선지자인 사무엘마저 세상을 떠났다. 이런 입장에 처하자 사울로서 의뢰하게 되는 유일한 것이 불법적인 선지자나 선견자를 찾아가 묻는 것이었다. 사실은, 사울이 이전에 이와 같은 자들은 이 땅에서 마땅히 멀쩔시켜야 한다고 명령을 내렸는데도 말이다. 마침내 그는 부근 마을에 있는 한 신접한 자 곧 엔돌의 신접한 여인을 찾아냈다. 사울은 아주 그럴싸하게 변장하고는 그 여인을 찾아가 그녀에게 사무엘 선지자를 죽은 자 가운데서 불러낼 것을 요구했다. 그 여인은 그러한 일들을 하게 될 경우 사울 왕이 내린 명을 거역하는 결과가 된다고 두려워 하면서 처음에는 그 제의에 응하길 거절했다. 그러나 사울이 그녀에게 해를 받을까 두려워 할 필요가 없다고 안심시키자 그녀는 일을 진행하여 죽은 사무엘을 불러냈다. 몹시 놀랍게도 선지자가 나타났고, 또한 이튿날 블레셋 사람들이 전투에서 이겨 사울 왕과 요나단이 죽게 될 것이라고 예고했다(28:19).

지금 논의하고 있는 이 현상을 놓고 견해가 아주 다양해 왔다. 어떤 사람들은 이 전체 사건이 환상이라고 말하는가 하면,[16] 다른 어떤 사람들은 사무엘이 실제로 나타난 것이었다고 주장한다.[17] 또 다른 어떤 사람들은 그 늙

16) John Calvin as cited in Lange, op. cit., p. 335.
17) Keil and Delitzsch, op. cit., p. 262. 물론, 이것은 그것이 비록 "영체 (spiritual body)"이긴 하지만 실제 사무엘이었음을 의미한다.
18) G. Henton Davies, Alan Richardson, and Charles L. Wallis, eds., *The Twentieth Century Bible Commentary*, New York, Harper and Brothers, Publishers, 1955, p. 187.

234

은 여인이 단순히 사울왕을 속인 것이라고 주장한다.[18] 가장 가능성이 있어
보이는 견해는 사무엘이 환상의 형태이긴 하지만 실제로 나타났다는 견해일
것이다. 왜냐하면 만약 그 나타난 것이 그 여인의 묘기에 지나지 않는 것이
었다면, 그것이 나타났을 때 그녀가 놀랐다는 점 때문이다.

마법사들이 죽은 사람에게 말할 수 있었고 또한 그렇게 말한 모든 증거
가 있다. 왜냐하면 만약 그렇지 않다면 그러한 일들을 전혀 금하는 일이 없
었을 것이지만, 이 여인이 자신의 능력하에서든 아니면 사단의 능력을 통해
서든 그의 원하는 대로 거룩한 선지자를 불러 일으킬 수 있었다는 것은 논쟁
의 여지가 있기 때문이다. 우리는 하나님께서 사무엘로 하여금 나타나도록
명하셨을 것으로 믿어야 할 것이다. 비록 하나님께서 이런 특별한 상황 하에
서 그 마녀를 매체로 사용하시긴 했지만 말이다. 왜냐하면 하나님께서는 사
울에게 사울의 운명에 대해서와 또한 이스라엘 나라의 운명에 대해서 최종적
인 계시를 내리려는 목적이 있으셨기 때문이다.

우리는 죽은 자가 땅 아래 있는 자라는 사실 외엔 여기에서 죽은 자의
상태에 대한 구약의 견해에 관해서 많은 것을 배우지 못한다(28:11). 분명한
것은 의인이 쉬는 곳이나 악인이 쉬는 곳이나 전혀 구별이 없다는 것이다.
왜냐하면 사무엘은 사울과 요나단이 자기와 함께 있게 될 것이라고, 다시 말
해서 죽은 상태에서 자기와 함께 있게 될 것이라고 말했기 때문이다.

사울은 이 계시의 의미에 압도당하여 간신히 전투대열로 돌아갔다. 그러
는 동안에 다윗은 시글락으로 갔고, 거기에서 그 성읍이 약탈당하고 따라서
자신의 아내들을 포함한 주민들이 아말렉 사람들한테 사로잡혀 간 사실을 알
게 되었다(30:1-2). 다윗은 여호와께 부르짖은 뒤 자신의 사랑하는 아내들과
물품들을 되찾아오려는 바람에서 네게브를 향해 출발했다. 그렇지만 그의 작
은 부대는 이스르엘에서 시글락으로 급히 행진하였던고로 아말렉 진영으로
도무지 진군을 계속할 수 없었다. 그들 중 일부는 완전히 녹초가 되어 낙오
자가 되었지만, 나머지는 지친 몸을 이끌고 지도자를 따라서 계속 진군해 갔
다. 그들은 도중에 만난 한 안내자의 도움을 받아 아말렉 사람들을 놀라게
할 수 있게 되었다. 그래서 아말렉 사람들과 맹렬한 싸움을 하여 그들을 대
패시켰고, 포로로 잡혀갔던 모든 자들을 잃은 것이 없이 도로 찾아 왔다. 그
들은 돌아오자마자 이전에 피곤하여 능히 자기들을 따르지 못하므로 도중에
남아 있게 한 굶주린 사람들한테로 나아갔다. 아말렉 사람에게서 취한 탈취

물의 분배 문제를 놓고 한 차례의 격론이 있은 뒤에 다윗은 그에 관한 법령을 내렸고, 그 일은 그날부터 전쟁과 관련한 하나의 관행이 되었다. 전투에 직접 참가하지 아니한 사람들 곧 후방에 있는 사람들도 전투에 직접 참가한 사람들과 그 탈취한 것들을 함께 똑같이 나누어 가지도록 했다(30:24).

　　이스르엘에 돌아온 뒤 그 전투는 본격적으로 시작되었다. 완전히 패배를 맛본 이스라엘 백성들은 사울과 요나단을 포함한 그들의 사상자들을 뒤에 남겨두고 철수했다. 치명적인 중상을 입고 거의 죽음에 임박한 사울은 그의 병기 든 자에게 자신을 죽이도록 명했지만, 주의 기름부음 받은 자를 치기를 두려워 한 그 신실한 부하는 그렇게 하기를 거절했다. 이에 사울은 자기 칼을 취하고 그 위에 급히 엎드러져 자신의 죽은 아들 요나단과 사무엘과 같이 되었다. 블레셋 사람들이 그 시체에 이르러 신이 나서 그의 목을 베고 그것을 벧산 성벽에 못박았다. 그렇지만 야베스-길르앗 성읍 사람들은 사울이 예전에 왕으로서 첫 활동을 했을 때 자기들을 암몬에게서 구출시켜 주었던 것에 대한 존경과 감사의 마지막 표시로서 야음을 이용하여 사울의 시체를 되찾아 길르앗 요단강 바로 건너편에 있는 자신들의 성읍에 장사했다. 비록 사울 왕이 그의 왕 초기에는 하나님의 복을 받다가 그 이후부터는 오랫동안 타락한 생활을 했지만 이 성읍 주민들로서는 사울 왕에 대해 감사한 마음을 잊지 않았다.

다윗의 치세(삼하 1장-왕상 2장 ; 대상 11-29장)

헤브론에서의 통치(삼하 1-4장; 대상 11:1-3)

　　다윗은 어느 기준으로 보나 역사상 가장 탁월한 인물 중 하나였다. 유다의 한 마을에서 평범하게 자란 그는 아주 어린 시절부터 비범한 은사들을 나타내기 시작했다. 그는 용맹과 담대함을 지녔을 뿐 아니라, 탁월한 음악적 재능을 소유했고, 구약성경 가운데서 가장 훌륭한 시를 쓴 문필가로서의 재능을 또한 소유하고 있었다. 이런 은사들에 하나님의 은혜의 손이 평생에 그와 함께 하셨다. 이처럼 하나님의 신이 그에게 충만하게 임하시므로 그는 이스라엘 역사상 위대한 왕들 중 제일가는 왕이 되었고 또한 동시에 사사와 사무엘의 순서를 따르는 가장 진정한 신적 권위를 지닌 인물이 되었다. 그러나 어쩌면 그의 가장 두드러진 특성은 부당한 박해를 당하여 그가 보인 인내와 참을성이었을지도 모른다. 다윗은 자기가 아무런 행동을 취하지 않고서 다만 사울왕이 공식적으로 왕위를 박탈당하기 오래 전에 사무엘에게 왕으로 기름 부음을 받았었다. 그리고 사울의 독한 시기심과 미움으로 인해 생긴 일련의 박해를 받으므로 그는 그의 생애의 많은 나날들을 숨어지내며 또한 고독하게 지냈다. 그럼에도 불구하고 그는 이런 쫓겨 다니는 삶의 기간 동안에도 자신의 삶의 행보가 하나님의 뜻 안에 있으며 또한 하나님의 때가 되면 자신의 의로움이 입증될 것이라는 마음의 확신에서 오는 잔잔한 평온함이 끊임없이 있었다.

다윗은 의식적으로든 무의식적으로든 지역 전반에 걸쳐, 특히 유다 내에서는 자신의 주민들과 좋은 관계를 천천히 구축해 나가고 있었다고 우리가 확신해도 좋을 것이다. 그의 활동 초기에 블레셋과 싸울 때 보인 뛰어난 공적들로 인해 그는 백성들 가운데서 거의 전설적인 인물로 인식되었다. 심지어는 전반에 걸쳐 왕권을 행사하고 있는 사울왕과의 논쟁 문제도 많은 사람들은 다윗에 대한 동정심의 계기로 삼았을 것이 틀림없다. 필시 시간이 경과하면서 또한 왕으로서의 그의 지위의 유리함을 이용해서 사울왕은 적어도 북쪽 지파 백성들을 그의 대적한테서 떼어놓을 수 있었을 것이지만, 그러나 다윗이 심지어 사울과 싸우고 있는 동안에도 유다를 위해서 세운 공적들로 인해 남쪽 지파에서는 거의 전반적인 지지를 얻는 데 성공했다. 다윗이 마침내 통치할 수 있는 시간이 왔을 때, 유다 지파가 그를 지도자로 선택한다는 것은 형식적인 일에 지나지 않았다. 물론 다른 지파들의 경우에는 그들 가운데 친-사울 감정 때문에 다윗을 왕으로 인정하는데는 다소 시간이 걸렸다.

사울이 길보아에서 죽은 바로 뒤 한 사람이 시글락으로 다윗에게 달려와 사울 왕과 왕의 아들이 살해되었다는 슬픈 소식을 전했다. 그 사람은 그렇게 속히 달려와서 다윗한테 그 소식을 전하면 다윗이 상을 줄 것이라는 생각에서 자신이 사울을 직접 죽였다고 말했다. 그러나 다윗은 과거에 자신이 직접 죽일 수 있는 동일한 기회를 많이 만났지만 주의 기름부음 받은 자를 치려고 그의 손을 들기를 거절했던 자로서 그 말을 지어서 소식을 전하는 그 사람을 죽이라고 명하였다. 비록 그 사람이 어떤 것을 실제로 행하지 않고 그냥 가장했는데도 말이다. 그 소식을 들은 뒤 다윗의 마음은 갑자기 슬픈 감정으로 북받쳐 올랐고 이어 성경에 나오는 가장 슬픈 애가들 중 하나를 지어서 사울 왕과 요나단에 대한 자신의 커다란 사랑을 표했고 또한 그의 천재적인 시인으로서의 소질을 나타냈다(삼하 1:19-27).

이스라엘 땅에 왕이 전혀 없는 상황에서 유다 사람들은 즉시 유다의 주요 성읍인 헤브론에 있는 다윗에게로 찾아와 그를 그들 지파의 왕으로 세웠다. 이것은 사사 시대 이래 그 왕국이 분할된 상태에 있었다는 명료한 표현들 중 하나이며, 또한 그것은 미래의 좀더 큰 분할에 대해서 말했다. 다윗왕이나 솔로몬왕이 그 왕국을 그대로 유지할 수 있다는 것은 어려운 일일 뿐이었다. 또한 물론 솔로몬이 죽자마자 왕국은 남과 북으로 나뉘어 왕국의 남은 역사 기간 동안 계속되었다. 다윗이 유다에서 기름부음을 받은 반면에, 북쪽에서 사울의 아들 이스보셋[19]은 그 아버지의 왕궁에서 왕으로 선포되었다. 이스보셋은 수도를 기브아에서 길르앗의 마하나임으로 옮겼는데, 어쩌면 그 이유는 북쪽 지파의 대부분이 블레셋의 다스림 하에 있었기 때문이었을지도 모른다(삼하 2:8-9).

처음부터 이스보셋 왕위의 실권은 사울의 군대징관이었던 아브넬에게 있었고, 또한 아브넬은 나라를 재통합하고 스스로 좀더 많은 권력을 행사하려고 온갖 노력을 기울였다. 그는 유다를 침입하려고 시도했지만, 요압의 지휘하에 있던 다윗의 군대들이 기브온에서 그와 맞서 싸웠다. 양편의 왕의 신복들이 참여하는 작은 전투가 있은 뒤, 아브넬은 유다 사람들의 추적을 받으며 후퇴하지 않을 수 없었다. 요압의 동생 아사헬은 자신의 희생물로 삼을 자로 아브넬을 지목해서 골랐고, 그 때문에 베테랑 퇴역군인인 아브넬은 그에게 돌이켜 그를 살해했다. 요압은 이것을 결코 잊지 않았고, 그 날 이후로 계속해서 복수할 기회를 찾았다.

이 첫번째의 충돌이 있은 뒤 다윗은 좀더 강하게 되었지만, 북쪽의 지파들은 훨씬 더 약하게 되었다. 다윗이 헤브론에 7년 거하는 동안 다윗의 가족의 수도 많아지기 시작했다. 다윗은 이때 아내를 여러 명 두었고, 아내들 각각은 다윗에게 많은 아들들과 딸들을 낳아 주었다. 그가 나중에 예루살렘으로 옮겼을 때 솔로몬을 포함한 다른 아들들이 태어났다. 그러나 그의 첫번째 아내 미갈은 이때까지도 다윗과 함께 있지 않았다. 이스보셋과 아브넬 사이에 한 차례 불화가 있은 뒤 어느 날 아브넬이 이스라엘 왕국의 두 편(남쪽과

---

19) 역대기에서는(대상 8:33) 그를 에스바알("바알의 불")이라고 부르는데, 이것은 사울 자신의 가족에 이교의 영향력이 미치고 있었음을 암시한다.

북쪽) 사이에 평화를 조성하려고 다윗을 찾아갔다(삼하 3:12). 아브넬은 만약 다윗이 자기와 언약을 맺는다면 이스라엘을 다윗에게 넘겨줄 것이라고 약속했지만, 다윗은 미갈을 헤브론으로 데려오지 않는 한 그 언약을 맺는 일은 불가능할 것이라고 주장했다. 아브넬은 미갈을 데려오기 위해서 되돌아갔고, 그 언약은 즉시 체결되었다. 전쟁을 치르러 떠났던 요압이 그의 손꼽는 대적인 아브넬이 헤브론에 왔었고 또한 다윗이 그곳에서 그를 환대하고 그와 언약을 맺었다는 사실을 알고는 아브넬에게 다윗이 그를 다시 보기를 원한다는 전갈을 보냈다. 아브넬은 헤브론으로 되돌아 왔고, 요압은 그곳에서 그를 만나 우정을 나누는 체 하면서 그를 살해했다. 다윗은 이 일을 듣고 아브넬에 대해 큰 슬픔을 표시했고, 다윗이 보인 이 반응은 요압으로서는 도저히 이해할 수 없는 행동이었으며, 또한 다윗과 요압 사이의 이해의 차이를 일으키는 것으로 여겨지는 행동이었다.

마하나임에 되돌아오니 상황은 큰 변혁을 위한 기회가 무르익어 갔다. 그 왕국의 실력자 아브넬이 죽고, 오직 무력한 이스보셋만이 다스리고 있었다. 이때 두명의 암살자들이 개인적인 이득을 꾀하기 위해 상황을 이용하려는 생각에서 침실에 누워 있는 이스보셋을 살해하고, 즉시 다윗에게 북쪽의 왕위가 이제 비어 있는 상태에 있다고 알렸다. 또 다시 다윗은 그처럼 피를 흘리는 방법으로 일을 처리한 것에 대해서 못마땅하게 여겼기 때문에 다윗의 편이 되려고 그 짓을 행한 그 두 군장의 손발을 잘라 헤브론 못가에 매어달았다. 그러나 이스라엘의 장로들은 이제 거기에 있던 사울의 집이 사라지므로 할 일은 오직 한 가지만 남았다고 생각했다. 다시 말해서, 다윗이 통일 왕국을 다스릴 왕이 되어야 할 것으로 생각했다. 그들은 헤브론에 이르러 다윗이 이미 7년전부터 유다 지파를 다스려 왔듯이 이제 자기들을 다스릴 자로 기름부었다(삼하 5:3).

다윗의 융성(삼하 5-10장; 대상 11:4-19:19)

이 첫번째 공식적인 일은 참으로 세심한 주의를 요하는 일이었다. 다윗은 수도를 이제 모든 사람들에게 적절한 곳에 정해야 했다. 특히 지파간의 감정들이 여전히 대단히 격해져 있는 점을 고려할 때 더욱 그런 면에 신경을 써야 했다. 헤브론은 수도로 가능한 곳이 못되었는데, 그 이유는 그곳이 명백하게 유다 사람들에게 속한 성읍이었기 때문이다. 또한 만일 이곳을 통일 왕국의 수도로 정할 경우 북쪽 지파들이 몹시 분개할 것이기 때문이다. 그렇다고 해서 그는 유다에 있는 자기의 왕가에 속한 백성들을 등한히 할 수도 없었다. 왜냐하면 그들은 다른 모든 사람들이 다윗을 지지하지 않을 때 끝까지 다윗을 지지했기 때문이다. 따라서 이상적인 장소는 양편 사이의 중간 지점에 있는 도시가 되는 것이 당연했을 것이다.

그러한 조건을 만족시키는 장소로 예루살렘이 존재했지만, 예루살렘은 고대부터 여부스족이 점령하고 있었다. 유일한 해결책은 예루살렘을 무력으로 가로채는 것이었지만, 이것은 결코 쉬운 문제가 아니었다. 이 오래된 여부스 성읍은 북쪽 방면을 제외한 모든 면이 거의 직각을 이룬 가파른 골짜기들로 둘러싸인 유리한 고지 형태의 산언덕에 자리잡고 있다. 이를 둘러싸고 있는 가파른 계곡들은 동쪽과 남동쪽으로는 기드론 골짜기가, 서쪽과 남서쪽으로는 힌놈 골짜기 등이었다. 게다가 이 성은 거대한 벽으로 요새화 되어 있있고, 특히 천연직인 요새 조건이 기의 갖추이져 있지 않은 북쪽 편은 더욱 잘 요새화 해 놓았다. 더욱이, 이 성읍에는 물 공급이 아주 잘 갖추어져 있었다. 왜냐하면 그 성읍의 유수지에서부터 기드론 골짜기에 있는 지하의 샘물에까지 터널로 된 수로가 나 있었기 때문이다.[20] 그러나 그 성의 파멸의 원인이 되었던 것이 또한 바로 그 터널로 된 수로였다. 그 예루살렘성의 정서쪽에 위치한 한 언덕에 — 이 언덕은 나중에 시온산이었던 것으로 알려졌는데 — 주둔지로 자리잡은 다윗은 어떤 사람이든 그 수로를 통해서 그 성 안에 침투할 수 있는 사람에게는 왕궁의 영예로운 자리를 부여하겠다는 약속을 했다. 그 중에 요압이 나와서 그 일을 무사히 해내고는 성 안쪽에서 성문을 땄다. 그리고 약간의 전투를 치른 뒤 예루살렘 성을 빼앗았다(삼하 5:6-8; 대상 11:4-6).

한편 다윗이 이 당당한 예루살렘 성을 차지하자 그의 명성이 주변 모든 이웃 나라들에 알려지기 시작했다. 지금까지는 전체 지파들의 구심점이 되는 수령이 아무도 없었지만, 이제는 주변의 어느 나라와도 필적할 수 있는 자격을 충분히 갖춘 왕이 있게 되었다. 예를 들면, 페니키아의 히람왕이 다윗에

---

20) 1865년 Charles Warren에 의해서 발견된 이 수로는 오늘날에는 워렌의 수로 (Warren's Shaft)로 알려져 있다. 좀더 연구해 보기 위해서는, J. Garrow Duncan, *The Accuracy of the Old Tastament*, London, Society for Promoting Christian Knowledge, 1930, pp. 120-121.

게 사람들과 건축재료들을 보내어 다윗의 새로운 위상에 걸맞는 궁전을 짓도록 하였다(삼하 5:11-12). 그러나 블레셋 사람들은 또 다른 의미에서 다윗을 이해했다. 그들은 다윗이 자신들에게 엄청난 타격을 줄 가능성이 있는 존재로 보았다. 물론 그와 같은 타격이 아주 치명적인 것은 아닐지라도 팔레스타인 전역을 점령하려는 그들의 야심을 펼쳐나가는데 분명한 방해거리가 될 것으로 보았던 것이다. 팔레스타인의 대부분 지역은 그들이 사울과 이스라엘과 길보아에서 싸워 승리한 결과 그들의 손아귀에 있었지만, 그들은 그들의 지배하에 있었던 이전의 이 유다가 갑자기 융성하게 되는 것을 생각지 않았다. 그래서 이제 완전히 시기를 놓치기 전에 그들은 다윗을 대항하여 싸우기 위해서 나아갔다. 그들은 르바임 골짜기에 있는 예루살렘 변두리 지역에까지 군대를 배치해 놓았다. 블레셋의 그와 같은 도전 이상으로 또한 하나님의 특별하신 약속을 확인하고 다윗은 이 외국의 위협에 대항하여 앞으로 나아가 그들을 완전히 쳐부쉈다(삼하 5:25).

일단 그 왕국이 내부적으로 결속이 다져지고 또한 정치적인 의미에서는 그렇지 않았지만, 다윗은 그와 같은 결속마저도 도덕적이고 영적인 강력한 강조에 의해서만 유지될 수 있다는 사실을 인식했다. 실로가 파멸되고 법궤가 그곳에서부터 블레셋으로 옮겨 간 뒤부터는 백성의 신앙 생활이 다소 쇠퇴해 왔다. 물론, 이스라엘의 신앙의 참 핵심은 훨씬 더 전에 타락하기 시작했다. 심지어는 그 한 세대 전이나 또는 여호수아 이후부터 그래 왔었다. 그렇지만 이제는 외부적인 종교 의상들조차도 그들의 국민 생활에서 사라져 왔던 것이다. 기브아나 놉과 같은 여러 지역들에서 예배드리는 관행을 회복하기 위한 많은 노력이 있어왔던 게 분명하지만, 이러한 노력들은 어디까지나 율법을 기준하는 한 불법적인 종교 행위들이었다. 왜냐하면 그곳에 법궤가 없었기 때문이다. 그리고 이 지역들조차도 사울의 통치를 받고 있을 당시에는 고통을 당했었다. 우리가 앞서 살펴 보았듯이 사울은 놉의 제사장들을 숙청하였을 뿐 아니라 이스-바알이라는 사울의 아들들의 이름들이 입증해 주듯이 종교 혼합주의에 대해서 관대한 입장을 취하기도 했다(대상 8:33).

명백하게 잘못되어 있는 상황을 고치기 위해서 다윗은 법궤를 두어 온 기럇-여아림에서 본래의 장소, 본래의 위치로 되돌려 놓고 그것을 다시금 바르게 사용하도록 하는 조치를 취했다. 다윗은 그것을 실로, 세겜, 또는 과거 법궤와 연관해서 신성시되어 온 그밖의 다른 어떤 장소에 그것을 다시 배치하였지만, 결국에는 다윗은 그것을 그의 정치 중심지인 예루살렘에 옮겨다 놓기로 결정했다. 일부 사람들이 지적했듯이 이렇게 하는 것이 어떤 의미에서도 율법에 어긋나는 것은 아니었다. 왜냐하면 율법에는 언약궤를 둘 곳과 관련해서 언약궤를 지속적으로 보관할 수 있고 또한 해마다 여는 주요 절기 행사들을 거행할 수 있는 곳이어야 한다고만 말하고 있기 때문이다. 그러한 장소의 선택은 하나님의 뜻 안에 있을 것으로 추정되었고, 또한 우리는 다윗이 예루살렘에 언약궤를 두기로 정할 때 그가 하나님의 뜻을 묻지 않았다고 할만한 아무런 증거를 갖고 있지 못한다. 게다가 우리가 그 성과 아브라함의 관련에서 보았듯이 예루살렘은 이스라엘의 영적 역사에서 상당한 중요성을 가졌던 것으로 보인다.

어쩌면 다윗이 부주의하거나 또는 심지어 무지해서 법궤 입수하는 일을 잘못된 방법으로 시도했는지도 모른다(삼하 6:3-7; 대상 13:7-10). 그는 그것을 여행용 수레 위에 싣고서 아비나답의 집에서 예루살렘에 친 새 회막으로 옮겨놓았다. 모세의 율법은 레위인들이 그 율법을 옮기되 그들의 어깨에 장대들을 올려놓는 방법을 써서 옮기고 수레나 다른 어떤 탈 것에 싣고서 옮기지 않도록 아주 분명하게 말하고 있다(출 25:14-15; 신 4:5-8). 따라서 다윗의 종들이 율법의 가르침과 다르게 궤를 옮기자, 궤가 그 수레에서 이탈하여 길 옆 험한 데로 미끄러져 가기 시작했다. 아비나답의 아들들 중 하나인 웃사가 법궤를 고정시키려고 손을 내밀었다. 이 행동은 아주 불경건한 행동으로 그의 죽음을 초래했다. 이 일을 통해서 다윗은 몹시 두려워한 나머지, 법궤를 오벧에돔의 집에 석달 넘게 머물러 있도록 했다.

그리고 다음에 그것을 옮기는 일을 다시 착수했는데 이번에는 아주 세심하게 율법의 가르침에 따라서 했다. 율법에 합당한 제사 절차와 의식을 밟으면서 그 신성한 궤를 다윗성의 산에 올려 놓았다. 그리고 마침내 레위인들이 궤를 외형상으로 화려하게 뿐 아니라 마음 속으로도 큰 느낌을 가지면서 장막 안에 들여다 놓자, 다윗은 너무도 기뻐서 온 힘을 다해 하나님 앞에서 춤을 추었다. 왕궁의 창문에서 그 광경을 바라보고 있던 미갈은 다윗이 종들 앞에서 염치없이 자기의 몸을 드러냈다며 행복스러워 하는 왕을 조소했다. 다윗에게, 이것은 그와 미갈 사이의 그 동안 있어온 비극적인 혼인 생활을 빚은 많은 장애물 가운데 마지막 장애물이었다. 그래서 다윗은 아내를 몹시 책망하고는 그 시간 이후로 이제 더 이상 그녀의 남은 생애 동안 그녀와의

242

정상적인 혼인 관계를 갖는 그 어떠한 노력도 그만두었다(삼하 6:23; 대상 15:29).

외부적인 간섭에서 완전히 벗어나는 일이 현실로 이루어지자, 다윗은 이번에는 법궤를 그가 시온산 위에 설치했던 회막보다는 좀더 장엄함을 느끼게 하고 또한 영속성 있는 시설에다가 둘 것을 결심했다.[21] 그러나 하나님께서 다윗에게 예언을 베푸시는 데 쓰신 도구로 보이는 이 나단 선지자는 다윗왕에게 과거 하나님께서 이보다 더 실물적인 곳에 거하신 적이 없으셨으며 또한 미천한 회막 안에 있는 하나님의 백성 가운데 계속해서 거하시는 것을 하나님은 아주 만족스럽게 여기신다는 뜻을 전하였다. 적어도 나단은 다윗은 전쟁을 치르는 사명이 있었기 때문에 성전과 같은 그러한 전을 지을 적합한 사람이 아니라는 점을 지적했다. 그 왕국이 좀더 확고하게 자리잡히기 전까지는, 아무도 좀더 영구한 예배 처소를 세우려는 생각을 해서는 안 되었다. 비록 다윗이 그 계획들과 성전에 필요한 재료들을 진척시킬 수 있고 또한 그렇게 한다고 할지라도 말이다(대상 28장). 그렇지만 나단은 우리가 다윗 언약(Davidic Covenant)으로 알려져 있는 바를 계속해서 약술했다.

이 언약에는 성전이 다윗의 아들이자 왕위를 이을 솔로몬에 의해서 지어질 것이라는 전망에 대해서 약술하고 있을 뿐 아니라, 그보다 훨씬 더 중요한 내용으로 다윗의 후손들을 다스릴 영원한 왕국에 대한 약속도 주어져 있다(삼하 7:12-16; 대상 17:11-14). 그 언약은 영원토록 왕노릇 하실 다윗의 가장 중요한 아들 곧 주 예수 그리스도의 통치에서 절정에 달할 것이다(사 9:1-7). 우리가 이 언약을 어떤 의미에서든 이전 언약들의 교체로 간주해서는 안 된다. 다윗이 그것을 자신의 개인적인 정치적 향상을 위해서 생각해냈을지라도 말이다. 다만 우리는 그것을 하나님께서 이스라엘의 구원을 통해 하나님 자신을 점진적으로 드러내는 하나님의 커다란 계획의 연속으로 간주해야 할 것이다. 동시에 우리는 다윗에게 하신 이 약속이 한 왕가를 세우는 결과로 나타났다는 사실을 인식해야 한다. 이 구상은 이스라엘의 역사상 오직 이 시기에만 생겼던 것이다. 과거에도 여러 차례의 시도는 있었으나 실패했다. 가령, 아비멜렉이 자기 아버지 기드온의 뒤를 이으려는 시도나 또는

---

21) 모세의 회막이 놉으로 그리고 나중에는 기브온으로 옮겨진 것이 분명하다(대하 1:3). 다윗에게 이것은 오로지 일시적인 방편으로 사용했던 것이다.

이스보셋이 사울의 왕위를 잠깐동안 차지했던 일 등이 있었지만, 진정한 의
미에서 왕조 사상의 출발은 다윗에게서만 볼 수 있는 것이다.

다윗의 군사적 위업들에 대한 열거가 매우 인상적이다. 다윗은 많은 해
가 지나기 전에 그리고 그가 르바임에서 블레셋 사람들의 기를 처음으로 꺾
던 일에 이어서 모압 사람들, 소바와 다메섹과 같은 몇몇 아람 국가들[22], 그
리고 사해 동쪽의 에돔 사람들을 정복했다. 이와 같은 다윗의 정복 사업을
통해서 이스라엘의 국경은 대단히 확장되어서 그가 동맹을 맺은 페니키아를
제외한 남방(네게브) 깊은 곳에서부터 북쪽으로 유브라데강까지 미쳤다. 서
쪽으로는 그는 멀리 남쪽 해안에 있는 블레셋 다섯 도시국가들까지 그리고
좀더 북쪽으로 지중해까지 계속해서 압력을 가했고, 반면에 동쪽으로는 사실
상 대사막지대(Great Desert)까지 멀리 모든 것들을 점령했다. 그리고 그가
실제로 소유하지 아니한 영토들에 대해서는 과중한 조공을 내도록 했고, 이
렇게 해서 이스라엘의 국고를 풍족하게 했으며, 또한 이스라엘이 이전에 없
었던 삶의 기준을 제공했다.

다윗은 물질의 풍요로움 가운데서 그의 커다란 융성에 힘입어 가능한 한
자신의 친구들에게, 특히 사울의 왕가의 남은 자들에게 관용을 베푸는 조치
를 취했다. 요나단의 아들들 가운데 절름발이로 므비보셋이라 하는 아들이
있었는데 다윗은 극진한 사랑을 나누었던 친구에 대한 우정의 표시로 그를
궁전에 데려와 양육시켰고, 또한 그의 남은 생애 동안 내내 돌보아 주었다.
다윗은 다른 면을 통해서 그가 마음에 품었던 깊은 동정심을 나타내 보였다.
물론 다윗이 어떤 때는 적들을 성전(聖戰)이라는 명목이 있긴 하나 아무튼
좀 가혹할 정도로 다루었던 게 사실이긴 하다(삼하 8:2).

암몬 족속들의 전쟁들은 다윗에게 그의 국가 상호간의 관계들에 가장 큰
어려움을 겪게 했던 것으로 보인다.[23] 우리가 앞으로 회상해 보겠지만 이 사
람들은 사사 입다 시기의 이스라엘의 대적들보다 훨씬 악독했다. 그러나 다

---

22) 아람 사람들과 다윗의 관계에 대해서는, Abraham Malamat, "The
Kingdom of David and Solomon in Its Contact with Egypt and Aram
Naharaim," *Biblical Archaeologist*, 21:96-102, December, 1958을 보
라.

23) 암몬 국가에 관해서는, George Landes, "The Material Civilization of the
Ammonites," *Biblical Archaeologist*, 24:68-86, September, 1961을 보
라.

윗과 암몬왕 나하시 사이에는 평화 관계가 이루어져 왔다. 나하시가 죽자, 다윗은 나하시의 아들인 하눈한테 위로와 격려를 보내기 위해서 사절을 보냈다. 그렇지만 하눈은 다윗의 순수한 의도를 오해한 나머지, 그들이 분명히 스파이로 온 것이라고 생각하여 이스라엘의 사절단들에게 모욕을 주었다(삼하 10:4; 대상 19:4). 이 일로 두 왕국 사이에 적대 감정이 생겨났고, 또한 수리아가 이스라엘을 대항해서 싸우는 암몬 사람들 편에 가담하자, 일은 더욱 악화되어만 갔다. 그렇지만 요압이 그 연합국을 물리치는 일을 성공적으로 해냈다. 그 결과 수리아 사람들은 암몬을 도우려는 시도를 다시는 하지 않았다.

결국 가장 중요한 것은 이스라엘이 전쟁 상태에 있는 동안에 활동한 다윗의 활동들이었다. 다윗왕은 늘 해 오던 대로 몸이 허락하는 한 군사 원정에 직접 참여하였다. 그렇지만 요압과 그 군대가 주도인 랍바성(랍바-암몬)을 포위 공격하기 위해서 암몬을 향해 출격하는 동안 다윗은 몇 가지 이유에서 예루살렘에 남아 있었다. 집에 있으면서 그는 우리야의 아내 밧세바에게 반해서 넋을 잃고는 그녀와 간통하였다.[24] 우리야는 헷 사람으로서 용병 출신의 군대 장관이었다. 그녀 자신이 임신한 사실을 알게 된 후, 다윗은 사람을 보내어 우리야를 데려와서는 그에게 아내에게 돌아가서 며칠 동안 휴가를 보낼 것을 권유했다. 아주 훌륭한 사람인 우리야는 자신의 부하들이 전선에서 고생하고 있는 동안 자신만 집에 가서 즐거움을 누릴 수가 없었다. 우리야는 집으로 돌아가는 일을 거절하고는 며칠 밤을 다윗의 왕궁 문에서 그냥 남아 지냈다. 이와 같이 해서 다윗으로서는 우리야의 아내가 임신한 것이 우리야의 부부 생활로 인해 생긴 일이라고 핑계를 댈 수 있는 아무런 가능성이 없게 되었다.

일이 이렇게 되자 유일한 대안은 우리야를 제거해서 밧세바로 하여금 자유로운 몸으로 자신과 혼인하도록 하는 일뿐이었다. 그러므로 다윗은 이제 편지를 써서 우리야의 손에 붙여 요압에게 보냈다. 그 편지에서 다윗왕은 그

---

24) 다윗의 이 큰 범죄 사실에 대해서 역대기 기자는 언급을 하지 않는다. 역대기 기자의 일반적인 기록 성향은 물론 이러한 것들이 다 하나님의 영감을 받아서 하는 것인데 다윗의 생애의 유감스러운 면들에 대해서는 축소해서 기록하려는 경향이 있었다. 이에 대한 좀더 자세한 연구를 위해서는, Edward J. Young, *An Introduction to the Old Testament*, Grand Rapids, Wm. B. Eerdmans Publishing Company, 1958, pp. 421-422을 보라.

의 장관 요압에게 아무 것도 모르고 있는 헷 사람 우리야를 전방에 배치하고
는 그 다음에는 우리야가 전혀 모르게 후퇴해 버리라고 명령했다. 이 비열한
수법의 명령은 그대로 이행이 되었고, 그리고 사람을 죽인 책임이 있는 다윗
은 그 과부를 자신의 아내로 취했다(삼하 11:26-27).

　이 더럽고 아주 야비한 일이 하나님을 몹시 불쾌하게 한 것은 당연하다.
그래서 하나님께서는 나단을 다윗에게 보내서 한 비유의 말씀을 전하게 하셨
다. 그 비유는 한 부자가 자신이 아끼는 많은 양들이 있는데도 가난한 이웃
사람의 양을 도적질했다는 내용의 말씀이었다(삼하 12:1-6). 이 이야기는 다
윗왕을 몹시 화나게 했고, 그래서 다윗왕은 맹세하면서까지 그 탐욕이 많은
사람에게 벌을 내리도록 명했다. 선지자가 다윗왕이 바로 그 범인이라고 지
적하자, 다윗은 처음으로 마음 속에 그 추악한 느낌이 와 닿았다. 다윗은 아
주 절망적인 상태에서 죄를 회개하면서 자신이 끔찍한 살인죄와 간통죄를 저
지른 것에 대해서 하나님의 용서를 구했다. 그래서 하나님께서는 다윗왕을
용서해 주셨지만 부정하게 태어난 아이는 다윗의 간절한 기도에도 불구하고
죽었다. 물론 그렇게 기도하지 않았더라도 그 아이의 결과는 마찬가지가 되
었을지도 모르지만 말이다. 그렇지만 혼인한 뒤 또 한 명의 아이를 낳았는
데, 이번에는 순산하여서 그 아이의 이름을 솔로몬("평화")이라 하였다. 어
쩌면 이 이름의 뜻 평화가 그 회개한 왕의 마음과 영혼에 다시금 임했음을
가리키는 것일지도 모른다(삼하 12:24).

　이제까지는 모든 일이 잘 되어 간 것처럼 보이지만, 그러나 이 일이 있
은 뒤 그의 개인적ㆍ가정적 삶은 비극의 연속이 되었다. 첫번째로 기록된 그
예는 다윗의 딸 다말이 그녀의 배다른 형제 암논한테 강간을 당한 일이었다
(삼하 13:14). 이 일로 그녀의 친오빠 압살롬은 보복심이 생겼고, 암논을 죽
여버림으로써 그 잘못에 대한 벌을 하기로 결심했다. 그는 2년 뒤 잔치를 벌
이고는 암논을 그 자리에 특별히 초대했다. 아무런 주의를 기울이지 않고 암
논은 그 초대 자리에 참석하였다. 압살롬은 부하들을 시켜 암논을 암살하고
는 자신은 그곳을 피하여 그의 어머니의 고향인 그술로 갔다. 이 살인적인
투쟁은 다윗의 마음을 무겁게 짓눌렀고, 그는 압살롬이 집으로 되돌아 오지
못하도록 단호히 거절하였다. 비록 압살롬이 그를 떠나 있으므로 그가 몹시
그리워 했고, 또한 그동안 이룬 업적에 어느 정도 인정할 만한 면이 있는 것
같았어도 말이다. 마침내 3년 뒤 요압은 뛰어난 외교술을 발휘하여서 재통합

의 계획을 꾸몄지만, 압살롬이 예루살렘으로 되돌아 오자 다윗은 그를 다정하게 맞이하려 하지 않았다. 2년이 더 지났다. 이 2년이란 기간은 자부심 때문에 자기 아들과의 평화로운 관계를 이루려고 하지 않은 고집센 왕에게는 불운한 나날들이었다. 그뒤 요압이 다시 한번 중재할 기회가 왔다. 이번은 성공적으로 아버지와 아들이 재결합하게 하였다(삼하 14:33).

그러나 화해의 기쁨은 압살롬 편에서는 피상적인 것일 뿐이었다. 5년이라는 긴 시간 동안 그는 아버지가 거절한 일에 대해서 골똘히 생각했다. 그는 이 거절이 그 상황 하에서는 완전히 부당한 처사였다고 느꼈다. 그리고 그는 아버지가 자신을 무정하게 대한 것에 대해서 보복하려는 생각을 오랫동안 했다. 이제 형식적인 우호 관계를 맺었으므로 마음 속으로 궁리한 음모가 효과를 볼 수 있게 되었다. 압살롬은 성문에 자주 오기 시작하였다. 거기에서 그는 매일 수많은 사람을 접할 수 있었다. 사람들은 왕에게 슬픔을 호소하기 위해서 그곳에 자주 왔지만, 그 바쁜 군주는 사소한 일들을 위해서는 거의 시간을 낼 수 없었다. 그러나 압살롬은 동정어린 귀를 갖고서 그들의 불평하는 말들을 들었고, 또한 자기가 왕이 되기만 한다면 그들이 만족함을 얻을 수 있게 될 것이라는 암시를 은근히 주었다. 그는 이렇게 점점 무수한 사람들한테 환심을 샀다(삼하 15:6). 다윗이 발 밑에서 일어나는 일을 감지하게 되었을 때는 이미 너무 늦어버렸다. 다윗왕은 자신을 신실하게 따르는 추종자들을 모아서 자신의 궁전과 성에서 도피하였다. 궁전과 성을 자기를 배반한 자식한테 버리고 떠났다. 그는 친구들 중 일부를 뒤에 남겨두고 스파이와 파괴공작원 역할을 하게 했다. 그 중에는 다윗의 제사장 아비아달, 또 다른 제사장 사독, 그들의 두 아들, 그리고 나이 많고 지혜로운 사람 후새 등이 포함되어 있었다. 다윗은 후새더러 청년 압살롬을 현혹시키는 조언을 해주라고 지시했다. 그렇게 해서 다윗의 도피하는 일과 또한 후일에 다시금 돌아오는 일이 좀더 확실해질 수 있도록 하려는 것이었다.

다윗왕과 그의 왕궁 신하들은 감람산을 넘어서 여리고 길로 갔다. 그리고는 요단의 저편으로 갔다. 요단에서 그들은 일단 부대를 소집하였다. 예루살렘에 되돌아 온 압살롬은 확고한 통제력을 갖고 있었고, 또한 친히 아버지의 후궁들을 취함으로써 아버지가 누렸던 지위를 자신이 누리고 있다는 것을 과시했다(삼하 16:22). 그러는 동안에 후새는 그 왕자의 신임을 얻었고, 또한 자신의 지위를 다윗의 이익을 변호하는 자로서 사용하기 위해 온갖 노력

을 기울였다. 공식적인 왕궁의 모사인 아히도벨은 압살롬더러 즉시 다윗을
추적하여서 다윗으로 하여금 되돌아오거나 또는 왕위를 다시 찾으려는 시도
를 하지 못하도록 하게 하라고 충고했다. 그러나 후새는 다음과 같은 취지에
서 반대의 충고를 주었다. 즉, 만약 압살롬이 왕으로서의 그의 지위를 확보
하기 전에 다윗과 싸우려는 시도를 한다면, 좀더 확고한 위치에 있으며 더구
나 좀더 잘 준비된 군사인 다윗이 승리하게 될 것이라고 조언했다. 물론 이
모든 것들이 결국에는 다윗에게 유리한 것이 되었다. 왜냐하면 다윗에게는
이 당시 자신이 그의 세력을 공고히 하고 또한 우호적인 관계를 맺고 있는
암몬 족속과 그 밖의 다른 족속들의 원조를 얻기에 필요한 시간적 여유가 있
었기 때문이다. 아히도벨은 자신의 충고가 거절당하는 것을 보고는 목매어
자살했다. 압살롬은 기회를 노렸고, 모든 것이 준비되었다고 생각할 때 아마
사의 지휘하에 부대를 데리고 트랜스요르단으로 향했다.

　한 차례의 격렬한 전투가 요단 부근 에브라임 수풀에서 벌어졌고, 그 결
과 전투 경험이 좀더 풍부한 다윗의 영웅적인 군사들의 승리로 일단 끝이 났
다. 압살롬은 커다란 뽕나무 가지에 머리가 걸렸고, 공중에 매달려 있다가
요압이 던진 몇 개의 창에 심장이 관통되어 죽었다(삼하 18:14). 소식을 전
하는 자들이 다윗에게 급파되었지만, 다윗은 자신의 아들 압살롬이 잔혹하게
죽임을 당했다는 사실에 대한 충격이 너무도 큰 나머지 그 전투가 승리로 일
단락 되었다는 소식에는 별로 기쁨을 느끼지 못했다. 비통한 눈물을 흘리며
다윗은 아들의 그 비참한 종말을 슬퍼했다. 비록 그 아들이 자신의 생애에
그렇게나 많은 슬픔을 자아냈지만 말이다. 그처럼 슬픈 감정을 표시하는 것
에 대해서 아주 못마땅하게 여긴 요압은 다윗에게 나아가, 다윗이 마땅히 그
들의 패배와 죽음을 기뻐해야 하는 데 오히려 대적들을 위해서 몇 번이고 슬
퍼했던 사실을 상기시켰다. 첫번째는 사울의 경우였고, 다음에는 아브넬의
경우였고, 다음에는 이스보셋의 경우였고, 그리고 이제 자신의 간악한 아들
의 경우이다. 요압이 볼 때에는 다윗에게 한 가지 결정적인 결점이 있다면,
다윗이 자신의 대적들을 포함한 모든 사람들에 대해서 무책임한 사랑을 보이
는 점이었다(삼하 19:6). 그리고 그 결점은 그 두 사람 사이에 악한 감정을
유발시키므로 완전한 결별을 초래할 수 있는 것이었다.

　다윗은 요압이 내세우는 가설에 입각한 억측에 분개했고, 그래서 예루살
렘으로 돌아오자마자 군대 장관 자리에 요압 대신에 압살롬의 군대장관이었

던 아마사를 임명했다. 그 외에 모든 사람들에 대해서는 너그러이 용서를 베풀었다. 심지어는 다윗 자신으로 하여금 예루살렘을 처음으로 떠나도록 하는 치욕을 가져다 주었던 그 쿠데타 사건에서 가장 핵심적인 역할을 했던 사람들조차도 너그럽게 용서해 주었다. 그러나 다윗이 이런 용서를 베푸는 것에 대해서 백성들은 마음에 좋게 여기지 않았다. 백성들 중에는 사울이 가졌던 커다란 인기 때문에 다윗을 대항하려는 어떤 적개심 같은 것이 항상 있어 왔다. 특히 북쪽 지파들 사이에서는 그런 것이 유독 더 했다. 그런데다가 압살롬은 다윗조차 능히 할 수 없는 백성의 기분을 사로잡는 일을 잘 해냈었다. 그렇기 때문에 다윗이 수도로 돌아와서 주로 자신의 지파인 유다 지파 사람들에게 지지를 받은 일이 새로운 반란의 씨앗이 싹트는 일이 되기 시작했다는 것은 결코 놀라운 일이 아니다.

이번에 선동을 일으킨 자는 베냐민 지파의 세바였다. 세바는 왕이 유다 지파 사람들을 명백하게 편애하기 때문에 북쪽 지파 사람들은 왕과 함께 할 업이 조금도 없다고 발표했다(삼하 20:1). 다윗은 그후 곧바로 아마사로 하여금 이 새로운 반란을 진압하기에 필요한 군사를 얼마든지 확보하고 또한 그 군대를 이끌고 나아가서 여전히 다윗이 통치하고 있다는 사실을 백성들한테 보여주라고 명령했다. 전투하러 가는 도중에 요압이 아마사를 옆으로 불러내어서 아마사와 의논하는 척하면서 칼로 찔러 죽였다. 요압은 다시 한번 군대장관으로서 왕의 군대를 이끌고 북쪽 아벨로 향했다. 아벨은 납달리의 북부 지역에 위치해 있는 곳이었다. 거기에서 그는 세바와 그의 일당을 찾는 수색작업을 벌인 끝에 그 성벽 사이에 숨어 있다는 것을 알아냈다. 요압이 그 성 전체를 불사르겠다고 그 모든 주민들에게 위협을 하자, 한 지혜로운 늙은 여인이 그처럼 공격하는 이유를 물었다. 요압은 그녀에게 자신들이 세바만 추적하고 있는 것일 뿐이라고 말했다. 그러자 잠시 뒤에 세바의 머리가 그 성벽 위에 나뒹굴었다. 그 성의 안전을 위한 대가가 지불되었던 것이다(삼하 20:22).

그 지역에서 이와 같은 정치적인 긴급 사태들이 일어난데 뒤이어 3년 동안의 가뭄으로 인해 농작물 재난이 발생했다. 그러자 다윗은 하나님께서 이와 같은 재난을 내리시는 이유가 무엇인지를 여쭈었다. 이에 대한 답변으로 하나님께서는 다윗에게 사울의 집이 여호수아가 기브온 거민들과 맺은 옛날의 조약(수 9:15)을 어기면서 기브온 거민을 학대했고, 그 학대한 일 때문에 이렇게 기근이 임한 것이라고 말씀하셨다. 그래서 다윗은 기브온 사람을 불러 어떻게 해주길 바라는지를 물었다. 그러나 다윗은 그들의 답변에 대해서 전혀 준비가 되어 있지 않은 상태에 있었다. 기브온 사람의 요구는 사울의 남은 아들들을 목매달아 죽여야 한다는 것이었다. 다윗왕은 심각한 딜레마에 봉착했다. 그는 기브온 거민들의 요구를 수용해야 하지만, 또한 사울의 가족을 가능한 한 많이 보존시키도록 노력해야 했다. 끝내 사울의 아들들 가운데 7명을 기브온 거민들에게 내어준다는 조건으로 타협이 이루어졌다. 그러나 요나단의 아들 므비보셋은 요나단을 생각해서 구제해 주었다. 그렇게 한 뒤에 다윗은 일종의 보상의 하나로 사울과 요나단의 유골들을 건네주었다. 이들의 유골들은 그때까지 여전히 야베스-길르앗에 묻혀 있었다. 그래서 유골들은 사울의 왕성이자 실제의 고향인 기브아로 옮겨와 잘 묻혔다.

다윗의 말년(삼하 22-왕상 2: 대상 21-29)

사무엘하에 기록된 다윗이 행한 또 하나의 잘못된 행위는 다윗이 군대의 수를 헤아린 것이었다. 사무엘하는 "그가" 다윗으로 하여금 백성을 계수하도록 충동했다고 기록하고 있다(삼하 24:1). 이 대명사가 가리키는 말은 여호와임이 분명하지만, 그러나 역대상은 사단이 다윗으로 하여금 이 일에 죄를 짓도록 유혹했다고 진술한다(대상 21:1). 의심할 여지 없이 이 절충안은 사무엘에 나오는 "그가"라는 대명사를 여호와가 아니라 사단을 가리키는 말로 보는 데 있을 것이다. 분명한 사실은 하나님께서는 사람들을 꾀어서 악한 짓을 저지르게 하시지 않는다는 사실이다. 아무튼, 군대의 수를 세는 것은 하나님의 영적인 자원들보다는 육신을 의지한다는 것을 암시하는 것으로 보이며, 따라서 그와 같은 하나님께 대한 신뢰의 결핍은 형벌을 받아 마땅하다. 머지 않아 다윗이 인구 조사를 하려는 마음을 일으킨 자만의 죄를 인식하게 되겠지만, 이미 선지자 갓은 그 일에 대한 하나님의 심판의 내용을 가져 왔다.

이번에는 다윗은 7년 기근, 대적들에게 석 달을 쫓겨 다님, 그리고 삼일 동안의 온역 등 이 세 가지를 놓고서 그 하나를 선택해야 했다. 사람들의 손에 빠져들어가는 것을 두려워 한 다윗은 두번째 선택 항목을 거절하고, 하나님의 자비의 손에 자신을 맡기고 받아야 할 고통을 받았다. 한 차례 무서운 유행병이 발생해서 7만 명이 죽었다. 다윗은 깊이 기도하며 여호와의 은혜를 구했고, 또한 선지자 갓의 지시대로 고대 모리아산 부지에 위치한 아라우나 타작마당에 제단을 세우고 그곳에서 여호와 앞에서 번제와 화목제를 드림으로써 탄원하였다(삼하 24:25). 하나님께서 기도를 들으시매 재앙이 그쳤다. 그뒤에 솔로몬이 바로 예루살렘의 옛 여부스 성 정북에 위치한 바로 이 부지를 그의 웅장한 성전 부지로 택했고, 또한 그것을 그 성벽 안에 포함시켰다.

다윗의 생애 후기는 적어도 국제적인 사건들과 관련해선 비교적 평화로운 나날이 지속되었다. 그렇지만 그가 저지른 간통사건으로 인해 야기된 가족내의 여러 가지 문제들이 계속해서 생겨났고, 또한 그가 죽음을 앞에 둔 나날들은 그의 친자식들간의 왕위 쟁탈로 치달았다. 그가 아버지의 부성애를 가지고 응석을 받아주었던 아들 아도니야는 자기 아버지가 나이가 너무 많아서 간섭할 수 없을 때를 기다렸다. 그래서 마침내 그는 다윗의 제사장과 친구 역할을 오랫동안 해 온 아비아달과 수 차례의 군사 원정에서 맹위를 떨친 영웅 요압을 설득해서 다윗이 죽자마자 왕위를 차지하려는 자신의 노력에 편들어 줄 것을 요청했다. 하지만, 하나님의 약속에 따라 솔로몬이 그 나라의 왕위를 차지해야 했다(대상 22:9-10). 아무튼 선지자 나단, 제사장 사독, 그리고 그 밖의 다른 몇몇 유명 인사들이 아도니야의 왕권 찬탈 음모에 반대하고 솔로몬 편에 가담했다.

나단은 솔로몬의 어머니 밧세바로 하여금 왕에게 가서 아도니야가 합법적으로 왕위를 계승할 자인 그녀의 아들을 반대할 음모를 꾸미고 있다는 사실을 알리도록 재촉했다. 그녀가 왕에게 그와 같은 내용의 이야기를 하는 사이에 나단이 왕의 방으로 들어와 그녀가 한 말을 지지하는 말을 했다. 더러운 일이 배후에서 진행되고 있다는 사실을 안 늙은 다윗왕은 나단과 사독에게 즉시 솔로몬을 왕으로 기름부으라고 명령했다. 왕의 급한 지시와 함께 왕을 기름붓는 예식이 거행되었고, 또한 그 일이 진행될 때 "솔로몬왕 만세!" 하는 큰 소리의 외침이 있었다. 그리고 그 소리는 온 성에 메아리 되어 퍼졌다. 그 성 안의 다른 지역에 있던 아도니야가 이 소동하는 소리를 듣고 이어서 아비아달의 아들한테서 그 소동하는 일이 솔로몬이 그의 아버지의 지시에 따라 왕위를 차지하는 행사였다는 사실을 전해 듣고는 목숨을 구하기 위해서 회막의 제단으로 도피하였다. 한동안 다윗도 솔로몬도 이에 대한 보복 행위를 일체 하지 않았다. 그러나 다윗왕은 세상을 떠나는 맨 마지막 순간에 이르러 그 아들 솔로몬에게 반역한 자들에게 필요하면 그 어떠한 형벌이라도 내려도 좋다는 지시를 내렸다. 그리고 나서는 저 위대한 인물 다윗은 70세의 일기를 마치고 그의 선조들과 함께 누웠고, 또한 마침내 힘든 일과 투쟁의 생애를 마치고 안식에 들어갔다(BC 971년경).

솔로몬은 자신의 왕의 지위를 공고히 하기 위해서 무모하게 시간을 낭비하는 일이 전혀 없었고 또한 능률을 극대화할 수 있는 상태에 있었다(왕상 2:12). 그의 배다른 형제 아도니야는 어리석게도 그의 고인이 된 아버지의 첩을 자신에게 주어 아내로 삼게 할 것을 요청했다. 이 요청은 결과적으로는 그에게 왕의 지위를 준다는 것을 계산한 것이었다. 그러나 솔로몬은 지혜롭게 그 요청 속에 들어 있는 속셈을 놓치지 않고 잘 간파했다. 그 동안 억제했던 보복심을 폭발시킨 솔로몬은 그의 용사 브나야를 시켜 아도니야를 살해하도록 명했고, 또한 그렇게 해서 그의 정치적 야망이 미래에 되살아날 그 어떠한 가능성도 제거해 버렸다(왕상 2:25). 그 다음에 이어서 이 새로운 솔로몬 왕은 아비아달로 하여금 예루살렘을 떠나고 또한 그의 제사장직을 그만두라고 명하였다. 그렇게 한 유일한 이유는 그의 구원은 그의 거룩한 지위가 되기 때문이었다. 그뒤 요압에게 주위가 쏠렸다. 요압은 이미 생명에 위협을 느낀 나머지 도망하여 제단뿔을 잡고 있었다. 그러나 아무 소용이 없었다. 브나야가 그곳에서 그를 붙잡아 즉석에서 그 거룩한 곳에서 멀리 떨어진 곳으로 끌고 가서는 쳐죽였다. 마지막으로, 시므이가 있는데, 그는 불운한 처지에 있던 다윗이 압살롬을 피해 성 밖으로 도망을 가고 있을 때 다윗에게 저주를 퍼부었던 자이다(삼하 16:5-7). 솔로몬은 이 시므이에 대해서 만약 그가 성을 떠나려는 그 어떤 시도라도 한다면 그도 반드시 죽을 것이라는 경고를 했다. 시므이는 이 경고에 부주의하고 그 명령을 아주 미약한 정도이지만 아무튼 어기고 돌아오자마자 이미 희생자를 낸 숙청의 희생물이 되었다.

솔로몬(왕상 3-11장; 대하 1-9장)

솔로몬의 지혜(왕상 3-4장; 대하 1:1-13)
다윗의 이스라엘 통치 40년 동안 일어났던 극적이고도 광범위한 변화들을 전부 기술한다는 것은 거의 불가능한 일이다. 심하게 분할되어 있거나 또는 기껏해야 느슨하게 동맹체를 이루며 멀리 퍼져 있던 부족 집단이었던 나라가 통일을 이루어 강력하고 또한 비교적 상당히 부유한 국가를 형성하게 되었다. 지금까지는 나라가 한 강력한 부족 두령이나 별로 다를바 없는 자가 그것도 별로 중요한 의미도 갖고 있지 못한 베냐민 지파의 한 도시에 있는 초라한 궁전에 거하면서 통치해오던 것에 비하여, 왕이라는 말이 담고 있는 실질상의 의미 그대로의 왕이 보좌 위에 앉았다. 부족들뿐 아니라 주변 국가들이 이스라엘에 합병되어 다윗의 영향권 하에 들어갔거나 또는 적어도 속국의 위치로 전락하게 되었다. 이처럼 이스라엘 나라는 어쩌면 이제 당시 세계적인 강대국들에 필적할 만하다고 할 수 있을 정도까지 강대국이 되었다. 전략적 지형인 비옥한 초승달 지역에 위치한 이스라엘은 사방으로 상당한 영향력을 행사했고, 또한 그 길을 통과해야만 무역업을 할 수 있는 사람들에게서 세금을 징수할 수 있는 유리한 지형상의 위치에 자리잡고 있었다.

게다가 우리는 다윗 치하의 이스라엘에서 영적 각성 운동이 있었음을 입증해 주는 참된 증거들을 볼 수 있는 것 같다. 만약 군주제 자체가 어떠한 표준이 된다면 말이다. 왜냐하면 이스라엘 역사상 가장 위대한 신앙 시들이 이때 그리고 그 다음 세대에 쓰여졌기 때문이다(삼하 22; 23:1-7; 대상 23-29장). 더욱이 그 당시 이스라엘 내에 우상 숭배 관행이 있었다는 언급이 거의 없는 것으로 보이며, 따라서 우리는 그 경건한 왕이 그 나라 안에서 그와 같은 것들을 아주 철저하게 제거했을 것이라고 결론내릴 수 있다.[25] 이제 다윗왕이 죽고 또한 다윗왕의 이전 대적들이 그 아들의 손아귀에서 멸망해버렸기 때문에, 우리는 "나라가 솔로몬의 손에 견고하여지니라"고 하는 진술의 의미를 잘 이해할 수 있다(왕상 2:46).

이스라엘 나라의 새로운 중요성을 말해주는 일부 사상을 우리는 솔로몬이 애굽의 바로와 거의 대등한 관계를 맺고 있었던 것으로 나타난 사실에서 볼 수 있을 것이다. 적어도 솔로몬은 바로의 딸과 혼인했다. 이는 거의 유례없는 성취였다. 왜냐하면 애굽의 공주는 애굽의 왕권을 이어받도록 되어 있었기 때문이다.[26] 그러나 그 의미 속에는 그 나라의 운명이 막을 내릴 씨앗이 내포되어 있었다. 왜냐하면 우리는 예루살렘 밖의 여러 "산당(높은 곳)"들에서 준 - 합법적인 종교 관행이 시행되고 있었다는 것을 알기 때문이다. 필시

---

25) 다윗은 예루살렘에서 제사장적인 질서와 레위적인 질서를 확립했고, 또한 성(聖) 문학과 음악을 장려하였다(대상 25장).

26) Malamat, op. cit., pp. 91-92).

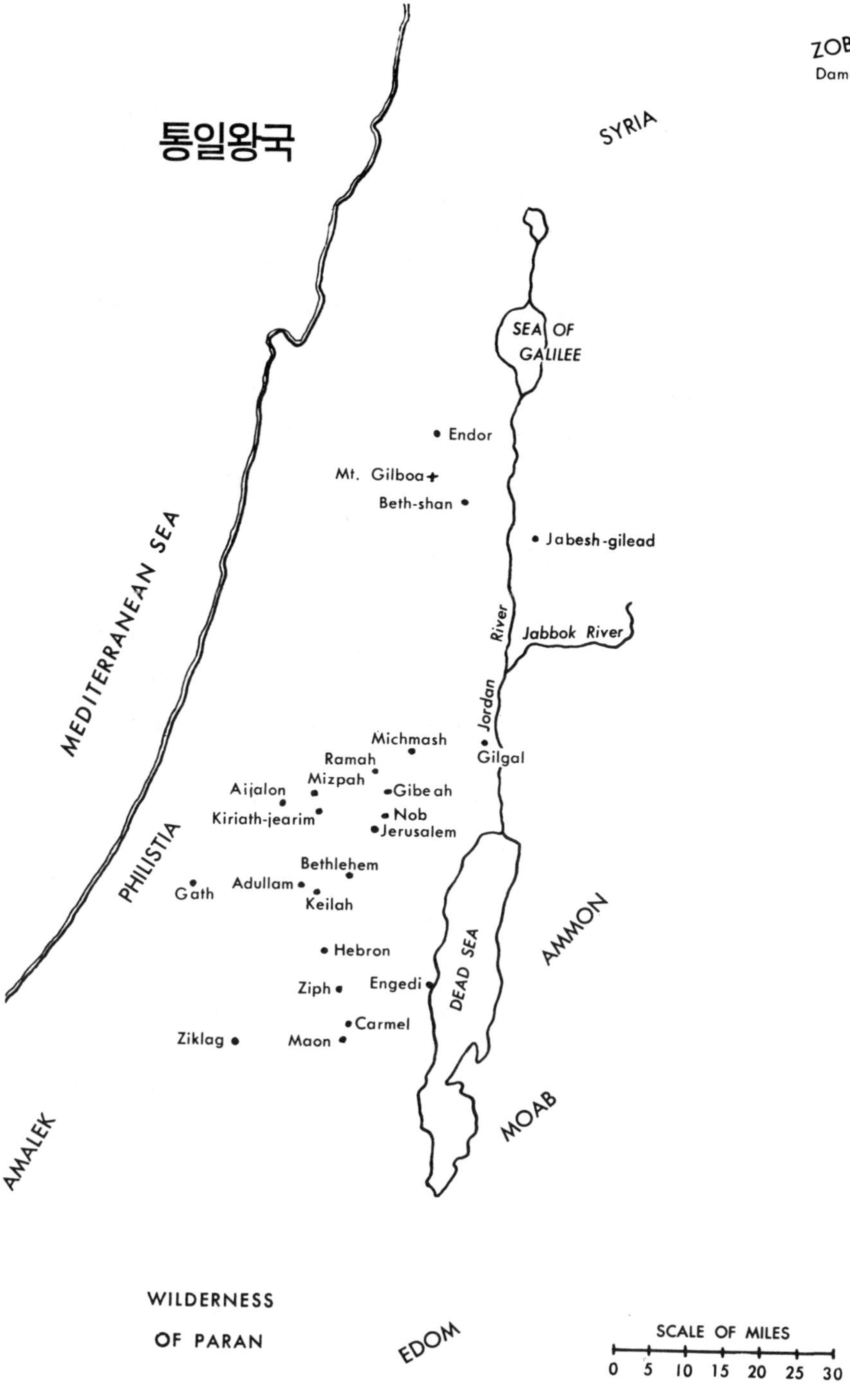

통일왕국

ZOBAH
Damascus •

SYRIA

SEA OF
GALILEE

• Endor

Mt. Gilboa +

Beth-shan •

• Jabesh-gilead

Jabbok River

Gilgal

Michmash •

Ramah •

Mizpah •

Aijalon •

Kiriath-jearim •

• Gibeah

• Nob

• Jerusalem

Bethlehem •

Gath • Adullam •

Keilah •

• Hebron

Ziph • • Engedi

• Carmel

Ziklag • Maon •

MEDITERRANEAN SEA

PHILISTIA

Jordan River

DEAD SEA

AMMON

MOAB

AMALEK

WILDERNESS

OF PARAN

EDOM

SCALE OF MILES

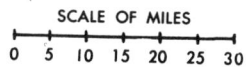

0   5   10 15 20 25 30

이런 것이 허용된 것은 솔로몬이 이방 아내들의 요구를 수용했기 때문일 것이다. 그러한 산당들이 산꼭대기에 마련되어 있었는데, 이는 어쩌면 하나님과의 좀더 가까운 관계를 의도했음을 암시하는 것일지도 모른다. 아무튼, 솔로몬 왕 자신이 이런 예배 처소에 자주 갔는데, 특히 기브온에 있는 큰 산당에 자주 갔다(왕상 3:4; 대하 1:3).[27] 하나님께서는 그의 통치 아주 초기에 거기에서 그에게 가까이 나아가셔서 그가 무슨 은사를 구하든지 주시겠다는 제의를 해 주셨다.

비상한 통찰력을 갖고 있는 그 젊은 왕은 자신의 미숙함과 무능함을 인정하고는 그밖의 다른 무엇보다도 자신이 그 큰 나라를 다스리기에 필요한 지혜를 갖게 되기를 구하였다. 그러자 자비로우신 하나님께서는 지혜를 주셨을 뿐 아니라, 또한 그의 이기심 없는 것을 보시고는 커다란 부와 영화를 주시겠다는 약속도 주셨다. 하나님께서 새롭게 주신 이 지혜는 즉시 시험대에 올랐고, 솔로몬은 두 명의 매춘부들이 아기를 놓고서 분쟁하는 문제에 대해서 믿어지지 않을 정도의 놀라운 지혜를 발휘했다. 이 이야기는 솔로몬의 단순한 논리력과 공평성을 높이 평가해 주는 예이다. 솔로몬의 지혜에 대한 소문이 불길처럼 번져 나가, 동방의 나라들에서 그의 말을 듣기 위해서 많은 사람들이 몰려왔다.

그의 기민함은 그가 나라를 정치적으로 조직화한 것에서도 볼 수 있을 것이다. 그는 몇몇 궁전 관리들을 임명했고, 이는 어쩌면 애굽의 체제를 본 딴 것이었을지도 모른다.[28] 그리고 그는 전국을 12구역으로 나누고 각 구역마다 관장들을 두었다. 그는 기존 지파간의 경계를 무시하고, 그렇게 해서 지파들간의 너무 지나친 민족주의를 막았지만, 그러나 그는 전통을 완전히 배격하지는 말고 12 구분을 보존해 나가야 할 것이라는 인식은 있었다. 이들 구역은 매달 왕궁을 위한 일정량의 식량을 준비할 책임이 주어져 있었다. 이것이 적은 과업은 아니었다. 그리고 그들은 또한 의심할 여지 없이 전시(戰

---

27) 모세의 회막은, 법궤가 다윗이 예루살렘의 시온산 위에 세웠던 천막 속에 있는 동안에(대하 1:4; 참조. 삼하 6:17) 기브온에 있었던 것으로 보인다(대하 1:3).

28) Wright, *Biblical Archaeology*, pp. 70-72.

29) Martin Noth, *The Old Testament World*, Philadelphia Fortress Press, 1964, pp. 96-97; I. Mendelsohn, "On Corveé Labor in Ancient Canaan and Israel," *Bulletin of the American Schools of Oriental Research*, No. 167, pp. 31-35, October, 1962.

時)뿐 아니라 공공 사업을 할 시기엔 인력들을 공급하기도 했을 것이다.[29]

솔로몬의 건축 사업(왕상 5-8장; 대하 2-7장)

솔로몬은 본래 전사(戰士)로 알려져 있지 않다. 실제로 우리는 솔로몬의 통치 기간에 전쟁을 치렀다는 기사를 성경에서 전혀 찾아 보지 못한다. 그의 명성은 그의 문필력과 건축을 통한 업적에 기인했다. 그의 문필력에 대해서는 우리가 뒤에 가서 논하겠고, 다만 여기서는 그의 건축 업적에 대해서 잠시 살펴볼 필요가 있다. 솔로몬의 부친의 친구이자 페니키아의 왕인 히람은 다윗이 죽었다는 소식을 듣고는 즉시 그의 신하들을 솔로몬에게 보내어 솔로몬으로 하여금 그들을 어떤 모양으로든 활용하라고 제의했다(왕상 5:1). 이에 대해서 솔로몬은 아주 감사하게 생각했다. 왜냐하면 솔로몬은 아버지로부터 다윗 언약에 따라 성전을 짓도록 위임받은 이래 계속해서 그 일을 열망해 왔기 때문이다. 게다가 솔로몬은 페니키아인들의 그 유명한 기술력으로만 이룰 수 있는 그밖의 다른 어떤 건축 사업에 대한 계획을 마음에 구상하고 있었기 때문이다.

히람왕은 해마다 일정량의 밀과 기름을 받은 대가로 건축 기술이 뛰어난 장인들뿐 아니라 레바논산 삼목과 전나무를 공급했다. 솔로몬은 또한 국내(國內) 노동자도 썼는데, 15만 명이나 되는 인원을 징집해서 이들을 나무를 자르는 사람, 물건을 나르는 사람, 그리고 석수 등으로 썼다. 건축에 따른 모든 준비가 완료되어 그 작업이 솔로몬 제4년에 시작되었다. 우리가 앞서 살펴본 대로 이 시작한 연도는 출애굽한 지 480년 되는 해였다(BC 966년경). 성전의 모양은 모세의 회막의 일반적인 모양을 본땄고, 다만 그 크기가 좀더 커서 길이가 90피트, 넓이가 30피트, 그리고 높이가 45피트였다. 앞면에 입구가 있었고, 또한 정면에 그 자체의 독립 구조로 서 있는 보아스("힘")와 야긴("곧음")이라는 이름의 두 개의 기둥이 있었다. 양편을 따라 뒷쪽에는 방들이 3층 높이로 있었다. 필시 이 방들은 옷들을 보관하는 곳과 물건을 저장하는 곳으로 사용했을 것이다. 내부는 아주 훌륭하게 꾸며진 삼나무로 된 나무판자들과 대들보로 나란히 꾸며져 있었다. 안팎이 모두 아름답게 조각되어 있고 또한 특색있는 꾸밈으로 되어 있어서 이 성전이 역사상 가장 훌륭한 건축물에 들게 되었다. 이 성전을 건축하는 데 7년이나 걸렸다는 사실은 이 건축물의 장엄함을 암시한다.

또한 옛 여부스 성 정북쪽 모리아 산에 위치해 있는 이 성전 부지 안에는 성전 외에 그 밖의 다른 커다란 건물들이 있었는데, 그 중에는 레바논 수풀의 집, 재판소, 기둥문, 바로의 딸을 위한 저택, 그리고 솔로몬 자신의 호화로운 저택 등이 있었다. 이 모든 환상적인 건축 사업은 또 다른 히람의 집 행하에 진행되었다. 이 히람은 납달리 지파 출신이었다. 이 히람의 은사들은 우리에게 브살렐과 오홀리압을 생각나게 한다. 우리는 일반적인 건축물은 페니키아 사람의 지휘하에 지어졌을 것으로 본다. 왜냐하면 그들은 조선 기술이 대단히 발달했던 것 외에도 아울러 석수 작업에도 뛰어난 기술을 발휘했던 것으로 최근에 발굴한 그들의 성전들에서 그런 면을 많이 볼 수 있기 때문이다. 그렇지만 솔로몬의 건축물들, 특히 솔로몬의 성전이 페니키아의 바알 신전에 매우 크게 영향을 받았다고 추론한다는 것은 아무런 근거가 없는 것으로 보인다.[30]

그렇게 말하는 것보다는 오히려 대체로 근동 지역의 신전들은 어떤 공통된 특징들이 있었고, 또한 솔로몬의 성전이 그 이전의 회막 구조에서 이러한 특징들 중 일부를 채택했을 것이라고 말하는 것이 무난하겠지만, 이 점에서도 아주 주의해야 한다. 왜냐하면 이스라엘의 신앙의 독창성을 무너뜨릴 우려가 있는 그 어떠한 표현도 심지어는 그 성전들의 건축 기술에 대한 표현들에서조차도 그것은 위험한 일이 되기 때문이다.[31] 비록 우리에겐 이 예배 처소 건물에 대해서 솔로몬에게 직접 계시를 주셨다는 기록이 없긴 하지만(참조. 대하 3:3), 우리는 솔로몬이 하나님께 받은 그 지혜의 은사를 발휘하여서 그와 같은 일들에 속한 지식을 미리 예상했을 것으로 추정한다.

성전 건축을 마치고 맨 마지막으로 거대한 규모의 제사 의식이 거행되었다. 법궤를 시온산의 법궤를 두었던 장소로 가져왔고, 모리아산 위에 새로 지은 성전의 지성소 안에 경외심을 다해 들여다 놓았다(대하 5:7). 그 순간 하나님의 영광이 이전에 회막에 그러했던 것처럼 그 전에 가득하였고, 또한 이스라엘 백성들은 하나님께서 마침내 그들 가운데 있는 새로운 좀더 영구한 거처에 거하시게 된 것에 대해서 기뻐하신다는 사실을 알았다. 하나님의 임재에 대한 이와 같은 증시에 뒤이어 솔로몬은 성경에 기록된 것들 중 가장

30) Harden, op. cit., p. 91).
31) Merrill F. Unger, *Archaeology and the Old Testament*, Grand Rapids, Zondervan Publishing House, 1954, p. 232.

긴 기도를 드렸다. 이 기도의 내용 가운데는 하나님의 은혜에 대한 인지, 이스라엘 백성의 책임감, 그리고 하나님과 이스라엘 백성 간의 옛 언약 관계들에 대한 인지 등이 담겨 있었다. 또한 우리는 이 기도에서 그밖의 다른 어디에서도 볼 수 없는 하나님의 초월성에 대한 아주 명백한 진술을 보게 되며, 과연 하나님께서 초월하여 계시다는 사실이 실제임에도 불구하고 또한 하나님께서는 하나님의 신실한 백성들 가운데와 그 안에 거하신다는 사실을 보게된다.[32] 솔로몬은 또한 그 백성이 아주 중대한 죄라도 짓는다면 그 땅에서 마땅히 추방당할 것이지만, 또한 그 죄를 회개하면 되돌아와서 하나님을 찬양할 수 있도록 은혜를 베풀어 주실 것을 간절히 기도드렸다. 그 기도를 마친뒤 그 백성이 준비한 봉헌이, 사람의 기억으로는 가장 큰 규모의 제사를 드림으로써 표현되었다. 솔로몬왕이 드린 제물은 소가 이만 이천이요 양이 십이 만이었다.

솔로몬의 언약(왕상 9:1-9; 대하 7:12-22)

그뒤 하나님께서 솔로몬에게 이따금 나타나셨다. 마치 하나님께서 이전에 기브온에서 나타나셨을 때처럼, 그에게 나타나셔서 일찍이 다윗에게 상세하게 설명하여 주셨던 그 영광스러운 언약들을 재확인시켜 주셨다(왕상 9:1-9). 하나님께서는 솔로몬왕에게 그가 신실하게 그의 왕직을 바르게 그리고 하나님을 순종하면서 수행해나가면 그의 위가 대대로 영원할 것이라는 약속을 확신시켜 주셨다. 그렇지만 만약 그가 이 거룩한 부르심에서 벗어난다면 그의 가족과 나라가 적어도 잠시 동안이라도 버림을 받을 것이요, 그리고 불신앙적인 이스라엘이 하나님의 진노의 대상이 되었다는 사실을 온 세상이 알게 될 것이다.

솔로몬의 영광(왕상 9:10-10:29; 대하 8-9장)

솔로몬의 생애의 말년은 다윗의 경우와 같이 기쁨과 슬픔, 승리와 패배의 연속이었다. 그러나 그 이유들은 달랐다. 솔로몬의 광범위한 건축 계획은 백성들에게 과중한 세금과 육체적으로 힘든 고역으로 심한 압박감을 주었다.

---

32) G. Ernest Wright, "The Temple in Palestine-Syria," *The Biblical Archaeologist Reader*, Vol. 1, Ed. by G. Ernest Wright and David Noel Freedman, Garden City, Doubleday and Company, Inc., 1961, p. 182.

258

백성들의 고된 육체 노동은 솔로몬의 강제적인 부역에서 온 것이었다.[33] 솔로몬이 우호적인 관계를 갖고 지낸 이웃들 중 일부, 그 중에서도 특히 페니키아의 히람은 솔로몬이 그들과 갖는 사업 거래에 대해서 불만감을 느끼게 되었다. 히람은 솔로몬이 그의 조약에 따라 살지 않는다고 이의를 제기했다. 그것은 솔로몬이 성전 건축을 하는 데 협조해 준 히람에게 감사의 표시로 갈릴리에 있는 조촐한 가옥들을 주었는데, 이는 히람이 기대했던 것에 비해 너무나 보잘 것 없었기 때문이다. 이러한 불만을 보충하기 위해서 솔로몬은 그가 이미 백성들에게 과도하게 짐지웠던 노역의 부담을 더욱 크게 늘리지 않으면 안 되었다. 그러나 솔로몬은 페니키아인들의 지도하에 선박들을 준비함으로써 그들의 상황을 누그러뜨렸다. 그리고 솔로몬은 이 배들을 홍해 항구를 통해 알려진 온 세상으로 보냈다. 이 배들은 돌아올 때 각양 각색의 외국산 물품을 싣고 돌아왔다. 아마 이러한 물품들은 솔로몬이 팔았던 것이었을 것이다. 어떤 물건들의 경우에는 아주 많은 이익을 남기고 팔았을 것이다.[34]

솔로몬이 급속하게 명성과 부를 쌓자, 이 소문은 금방 아주 멀리 있는 왕들의 귀에까지 들어갔다. 그 중 일부 왕들은 솔로몬이 행한 것을 눈으로 직접 보고 또한 솔로몬이 아주 많은 칭송을 받은 원인이 되었던 그의 지혜로운 말하는 것을 직접 듣기 위해서 솔로몬 왕궁을 찾아왔다. 이들 왕궁 인물들 중에 시바의 여왕이 포함되어 있었다. 시바는 아라비아 반도 남단에 위치한 매우 부요한 나라였으며, 오늘날에는 향 원료의 원산지로 아주 유명하다.[35] 시바의 여왕은 의심을 가지고 이스라엘 왕을 시험하기 위해서 어려운 문제들을 갖고 왔지만, 그러나 그녀는 결국에는 이 놀랄만한 인물에 관해서

---

33) 그가 세운 광범위한 요새들(왕하 9:15)과 그 밖에 그가 예루살렘 밖에 세운 건축물들에 대해서는, Yigael Yardin, "New Light on Solomon's Megiddo," *Biblical Archaeologist*, 23:62-68, May, 1960; Excavations at Hazor, *Biblical Archaeologist*, 19:1-12, Feburary, 1956; Nelson Glueck, "Ezion-gebel," *Biblical Archaeologist*, 28:70-87, September, 1965을 보라.

34) Cyrus Gordon, *The Ancient Near East*, New York, W. W. Norton and Company, Inc., 1965, pp. 186-187; 솔로몬이 말들을 무역한 일(왕상 10:28-29)에 대한 설명을 위해서는, Noth, *The Old Testament World*, p. 260.

35) Gus W. Van Beek, "Frankincense and Myrrh," *Biblical Archaeologist*, 23:69-95, September, 1960.

거의 들어보지 못했던 부분을 확신하게 되었다. 그의 건축물들, 그가 일상에서 흔하게 쓰는 용기까지도 순금을 사용하는 일, 그리고 그의 상아로 만든 보좌 등은 그녀와 세상의 모든 사람들에게 부러움을 샀다.

솔로몬의 죄와 죽음(왕상 11장)

그러나 이런 면에서의 그의 부요함은 다른 면에서의 그의 빈곤함으로 훨씬 더 벌충됐다. 즉, 그는 이런 부요함의 이면에 그에게는 여인들의 사랑의 빈곤함이 있었던 것이다. 그는 많은 이방 여인들을 아내로 취했다. 이런 아내들 중에는 율법에서 특히 엄하게 금하고 있는 다른 민족간의 혼인을 통해서 생긴 아내들이 포함되어 있었다. 또한 이 일은 율법에서 예상한 결과를 초래했다. 한마디로, 솔로몬의 마음이 하나님을 떠나 이방 나라의 신들에게 가 있게 되었다. 우리는 여기서 솔로몬이 여호와를 완전히 버렸다고 볼 필요는 없다. 왜냐하면 성경의 본문이 명백하게 그가 여호와를 완전히 버린 것은 아니라고 말씀하고 있기 때문이다. 그러나 그는 필시 다른 이방 종교의 요소들을 가미시키는 어느 정도의 혼합주의 종교를 실시해 나갔을 것이다(왕상 11:4-8). 우리는 솔로몬이 그의 아내들을 위해서 그녀들이 본래 이방에서 섬기던 신들을 예배할 수 있도록 신당들을 지었던 것으로 알며, 또한 솔로몬도 자기 아내들이 섬기는 이방 종교 예배 의식에 함께 참여했을 것으로 보인다. 그 결과는 하나님께서 일찍이 하신 경고대로 였다. 솔로몬이 그 나라에 대한 통치권을 빼앗기게 된 것이다. 다만 완전히 빼앗기지는 않게 된 것은 그의 아버지 다윗에 대한 하나님의 언약 때문이었다. 그래서 유다 지파만이 겨우 남아 다윗 계열에 의한 통치가 지속되었다(왕상 11:13).

이러한 하나님의 선언이 있자마자 얼마 안 있어 솔로몬 통치 하의 제국의 여러 지역에서 혁명이 급작스럽게 일어나는 일이 발생했다. 다윗왕 치하에서 애굽으로 추방되었던 에돔의 왕자 하닷이 이제 다시금 돌아와서는 남동쪽 지역에서 솔로몬 제국에서의 탈퇴를 선언했다(왕상 11:14). 바로 그때 르손은 다메섹에서 자리를 잡아 그 지역에서부터 이스라엘에 대해 반란을 일으켰고, 그래서 모든 아람 국가들을 다스렸다(11:23). 심지어는 그가 가장 아끼던 심복 여로보암이 나라의 중심부에서 관리로 있다가 솔로몬 왕에 대해서 독립을 선언했다. 여로보암이 이런 일을 하게 된 데에는 실로의 선지자 아히야의 부추김을 받았던 때문이었다.

어느 날 실로의 선지자 아히야가 들에서 여로보암을 만나 그를 붙잡고는 그의 옷을 12조각으로 찢었다. 그러면서 하는 말이 이 조각들이 지파들을 상징한다는 것이다. 그리고 그는 그들 열두 조각들 중 열 개는 여로보암에게 돌렸다. 이는 그가 열 지파의 통치자가 될 것이라는 것을 암시하는 것이다. 그리고 나머지 둘은 그 선지자가 그냥 갖고 있었다. 한 조각은 물론 유다를 나타냈고, 또한 나머지 다른 한 조각은 밝혀진 대로 베냐민을 나타냈다. 베냐민 지파는 결국 남쪽 아래 있는 유다 지파의 편을 들었다(왕상 11:26-36). 이것이 아주 적절했던 것은 다윗성 예루살렘이 이때 당시에 베냐민 지파 영토에 속해 있었기 때문이다. 솔로몬이 아히야 선지자와 여로보암이 만난 사실을 안 뒤에, 그는 여로보암을 체포하려고 했지만, 여로보암은 애굽으로 도망가 거기에서 기회가 올 때까지 때를 기다렸다. 그런데 그 기회가 예상보다 훨씬 빨리 왔다. 그것은 솔로몬이 그뒤 불과 얼마 안 지나서 40년이라는 빛나는 통치 기간을 마무리하고 죽었지만, 그의 통치는 미래를 위해서는 암울한 전망을 남긴 통치였기 때문이다.

히브리 시

구약성경의 시 부분을 논의하기에 가장 적합한 시간과 장소는 통일 왕국, 특히 다윗과 솔로몬의 치세와 관련이 있다. 왜냐하면 그러한 문학들이 그 작품성과 풍부성에서 절정에 달했던 시기가 바로 이들 시기였기 때문이다. 우리가 영어 성경 배열을 기준으로 할 때(역주 — 구약성경의 경우, 히브리 원문 성경의 책 목록 배열과 영어 성경의 배열이 달리 되어있음), 시 부분으로 간주하는 구약 내의 모든 책들 — 욥, 시편, 잠언, 전도서, 그리고 아가서 — 은 그 많은 부분이 의심할 여지 없이 다윗과 솔로몬이 친히 썼거나 또는 그들의 궁중 서기관들을 통해서 쓴 것들이다. 지금 확실한 것은 이것들 중 어떤 것은 우리가 오늘날 시로 간주하는 의미에서는 시가 아니라는 것이다. 왜냐하면 여기서 말하는 시라는 용어가 오늘날 우리가 보통 사용하는 것보다는 훨씬 넓은 영역을 포괄하는 것이 되기 때문이다. 그러나 만약 우리가 지금 역사나 율법이나 예언으로 간주하기에는 무리가 있는 어떤 문학 형식에 대해서 이야기하고 있는 중이라면, 우리는 더 나은 용어가 없으므로 그 시라는 용어를 사용하고 있는 것이다. 우리가 위에서 본 대로, 히브리인들은 정경의 한 부분을 "성문서"(Writings)라고 불렀지만, 그것이 아주 만족스러운 것은 아니다. 왜냐하면 그것에는 역대기와 에스라, 느헤미야 등과 같은 것들이 포함되어 있기 때문이다. 역대기와 에스라, 느헤미야 같은 것들은 도무지 시로는 간주할 수 없는 것들이다.

바로 위에서 언급한 다섯 책들을 논하기 전에, 우리는 히브리 시의 두드러진 양식과 특징들을 찾아내기 위해서 히브리 시를 전반적으로 살펴보아야 하겠다.[36] 다른 언어로 된 시의 경우와 비교할 때 히브리 시가 운에 어떠한 강조점을 둔 것을 전혀 발견할 수 없으며, 또한 운율에 극히 조금이라도 강조점을 둔 것을 찾아볼 수 없다. 히브리 시의 주된 특징은 대구법 (parallelism)이다. 이 대구법의 개념은 한 연의 두번째 또는 그 다음 행들이 첫번째 행의 사상과 어느 정도 대응한다. 대구법에는 몇 가지의 종류가 있는데 다음과 같다.

(1) 동의어적 대구법으로, 한 짝을 이루는 두 행들에 거의 동일한 사상들이 표현되어 있는 시이 형태이며(시 49:1), (2) 반의어적 대구법으로, 두번째 행이 첫번째 행과 대조를 이루는 형태이며(잠 15:1), (3) 통합적 대구법으로, 두번째 행이 첫번째 사상을 완성한다(잠 4:23). (4) 클라이맥스 대구법으로, 행들이 사상적인 면에서 한 단계씩 점점 클라이맥스를 향해 나아간다(시 103:1). (5) 비교 대구법으로, 두번째 행이 첫번째 행에 대한 직유 표현을 이룬다(시 103:12). (6) 점진적 대구법으로, 한 개의 새로우면서도 연관된 사상이 두번째 행에서 소개된다(욥 3:17). 위에서 열거한 책들에 들어 있는 것들이 되든지 또는 심지어는 역사서나 예언서 안에 들어 있는 것들이 되든지 구약 성경에 나오는 시의 형태를 띤 모든 부분들이 거의 예외없이 위에서 소개한 대구법 형태들 가운데 하나에 해당된다.

시의 종류로는 다음과 같은 것들이 있다. (1) 서정시 ― 노래로 부를 수 있는 시로서 시편에서 가장 흔하게 볼 수 있다. (2) 교훈시 ― 가르침을 베푸는 형태의 문학 형식으로, 잠언이나 전도서에서 볼 수 있다. (3) 예언시 ― 예언서들 중 일부 책에서 긴 부분의 것을 볼 수 있는데, 특히 이사야서에서 두드러지게 볼 수 있다. (4) 애가체(哀歌體) ― 슬픔이나 비탄스러움을 표현하려는 의도의 양식으로, 예레미야 애가에서 볼 수 있다. (5) 극시(劇

---

36) Gleason Archer, *A Survey of Old Testament Introduction*, Chicago, Moody Press, 1964, pp. 418-423; G. B. Gray, *Forms of Hebrew Poetry*, London, Hodder and Stoughton, 1915.

詩) — 연극을 할 수 있도록 된 형식으로, 욥기와 아가서에서 사용되고 있는 형식이다. 이 모든 종류들 가운데 한 가지 특징은 그것들이 그러한 글들을 쓴 사람들이 갖고 있는 그들의 동포들에 대한 절실한 느낌들을 표현하고, 특히 하나님을 향한 깊은 느낌들을 표현하고 있다는 사실이다. 반면에 성경에서 이 밖의 문학 양식들로 표현된 것들은 하나님께 대한 태도를 반영하며 또한 사람들을 향한 하나님의 감정들을 표현하고 있다.

지금 우리는 이에 따라서 단호하고 확고한 규칙을 세울 수는 없는 것이 분명하지만, 대체로 이 기준을 계속해서 세울 수 있다. 그리고 우리는 또한 성경 가운데 이와 같은 책들이나 부분들이 그것들이 인간적인 표현들로 되어 있다는 이유로 동시에 하나님의 영감된 말씀이 아니라고 느끼는 그 어떠한 반대 감정에 대해선 확고하게 반대 입장을 취해야 한다. 몇몇 경우에서는, 어쩌면 거의 모든 경우에 영감은 시인이 말하거나 또는 쓴 것에 대한 믿을 만하고 실수가 없는 기록과만 관련이 있지만, 다른 경우들에는 시인을 통해 하나님께서 사람들에게 전하시는 실제적인 계시가 있다. 예를 들면, 메시야의 활동을 예언하는 시들은 그 시인이 아무리 신령한 사람이라 할지라도 단순히 이런 것들에 대한 사람의 추론이나 반영이 될 수 없지만, 그 시인이 자발적으로 한 말로 어느 정도 표현된 계시로 이해해야 한다.[37]

욥기

욥이 역사상의 실존 인물이었다는 데에는 의심의 여지가 없지만(겔 14:14; 약 5:11), 그러나 그가 필시 팔레스타인 동쪽 사막에서 그리고 족장 시대에 살았다고 말하는 것 외에는 그가 어느 때에 그리고 심지어는 좀더 구체적으로 어느 곳에서 살았는지에 대해서 확증할 길이 전혀 없다. 그렇지만 대부분의 보수주의 신학자들은 욥기가 그렇게 일찍 쓰여지지 않았다고 생각한다. 그들은 욥기가 솔로몬 시대에 쓰여진 것으로 거의 확실시 한다.[38] 대부

37) Franz Delitzsch, *Biblical Commentary on the Old Testament: Psalms*, Vol. 1, Grand Rapids, Wm. B. Eerdmans Publishing Company, 1948, pp. 64-71)

38) Young, op. cit., p. 340.

39) W. Baumgartner, "The Wisdom Literature," *The Old Testament and Modern Study*, Ed. by H. H. Rowley, Oxford, Clarendon Press, 1951, p. 219.

분의 자유주의 학자들은 그것이 쓰여진 시기를 그보다 아주 훨씬 후기에 쓰
여진 것으로 여기며, 심지어 어떤 학자는 그것이 바벨론 포로기 이후 시대의
것으로 간주한다.[39] 욥기에 저자의 이름이 나오지 않고 있고 또한 그렇기 때
문에 알려지지도 않고 있지만, 그것을 쓴 사람이 누구이든지간에 그 사람은
문학사상 가장 큰 은사를 부여받은 극작가 중 하나로 간주되어 왔다. 그의
저작 목적은 일부 사람들이 생각하는 대로 한 경건한 사람의 인내를 묘사하
려는 데 있는 것이 아니라, 물론 그와 같은 요소가 거기에 분명히 들어 있는
게 사실이지만, 신정론(神正論, theodicy) — 즉, 자비와 사랑의 하나님이
살아계시다면 왜 의인이 고통을 당하는가 하는 문제 — 이라고 하는 오래 전
부터 내려온 문제에 대해서 답변하려는 데 있었다. 혹은 그렇지 않다면 그
목적은 사람이 그 어떤 상황에 처해 있을지라도 하나님의 주권을 인정해야
한다는 것을 가르치려는 목적이 있을 수도 있다. 또한 그렇게 될 경우 그 사
람의 진정한 문제는 그의 익에 대한 자부심이었을 것이다.

이 드라마는 서막으로 시작되는데(1-2장), 그 내용은 욥이라는 사람을
하나님께서는 사단조차도 패배시킬 수 없는 한 모범적인 인물로서 선발하셨
다는 내용이다. 사단은 그가 하고 싶은 대로 욥에게 하되 단 그의 목숨을 해
하는 일만은 제외하고 모든 일을 그에게 할 수 있도록 허락을 받는다. 그리
고 나아가 사단은 욥을 가장 극심한 손해와 이루 형언할 수 없는 형벌을 받
는 상황으로 몰아 넣는다. 그러나 이 족장은 하나님을 믿는 그의 신앙을 단
호하게 지킨다. 그 다음의 욥기 내용에서 우리는 세 명의 "위로자들"이 욥에
게 찾아와서 욥이 처한 비참한 상황에 대한 이유를 제시하려고 늘어놓는 일
련의 연설들을 읽게 된다(3-31장).

이 일련의 연설들 속에는 세 차례의 주기가 있는데(3-14장, 15-21장,
그리고 22-31장), 그 주기 가운데 각 친구가 교대로 말을 하며 또한 매번 욥
이 자신의 순전함을 변호하려고 하는 답변이 나온다. 그들이 내놓은 주장의
요지는 욥이 의식적이든 무의식적이든 틀림없이 범죄했을 것이라는 것이다.
그렇지 않다면 그가 행한 대로 고통을 당하지 않을 것이었다는 것이다(8:3-
6). 그러나 욥은 자신은 그 어떠한 잘못도 행한 일이 없이 결백하다고 말하
며, 또한 자신이 불행스런 일을 당한 것에 대해 말문이 막힌다. 그 다음 다
섯번째 등장 인물인 엘리후가 나타나 이야기를 한다. 우리는 그 다음 내용에
서 그가 하는 말의 내용을 읽게 된다(32-37장). 그는 그가 생각할 때 무지하

다고 판단되는 먼저 나온 세 위로자들에 대해서 이의를 제기한다(32:3). 그리고 나서는 근소한 차이점을 보이는 내용의 주장으로 여하튼 욥이 비난받을 만한 책임이 있다는 점을 확신시킨다. 그는 특히 고난을 통해서 얻게 되는 교훈(33:29), 모든 일에서의 하나님의 정의(34:10-19), 그리고 욥의 무지함과 한계성에 비교되는 하나님의 초월성(35:5-6) 등을 강조한다.

이 모든 일들을 통해서 욥은 하나님께 대한 자신의 소망에 집착하지만, 결국에는 하나님께 다음과 같은 근본적인 문제를 가지고 질문하기 시작한다. 그 문제란 다름아닌 왜 의인이 고통을 당해야 하는가(31장) 하는 문제이다. 그런데도 욥은 하나님을 버리지 않는다. 마지막으로, 하나님께서 침묵을 깨시고 신과 인간 사이를 나누는 간격이 너무나도 크기 때문에 욥은 그의 고통에 대해서 질문을 제기해서도 안 될 뿐 아니라 그것을 이해하려고조차 해서도 안 된다는 내용의 설명을 하신다(40:2). 하나님께만 국한되어 있는 일들이 있는데, 이런 문제들에서는 인간은 침묵해야 하며, 또한 하나님으로 하여금 그의 놀라운 뜻을 성취하시도록 해야 한다. 종막(終幕)에서는, 하나님은 욥의 상태를 회복시키시사 그로 하여금 그가 이전에 알았던 것보다 훨씬 큰 복들을 누리게 하사 그의 본래의 상태로 돌리시며, 또한 그로 하여금 최근에 그를 비판했던 그 비판자들의 구원을 위해 필요한 중보자가 되도록 하신다. 이 이야기는 그런데도 답변이 주어지지 않은 채 끝나버리는 근본적인 질문으로 끝맺는다. 그럴지라도 하나님께서 절대적이신 분이시며 또한 그의 오묘하신 일들에 대한 인간의 이해와 관계 없이 그가 원하시는 대로 행하시는 분이시라는 이 하나님의 메시지는 참된 주제임에 틀림없으며 또한 가장 풍성한 소망을 제공하는 것임이 틀림없다.[40]

시편

시편은 이스라엘 백성들이 사용하는 찬송의 가사로 쓰여져 있다. 시편들 중 많은 시들이 노래로 불려졌고, 절기 행사 때에 낭송되었으며, 그리고 필시 집에서나 일터에서도 읊어졌을 것이다. 대략적으로 150편의 반은 다윗이 쓴 것이며, 또한 우리는 다윗에게 위대한 예술적 은사가 있었던 것으로 안다(대하 13:8). 그 중 몇 편은 솔로몬이 썼는데, 솔로몬도 이 분야에 명성이

---

40) Samuel Schultz, *The Old Testament Speaks*, New York, Harper and Brothers, Publishers, 1960, p. 285.

나 있다(왕상 4:29-34). 시편 중에는 다윗의 궁전 시인들 중 한 사람인 아삽이 지은 시를 비롯해서, 고라의 자손들이 지은 시, 또 다른 전문적인 문필가 집단이 지은 시, 그리고 심지어는 모세가 지은 한 편의 시도 있다(90편). 게다가, 시편의 시들 중에는 그 시를 쓴 사람의 이름이 밝혀져 있지 않는 시들이 많이 있고, 또한 오랜 기간에 걸쳐 쓰여진 시도 많이 있다. 그런 시들 중에는 어떤 것들은 포로기 이후 시대만큼 뒤늦게 쓰여진 것들이 있는 것이 분명하다. 그 다음에 우리가 아는 바대로, 시편들 가운데 대다수의 시들은 이스라엘 통일 왕국 시대(10세기)의 것들이며, 그리고 그보다 훨씬 이후의 것들도 극소수 있다. 이것은, 시편의 전부는 아닐지라도 그 대부분이 매우 나중에 지어졌으며 또한 일부는 그리스도의 시대 직전에 지어졌다고 하는 바로 최근까지 공통적으로 주장해 온 견해와는 대조적이다. 그 주된 이론은 그 시편들 속에 들어 있는 문학과 신학은 다윗이 살았던 것으로 추정되는 원시 시대의 것이라고 보기에는 너무 향상되고 진보된 것들이리는 점이다.[41]

다윗 이전 4세기경으로 거슬러 올라가는 수리아의 라스 샤므라(Ras Shamra)의 문학적 관점에 비추어 볼 때 비슷한 성격을 띠고 또한 동등하게 발전된 가나안 시의 발견으로 인해 다윗이 시편을 썼을 가능성이 없다고 하는 일체의 주장들은 쑥 들어갔다.[42] 오늘날에는 다윗이 시편을 쓰지 않았다고 주장들을 한다. 극소수를 제외하고는, 다윗이 그 시편들을 쓰지 않았다고 주장하는 이 사람들도 다윗이 시편 같은 시들을 쓸 능력조차 없었을 것이라고 주장하는 것은 아니다.[43]

시편에 몇 가지의 주제들이 있으며, 또한 그 시편들을 이러한 주제들에 따라 분류해서 나누는 경우가 가끔 있다. 예를 들면, 시편 중에는 참회의 시들이 있는데, 그 참회의 시들에는 죄에 대한 회오와 슬픔에 관한 묘사가 담겨 있다. 이런 유의 시들 중 가장 잘 알려진 시로 다윗이 밧세바와 함께 죄

---

41) Robert Henry Pfeiffer, *Introduction to the Old Testament*, New York, Harper and Brothers, 1941, p. 627.

42) Robert Dick Wilson, *A Scientific Investigation of the Old Testament*, Chicago, Moody Press, 1965, p. 174

43) 비평학자들 가운데 일고 있는 시편의 저작자가 누군지 불확실하다고 주장하는 견해를 좀더 알아 보기 위해서, Aubrey R. Johnson, "The Psalms," *The Old Testament and Modern Study*, Ed. by H. H. Rowley, Oxford, Clarendon Press, 1951, pp. 181-189를 보라.

를 범한 뒤에 말한 다윗의 사죄를 구하는 기도가 있다(시 51편). 그 밖에 다른 시들로 시편 6, 32, 38, 102, 130편, 그리고 143편 등이 있다. 또한 시편에는 저주의 시라고 불리는 시들이 있다. 이에 해당하는 시들을 이런 말로 칭하는 것은 이런 시들을 쓰는 시인들이 그 시를 통해서 불경건한 사람들에 대해서 하나님께서 진노와 심판을 내리시기를 기원하고 있기 때문이다. 이런 요소를 발견할 수 있는 실례들로 시편 5:10과 139:21-22을 들 수 있다.

이런 시들과 관련해서 이런 시들을 쓰는 시인은 그 사람 자신의 감정을 만족시키기 위해서가 아니라 악인이 하나님의 영예에 욕을 돌렸다는 것을 인식하기 때문에 그처럼 악인에게 하나님의 심판이 임하기를 표현하고 있는 것이라는 사실을 기억한다는 것이 참으로 중요하다.[44] 그리고 거기에는 항상 강한 종말론적 의미가 내포되어 있다. 다시 말해서, 그 시인은 금방 임할 하나님의 심판을 촉구하고 기대하고 있는 것이라기보다는 모든 회개치 않은 죄인들은 하나님을 대항하여 거스른 그들 자신들의 불경건함에 따라 반드시 처벌을 받게 될 주의 날을 기대하고 있는 것이다. 비록 많은 학자들이 이와 같은 구약에 나오는 "야만적인" 함축적 표현들을 지적하면서 구약이 신약보다 도덕적인 면에서 그 수준이 떨어진다는 주장을 펴려고 하지만, 이렇게 윤리적 부적합의 현상으로 설명하는 그 진상은 일부의 사람들이 죄와 심판에 대한 성경의 가르침에 관하여 잘못된 견해를 갖는데서 비롯된 것이다. 만일 우리가 하나님의 거룩성과 죄 없으심의 특성에 대하여 바르게 이해하고 있다면, 시편 기자처럼 반드시 노골적으로 하나님을 거역하는 죄악에 대해서 비난하는 입장을 반드시 소리 높여 표방해야 한다. 이는 우리가 죄인들이 그런 죄를 지었다고 해서 그 죄인들을 미워한다는 의미는 분명히 아니다. 왜냐하면 우리는 죄인들은 사랑하고 그들의 죄와 회개치 않음에 대해서만 미워해야 하기 때문이다. 구약 시대의 사람들에겐 이 양자간의 구분이 십자가 사건 이후에 살고 있는 우리의 경우만큼 명확하지 않았을지도 모른다.

시편에서 가장 중요한 한 부류의 시는 우리가 흔히 메시야 시라고 부르는 것이다. 그런 시들을 우리가 메시야 시라고 부르는 이유는 그것들이 이스라엘의 메시야의 미래와 메시야의 사역을 예언의 형식으로 묘사하기 때문이다. 이런 시들 중 많이는 메시야를 합법적으로 찬란한 영예를 갖고 계신 분

---

44) Archer, op. cit., p. 437.

으로 묘사하며, 또한 그와 같은 영예 가운데서 메시야는 그의 교회를 다스릴 왕으로 오실 것으로 묘사되며(2, 8, 45, 72, 89, 97, 110, 132), 그러므로 이따금 이런 시들을 제왕시편(Royal Psalms)이라고 한다. 그 밖의 다른 시들 중에 메시야를, 왕관을 쓸 수 있기 전에 반드시 죽음을 맛보아야 할 고난받는 메시야로 말하는 시들이 있다. 이런 시들 중에는 메시야가 배반을 당하여 일단의 죄인들에게 넘기우심을 당할 것을 묘사하는 시들이 있고(41, 109), 메시야가 십자가에 못박히실 것(22, 69), 그리고 그의 몸이 부활하실 것 (16, 40, 66) 등을 묘사하는 시들이 있다. 이런 것들을 묘사하고 있는 시인들이 이런 문제와 관련해서 자신들이 시를 통해 표현하고 있는 그 진술의 중요성을 항상 완전하게 인식하고 있었던 것은 아님이 분명하다. 그들이 그 기름부음 받으신 자에 대하여 말하고 있다는 것을 종종 알게 되는 것이 확실하더라도 말이다. 우리는 신약성경 저자들이 시편의 시인들이 다른 어느 누구가 아닌 바로 우리 주님을 가리켜 말하는 것이라고 입증하고 있기 때문에(히 2:6-10; 마 27:46, 43; 요 19:24; 20:25; 마 27:34, 38) 이 사실을 잘 알 수 있다. 고등 비평가들이 성취된 예언을 받아들이는데 어려움을 갖고 있는 까닭에 그들은 이러한 메시야 시들이 미래에 또는 심지어는 그 나라 자체 안의 몇몇 경우에 해당하는 어떤 이상적인 인물을 가리키는 아주 일반적인 의미로만 말하는 것일 뿐이라고 단정하는 것이 틀림없다.[45]

그들은 신약성경 저자들이 시편에서 취한 요소들을 그리스도의 생애와 죽으심으로 "해석한" 것이라고 주장하면서 이들 신약성경 저자들이 시편의 이러한 부분들을 메시야가 성취한 예언들로 간주하는 데 함축된 의미들은 회피한다. 다시 말해서, 그들은 시편의 메시야 시들 가운데 많은 시들이 그와 같은 용법이 역사적으로 정당화 될 수 없는데도 우리 주님에 관하여 사용되고 있는 것이라고 말한다. 또 그들은 예수님은 실제로 죽은 자 가운데서 다시 살아나지 않으셨는데도, 복음서 기자들은 그가 부활하셨다고 말하며, 또한 구약의 이런 메시야 예언 구절들을 가리키면서 자신들의 주장을 뒷받침하였다고 한다. 이런 시도는 시편의 그와 같은 시의 성격이 이상적인 것이요 또한 문자적으로는 도무지 거의 성취될 수 없는 일이라는 사실 외엔 그 시편

---

45) Sigmund Mowinckel, *The Psalms in Israel's Worship*, Vol. 1, London, Blackwell, 1962, pp. 75-76.

에 담겨 있는 메시야를 가리키는 그 어떠한 예언의 성격이라도 부인하려는 심히 광적인 시도로 보인다.

잠언

잠언은 그 대부분이 솔로몬이 쓴 것으로 책 자체에서 밝히고 있으며, 또한 솔로몬의 저작권 외에 다르게 주장할 만한 아무런 실제적인 이유가 없다.[46] 우리는 솔로몬에게 아주 뛰어난 지혜와 문학적인 은사가 있었다는 것을 안다(왕상 4:32). 또한 우리는 그가 수많은 잠언을 쓰고 지금으로선 다시금 손실을 회복할 수 없는 노래를 지은 것으로 안다. 잠언의 주된 목적은 하나님께로부터 받은 지혜의 관점에서 인간의 지혜 또는 관찰의 결과를 드러내는 데 있다. 잠언은 인간 행동에 대한 지혜로운 통찰력을 제공함으로써 윤리 생활 전반에 걸쳐 논한다. 얼핏보기엔 그것이 "세상적인" 접근을 하는 것처럼 보이지만, 인간사에 빛을 비추시는 하나님의 계시에 대한 인식임이 분명하다(3:21-26). 솔로몬과 잠언에 나오는 그밖의 다른 지혜서 저자들은 이 잠언에서 단순히 자신들의 사사로운 의견들을 피력하는 것이 아니라, 하나님을 모든 지혜의 근원이 되시는 분으로 간주하며, 그리고 실로 거의 인격적인 의미에서 나오는 지혜(호크마)를 혹시는 하나님의 신의 현현(manifestation)으로 간주하는 것일지도 모른다. 그들에게 지혜는 영지주의적인 의미에서 그것 자체가 구원의 방도가 되는 것은 아니고, 다만 그들이 그것을 통해서 하나님을 알 수 있고 또한 그들의 세상도 알 수 있게 되는 그런 의미에서 모든 사람들에게 유용한 것이 될 하나님의 은사이다.

우리가 갖고 있는 잠언에는 솔로몬이 쓴 잠언 외에도(1:1-22:16), "지혜의 말씀"(22:17-24:34)도 있는데, 어쩌면 이것은 알려지지 않은 어떤 저자가 쓴 것일지도 모른다. 솔로몬의 잠언이 또 있는데 히스기야 왕의 신하들이 최종 편집한 것이다(25-29장). 또한 알려지지 않은 인물인 "아굴의 잠언"이 포함되어 있으며(30장), 역시 알려지지 않은 인물인 "르무엘의 잠언"이 있고, 또한 정숙한 여인을 칭찬하는 내용의 작자불명의 아크로스틱 시(역주 — 알파벳 시 : 시의 각 행의 첫 글자가 히브리어 알파벳 순으로 된 시)가 나온다(31:10-31). 비평가들은 잠언의 대부분 내용들이 훨씬 후기의 것이라고 주장한다. 그렇게 주장하는 이유는 그러한 것들이 솔로몬 시대의 것으로

---

46) Young, op. cit., p. 328.

볼 만한 가능성보다는 그보다 훨씬 후기의 지혜 개념들을 반영하는 것으로 보이기 때문이다. 그렇지만 그와 같은 지혜가 아주 고대의 것이며, 또한 솔로몬의 잠언은 그 당시 근동 지역에 유포된 이런 종류의 문학 전체의 일부에 불과하다는 것이었다는 사실을 암시하는 증거가 속속 나타나 이를 점점 더 분명하게 입증해 주고 있다.[47]

전도서

구약성경에서 전도서만큼 고등 비평학자들의 손에서 심한 고통을 당한 책도 없다. 고등 비평학자들이 이 전도서를 그렇게 비평한 이유는 전도서에 나타난 저자의 세속주의적이고 비관적인 어조 때문에 그렇다. 많은 비평가들은 그런 요소는 정경에서 도무지 자리잡을 자리가 전혀 없다고 생각하며, 오히려 적어도 아주 뻔뻔스런 견해로 여긴다. 다른 한편 다른 사람들은 그것의 연대를 아주 늦게 잡음으로써 그것이 도무지 구약성경의 일부로 불려질 수 없다고 주장한다. 전도서가 성격상 헬라적인 사상들을 담고 있기 때문에 헬레니즘적이라고 믿는 것이 어떤 시기에는, 특히 사해 사본과 그밖의 다른 고대 유대 문서들이 발견되기 전에는 아주 일반적인 견해였다.[48]

이것이 오늘날에 와서 완전히 신용을 잃게 된 이유는 아주 이른 시기의 유대 문학에 그리스 사상 개념과 비슷한 사상들이 담겨 있었지만 전혀 관계가 없었던 것으로 널리 인식되고 있기 때문이다.[49] 그러나 이 점 때문에 비평가들이 낙담하여 다른 개인적인 이유에서 그 책의 저작 연대를 매우 후대의 것으로 보지는 않았다.

전도서는 본질적으로 "해 아래 있는 사람"이나 하나님께 대한 인식이 없이 사는 세속적인 사람의 추론의 기록이다. 이 책의 본래의 이름은 코헬렛, 즉 "전도자"이며, 또한 이 책은 "예루살렘의 왕 다윗의 아들"에 의해서 기록

---

47) Charles T. Fritsch, "The Book of Proverbs," *The Interpreter's Bible*, Vol. 4, Ed. by George Buttrick, et al., New York, Abingdon-Cokesbury Press, 1951, p. 775.

48) 예를 들어, Pfleiderer의 견해가 그렇다. George Barton, *A Critical and Exegetical Commentary on the Book of Ecclesiastes*, Edinburgh, T. and T. Clark, 1908, p. 34.

49) W. F. Albright, "Canaanite-Phoenician Sources of Hebrew Wisdom." *Wisdom in Israel and in the Ancient Near East*, Ed. by Martin Noth and D. Winton Thomas, Leiden, E. J. Brill, 1960, pp. 3 ff.

되었다. 그것은 이 전도자와 다윗의 아들을 솔로몬으로 동일시하도록 유혹하고 있으며, 또한 일부 몇몇 학자들은 그대로 보지만,[50] 그러나 다른 증거가 이렇게 보는 일을 금하는 것으로 보인다. 예를 들면, 전도서의 저자는 자신이 지금 그 글을 쓰고 있는 시간에 있는 것이 아니라는 점을 지적하면서 자신은 "왕이었다"고 말한다. 그렇기 때문에 이것은 공직에 있다가 죽은 솔로몬의 경우와는 전혀 맞지 않다(1:12). 게다가, 전도서의 저자는 자신의 부와 힘이 자기 이전에 있던 왕들 중 그 어떠한 왕의 그것을 능가했다고 진술한다(2:7-9). 이러한 진술이 솔로몬을 가리키는 것으로 보이지 않는 이유는, 솔로몬 같았으면 사울과 자신의 부왕인 다윗만을 놓고서 "나 이전에 예루살렘에 있었던 모든 자들"이라고 말하기 쉽지 않았을 것이기 때문이다. 그런데도 아처(Archer)가 주장하듯이, 위에 진술된 내용들은 여러 가지 면에서 솔로몬을 전도서의 저자로 보는 주장과 조화되도록 설명될 수 있다.[51] 어쩌면 솔로몬이 전도자였다는 것을 분명한 의미로 받아들이되 그러나 아무튼 어떤 면에서 어려움들이 있다는 것을 인정하는 것이 최상일지도 모른다.

그렇지만 이 전도서의 저자가 누구인지 밝히는 문제는 "헛됨"이라는 전도서의 주제에 비교하자면 사실은 거의 대수롭지 않은 일이다. 전도서 저자는 인간의 상황은 세월이 오고 가며 또한 사람들이 태어나고 죽고 그러는데도 근본적으로 변화하는 것은 아무 것도 없다는 점에서 참으로 아주 비관적이라는 점을 주장한다(1:3-11). 전도자는 이런 끊임없이 반복적으로 계속되는 틀을 보기 때문에 해 아래 새로운 것이 하나도 없으며, 또한 따라서 사람이 할 수 있는 일과 될 수 있는 모든 일은 오로지 헛될 뿐이라는 진술을 한다. 이 중심 사상은 전도서 마지막 장에 훌륭하게 표현되어 있다. 거기에 사람이 어떤 것을 갖춘 집으로 묘사되는데, 그 집이란 그 기둥과 말뚝이 고령으로 인하여 약해지고, 그 창들(눈)은 어두워지고, 그 맷돌(이)은 뭉툭하게 닳아 있으며, 그리고 그 노래하는 딸들(목소리)은 쇠하게 되는 그런 집이다. 그러나 늙고 금방 숨을 거두게 될 사람에 대한 이런 묘사는 "너의 청년의 때 너의 창조자를 기억하라"는 권고의 말씀으로 그 서두가 시작되고 있다(12:1-

---

50) Robert Jamieson, A. R. Fausset, and David Brown, *Commentary on the Whole Bible*, Grand Rapids, Zondervan Publishing House, n.d., p. 403.
51) Archer, op. cit., pp. 462-472.

7). 그렇기 때문에 이 말씀은 전도서를 이해하는 열쇠가 된다. 전도자는 사람의 생이 올바른 방향과 의미를 갖게 되기 위해서 사람이 젊을 때 하나님을 알아야 한다고 권고한다. 만약 사람이 이것에 실패한다면, 그 인생은 오로지 공허한 인생이 될 뿐이요, 그 인생의 경험들은 목적과 방향과 만족이 없는 것이 될 뿐이다. 전도서는 결코 염세주의적인 책이 아니라, 하나님 없는 삶의 곤경에서 빠져나와 찬란한 하나님의 임재의 빛 가운데로 들어가는 길을 제시하는 감동을 주는 거의 복음적인 설교의 성격을 띤 책이다.

아가서

아가서의 내부적인 증거(1:1)나 외부적인 증거로 볼 때 솔로몬이 그 저자 자신이 밝혀진 이 짧은 러브 스토리는 열띤 논쟁거리가 되어 왔다. 이 아가서를 구약성경이라는 정경 속에 넣을 만한 가치가 없다고 보고 정경에 포함시키지 않는 사람들이 많다. 이렇게 주장하는 사람들의 이유는 아가서에 나타나는 바, 그 글의 성격이 상당히 감각에 호소하는 것이며 또한 심지어는 아주 에로틱한 것이기 때문이라는 것이다. 그들은 말하기를, 이 아가서는 독자들에게 무슨 영적인 계몽 같은 유익은 도저히 줄 수 없고 오로지 인간의 사랑에 대해서 그리고 그러한 용어들만을 사용하며 이야기하고 있을 뿐이라고 한다.[52] 만약 이 책을 솔로몬이 썼다면 그 사실만으로도 이 책의 정경성을 말할 수 있는 것이 분명하지만, 그러나 그밖에도 이 책의 정경성을 확실하게 받아들여오는 교회의 합의와 유대교의 전통이라는 사실이 강력한 논증을 구성한다.

이 책의 진정한 주제는 아가서의 분방한 묘사들을 지적하기를 좋아하는 것으로 보이는 비평가들이 그 책에 대해서 강요하는 해석은 제쳐두고라도 참된 사랑의 영광이다. 사람들은 거기에서 이야기되고 있는 아름다운 개념들을 감각적으로 인식하는 일이 없이 활짝 열어 놓은 마음으로 그것을 도저히 읽을 수 없다. 솔로몬은 한 아름다운 처녀와 사랑에 빠졌는데, 불행하게도 그 처녀는 그보다는 낮은 신분에 있는 양치는 소녀에 불과했던 것으로 보인다. 이 이야기는, 자신이 원하면 모든 것을 가질 수 있지만 자신의 애정을 분명

---

52) 아가서가 이교숭배 요소의 반영물이라는 주장들에 대해서는, Robert Gordis, *The Song of Songs*, New York, Jewish Theological Seminary of America, 1954, pp. 4-8을 보라.

히 성공적으로 나타냈던 것으로 보이는 그 처녀를 자기 마음대로 소유할 수 없다는 사실로 속을 끙끙 앓고 있는 왕의 모습을 그린다. 우선 그 대화 내용들을 보면, 그가 그녀를 묘사하고 있는 부분과 그녀에 대한 그의 사랑을 묘사하고 있는 부분이 있다. 그리고 그 내용 속에는 그녀가 그에 대해서 묘사하고 있는 부분도 있다. 최종 결과는 솔로몬이 그녀를 얻게 되며, 또한 그녀는 솔로몬으로 하여금 그녀의 아름다움과 특징을 통해서 하나님의 뜻은 사람이 한 아내를 갖는데 있지, 그의 아내가 되어서 그로 하여금 하나님을 신실하게 믿는 삶에서 멀어지도록 유도하는 많은 아내들을 소유하는데 있지 않다는 사실을 볼 수 있도록 하는 것으로 끝이 난다. [53)]

이 전체 이야기가 특히 그 이야기가 사적인 것일수록 BC 10세기에 일어난 한 애정 사건을 통해서 우리들에게 무슨 교훈을 주려는 목적으로만 기록되었을 가능성이 거의 희박한 것으로 항상 생각되어 왔다. 그러므로, 다른 해석들이 제기되어 왔다. 보수주의자들 가운데 가장 널리 받아들여져 온 두 가지 해석은 다음과 같다. (1) 이 이야기에 나오는 솔로몬과 그 처녀의 관계가 하나님(솔로몬)과 이스라엘(그 처녀) 사이의 관계를 말한다는 것이다. 그리고 하나님께서는 그의 특별한 백성들을 향한 자신의 사랑을 보이기 위해서 이런 형식을 시도하고 계시다는 것이다. [54)] 또는 (2) 그 양자간의 관계가 교회에 대한 그리스도의 사랑을 풍유로서 말한다는 해석이 있다. [55)]

이들 둘은 동시에 가능한 해석들이 될 수 있다. 실제로 우리에게는 이스라엘을 향한 하나님의 사랑을 보여주는 역사적 풍유가 있다. 이런 역사적 알레고리는 신약의 교회에 대한 언급을 통해서 전형적으로 나타난다. 신구약 성경 모두에서 이스라엘이라는 존재와 교회가 자주 하나님의 아내 또는 애인이라는 특색있는 묘사로 표현된다. 우리는 비평가들이 그 책을 거절하는 주된 이유는 다름 아니라 그 비평가들이 이 솔로몬의 실제적인 사랑의 사건의 내면에 있는 하나님의 이상적인 사랑을 보지 못하는데 있음을 지적한다.

53) Franz Delitzsch, *Biblical Commentary on the Old Testament: The Song of Songs*, Grand Rapids, Wm. B. Eerdmans Publishing Company, 1948, p. 5.
54) Archer, op. cit., pp. 477-478.
55) Ernst Hengstenberg, *Commentary on Ecclesiastes*, Trans. by D. W. Simon, Edinburgh, T. and T. Clark, 1876, pp. 297-305.

제8장

분열된 집

고대 근동의 역사적 배경

분단된 왕국이 속한 역사의 기원은 BC 931년에 시작되어 722년 앗수르에 의해 사마리아가 멸망될 때까지 계속되었고 그 이후 유다 왕국만이 남게 되었다. 이 사건에 대한 부연 설명은 9장으로 미루기로 한다. 전체 이야기에 중요한 나라와 민족들이 있기는 하지만 지금 언급하게 된 시대는 유성과 같이 나타나 근동 지역에 군림했던 앗수르에 의해 통치되던 기간이다. 물론 가장 큰 중요성을 띠는 나라는 이스라엘이다. 열왕기와 연관된 역대기에 나오는 사건들을 논하면서, 우리는 하나님의 백성들이 거대한 다른 나라들과 어떻게 서로 영향을 미쳤는지를 알게 될 것이다. 그러나 그에 앞서 적어도 주변의 주요 왕국들에 대해서 간략히 조사해 보겠다.[1]

---

1) 이 시대는 연대를 제외하고, 기본적으로 다음 책의 개요를 따른다. John Bright, *A History of Israel*, Philadelphia, Westminster Press, 1959, pp. 209 ff. 솔로몬의 사망보다 이른 연대는 올브라이트의 연대기에 근거한다. Edward F. Campbell, Jr., "The ancient Near East; Chronological Bibliography and Charts," *The Bible and the Ancient Near East*. Ed. by G. Ernest Wright, Garden City, Doubeday and Company, Inc., 1965, pp. 291-292. 분열왕국의 연대는 다음 책에 근거한다: Edwin R. Thiele, *The Mysterious Numbers of the Hebrew Kings*, Chicago, Univerity of Chicago Press, 1951.

앗수르

초기 철기 시대(BC 1200)의 시작이 있을때까지 앗수르는 샴시아닷 1세 (Shamshi-adad Ⅰ, 1748-1716)하의 강대한 시대 이후로 그리 두드러지지 못했다. 아슈르라비 1세(1442-1425 ?)나 아슈르우발릿(1356-1321)과 같은 영특한 인물들이 있었고, 이 두 인물 모두 앗수르 부흥의 희망을 고취시킨 듯했지만 국가 회복의 실질적 천재는 살만에셀 1세(1265-1236)였다. 이 위 대한 군주는 전(前)세기에 시작된 미탄니 정복을 완성했다. 살만에셀 1세 이 후에 투쿨티-니눌타 1세(1233-1199)가 즉위했는데 그는 바벨론을 정복하여 앗수르 주위 영토의 소유권을 주장하기도 했다. 그러나 그후 1세기 동안 앗 수르는 이미 소유한 것만을 보존할 수 있었고 영토 확장에 대해서는 거의 언 급되지 않았다. 그때 세계사에 가장 위대한 제국주의자 중의 하나가 나타났 는데 그가 디글랏-빌레셀 1세(1116-1078)이다. 그는 남쪽을 제외한 모든 방 면으로 확장되었던 신앗수르제국의 수권자로 간주되어 마땅하다. 그러나 일 찍이 언급된 바 있었던 부상하는 몇몇 아랍국가들에 의해 저지되었다.

BC 878년경이 지나서야 아슈르-나시르발 2세(884-860)하의 앗수르인 들이 정지된 교착 상태를 벗어나 팔레스타인을 향하여 위협적인 침입을 시도 할 수 있었다. 그의 계승자 살만에셀 3세(859-829)는 성서 속의 많은 왕들 과 관계를 맺었고 그중 몇명은 주요 기념비와 비문에 기록되기도 했다. 그러 나 이스라엘을 포함한 팔레스타인의 실질적인 공략은 풀루 또는 풀로도 알려 진 디글랏-빌레셀 3세(745-728)의 지휘에 의해 이루어졌다. 그는 아랍 연합 국을 완전히 대패시켰으며 수많은 팔레스타인인들을 포로로 잡아갔다. 자신 의 기록과 구약성서에 따르면, 사실상 갈릴리 출신의 몇몇 이스라엘 사람들 이 포로들 명단에 들어있다. 이스라엘 수도 사마리아성의 실질적 공격은 살 만에셀 5세(727-723)에 의해 주도되었으나 점령이 완수되기 전에 죽었고 강 탈자 사르곤 2세(722-706)에 의해 그 과업이 완결되었다.

전(全)기간 동안 앗수르 통치권에 도전하려는 시도는 거의 없었으나 8세 기 말엽에 가서는 지배권이 곧 끝날지도 모른다는 조짐이 나타났다. 특별히 메대나 바벨론과 같은 나라들이 앗수르에 압력을 가하기 시작했으며 또 한세 기가 지나기 전에 티그리스 왕국은 쓰러져 역사에서 사라졌다. 앗수르의 가 장 큰 의미는 하나님이 이스라엘을 징계하시기 위해 당신의 막대기로 사용하 셨다는 사실에 있다(사 10:5). 바로 이 이유 때문에 앗수르는 이 시기에 성경에서 그토록 현저하게 표상되고 있는 것이다.

이집트

이미 시사했듯이, 이집트는 영광스런 18대와 19대 왕조가 지난 후 거의 잊혀진 나라가 되었다. 특히 20대, 21대 왕조는 쇠퇴했고, 이 기간 동안 팔레스타인이나 시내 반도 이외의 인접 국경의 어떤 지역과도 실질적인 접촉이 거의 없었다. 시삭 1세(935?-914)에 의해 수립된 22대 왕조에 이르러서야 근동지역에 영향력을 행사하기 시작했다. 테베의 카르낙 성전벽에 무용담을 새기거나, 곳곳에 돌기둥이나 그 외 표지들을 남겼다. 이 유명한 왕은 팔레스타인을 가로질러 북쪽 갈릴리까지 진입했다. 그의 계승자 오소콘 1세(914-874)는 그다지 성공적이지 못했는데, 그것은 역대기에서 말해 주듯 오소콘의 보좌관 세라가 유다왕국을 치려고 시도했을 때 유다왕 아사가 세라를 대파시켰던 것이다(대하 14:7-12).

이 패배는 이집트로 하여금 아직 제국주의적 야망을 가질 준비가 안되었다는 명백한 인상을 심어 준다. 7세기에 한번 더 팔레스타인을 공격한 것 이외에는 역사상 공격을 시도해본 적이 없다. 그러나 팔레스타인 공격조차도 앗수르의 허락을 받은 후 행해졌고 일시적인 것으로서 아무 효력도 얻어 내지 못했다.

아람

팔레스타인 북방의 아람국가들을 언급하지 않고 이 기간의 역사를 고찰해본다는 것을 불가능하다.[2] 이 작은 왕국들은 주로 북방민족들이 아람이나 메소포타미아(티그리스강과 유프라테스강 사이 모두를 나타내는 광의의 의미와 혼동하지 말 것)로 알려진 지역으로 이주하면서 형성되었다. 이 이주자들은 이미 그곳에 있었던 민족들과 혼합되었으며 BC 1200년까지 꽤 만만치 않은 세력으로 변했다. 공동 방어가 필요하기 전까지는 독립국으로 남았다. 디글랏-빌레셀 1세때 합병을 시도했으나 성공하지 못했다. 사실상 디글랏-빌레셀 직후, 앗수르가 쇠퇴하고 있을 때, 아람인들은 동쪽 티그리스-유프라테

---

2) Benjamin Mazar. "The Aramaean Empire and Its Relation with Israel," *Biblical Archaeologist*, 25:97-120, December, 962; also Merrill F. Unger, *Israel and the Aramaeans of Damascus*, Grand Rapids, Zondervan Publishing House, 1957.

276

스 지역과 서쪽 소아시아의 시실리아까지 선수 공격을 강행하여 몇몇 정착을
했다. 사울과 다윗왕 때에는 남쪽으로 진입해서 갈릴리의 북쪽과 동쪽, 하
맛, 다메섹, 욥바의 주요 지역을 점령하였다.

앗수르 세력의 회복과 솔로몬하의 이스라엘 확장이 극에 달함에 따라 이
나라들은 대부분 지역적 제한을 받게 되었고 인접국들의 간섭을 받게 되었
다. 그러나 이스라엘 분열 이후 아람족은 다시 한번 독립하게 되었고 10세기
와 9세기에는 특히 북방의 왕국들과 끊임없이 전쟁을 치렀다. 이 전쟁들은
열왕기상에서 현저하게 묘사되었다.

이에 대해서는 후에 자세히 고찰해 보겠으나 우선 피상적으로 말한다면,
8세기 말엽, 대 앗수르의 디글랏-빌레셀 3세의 광기가 아람국을 세상에서 영
원히 제거시켰다. 수백년 뒤 시리아가 등장했을 때에야 그곳에 살던 아람족
은 다시 한번 자치권을 갖게 되었다. 이처럼 간략한 설명에서도 지나쳐 버릴
수 없는 이유는 아람국의 공헌이 정치적인 것에 있는 것이 아니라 문화적인
것이라는 데에 있다. 비옥한 초승달 지역의 심장부에 속해있는 아람국의 이
상적인 위치로 인해, 아람 언어와 생활양식은 근동지역 전역에 걸쳐 퍼졌고
그리스도 시대까지 전지역의 국제어는 아람어였다.

바벨론

마지막으로 바벨론에 관해서 말해야 한다. 이 기간 내에 바벨론은 암흑
기의 장막 속에 갇혀 있긴 했지만 그 침체를 깨뜨릴 희미한 불빛이 있었다.
이 희망은 페르시아만 최남단에 위치하여 위협적으로 부상하는 시랜드 왕조
로 알려진 민족이었다. 그들은 앗수르로 향하는 길을 따라 거의 모든 것을
잃은 상태였으나, 7세기말 신 바벨론 제국의 형성을 이루게 한 북방과 동방
을 향한 메대 왕국과 연합할 때까지 바벨론은 서서히 영향력을 확장했다.

이스라엘과 유다의 역대왕

이스라엘	유다
여로보암1세 (931-910)	르호보암 (931-913)
나답 (910-909)	아비얌 (913-911)
바아사 (909-886)	아사 (911-870)
엘라 (886-885)	
시므리 (885)	
오므리 (885-874)	
아합 (874-853)	여호사밧 (873-848)
아하시야 (853-852)	
요람 (852-841)	여호람 (853-841)
예후 (841-814)	아하시아 (841)
	아달랴 (841-835)
여호아하스 (814-798)	요아스 (835-796)
요아스 (798-782)	아마샤 (796-767)
여로보암 2세 (793-753)	웃시야 (790-739)
스가랴 (753-752)	
샬룸 (752)	
므나헴 (752-742)	
브가히야 (742-740)	요담 (750-731)
베가 (752-732)	아하스 (735-715)
호세아 (732-722)	
	히스기야 (715-686)
	므낫세 (696-642)
	아몬 (642-640)
	요시야 (640-609)
	요호아하스 (609)
	여호야김 (609-597)
	여호야긴 (597)
	시드기야 (597-586)

예후왕까지의 이스라엘과 유다(왕상 12:1-왕하 9:6; 대하 10:1-22:7)

여로보암1세 왕조 (왕상 12:1-15:26; 대하 10:15)

솔로몬 사후 세겜에서 기름부음을 받고 예루살렘에서 통치하고 있던 아들 르호보암(931-913)에게 왕좌가 계승된다. 북쪽에 위치한 이 신성지를 선택한 목적은 의견과 충성이 심각하게 분열된 나라를 일치시키기 위함이었다. 이것에 대한 증거는 애굽에서 이스라엘로 돌아온 여로보암을 앞세워 북쪽 민족이 왕에게 보낸 탄원서에서 찾아볼 수 있다(왕상 12:4). 그들은 왕의 부친(솔로몬)이 그들에게 부과한 무거운 멍에를 완화시켜 줄것을 요구했으나 그 요구는 무시되었고, 젊은 신하들의 자문을 받아들인 르호보암은 더 무거운 과세를 부과시키게 했다. 이로 인해 북쪽 족장들은 유다로부터 독립을 선언하고 여로보암을 왕으로 추대할 계획을 세웠다. 르호보암은 싸우지 않고는 이 혁명을 인정할 수 없다고 하였으나 스마야 선지자가 이 일은 이미 하나님이 작정하신 바라는 것을 상기시키자 북을 공격하지 않기로 했다(왕상 12:23-24).

한편, 여로보암(931-910)은 세겜을 이스라엘의 수도로 정했는데 이는 세겜이 연상시키는 성스러움으로 인해 혁명의 정당성을 부여받기 위해서였다. 또한 지방수도를 요단 동편 브누엘성에 세웠다. 그의 초기 행정중 가장 의미있는 것은 새로운 이방종교의 중심지를 단과 벧엘로 선택한 것이다(왕상 12:29). 자신의 백성이 제사를 드리기 위해 매년 예루살렘으로 돌아간다면, 왕국의 분열을 각성하게 될 것이고 유다와의 재결합을 원할지도 모른다고 생각했기 때문이다. 이를 방지하기 위해서 우선 통치권 영역 안에 경배지를 마련해야만 했고 의식도 당시까지 익숙해져 있던 것과 크게 달라서는 안되었다. 그래서, 각각 최북단에 위치한 단과 벧엘에 사당을 만들어 금송아지를 모셨고, 인도할 새 제사장직도 임명했다.

단연코, 이 송아지상은 여호와의 형상이 아니라 단지 여호와가 계신 왕좌를 상징했다. 하지만, 이 송아지상에서 강한 가나안 영향을 찾아 볼 수 있

---

3) Merrill F. Unger, *Archaeology and the Old Testament*, Grand apids, Zondervan Publishing House, 1954, pp. 236-237; Martin Buber, *Moses*, New York, Harper and Row, 1958, pp. 147-149.

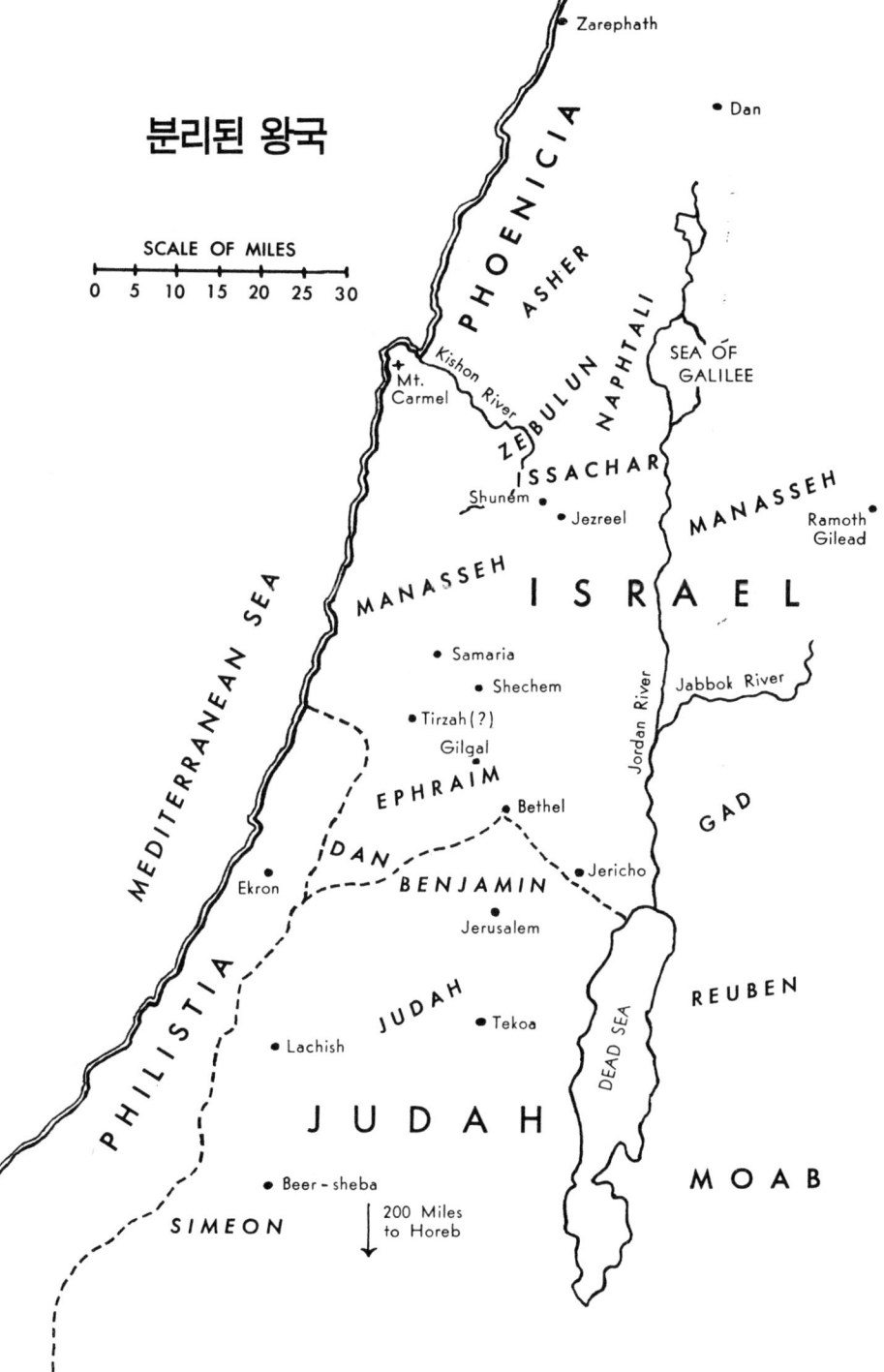

분리된 왕국

SCALE OF MILES

0 5 10 15 20 25 30

Zarephath

Dan

PHOENICIA

ASHER

ZEBULUN

NAPHTALI

SEA OF GALILEE

Kishon River

Mt. Carmel

ISSACHAR

Shunem

Jezreel

MANASSEH

Ramoth Gilead

MANASSEH

ISRAEL

MEDITERRANEAN SEA

Samaria

Shechem

Tirzah (?)

Gilgal

Jabbok River

Jordan River

EPHRAIM

Bethel

GAD

DAN

BENJAMIN

Jericho

Ekron

Jerusalem

REUBEN

JUDAH

Tekoa

Lachish

DEAD SEA

PHILISTIA

JUDAH

MOAB

Beer-sheba

↓ 200 Miles to Horeb

SIMEON

280

다. 힘과 풍요를 상징하고 황소 위에 서거나 앉아있는 바알은 도가 지나치게
상상된 가나안 민족의 신이었다.[3] 그리하여, 여로보암은 백성들에게 우상과
자연숭배의 위험성을 표출시켰고, 이 위험성은 시간이 지날수록 더욱 명백해
졌다. 그가 배교적이고 자격 없는 제사장들을 임명한 것은 완전히 율법에 위
반되는 것이었다. 이로 인해 벧엘로 보낸 유다에서 온 하나님의 사람에게서
비난을 받았다. 여로보암 자신이 그곳 제단에서 직접 제사를 집행했을 때,
그 예언자는 하나님의 말씀으로 단을 파괴하였고 왕도 마비되었다(왕상
13:1-6). 옳지 못한 제단에서 비율법적인 제사장에 의한 불경스러운 제사 행
위는 이스라엘을 범죄케 했던 여로보암의 죄로 오랫동안 기억된다. 더 비극
적인 것은 여로보암의 악행은 여기에서 그치지 않고 뇌물로 제사장직을 수여
했고 우상숭배를 단절시키지 않았다는 것이다.

왕이 유다에서 온 예언자를 만난 직후, 아들은 죽을 병을 얻게 되고, 왕
을 절망 속에서 아히야를 찾았다. 아히야는 이미 오래 전에 여로보암의 등극
을 예언했던 사람이다. 이 하나님의 사람은 아무 효력도 얻지 못할 변장을
하고 찾아온 왕의 아내에게 왕의 악행으로 인해 아들이 죽을 것이라고 말한
다. 더욱이 왕가는 더 이상 왕좌를 차지할 수 없다고 예언했다. 그 후 곧 여
로보암은 죽고, 왕위는 그의 아들 나답(910-909)이 물려 받는다. 나답의 사
악함은 아버지 못지 않았다(왕상 14:20).

유다의 상황은 마찬가지였다. 국가의 정식 인가 없이 행해지긴 했지만
여전히 모든 종류의 우상숭배가 르호보암때에 허용이 되었다. 산당, 마아세
봇(신전 기둥), 아세림(작은 숲), 남창과 같은 사악한 것들이 등장하는데,
이 모두는 음란하고 불법적이라서 유다가 북쪽 이웃나라보다 실제로 더 나았
는지가 의심스럽다(왕상 14:22-24; 대하 12:1). 애굽왕 시삭의 보호 아래
있는 여로보암은 아마도 시삭의 유다 침공을 묵인했을 것이다. 이 침공에서
시삭은 예루살렘에 있는 성전 보물들을 약탈해 갔다(왕상 14:20). 그의 맹공
격은 거기에서 그치지 않고 오랜 친구(이스라엘)에게 등을 돌리고 북쪽 멀리
이스르엘 계곡 너머까지 진격했다.[4] 전(全)기간을 통해서 우리는 이스라엘과
유다에 끊임없이 존재하던 적대감과 두 나라 왕이 죽은 후에도 끝나지 않은

4) John Gray, *Archaeology and the Old Testament World*, New York, Harper and Row, 1962, p. 146.

갈등을 볼 수 있다(대하 13).

르호보암의 뒤를 이어 아들 아비얌이 3년간 통치하였다(913-911). 아비얌은 선왕과 마찬가지로 여로보암과 동시대에 통치했고(왕상 14:31), 역시 사악한 왕이었으나 다윗계보에 그대로 머물러 있었던 것이다. 이스라엘에는 짧은 역사 동안 여러 왕조가 있었던 반면, 상대적으로 유다에서는 몇몇 사악한 계열이 있긴 했으나 오직 다윗의 계보만으로 이어졌음을 알 수 있다. 르호보암 통치때 살펴보았던 가나안 종교의 영향은 아비얌 통치 중에도 계속되었고 오히려 확대되어갔다. 아비얌의 모친 마아가는 압살롬의 딸로서 사악한 여인이었다. 이 여인은 아직 어린 나이에 아비얌을 이어 왕이 된 손자, 아사를 이용하여 당시의 배교적 상황을 더 악화시키려 했던 것으로 여겨진다. 아사가 왕이 된 후(911-870) 제일 먼저 행한 업적은 자신의 조모 마아가의 태후 자리를 박탈하고 그녀가 세웠던 우상들을 제거한 것이었다(왕상 15:12-14; 내하 14:2-5). 아사는 가나안 사람의 신당은 세거했으나 이스라엘 산딩은 없애지 못했다. 그러나 전반적으로 하나님 보시기에 옳은 일을 행했다.

아사의 통치 기간 중에도 유다와 이스라엘 간에는 전쟁이 계속되었다. 간헐적으로 평화시대가 있었는데, 그 기간중 아사는 북왕국과 애굽을 방어하기 위한 요새를 건축하기로 했다(대하 14:6-7). 아사 통치 초기에 애굽왕 오소르콘 1세의 부하 에티오피아인 장군 세라가 침공해 왔을 때 아사는 그를 크게 대파시켰다(대하 14:9-10).[5] 한편, 하나님이 유다 백성과 함께 하심을 인지한 이스라엘 백성들은 고향을 떠나 남쪽으로 내려와서 유다와 합세했다(대하 15:9). 이스라엘왕 바아사는 라마에 요새를 건축하여 유다에 대해 주도권을 잡으려고 했다. 이는 두 나라 사이의 왕래를 막기 위함이었다(왕상 15:17; 대하 16:1). 그래서 아사는 다메섹의 벤하닷 1세(890?-841)[6]에게 선물을 보내어 이스라엘과의 동맹관계를 중단하고 대신 유다와 협력해 줄 것을 부탁했다. 이에 아람왕 벤하닷은 이스라엘의 몇몇 성읍들을 공격, 점령하였다(왕상 15:20). 결국 바아사는 라마성 건축 계획을 포기하고 주의를 돌려

---

5) Bright, op. cit., p. 215.
6) 이 왕은 시리아의 알레포 근교에서 발견된 밀카트 석비(Milqart Stele)에 언급된다. 이 내용은 다음 책을 보라: D. Winton Thomas, *Documents Form Old Testament Times*, London, Thomas Nelson and Sons, Ltd., 1958, p. 239.

시리아의 위협에 대처하였다. 아사는 미완성된 라마성 요새에 쓰여졌던 돌들을 가져다가 게바와 미스바의 경계에 자신의 요새들을 건축했다. 그러나 예언자 하나니는 아사왕이 하나님을 의지하지 않고 시리아의 아람왕에게 도움을 청했기 때문에 줄곧 전쟁을 겪게 될 것이라고 예언했다(대하 16:7-8). 이후 겪었을 전쟁에 대해서는 구약에 언급되지 않았으나, 예언대로 이루어졌음을 추측할 수 있다. 우리가 확실히 알 수 있는 것은 아사왕이 발에 어떤 질병을 얻어 혼자서 통치할 수 없게 되어 873년경에 아들 여호사밧(823-848)과 공동 통치에 들어갔다는 것이다.

바아사 왕조(왕상 15:27-16:22)

잇사갈 족의 한 무명인이었던 바아사는 이스라엘왕 나답 살해 음모를 성공시킨 후 이 왕국의 두번째 왕조를 설립했다. 여로보암에 의한 것이라는 증거도 있기는 하지만 분명히 바아사에 의해 수도가 디르사로 정해졌을 것이다. 바아사는 여로보암이 행했던 악행을 그대로 따라 행했다. 바아사왕은 끊임없이 전쟁에 휘말리게 되고, 더 나아가 하나니의 아들 예언자 예후는 비난과 함께 바아사 왕조의 통치는 일시적일 뿐이라고 예언한다. 24년 통치 후 바아사는 죽고 아들 엘라(886-885)가 왕위를 계승했다. 그러나 엘라는 자신의 전차부대장 시므리에게 죽임을 당하고 시므리는 겨우 한 주간 동안만 권세를 잡았었다. 이것은 시므리의 왕위를 인정하지 않았던 사람들이 급히 오므리를 왕으로 추대했기 때문이다. 이스라엘 군사령관이었던 오므리는 디르사를 쉽게 공격할 수 있었고 시므리가 있던 왕궁을 불살랐다. 또 다른 사람, 디브니가 등장하여 오므리의 왕위를 노렸으나 이 도전자의 상대가 되기에는 너무 과분한 오므리는 가볍게 디브니를 살해하고 자신을 이스라엘 왕으로 선포했다(885-874). 그래서 2년 동안 이스라엘에는 4명의 왕이 자리 다툼을 하게 되었고 이 사실로서 당시 특정 기간 동안 보여준 이스라엘의 불안정한 상태를 알 수 있다.

오므리 왕조(왕상 16:23; 왕하 9:24; 대하 17:1-22:9)

단지 6절만이 오므리의 통치에 대해서 이야기하고 있고 이는 그의 위치가 중요하지 않았음을 말하는 것 같기도 하나 당시의 역사적 기록들, 특별히 앗수르로부터 온 것들을 살펴보면 오므리는 이스라엘과 그 접경국가들로부터 위대한 왕으로 간주되었음을 알 수 있다. 사실 앗수르인들은 이스라엘을 오므리의 집(Bit Humria)라고 부르곤 했다.[7] 그는 질서를 회복하고 솔로몬왕 때보다 더 많은 영향력을 행사했다. 선정은 아니었으나 업적중 가장 중요한 것의 하나는 시돈의 페니키아 사람들과 협력했고 우호적 관계를 이룬 것이었다. 실제로, 시돈의 왕 엣바알의 딸이 오므리왕의 아들 아합의 아내가 되었고 실질적인 왕위 상속인이 되었다.

앞으로 살펴보겠지만 이것으로 말미암아 북왕국의 쇠퇴가 가속화되었고 포로상태를 그만큼 재촉한 결과가 되었다. 오므리 역시 수도를 옮겼는데 이번에는 사마리아로 정했다(BC 880년). 이곳은 BC 722년에 있었던 앗수르에 의한 멸망 때까지 계속 수도로 남았다. 그곳의 야산을 방문해 본 사람이면 그곳의 지리적 이점이 수도로 선택되기에 적합했다는 것을 알 수 있을 것이다. 오므리 왕과 아합 궁전 건축에 페니키아 사람들이 협력했다는 증거는 최근 사마리아에서 있었던 고고학 연구에서 밝혀졌다.[8]

874년 아합은 이스라엘의 왕이 되었고 전대미문의 죄악시대의 장을 열었다. 아합은 오래 집권했고(874-853) 유다의 여호사밧과 다마섹의 벤하닷 1세와 동시대 인물이다. 앗수르-나시팔 2세(883-859) 통치하의 앗수르가 아람족을 억압하기 시작했고 심지어 팔레스타인도 자기들의 침략 대상에 포함시키려 했던 때도 이 아합시대에 속한다. 시돈의 공주 이세벨과의 결혼으로 인해, 심지어 여로보암도 짓지 않았던 죄인, 하나님을 버리고 바알신을 섬기는 죄를 범했다. 이 시기는 전(全)기간 동안 가장 중요한 인물인 디셉 사람 엘리야 선지자가 사역하던 시기이다. 이상한 사건은 아합의 통치 기간중 가뭄이 있었는데 그것은 엘리야가 명할 때까지 이스라엘에 비가 내리지 않을 것이라고 선언하면서부터이다. 이 예언 후 엘리야는 사막으로 사라졌고 까마귀를 이용한 하나님의 기적으로 연명하게 된다.

그곳에서 시돈왕국으로 가게되고 기근으로 굶어 죽게 된 한 과부와 아들을 만난다. 그 모자를 위해서 엄청난 양의 밀가루와 기름을 만드는 기적을 행한 후 고마워서 어쩔줄 모르는 이 과부의 집에서 한동안 거주한다. 아마도 엘리야 선지자의 가장 큰 이적은 시돈 여인의 아들이 병들어 죽었을 때라 할 수 있다. 하나님의 아들이 행하신 것처럼 엘리야 선지자는 하나님의 권능으

---

7) Ibid., p. 49.
8) Donald Harden, *The Phoenicians*, New York, Frederick A. Praeger, 962, p. 52.

로 그 죽은 아이의 생명을 살렸다(왕상 17:21-23).

3년 후에 선지자 엘리야는 아합왕에게 기근이 끝날 것이라는 것을 알리기 위해 사마리아로 돌아왔다. 아합왕은 물과 목초지를 찾기 위해 부하들에게 온나라를 샅샅이 뒤지라고 명령했으나 나라를 소생시킬 수 있는 희망이 없다는 것을 알았다. 엘리야는 그 부하들 중 오바댜(오바댜 선지자와 혼동하지 말 것)를 만나게 되고 자신을 왕에게 데려가 달라고 말했다. 주저할 것 없이 오바댜는 그렇게 했고, 아합왕과 엘리야 선지자가 상면했을 때, 왕은 나라에 이와 같은 재앙을 불러들인 것은 엘리야의 책임이라고 비난한다. 이에 대해 엘리야 선지자는 그것을, 왕 자신이 수치스러운 바알신 경배로 인해 하나님의 심판을 자초한 것이라고 말한다. 곧이어 엘리야 선지자는 왕에게 바알 신전이 있는 갈멜산에서 바알과 여호와 중 진정한 신이 누구인지를 판단해 보라고 도전한다.

이세벨 소속의 아세라 예언자 400명도 갈멜산에 나오도록 요구받았으나 모습을 드러내지 않았고 아합과 바알 예언자 450명이 나타났다. 많은 이스라엘 백성들이 신들의 대결을 보기 위해 몰려들었고 엘리야 선지자는 백성들에게 누구를 따를지를 결정하라고 말한다. 백성들이 한마디 대답도 하지 않자 엘리야는 바알 예언자들에게 희생제물의 각을 떠서 제단에 올려놓고 바알신이 불로 응답하기를 기도하라고 명령했다.[9] 이들 다음으로 엘리야도 여호와께 같은 것을 할 것이었다. 그러나 바알 예언자들이 아침부터 정오까지 아무리 바알신을 불러 보았지만 모두 헛된 것이었다. 마침내 엘리야는 그들의 헛된 노력을 비웃으며 바알신이 집을 나갔거나 잠자고 있을지 모른다고 조롱했다. 신들의 동정을 얻는 일반적인 수단으로 자신들의 몸에 상처를 냈지만 바알 예언자들은 아무런 응답도 얻지 못했다.[10] 완전히 절망한 그들은 광기어린 노력을 포기하고 엘리야에게 차례를 내준다.

오랫동안 버려진 여호와의 제단에서 돌 몇개를 발견하고 그것으로 엘리야는 새 제단을 만들었다. 그 위에 희생제물을 올려놓고 물통에 물을 길어와

---

9) 비와 번개의 신으로서 바알이 실재했더라면 제물을 불태우는데 어려움이 없었을 것이다. 사실상 바알은 3년간의 가뭄을 막을 수 있었을 것이다. See Sabatino Moscati, *Ancient Semitic Civilizations*, New York, G. P. Putnam's Sons, 1960, 117.

10) 라스 샤므라 문헌의 이런 예는, G. R. Driver, *Canaanite Myths and Legends*, Edingurgh, T. and T. Clark, 56, p. 109.

제단과 나무와 번제물에 부었다. 그 물은 넘쳐서 주위에 있는 도랑까지 가득 찼다. 오직 기적만이 제단에 불을 지필 수 있다는 것을 확실히 할 때까지 계속 제단에 물을 부었다. 그리고 짧지만 간절한 기도를 드렸고 하나님께서는 기도의 응답으로 제물과 나무, 제단, 심지어는 도랑의 물까지도 불을 내려 태워버리셨다. 이 경험된 증거로 인해 몰려들었던 백성들은 여호와만이 진정한 신이라는 것을 인지했다. 백성들의 이 충만된 믿음에 힘입어 엘리야 선지자는 바알 예언자들을 잡아 죽이라고 명령했다. 이 극적인 방법으로 인해 바알종교는 한두 가지 다른 형태를 지닌 채 20년 이상 지속되기는 했으나 그 기세가 이스라엘에서 완전히 꺾였다.

이 놀라운 사건을 계기로 3년 가뭄은 끝이 났다.[11] 화가 난 아합은 이스르엘 자기 집으로 돌아가서 일어난 모든 일을 이세벨에게 고했다. 자신의 신이 그런 처참함을 당한 것에 분노한 사악한 왕비 이세벨은 엘리야를 잡아 바알 에인자들이 당한 것과 똑같은 운명을 맞게 해 주겠다고 경고한다. 두려움에 사로잡힌 엘리야는 아합보다 먼저 서둘러 이스르엘 땅을 떠나 유다로 달아났다. 브엘세바 근처 네게브에 이르렀을 때 엘리야는 몹시 기진하여 삶이 이렇게 비굴함과 위험함의 연속이라면 차라리 죽음이 낫다고 생각한다(왕상 19:4). 그러나 하나님은 엘리야를 회복시키시고 시내평야 호렙산으로 인도하셨다. 하나님께서는 600년전 모세에게 나타나셨던 것과 같이 엘리야 앞에 나타나셔서 주의 백성을 찾기 위해 엘리야를 도구로 삼으셨다고 말씀하셨다. 주님의 도움은 크게 드러나는 일에서 나타나는 것이 아니라 조용히 아주 작은 목소리로 다가온다. 다시 재충전된 확신을 가진 엘리야 선지자는 그 신성지를 떠났고 하나님이 그에게 명하신 특사를 수행한다. 하나님은 사밧의 아들 엘리사로 하여금 엘리야 선지자의 뒤를 잇게 하셨고(왕상 19:19), 님시의 아들 예후를 이스라엘의 왕으로, 하사엘은 다메섹 벤하닷 1세의 왕위를 계승토록 작정하셨다(왕상 8:13). 엘리야 선지자 개인적으로는 이들 특사중 오직 엘리사 건만을 완수했으나 하나님께서는 엘리사를 통해서 다른 두 가지 모두를 이루셨다.

---

11) 물론 이것은 바알이 아니라 여호와가 비와 불과 자연의 모든 다른 세력들의 신이라는 것을 보여주었다. Cf. 수 10:11; 삼상 7:10; 18. See Frank E. Eakin, "Yahwism and Baalism Before the Exile," *Journal of Biblical Literature*, 84:413, December, 1965.

국제 정세에서, 벤하닷 1세는 이스라엘과 전쟁 준비를 개시했다. 오므리
와 아합왕이 재탈환하기는 했지만, [12] 이스라엘 북쪽 영역을 정복한 적이 있
었던 벤하닷 1세는 지금 사마리아성을 점령하려고 사기 충천되었다. 벤하닷
1세는 불행한 결과를 피하려면 어마어마한 양의 금을 바쳐야 한다는 조건의
최후통첩을 아합왕에게 보냈고 왕은 이 조건에 동의했다. 이렇듯 속전이 지
불됐음에도 불구하고 벤하닷 1세는 두번째 공격을 위협했다. 엘리야 선지자
는 아합왕에게 가서 이 수리아 적과의 전쟁에서 승리하리라는 것을 확신시켜
주었다. 만취한 벤하닷 1세와 그의 군대들이 전쟁터에 나왔을 때 용기백배한
이스라엘군을 공격하기는 힘겨웠다. 일시적인 후퇴 후에 벤하닷의 군대는 공
격을 해왔고 이스라엘군은 전세를 승리로 이끌면서 아벨성으로 도주하는 수
리아군을 추격했다. 그러나 겁먹은 벤하닷 1세의 최후를 볼 수 있는 기회를
마다하고 아합왕은 그를 놓아주었다. 바로 이 절호의 기회를 거절해버렸기
때문에 아합왕은 나라를 잃을 것이고 백성들은 다른 사람의 손에 넘어가게
되었다고 어떤 예언자가 전했다(왕상 20:42).

아합왕 최후의 반항은 자신이 소유하고 싶어하던 아름다운 포도원을 가
진 나봇이 개입되면서 전개된다. 왕은 실의에 빠졌고 이를 안 이세벨은 그
이유를 묻는다. 이유를 안 즉시, 몇몇 거짓증인들을 고용해 나봇이 왕과 하
나님을 욕했다고 증언하게 한다. 결국 나봇은 돌에 맞아 죽고 아합왕은 그
포도원을 손에 넣게 된다. 이어서 엘리야 선지자는 아합왕에게 가서, 지금까
지 왕의 행적으로 인해 왕과 왕비 이세벨의 변사가 초래되었고, 개들이 돌에
맞아 죽은 나봇의 피를 핥은 곳에서 그들의 피를 핥을 것이라고 예언한다.

이즈음 아주 중요한 사건이 북쪽 지역에서 구체화되어가고 있었다. 북쪽
팔레스타인을 병합시키는데 큰 성과를 거둔바 있던 앗수르의 살만에셀 3세는
정복을 완결시키려고 대군을 이끌고 유프라테스를 가로질러 급습했다. 카르
카르(Qarqar)에서 살만에셀은, 아합왕과 벤하닷 1세를 포함한 수명의 왕들
로 구성된 동맹군과 맞붙는다. [13] 살만에셀의 기록에 의하면, 아합왕에게만
2000대 이상의 전차가 있었다고 한다. 이것은 당시 오므리 가(家)의 위력을
뒷받침 해주는 자료이다. 카르카르 전쟁(853)이 어떠했는가를 알기는 어려우

---

12) Bright, op. cit., pp. 221-223.
13) 이 원정을 기록하고 있는 쿠르크 석비(Kurkh Stele)의 내용을 위해서는
   Thomas, op. cit., p. 47.

나 앗수르가 수십년은 아니라 하더라도 얼마동안은 남으로 더 이상 진격하지 못했음은 확실하다.

　이 동맹관계가 끝나자마자, 벤하닷과 아합왕은 그들의 적개심을 재개했다(BC 853). 길르앗의 라못땅은 여전히 수리아에 속해 있었고 아합왕은 그 땅을 되찾지 못한 것에 불만을 품고 있었다. 그래서 아합왕은 유다의 여호사밧에게 조력을 청했고 유다왕은 놀랄만한 우애를 표명하면서 그 청을 수락했다(왕상 22:4; 대하 18:1). 이 결정은 여호사밧에게는 너무나 어리석은 처신이었다. 왜냐하면 미가야 선지자가 예언하기를 하나님은 아합을 이스라엘왕의 자리에서 물러나게 하실 것을 작정하셨기에 이 모든 계획을 무모한 것이라고 했기 때문이다. 그러나 이 불굴의 예언자보다는 아합의 거짓 예언자들의 더많은 영향으로 인해 여호사밧은 합세했다. 아주 치열한 전투중에 아합왕은 치명적인 부상을 입었고 계속 싸우다 저녁녘에 숨을 거뒀다. 여호사밧은 거의 죽기 직전까지 갔으나 수리아군이 그가 이스라엘왕 이합이 아닌 것을 알고 살려주었다. 상처에서 흘러내린 피로 뒤덮인 전차로 아합왕의 시신은 이세벨에게 옮겨졌다. 그리고 예언자의 말대로 개들이 전차의 피를 핥아 먹었다. 아합왕이 죽자 즉시 아들 아하시야가 왕위를 계승했고 그후에 이스라엘은 계속해서 위태로움의 연속이었다(왕상 22:40).

　애초부터 여호사밧왕은 이스라엘 침공에 대비하여 유다의 요새화를 시도했었고(대하 17:1-2), 더 나아가 이스라엘에 재앙을 불러 일으킨 우상을 유다 땅에서 제거하려는 노력을 기울였다. 그 외에도 백성들을 하나님 안에서 교육시키기 위해 교사를 유다 전역으로 파견했고 여러 법령을 선포했다(대하 17:3-4). 공무와 상업에서도 많은 업적을 이루었다. 솔로몬왕이 했던 것처럼 여호사밧은 에시온 게벨에 무역선을 마련했다. 그러나 이 계획에 이스라엘의 아하시야왕이 동조하여 우호 관계를 맺고 있었기 때문에 그 배는 출항하기 전에 파선되고 말았다(왕상 22:48; 대하 20:37). 분명하지는 않지만 아마 두번째 시도가 있었을 것이고 이번에 여호사밧은 전에 사악한 자와의 협력에서 배운 교훈으로 아하시야와의 협정을 거절했을 것이다.

　여호사밧은 암몬 족속, 모압 족속, 그외 족속들의 침공으로 의기소침해지나, 예언자 야하시엘이 전혀 두려워할 필요가 없음을 확인시킨다(대하 20:15). 여호사밧왕이 대규모의 침략군에게 다가갔을 때, 암몬 족속과 모압 족속이 에돔 족속과 전쟁하는 것을 보고 놀라움을 금치 못했다. 왜 또 어떻게 일어난 것인지 우리가 아는 바는 없으나, 이 싸움으로 인해 거의 모든 적군들이 죽었다. 물론 이것이 인접국의 종말을 의미하는 것은 아니다. 곧이어 (BC 850년경), 솔로몬왕 이후부터 이론상으로는 이스라엘의 지배를 받았던 나라들이 반란을 일으켰고, 모압의 메사왕은 이스라엘로부터 독립을 선포했다(왕상 3:4ff.).[14] 아합왕 사후 일어난 이 반기에 맞서, 아합의 아들 요람왕은 잃어버린 모압 지역을 회복하려 했다. 요람왕은 여호사밧에게 원군을 요청했고, 하나님의 기적적인 개입으로 이스라엘과 유다의 동맹군은 대승을 거두었다. 그러나 모압 지방을 이스라엘의 통치하로 되돌리는 데는 실패했다. 마침내 여호사밧은 죽고 그의 아들 여호람이 왕위를 계승했다(853-841).

북방에서는 아하시야왕(853-852)이 수리아군에게 죽임을 당한 아합왕을 계승하였다. 이 아들도 아버지 못지 않게 사악했으며, 여러 면에서 악을 행하였다. 모압의 메사 왕이 반기를 든 것도 바로 아하시야의 짧은 통치 기간 중이었다. 아하시야는 이 반기를 제재하기 위한 특별한 조치를 내리기 곤란했다. 아마 왕궁 이층다락에서 떨어져 부상을 입은 사고로 인한 신체적 고통 때문이었을 것이다(왕하 1:2).

사고 후 사람을 보내 에그론의 신 바알세붑(파리신)에게 자신이 회복될 것인지를 물어오라고 명령했다. 사신들이 에그론산으로 가는 도중에 엘리야 선지자를 만나게 되고 엘리야 선지자는 왕이 회복하지 못할 것이라고 말한다. 분노에 차오른 아하시야왕이 엘리야를 잡아오라고 명령하지만 엘리야 선지자는 자신의 목숨을 노리는 자들로부터 두번 구조된다. 마침내 선지자가 직접 사마리아로 가서, 아합왕과 마찬가지로 왕도 하나님께 불순종하였기 때문에 소생하지 못하고 죽게 될 것이라고 당당히 말한다. 선지자의 말대로, 왕은 죽었고 그의 동생 요람(또는 여호람)이 왕위를 계승했다. 요람은 유다의 여호람왕(요람왕)과 동시대에 있었고 12년(852-841)동안 통치했다. 좀더 명확한 구분을 위해서 구약성경에서는 철자를 바꿔서 쓰기도 했지만, 요람은 북왕국의 왕으로 여호람은 남왕국의 왕으로 지칭하겠다.

이 시점에서 예언자 이야기가 다시 재개된다. 엘리야 선지자의 장면은 바뀌어 하나님은 엘리야 선지자가 죽지 않고 승천하는 것으로 막을 내리셨

14) 이것은 모압 석비에 기록되어 있다. 이 본문의 내용은, Thomas, op. cit., pp. 196-197.

다. 얼마 전, 스승에게서 자리를 물려받은 엘리사 선지자는 스승의 승천을 보기를 희망하면서 가까이서 엘리야 선지자를 모셨다. 마찬가지로 "예언자의 아들들"도 여리고 근처 본부에 모여서 요단강을 건너가려는 엘리야와 엘리사를 지켜보았다. 엘리야 선지자는 겉옷을 벗어 강물을 쳤고 두 선지자들은 갈라진 강의 마른 땅을 밟고 건넜다. 이별의 순간이 가까워짐을 느낀 엘리사는 스승인 엘리야 선지자에게 스승이 가진 것보다 두배의 영적 능력을 달라고 요청했다. 엘리야 선지자는 엘리사가 자신의 사라짐을 목격한다면 그 요구는 이루어질 것이라고 대답했다. 불수레가 나타나는 순간, 자신의 겉옷을 엘리사에게 건네주자마자 엘리야 선지자는 회오리 바람을 타고 올라갔다(왕하 2:11-12). 이 광경에 놀란 엘리사는 자신도 위대한 스승이 했던 것 같이 쉽게 요단강을 건너 갈 때 다시 한번 놀랐을 것이다.

엘리야 선지자보다 두배의 영적 능력을 받은 사실과 일치되게 엘리사 선지자는 엘리야 선지자가 행한 기적보다 더 많은 기적을 행하였다. 사실성, 기적은 열거된 사례 이상으로 예언자 사역의 한 부분이었다. 예를 들어, 여리고 예언자 집의 물을 고친 것(왕하 2:21), 벧엘로 가는 길에 아이들을 죽인 것(2:24), 과부의 기름을 늘려준 것, 수넴여자의 아이를 회생시켜 준 것 (4:34-35), 국솥의 독을 제거한 것(4:41), 나아만의 문둥병을 고친 것 (5:14), 사악한 종 게하시에게 문둥병이 옮겨간 것(5:27), 도끼가 수면으로 떠오른 것(6:6), 수리아군의 눈을 멀게 한 것(6:18), 그리고 엘리사의 뼈에 닿자 살아난 한 남자의 시신(13:21).

앞에서 언급했듯이 성경역사에서 기적이 다소 흔하게 나타났던 기간이 있다. 이스라엘과 유다에 영적 요구가 필요하던 시기에 기적을 행하는 선지자, 엘리야와 엘리사라는 인물이 대두되었다. 그 외에, 기적으로 알려지진 않았다 하더라도, 더 많은 예언자들이 당시에 존재했다. 실로의 아히야, 하나니, 미가야 이외에도 많은 예언자들이 이 세대에 활동했음을 알 수 있다. 또한 전국적으로 사회 여러 계층에서 생활해오고 있던 예언자의 생도들도 있었다. 이 생도들은 엘리야와 엘리사 같은 지도력이 주축이 되기 전까지는 다소 비활동적이었고, 사무엘시대 선지자 학교의 잔유물이라는 것을 믿어 의심치 않는다. 생도들의 활동에 관해서는 알 수 없으나, 설교와 찬양 그 외 율법에 관한 훈련을 받았을 것으로 추측해 볼 수 있다.[15]

가나안과 페니키아에서 발견된 것과 일치하는 학교들이 있다. 사실은 갈멜산에서 엘리야 선지자와 대결을 벌이던 바알 예언자들이 바로 그들이라 할 수 있다. 가능한 모든 증거로부터 바알 예언자들이 하나님의 선지자들의 본을 따랐다고 말하는 것은 히브리 예언론이 가나안 종교의 관례에서 나왔다고 주장하는 것보다 더욱 신빙성 있다고 할 수 있다.[16] 벤 아몬(Wen amon)의 이집트 이야기와 같은 고대 서적이 언급한 무아경의 수도사에 대한 모호한 참조물들을 별도로 놓고 보아도 근동이 이스라엘 이외에 히브리식 예언론에 대해서 알고 있었다고 보기는 힘들다. 위에서 주시했던 것처럼, 히브리 예언론은 거의 황홀경에 빠지지 않았고 어떤 면에서도 유사하지 않았다.

다음은 아합왕의 예언자에 관해서 언급해야만 한다. 아합왕이 거느렸던 첫번째 그룹은 분명히 가나안계였고 실제로 제사장이 경배의식에서 바알신을 찾았다. 이들이 엘리야 선지자에 의해 근절되었을 때, 여호와의 대변자라고 자청하는 자들로 대체되었으나 이들이 하나님의 '부름'을 받은 자들은 결코 아니다. 즉, 두 종류의 거짓 예언자들이 나타났음을 알 수 있다; 거짓 신들의 예언자들과 하나님을 내세우는 거짓 예언자들. 어떤 경우라 하더라도 그들은 가짜 예언자들이었으며 사람들로부터 도외시되었다.[17]

아합왕 이후 수리아와 이스라엘과의 관계는 벤하닷의 총사령관이었으나 문둥병자였던 나아만을 이스라엘에 보내 그 유명한 엘리사 선지자가 자신의 병을 치유할 수 있는지를 알아볼 정도로 개선되었다(왕하 5:5). 요람은 벤하닷이 선전 포고하는 것으로 오인했으나 엘리사 선지자는 나아만의 방문을 미리 알았고, 만날 준비를 하고 있었다. 얼마간 망설인 후, 수리아 장군은 엘리사 선지자가 일러준 대로 요단강에서 목욕하기로 마음먹었다. 나아만 장군은, 이것은 그저 어리석을 뿐이고 다마섹의 아바나와 바르발 강에서 몸을 씻는 것이 더욱 효과적인 것이라고 생각했다. 문둥병이 치유됐을 때 나아만은 넘치는 기쁨으로 보답을 원했으나 엘리사 선지자는 거절했다. 자신의 병을 고쳐주신 이스라엘의 하나님께 대한 경외심에서 나아만은 이스라엘의 흙을

15) 미출판된 나의 박사학위 논문을 보라. "An Investigation of the Person and Work of the Old Testament Prophet of God," Ph. D. Dissertation, Greenville, South Carolina, Bob Jones University, 1963, pp. 284-287.
16) Edward J. Young, *My Servants the prophets*, Grand Rapids, Wm, Eerdmans Publishing Company, 1952, pp. 25 ff.
17) Merrill, op. cit., pp. 258-279.

다마섹으로 가져와 림몬의 신전에 제단을 만들 것을 계획했다(5:17-18).[18]

곧이어, 다시 수리아와 이스라엘 사이에 전쟁이 벌어졌다. 벤하닷이 군대를 전략지에 파병하려 할 때마다 이스라엘군이 항상 미리 알아차리는 듯했다(왕상 6:10-11). 마침내 벤하닷은 하나님의 계시를 통해 선지자 엘리사가 모든 것을 꿰뚫어 보고 있다는 것을 알아내고 엘리사를 잡아 그 일을 그만두게 하려고 했다. 수리아군은 엘리사 선지자와 그의 종들이 머물고 있는 도단으로 가서 성을 포위했다. 다음날 아침, 엘리사는 일어나서 대규모의 수리아군을 보았다. 그러나 영적 능력으로 여호와의 군대 또한 산중턱에 와있다는 것을 알았다. 엘리사 선지자는 수리아군의 눈을 멀게 해달라고 하나님께 기도했고 그들이 입성했을 때, 사마리아로 데려갔다. 요람이 바라던 것과는 달리, 엘리사는 수리아군이 눈을 떴을 때, 그들을 풀어주고 다마섹으로 돌려 보냈다. 그 결과 벤하닷은 한동안 어떤 소규모의 침략도 시도하지 않았으나 얼마 안되어 전군대를 이끌고 와 사마리아성을 포위하였다(6:24). 그 포위의 파급 효과는 너무 커서, 사람들은 사람을 잡아먹고 절망과 항복의 시점에 다다르고 있었다.[19]

역시 성안에 있던 엘리사 선지자는 분노의 주요 대상이었다. 요람은 엘리사가 이 재앙을 일으키게 했다고 저주했다. 엘리사는 24시간 이내에 성 안에 곡식이 넘칠 것이라고 예언했으나 왕의 보좌관은 이 말을 비웃는다. 엘리사는 그에게 하나님을 불신했기에 약속된 것을 조금도 나눠 갖지 못할 것이라고 말한다. 다음날, 성 가까운 계곡에서 야영을 하던 수리아군은 수많은 군대의 말발굽소리를 들었다. 이들은 요람왕이 헷 사람과 이집트 사람을 고용하여 쳐들어 오고 있는 중이라고 생각하며 겁에 질려 줄행랑을 쳤다. 이 와중에 그들의 식량은 고스란히 기지에 남게 되었고 결국 수리아군 기지를 찾아왔던 두 걸인과 사마리아의 굶어 죽어가는 백성들을 위한 하늘의 선물이 되었다. 엘리사 선지자의 말을 믿지 않았던 왕의 보좌관은 밀려나오는 군중들에 의해 성문 앞에서 밟혀 죽었다.

마침내 수리아의 벤하닷이 병들어서, 엘리사 선지자는 하나님의 계시 아

---

18) J. Garrow Duncan, *The accuracy of the Old Testament*, London, Society for Promoting Christian Knowledge, 1930, p. 167.
19) 연대를 위해서는, see John Gray, *I and ll Kings, A Commentary*, Philadelphia, Westminser Press, 1963, p. 466.

래 다마섹으로 떠났다. 이는 엘리야 선지자가 호렙산에서 하나님께 위임받았던 것과 같이 벤하닷의 계승자에게 기름붓기 위해서였다(왕하 8:7). 왕의 보좌관중 하나인 하사엘이 엘리사 선지자를 만났을 때 왕의 쾌차를 물어왔다. 엘리사 선지자는 왕은 지금의 병으로는 죽지 않으나 다른 어떤 것에 의해 죽게 될 것이며, 하사엘이 왕위를 잇게 될 것이라고 대답한다. 이 암시를 받고 왕궁으로 돌아온 하사엘은 물에 적신 두꺼운 천을 잠자는 왕의 얼굴에 대고 눌러 질식시켰다. 이어 하사엘이 왕좌에 오르고 40년 넘게 통치했다(841-801).

남왕국에서는 여호사밧의 아들 여호람이 통치하고 있었다(대하 21:1;왕하 8:16). 이 왕은 아버지와는 달리 사악했고 아합과 이세벨의 딸 아달랴와 결혼했다. 앞서 살펴 보았을 때, 모압이 이스라엘에 반기를 들 당시 에돔은 유다 편에 있었다고는 하나 유다에게 반기를 들었다. 여호람은 에돔땅을 회복할 수 없었다. 아마도 죽기전 2년 동안 심하게 고생했던 창자의 고질병 때문이었는지도 모른다. 에돔 이외에도 블레셋 사람과 아라비아 사람, 남쪽 국경 부근에서 잦은 약탈을 일삼았던 에티오피아의 침략도 받았다. 드디어 비극의 통치는 죽음으로 끝이 났고 이스라엘의 선왕이었던 숙부의 이름을 받은 여호람의 아들 아하시야가 왕위를 계승했다(841년).

아하시야의 또 다른 숙부인 요람은 당시 이스라엘의 왕이었고 전쟁이 끊이지 않던 길르앗의 라못에서 다메섹의 하사엘왕과 접전중이었다. 이 길르앗 라못은 요람의 아버지 아합이 12년전에 목숨을 잃은 곳이다(왕하 8:28; 대하 22:5). 아하시야는 원군을 보내기로 결정했으나, 요람이 치열한 싸움중에 부상을 당하여 이스르엘로 후송되어 가는 바람에 아하시야도 숙부를 문병하기 위해 이스르엘로 갔다. 그러나 바로 이때 끔찍한 사건이 벌어지고 만다.

하나님의 인도를 받은 엘리사 선지자는 님시의 아들인 군대 사령관 예후를 이스라엘의 왕으로 임명하기 위해 한 선지생도를 길르앗의 라못 격전지로 보냈다(왕하 9:6). 그 선지생도는 이세벨을 포함한 아합 일가 모두를 죽일 것과, 그들 때문에 고통 받았던 선지자들의 피의 원한을 갚아 달라고 지시했다. 예후는 왕이 회복하고 있다는 것을 알았기 때문에 격전지를 떠나 가능한 한 빨리 이스르엘로 갔다. 지체없이 예후는 요람왕과 접견하고 화살을 쏘아 그 사악한 왕을 죽였다(왕하 9:24). 유다의 왕 아하시야도 그곳에 있었고, 예후는 그도 아합의 일족이었다는 것을 알았으므로 유다의 왕 또한 죽였다.

그래서 두 왕국이 그들의 왕을 한꺼번에 잃었다(841년경). 이세벨 왕비는 이 폭동의 모든 내막을 들어서 알고 있었다. 마침 궁전 창문을 통해 예후가 오는 것을 보고 있던 이세벨에게 예후는 욕을 하며, 그녀의 내시에게 이세벨을 창문으로 떠밀어 버리라고 소리쳤다. 내시들은 예후의 말을 따랐고 개들이 이세벨의 시체를 먹었으니 이 비참한 여인의 시신은 남아있는 것이 별로 없어 장사조차 지내지 못했다. 이는 결국 엘리야 선지자의 예언이 이루어진 것이다.

예후 왕조(왕하 9:6-15:12)

예후는 여기에서 멈추지 않고, 아합의 70명의 자손들을 몰살시킨데 이어, 사마리아로 가는 길에 만난 아하시야왕의 친척들도 모조리 죽였다. 그리고 나라 안에서 바알숭배를 추방하는 묘안을 만들었다. 중요한 종교의식이 있는 것처럼 가장한 후, 바알을 믿는 모든 제사장들과 예언자들을 사마리아의 바알신전에 모았다. 그들이 모두 모였을 때, 신전의 문을 걸어 잠그고 병사들로 하여금 그들을 모조리 죽이게 했다. 이렇게 해서 예후는 이스라엘에서 바알숭배를 완전히 없애 버렸다(왕하 10:28). 그때 이후로 바알 숭배의 흔적이 사라진 것은 사실이나 예후가 이 과정에서 하나님이 뜻하신 바 이상으로 개인적인 오만한 자존심과 잔인함을 보여줬다는 견해를 버릴 수가 없다. 아울러 단과 벧엘에 있는 금송아지를 치우지 않고 이스라엘 선왕들이 했던 것처럼 그곳에서 우상숭배를 허용했다. 이로 인해 예후의 왕조는 단축되었고 4대 이후에는 왕위를 다른 왕조에게 물려줘야만 했다. 또한 예후왕 통치 초기에 이국의 침입으로 수난당했다. 방첨탑(Black Obelisk)에 의하면 살만에셀 3세는 예후왕 원년에 앗수르에 조공을 바치라고 압력을 가했고 다메섹의 하사엘도 역시 가끔씩은 요구했을 것이 분명하다(왕하 10:32-33).[20]

예루살렘에서, 아하시야왕의 어머니 아달랴는 다윗 왕좌에 올랐다. 짧은 통치 기간 중에(841-835), 그녀는 자신의 확실한 입지를 위해서 자식과 손자를 포함한 모든 왕족을 몰살시키려고 노력했다(왕하 11:1; 대하 22:10). 그러나 손자 요아스는 하나님을 경외하는 고모와 제사장 여호야다에 의해 목숨을 건진다. 요아스가 일곱 살이 되었을 때 여호야다는 비밀리에 요아스를 성전에 모여있는 귀족들에게로 데려갔다. 미리 정해진 계획에 따라, 왕관이

---

20) Black Obelisk의 내용은, see Thomas, op, cit, p. 48.

어린 요아스의 머리 위에 씌워졌고, "여호와께서 왕을 구하셨다"는 외침이 울려퍼졌다. 궁전 가까이에 있던 여왕이 함성을 듣고 성전으로 달려왔다. 이 때 제사장은 그녀를 끌어내어 성전 밖에서 죽일 것을 명했고 이렇게 해서 유다에 있는 아합 왕족의 흔적은 완전히 사라졌다. 여호야다 제사장의 섭정으로 요아스의 통치는 시작된다(835-796). 후에 단독으로 선정에 들어갔으며, 아직 남은 바알신 제단을 제거하고 성전 재건을 단행했는데 이는 백성들의 큰 호응을 얻었다. 그러나 처음에는 여호와를 경배하기 위한 장소로 이용하기 위한 것이었다 하더라도 산당을 없애는 노력을 게을리 했으며, 아세라 여신상의 경배 또한 허용했다. 심지어는 배교행위를 규탄하는 여호야다의 아들이었던 스가랴 예언자마저도 돌로 쳐죽이게 했다(대하 24:21). 하사엘왕이 세벨라 남쪽 가드까지 점령하고 예루살렘을 공격하려 올라왔을 때 요아스왕은 이를 막기 위해 성전 예물을 거둬들여 하사엘에게 주었다(왕하 12:18). 그의 죽음은 악으로 치닫는 최고의 절정이었다. 그가 신뢰하던 부하들이 왕에게 반기를 들고 침실에서 그를 살해했다.

예후는 814년에 죽었고 그의 아들 여호아하스가 왕위를 이었다(814-798). 이 정의롭지 못한 왕은 계속 죄의 길에서 떠나지 않았으므로 통치 기간내내 수리아의 하사엘과 아들 벤하닷 2세(801-?)의 지배를 받게 됐다. 아세라 예언자들은 계속해서 왕과 그를 계승한 아들 요아스(798-782)를 악의 길로 인도했다. 여로보암 2세 또한 죄에서 떠나지 않는 통치를 했다(793-753). 그러나 이 뛰어난 인물은 수리아에게 잃었던 땅을 되찾았고 과거 어느 때보다도 평온한 생활을 누렸다.

엘리사 선지자는 이스라엘의 요아스 통치시 생존하긴 했으나 죽음에 임박한 상태였다. 이 고집스런 왕은 노쇠한 선지자에게 와서 하나님의 신탁을 받을 수 있는지를 물었다. 엘리사는 왕에게 활을 주고 창문 밖을 향해 쏘라고 했다. 활이 쏘아지자, 엘리사는 요아스가 아벡에서 시리아군을 정복할 수 있으리라고 예언했다. 그리고 왕에게 화살의 한묶음을 잡아들고 땅을 치라고 말했다. 왕은 반신반의로 노망한 듯 보이는 이 늙은 선지자의 말에 따랐다. 이에 응한 예언자의 대답은, 왕은 오직 부분적인 승리만을 얻을 것이고 결국은 적들에게 패할 것이라는 것이었다. 요아스는 벤하닷 2세에게 빼앗긴 국토를 간신히 되찾아 아들 여로보암 2세에게 물려주었다.

남왕국에서는 요아스의 뒤를 이은 아마샤(796-767)가 어느 정도 하나님편에 서는 옳은 통치를 했다. 선왕의 살해범들을 모두 죽임으로써 보복했고 에돔땅으로 눈을 돌려 원래 유다 소속땅이었던 것을 되찾았다. 그러나 부대 구성상 이스라엘군을 고용하는 실수를 범했다. 그 후 이름을 알 수 없는 한 예언자의 조언에 따라 이스라엘군을 돌려보내긴 했으나 그들은 유다 사람에게 악의를 품고 고향으로 돌아갔다.

　　아마샤는 에돔땅으로 진군해 성을 파괴하고 전리품으로 에돔의 우상들을 가져왔다. 유감스럽게도, 예루살렘에 그 우상들을 세워놓고 여호와와 나란히 경배하여 분향하므로, 선지자는 왕의 멸망을 예언하게 된다(대하 25:15).

　　한편, 적개심을 품고 고향으로 돌아가던 이스라엘군들은 아마샤왕이 에돔에 있는 동안 유다 마을을 습격하여 사람들을 죽이고 약탈해 갔다. 왕이 승리를 안고 귀성했을 때, 이 끔찍한 상황을 접하게 되고 이스라엘과의 정면대결을 선포했다. 이 전쟁은 아마샤에게는 좋지 않은 결과를 남기게 된다. 요아스는 대결을 시도하지 말라는 경고를 아마샤에게 보냈으나 에돔과의 승리로 기세등등했던 아마샤왕은 한편으로는 밀려오는 슬픔으로 인해 주의를 기울이지 않았다. 요아스는 예루살렘으로 쳐들어가 성전과 왕궁의 보물들을 약탈해 갔다. 종국에는 아버지처럼 아마샤도 자기 부하에 의해 반역당하고 라기스에서 치욕적인 죽임을 당했다. 그를 이어 어린 아들 웃시야가 왕으로 추대되었다(790-739).

　　이사야서에서 웃시야왕이 죽은 해에 선지자 이사야의 활동이 시작되었다는 것을 간략하게 언급하고 있으며(이사야 6:1), 웃시야의 통치에 대해서 열왕기상하, 역대상하, 이사야서에서 설명하고 있다. 유다의 웃시야는 역대 왕중 가장 의로웠다고 볼 수 있으나 산당을 없애지 못했고 그곳에서 제사지내는 것을 허용했다(왕하 15:4). 아라비아 사람과 블레셋 사람들과의 전쟁에서 승리했고 남서쪽 이집트 국경까지 영토를 넓혔다. 황무지에 물웅덩이와 몇개의 망대를 포함해서 예루살렘과 다른 전략지에 요새를 세워 강화했다(대하 26:6-10).[21] 웃시야왕은 전쟁 장비를 제작하고 연이은 승전으로 인해 명성이 널리 퍼졌다. 그러나 자기 세력이 막강해지자 교만해지기 시작했고 패망길에 들어서고 말았다(대하 26:16). 자신의 힘의 근원이 어디에 있는지를 망각했고 그 결과 문둥병자가 되어 남은 여생을 격리된 채 739년에 웃시야왕이 죽기까지 아들 요담과(750-731) 공동 통치했다.[22]

이스라엘에서는 여로보암 2세가 특별히 예후와 여호아하스왕 통치 때 수리아에게 빼앗겼던 영토를 되찾고 국경선을 아합왕 때 있던 곳으로 옮겼다. 여로보암 2세는 선왕과 마찬가지로 우상숭배와 잔존하던 바알신의 숭배를 허용하는 악을 행했으나 하나님께서는 이 사악한 이스라엘을 위해 동정을 베푸셨다. 여로보암은 753년까지 살았고, 아들 스가랴(753-752)가 사마리아에서 왕위를 물려받았다.

이스라엘의 멸망(왕하 15:13-17:4)

단지 130년 전 바아사 왕조의 전복에 비견된 만한 무정부 시대와 왕의 시해가 일어났다. 스가랴는 6개월 동안 통치했고 평민인 살룸에게 시해당했다. 살룸은 스가랴 살해 후 왕좌에 올라 한달 동안 집권했다. 그러나 살룸왕은 므나헴에게 시해당하고, 므나헴은(752-742) 권력 장악시 지지하지 않은 사람들을 야만적으로 대숙청했다. 강력한 앗수르의 디글랏-빌레셀이 수리아를 정복하고 사마리아 성문 앞까지 돌격해 왔기 때문에 므나헴의 집권도 그리 오래가지는 못했다. 므나헴이 앗수르의 공격을 피할 수 있는 유일한 길은 거액의 뇌물과 조공을 바치는 것 뿐이었다. 이 조약에 대해서는 성경 기록과 디글랏-빌레셀이 후세에 남긴 광대한 연대기를 통해서 알 수 있다(왕하 15:19-20).[23] 므나헴은 그 조공을 바치기 위해 무거운 세금을 부과하였다. 이것이 이스라엘 왕국의 종말을 앞당길 만큼 큰 부담이 되었음은 의심의 여지가 없다.

므나헴도 아들 브가히야에게 왕위를 넘겼다(742-740). 브가히야는 군대 지휘관 베가(752-732)의 반역으로 시해된다. 이 시점에서 연대기에 혼동이 나타난다. 즉 베가는 므나헴과 브가히야 통치 때에도 재임했던 것으로 나타난다. 이 기간 동안 사실상의 권한은 베가에게 있었고 그래서 공동 통치의

---

21) Nelson Glueck, "The Seventh Season of Archaeological Exploration in the Negeb," *Bulletin of the American Schools of Oriental Research*, No. 152, pp. 18-38. December, 1958.

22) 요담의 옥새는 홍해 부근의 엘랏에서 발견되었는데, 이것은 웃시야가 "엘랏을 복귀시켰다"는 왕하 14:22의 진술을 뒷받침한다. See Thomas, op. cit,. pp. 48-49.

23) Ibid., pp. 54-56. 이스라엘과 유다의 여러 왕들의 이름이 그 본문에 언급되어 있다.

가능성이 충분히 있다는 티일(Thiele)의 해석이 어느 정도 호소력이 있다.[24] 또 다른 이론에 의하면, 베가는 막후정치로 실세의 위력에 있다가 브가히야 가 죽은 이후 최고의 권력을 장악했다고 한다. 그의 통치중 BC 734년경에 디글랏-빌레셀은 한번 더 이스라엘을 공략했고, 갈릴리 지방에서 포로들을 앗수르로 잡아갔다(왕하 15:29). 북왕국 멸망의 첫번째 단계는 엘라의 아들 호세아가 베가를 살해하고 집권 때부터 가속화된다. 앗수르의 역사서에 의하 면 디글랏-빌레셀이 호세아에게 직접 왕관을 수여했다고 하는데 이는 있을 법한 일이다.[25] 아마도 호세아가 베가를 죽이고, 그 보상으로 앗수르왕으로 부터 이스라엘 왕위를 받았을 것이다. 여하튼 호세아는 앗수르에 충성하지 않았다. 살만에셀 5세(727-722)가 사마리아를 침공해 호세아를 옥에 가두었 다. 결국 호세아는 왕권 유지에 실패했다(BC 725년경). 옥에서 풀려났을 때 호세아는 어리석게도 앗수르에 대항했고 군사 대결을 시도했다.[26] 성을 봉쇄 한 지 3년만인 722년에 성벽은 무너졌고, 살만에셀의 후계자 사르곤 2세 (722-705)는 입성하여 거의 모든 백성을 끌고갔다.[27] 앗수르 정책에 맞추어, 이스라엘 사람들은 앗수르의 여러 지방에서 거주했고 어떤 사람들은 이스라 엘로 이주해 경작했다. 이스라엘 하층민들과 이주자들과의 결혼은 오늘날 사 마리아인이라고 불리는 산물을 낳았다.

열왕기하 17장은 북왕국이 포로로 될 수밖에 없는 이유들을 밝히고 있 다. 이 불순종하는 백성들의 역사 연구에 그 이유들이 계속해서 펼쳐지고 있 다. 이집트를 떠날 때부터 현재까지, 이스라엘 백성들은 모세와 그외 다른 선지자들에게 불순종했고, 하나님과의 성스러운 계약을 깨뜨리기 일쑤였다. 하나님께서는 이 백성들이 회개할 것을 거듭 애원하셨고 선지자들을 보내 악 한 생활에서 헤어나오기를 훈계했다. 그러나 어느 것에도 그들은 순종하지 않았다. 최종적인 치유책은 오직 가혹한 방편이었다. 이스라엘은 포로생활과 그에 따른 징계를 통해서 순종의 의미를 배워야만 했다.

유다의 요담과 아하스는 북쪽의 이웃나라가 비극을 맞고 있을 동안 다윗

---

24) Thiele, op. cit., pp. 114-115.
25) See the Nimrud Tablet in Thomas, op. cit., p. 55.
26) 호세아가 722년 이전에 끌려가 사마리아에 돌아오지 못했다는 견해를 위해서는, Bright, op. cit., p. 258.
27) 사르곤은 코르사밧에서 발견된 그의 연감에 이것을 기록했다. 이 본문을 위해서 는, Thomas, of. cit., p. 59.

의 계보를 이었다(왕하 15:32;대하 27). 웃시야의 아들인 요담은 선정과 악정으로 자기 아버지의 발자취를 이어갔다. 산당을 허무는 것을 게을리했고 심지어는 성전 경배 의식마저도 준수하지 않았다. 그럼에도 불구하고 국내와 국제 관계에서는 꽤 유명해졌다. 유다에 새요새를 세웠고 암몬과 싸워 이긴 후 이들로부터 조공을 거둬 들였다. 그러나 수리아와 유다 모두 앗수르의 디글랏-빌레셀의 침략 위기에 처해 있었으며 유다는 수리아의 르신(750-732)과 좋지 않은 관계에 있었다. 아들 아하스(735-715)의 통치중, 이스라엘의 베가와 수리아의 르신이 연합해서 유다를 공격했다(왕하 16:5). 이 조그만 세 나라가 분열하지 않고 앗수르에 대응하는 것이 더욱 현명했으리라. 절망한 아하스왕은 디글랏-빌레셀에게 지원을 요청하였고 이것은 예언자 이사야에게 큰 실망을 안겨 주었다(사 7). 앗수르의 왕은 군대를 이끌고 와 르신을 죽이고 갈릴리 거주자들을 사로잡아 갔다. 그러나 이 때문에 아하스는 큰 보상을 치러야만 했다.

당시까지의 유다 역사상 아하스는 가장 사악한 죄를 범했다. 선왕들의 악을 따랐을 뿐만 아니라 상상할 수 없는 악을 행했다. 예를 들면, 산당과 산언덕에서 자기 아들을 산 채로 불에 태워 제물로 바쳤다(왕하 16:3-4; 대하 28:2-4). 성전에 있는 보물을 내어다가 디글랏-빌레셋에게 선물로 주었다. 더욱이 앗수르 왕이 있는 다메섹으로 가서 앗수르 신을 위한 제단을 보고는 예루살렘 성전에도 그것과 똑같은 제단을 만들라고 지시했다. 이 신들은 도울 힘이 없었기에 아하스는 죽었다. 그러나 그는 자신의 영혼을 앗수르에 팔았기 때문에, 또한 하나님이 다윗을 기억하셨기 때문에 앗수르의 포로로 끌려가는 것은 면했다.

이스라엘은 포로생활에 남아있었고, 지금 우리의 관심은 전적으로 유다 왕국에 쏟는다. 아하스 지배하에 있던 유다는 수리아, 이스라엘, 에돔과 블레셋 사람들 때문에 거의 지쳐 있었다. 아하스는 사마리아 붕괴 이후에 7년 더 살았다(대하 28:18-19). 왕위를 계승한 아들 히스기야(715-686)는 아버지가 행했던 악행 투성이의 정책을 가능한 한 많이 수정했다. 이에 대해서는 열왕기상하와 역대기상하 이외에 이사야서에도 충분히 설명되어있다.

앗수르 제국이 번창하던 이 시기에 남왕국이 유지될 수 있었던 이유는 다윗과 맺은 하나님의 계약의 유효성과 유다 왕과 백성들은 대체적으로 이스라엘보다는 덜 악행을 행했기 때문이라고 볼 수 있다. 그러나 이 두 왕국중 어느 왕국도 영구적인 유효성을 확보할 만한 자격을 갖추지 못했다. 절대 불변인 하나님의 약속과 국가 멸망의 확실성을 절충시키는 문제가 예언서의 중요한 주제중의 하나가 되었다. 이 절충으로 "남은 자(Remnant)" 유형이 생성됐다. 이들은 상대적으로 계약 조건에 충실한 소수인들이며 성스러운 하나님의 은혜를 받은 특별한 대상이 되었다. 구약의 많은 대주제들처럼, "남은 자"라는 주제도 점진적으로 나타나 포로기 이전 후기와 포로기 선지자들에 이르러서는 충만하게 그 모습이 나타났다.

선지자들의 연대

이름	시대	대상
오바댜	약 840-830	에돔
요엘	약 830-820	유다
요나	785-775	니느웨
아모스	765-755	이스라엘
호세아	755-715	이스라엘
이사야	739-690	이스라엘과 유다
미가	735-700	이스라엘과 유다
나훔	약 650-620	앗수르
스바냐	635-625	유다
예레미야	627-575	유다
하박국	620-610	유다
다니엘	605-536	열방
에스겔	593-560	유다
학개	520-505	유대인들
스가랴	520-490	유대인들
말라기	435-415	유대인들

이 시기의 선지자들

선지자 엘리야, 엘리사, 미가야와 그 외 본장에 언급한 선지자들 외에도 역사서에서 언급되지 않은 다른 선지자들이 있다 — 요나와 이사야를 제외하고, 그러나 그 선지자들은 그 시기에 살았던 사람들이고 그들의 예언서는 역사적 배경에 대한 귀중한 자료를 제공해 준다. 구약의 역사적 조망을 해보는 이 작업에서 각 선지자들에 대해서 자세히 논하지는 않을 것이나 적어도 선지자들의 명단과 그들이 보여주는 역사적 중요성과 예언서의 개요만을 살펴보겠다.

오바댜

내외적으로 알려진 역사적 참고 자료의 불명확성 때문에 오바댜와 그의 예언서의 확실한 연대를 정할 수는 없다. 아처(Archer)와 그 외 학자들은 엘리사와 동시대인 대략 9세기 후반에 활약했을 것으로 본다.[28] 오바댜가 에돔이 절박한 도움을 청하는 형제 왕국 유다의 요청을 거절했기에 멸망될 것이라고 예언했던 것으로 그 연대를 추측해 볼 수 있다. 유다의 위기 이후와 에돔의 멸망 이전 시간을 살펴볼 필요가 있다. 아마샤가 BC 790년경에 에돔을 멸망시켰고 그래서 이것이 가능한 연대를 만든다. 그보다 더 일찍 르호보암(931-913) 통치 때, 이집트의 시삭이 유다를 침공하여 성전 보물을 빼앗아 갔다. 에돔이 유다를 지원해 주지 않았다는 것과 심지어는 이집트편에서 싸웠다는 해석은 타당성이 있는 것이라 하더라도, 실질적인 에돔의 태도에 대해서는 알려진 바 없다. 그러나 유다의 여호람 통치 때 예루살렘에서 약탈을 일삼은 블레셋과 아라비아 사람들을 에돔이 도와주었다는 것은 가장 타당성 있는 해석이라 볼 수 있다(대하 21:16-17).

관련 맺는 시대가 언제이건 간에, 전달된 교훈은 분명하다. 산과 계곡으로 안전하게 둘러싸인 지점의 오만과 거만의 에돔 왕국은 하나님의 심판의 대상이 되었을 것이고 하나님께 속한 백성들이 에돔땅을 물려받아 안전하게 거주할 것이다.

오바댜서 개요

Ⅰ. 심판의 확실성(1-9장)

Ⅱ. 심판의 근거(10-15장)

Ⅲ. 심판의 결과(16-21장)

---

28) Gleason Archer, *A Survey of Old Testament Introduction*, Chicago, Moody Press, 1964, p. 288.

요엘

역사적으로 오바댜 다음의 예언자는 요엘이 분명하다. 그러나 그것을 증명해 줄만한 자료는 없다. 8세기(BC 790년경)로 전환하는 시기에 살았던[29] 이 선지자의 메시지는 유다 왕국을 위한 것이었고 "주의 날"이라는 주제를 갖고 있다. 예언서에서 자주 나타나는 표현은 주의 심판 시기에 대한 것이고 이는 여러 가지 함축된 의미를 내포한다. 예를 들면 역사적인 심판의 날, 심판의 시기 그리고 심판의 마지막 날까지도 말하고 있다. 장기간의 예언을 했던 요엘은 어떤 예언이 언제 실현될지 정확하게 알 수 없었기에 대부분의 예언들이 마음 속에만 남아 있었을 가능성도 있다. 예언의 투시성은 실현을 원칙으로 하고 또한 상호 연관되어 나타나기도 한다.

요엘 선지자는 유다왕국의 죄에 대한 징계를 소개한다. 바벨론제국이 유다땅을 침략해 황폐하게 만들어 버릴 여호와의 날을 예언하고, 유다가 진정으로 하나님께 속죄한다면 용서받게 되리라는 약속을 신포한다(2:12-14). 주의 날에 대한 또 다른 언급은 하나님께서 놀라운 성령을 사람들에게 부어 주는 날이라고 했다(2:28-32; 참조. 행 2:16-21). 마침내 하나님이 모든 나라를 모아 심판하는 분노의 날이 있을 것이고 이어서 하나님 백성들을 영원히 구원해 주시는 날이 있을 것이다(3:18-21). 요엘서에 기록된 사건들의 순서는 다음과 같이 요약된다.

요엘서 개요

Ⅰ. 메뚜기 재앙(1장)
Ⅱ. 주님의 날 예언(2:1-27)
Ⅲ. 성령에 대한 약속(2:28-32)
Ⅳ. 심판의 날 선포(3장)

요나

열왕기하에서 이스라엘의 여로보암왕을 이야기할 때 요나도 언급되었기에 역사상, 요나의 시기를 단정하는 것은 어렵지 않다(14:25). 그의 시기는

---

29) A. F. Kirkpatrick, *The Doctrine of the Prophets*, London, Macmillan and Co., Ltd., 1901, pp. 58-60.

앗수르가 대체적으로 조용하던 8세기 초로 볼 수 있다. 요나의 사명은 앗수르의 성인 니느웨로 가서 하나님의 임박한 심판이 그 성에 내릴 것을 선포하는 것이다. 하나님의 부르심을 피해 도주하다가(1장) 큰 물고기에게 삼켜졌고(2장) 특별히 예비된 것이라고 믿어지는 이 사건 이후에 요나는 니느웨에 도착한다. 그곳에서 그는 회개하면 하나님께서 그 성에 내리시려던 재앙을 거두실 것이라는 확신에 찬 말을 선포한다(3:10). 그러나 사실 하나님의 분노가 그 성에 내리기를 기대했던 요나는 심판의 불꽃이 터지지 않았을 때 크게 실망했다(4:1). 하나님께서는 진정한 회개가 하나님의 자비를 구할 가치가 있는지를 요나에게 물었다. 그리고 하나님의 사람 요나는 단지 침묵으로 동의했다.

이미 언급된 요나서의 주제에 덧붙여 중요한 국수주의가 있었음을 알 수 있다. 초기 선지자 시대에 여호와는 단지 이스라엘의 신이었으나 요나 시대에는 앗수르가 인정하지는 않았다 하더라도 여호와가 앗수르의 신이었음을 짐작할 수 있다. 앗수르는 하나님이 내리시는 징계의 "몽둥이"였을 뿐만 아니라, 자비로운 사랑의 대상이기도 했다.

요나서 개요

Ⅰ. 요나의 고집(1장)
Ⅱ. 요나의 기도(2장)
Ⅲ. 요나의 설교(3장)
Ⅳ. 요나의 실망(4장)

아모스

아모스는 여로보암 2세의 번영하는 시대의 인물이다. 이미 살펴보았듯이 이 왕은 선대에 잃었던 이스라엘 영토를 회복시켰고 부와 번영을 이루었다. 그러나 이것은 물질주의의 기류를 발생시켰고 하나님 경배를 나태하게 만들었다. 이러한 시대상의 반작용으로 하나님께서는 유다 드고아 지방의 한 목자였던 아모스를 보내 이스라엘의 위정자들을 통렬히 비난케 하셨다. "운명의 선지자"의 메시지를 여로보암과 그의 부하들은 결코 좋아하지 않았고 갖은 수단을 이용해 아모스를 되돌려 보내려 했으나 아모스는 하나님이 주신 사명을 아무 두려움없이 시행했다.

아모스서를 통해서 8세기의 사회적, 정신적 상태를 많이 알아낼 수 있
다. 부유층은 빈민층을 혹독하게 억압했고, 상아로 꾸민 집에서 엄청난 부를
즐겼다(3:15; 4:1; 5:12). 사람들은 아무 거리낌없이 벧엘과 단에 있는 금송
아지상을 숭배했고(3:14; 4:4; 8:14), 정치지도자들은 대부분 뇌물과 결탁
되었다. 또한 신뢰성의 중심을 군대병력과 지리적 이점에 두었다(2:14-15;
6:1; 9:2-3). 이에, 아모스는 이스라엘 왕국이 적군의 손에 의해 멸망되리라
고 예언했다(6:14). 이것은 앗수르 군대가 이미 아수르단(Ashurdan) 3세의
지휘 아래 만반의 공격 태세를 갖추었다는 것을 참조한다면 능히 짐작이 가
는 일이었다. 종국에는 하나님께서 백성들을 구하실 것이고 무너진 다윗의
천막을 다시 세우실 것이다(9:11). 그때에 그 누구도 주께서 영원히 주신 땅
으로부터 백성들을 쫓아내지 못할 것이다.

아모스는 부름을 받기 위해서 특별히 "선지자의 아들"(7:14에서 의미하
는)이어야 할 이유가 없음을 보여준다. 하나님께서 아모스를 부르셨을 때 그
는 농사에 전념했을 것으로 여겨지며 다른 준비없이 하나님의 계시를 받았고
준비없이 예언의 전갈을 외쳤다. 아모스의 사역은 카리스마적인 것이었고 주
님의 성령으로 충만된 특별한 소명으로 가능케 되었다. 마치 사무엘, 엘리
야, 엘리사 선지자들이 덜 진실했다는 것을 의미하기라도 하는 것처럼 가끔
아모스를 최초의 진정한 예언자라고 부른다. 이것은 아모스가 자신의 메시지
를 기록한 최초의 선지자들 가운데 하나이기 때문이다.[30]

그러나 우리는 얼마만큼이나 더 아모스가 선대의 선지자들 이상으로 활
약했는지는 알 수 없고 앞에서 언급된 선지자들 모두가 자신들의 메시지를
기록으로 남겨놓지는 않았으나 하나님의 부름에 잘 반응했고 신실한 사역을
이루었다고 할 수 있다. 아모스가 선배 선지자들과 다른 또 하나는 그의 예
언은 무아경적인 것은 아니었다는 점과 가나안계 금욕파 예언자들에 속하지
않았다는 점을 지적할 수 있다.[31] 앞에서 이미, 초기 히브리 예언자들을 무아
경적이었다고 분류하는 오류에 대해서 논했었다. 다시 한번 그와 같은 비난
을 지지해 줄만한 어떤 성서적인 증거도 없다는 것을 확실히 해둔다. 단지

30) John Bayne Ascham, *The Religion of Israel*, New York, The Abingdon Press, 1918, p. 115.
31) Alfred Guillaume, *Prophecy and Divination Among the Hebrews and Other Semites*, New York, Harper and Brothers, 1938. p. 110.

엘리야 선지자가 통제할 수 없는 종교적인 열정이 흘러 넘쳐버린 가나안계 예언자들 가운데 살았을 뿐, 이것으로 그가 가나안계 예언자라고 말하는 것은 타당치 않다.

아모스서에서는 새로운 방향이 제시된 듯하다. 선지자의 중요한 기능은 기적을 행하는 것이 아니라, 시대를 대표하는 불안정한 군주와 제사장 직분을 교도시키는 것이다. 하지만 학자들과는 달리 선지자들에게서 정치적, 종교적 야망을 찾지 말아야 한다. 아모스나 그외 다른 진실된 선지자들은 자신의 고유의 관심사가 있었기 때문에 정치에는 관심을 두지 않았다. 그들은 왕들에게 "하나님이 말씀하신 것"만을 전달하길 원했다. 결코 자신이 제사장이 되려 하거나 제사장 임무에 개입하려고 하지도 않았다.[32]

단지, 당시 많이 존재했던 합당하지 않은 제사장을 제거하거나 고대 율법에서 언급되었던 믿음을 백성들이 갖도록 노력할 뿐이었다. 결국, 선지자들은 개혁자들이었다. 사무엘, 엘리야, 심지어 모세 등과 같은 "가공되지 않은" 선지자들의 신학적 이론을 고상하게 정련시켰다는 의미에서 개혁자가 아니라, 당시 세대들에게서 이미 버려진 하나님과의 계약에 대한 믿음을 다시 회복시켜야 한다는 의미에서 개혁자들이다. 즉 이들은 비평가들이 말하는 "윤리적 일신교"[33]를 발전시켰을 뿐만 아니라 율법이 이미 내포하고 있는 순수한 일신교로 돌아오기를 촉구했다.

"새 선지자들" 중 선두의 위치에 있는 아모스는 왕과 제사장의 회개를 통해서만 해결될 수 있고 그래서 나라가 하나님께 돌아갈 수 있다는 어떤 긴장감을 조성시켰다. 이것은 순종과 불순종 중에서 양자 택일을 요구하는 아모스의 메시지였다. 아브라함, 모세, 다윗과 맺은 하나님의 불변하신 계약이 성도들에게 영광과 승리의 날을 약속했다 할지라도 온 나라가 하나님께 돌아온다면 구원과 치유가 있을 것이나, 그렇지 않으면 분명한 심판만이 있을 것이다.

---

32) Aubrey Johnson, *The Cultic Prophet in Ancient Israel*, Cardiff, University of Wales, 1944, p. 52.
33) Edward W. Hopkins, *The History of Religions*, New York, The Macmillan Company, 1918, p. 431.

아모스서 개요

I. 열방에 대한 심판(1-2:5)
II. 이스라엘에 대한 심판(2:6-9:15)
　　A. 죄의 성격(2:6-16)
　　B. 심판의 약속(3-4장)
　　C. 회개를 촉구함(5장)
　　D. 포로됨을 예언(6장)
　　E. 아모스의 예언(7장)
　　F. 회복의 약속(8-9장)

호세아

　　호세아는 8세기 말 선지자중 마지막 인물이다. 적어도 이스라엘과 유다의 몇몇 왕을 포함하는 40년(755-715) 동안 사역했을 것으로 여겨진다. 호세아는 존재 이유를 부여해 주시는 하나님께 돌아오라고 촉구하는 주의 사랑에 관한 메시지를 이스라엘에 전했으나 이스라엘은 반응하지 않았다. 아모스처럼, 호세아도 이스라엘이 죄에서 빠져나오지 못하면 앗수르의 포로가 될 것을 알았고 그 비극의 날을 생전에 맞았다.

　　선지자의 삶은 하나님과 그의 백성들 사이의 관계를 투명하게 반영시킨다. 주님은 호세아에게 창녀가 될 여자와 결혼하라고 말씀하셨다(1:2). 아무 이의없이 이 신실한 선지자는 말씀하신 대로 했다. 이스라엘에 닥쳐올 불행을 알려주는 이름을 가진 3명의 아이를 낳고 호세아의 믿음없는 아내 고멜은 그를 떠난다. 시간이 흘러 어느날 불운의 호세아는 매춘하는 아내 고멜을 만나게 되고 그녀의 면전에서 아무런 비난도 하지 않고 주인에게서 매춘한 아내를 산다. 어떤 사람들은 이 이야기를 전설이나 우화 정도로 무시할지도 모르나 이 이야기가 실제 상황이었다고 해석하는 것만이 호세아의 삶에 대한 옳은 이해를 얻을 수 있을 것이다.[34]

---

34) 카일(Keil)은 이 결혼이 단지 상징적인 것이었다고 생각한다. Cf. C. F. Keil, on *Biblical Commentary on the Old Testament: Minor Prophets*, vol 1, Grand Rapids, Wm. B. Eerdmans Publishing Company, 1948, p. 38. 반면에, see Edward B. Pusey, *The Minor Prophets*, Vol, 1, Grand Rapids, Baker Book House, 1950, p. 21.

고통스런 경험을 한 호세아는 이스라엘을 너무 사랑하시어 이집트의 노예생활에서 구해 주신 하나님의 상처받은 마음을 잘 이해하기에 가능했을 것이다(11:1). 하나님께서는 용서의 팔을 당신의 간음한 아내를 위해 뻗으셨으나 이스라엘은 받아들이려 하지 않았다(6:1-3; 11:8; 14:1). 어리석은 비둘기처럼 이스라엘은 이집트나 앗수르 같은 연인을 사귀었고 하나님의 고귀한 사랑을 외면했다(7:11). 드디어 하나님께서는 이 고집센 백성들을 징계하시기 위해 이스라엘 백성들이 회개하고 돌아올 때까지 다른 나라의 손에 넘겨 주셨다(9:1-6). 언젠가, 그들은 하나님의 사랑을 알게 될 것이고 다시 그 사랑으로 충만케 될 것이다(14:4).

제 9 장

재난 전의 정화

역사적 배경

이 기간(722-586)과 그 직후의 역사는 3대(三大) 제국들이 서로 세계의 지배권을 연이어 장악했던 역사이다.[1] 앗수르는 8세기에 그 세력이 절정에 달했고, 또한 그 이후 7세기경까지도 그 세력을 계속해서 잘 유지해 나갔다. 그러나 BC 625년경 그의 이전 영광은 더 이상 회복할 수 없이 되어버렸고, 또한 그 이후 10년 안 되어서 그 제국은 역사의 무대에서 완전히 사라져 버리고 만 사실은 의심할 여지가 없다. 바벨론은 시랜즈 왕조(Sealands Dynasty)에 고무되어 일찍이 BC 8세기 말엽부터 이미 주변 여러 나라들을 놀라게 하는 징후들을 나타내기 시작했지만, 나보폴라살의 지도하에(626년) 신-바벨론 제국이 세워지면서, 물론 이 제국의 건설은 앗수르의 붕괴의 원인이 되고 또한 그와 때를 같이 하여 이 제국의 건설이 이루어지면서 비로소 메소포타미아 남부 지역의 이 제국은 일천 년 전에 잃었던 그 나라의 위상을 회복했다. 하지만 바벨론 제국은 그 되찾은 지위를 다시금 아주 빠른 시일 내에 잃어버리고 말았다. 그것은 539년경 바사(페르시아)의 고레스가 찬란한 그 나라의 위상을 아주 보잘 것 없게 만들고 그 바사 제국이 그 지위를 대신

---

1) 좀더 풍부한 역사적 설명을 얻기 위해서는, John Bright, *A History of Israel*, Philadelphia, Westminster Press, 1959, pp. 288-319을 보라.

차지했기 때문이다. 이 거대한 제국은 서쪽으로 그리스에서부터 동쪽 인도까지 펼쳐 있어서 성경 시대의 남은 기간 내내 지속되었고, BC 330년에 이르러 알렉산더 대제가 아르벨라에 있는 마지막 바사 성채를 파괴하기 전까지는 그 제국이 마게도냐 사람들에 의해 밀려나게 되리라곤 아무도 내다보지 못했다.

애굽, 아람, 엘람, 메대, 그리고 우라르투 등과 같은 다른 나라들은 이들 세 강대 세력들과의 관계를 고려해야만 했다. 물론 유다도 그래야 했다. 그러나 그러한 관계를 독립적으로가 아니라 역사적 이야기에 대한 상세한 해설에서 나오듯이 그렇게 관계 맺는다면 가장 좋은 일이 될 것이다. 따라서 이제 이런 면에 대해서 살펴보고자 한다.

사마리아의 정복자 사르곤 2세는 그가 왕위에 오른 시초부터 자신도 모르는 사이에 어려움에 빠져 있는 것을 알게 되었다. 페르시아 만의 수원에 위치한 시랜즈 왕조는 한 바벨론 귀족 므로닥-발라단(722-711)의 손아귀에 들어갔다. 므로닥-발라단은 이웃 백성 엘람족의 후원을 받아 바벨론 독립을 선포했다. 사르곤은 그 시간에 서부와 남부에서 아주 분주했기 때문에 므로닥-발라단이 몇 년 동안 세력을 유지하는 것만 허락했다. 사르곤은 그를 어렵사리 쫓아내자, 그 끈질긴 바벨론 사람들은 곧 바로 돌아왔고 앗수르의 산헤립(705-681)이 BC 703년에 제거하기 전까지는 성공적으로 제거되지 않았다. 사르곤도 소아시아로부터 침입해 들어오는 침략자들을 맞이해서 싸우지 않으면 안 되었고 또한 북쪽으로는 우라르투(아라라트)와 싸우지 않으면 안 되었다. 사르곤은 이 우라르투족을 남러시아로부터 온 야만족들의 도움으로 쳐부수었다.

애굽의 22왕조와 23왕조가 한 분열된 땅에서 경쟁을 벌이고 있었다. 그 두 왕조는 모두 곧 붕괴되었고, 뒤이어 24왕조(725-709)가 섰다. 이 24왕조는 이스라엘이 바벨론 포로 시절에 세력을 잡고 있던 왕조였다. 이 약한 정권도 에티오피아인 침략자들의 반란으로 인해 아주 짧은 시간 안에 막을 내렸다. 당시 에티오피아인 침략자들은 하-애굽(Lower Egypt)으로 들어와서 25왕조(715-656)를 세웠다. 그들의 첫번째 왕인 피앙키는 애굽을 상당한 세력을 가진 궁전으로 되돌려 놓았다. 히스기야가 앗수르를 대항해서 싸우느라 애쓰고 있는 유다를 위해서 애굽의 도움을 얻으려고 했을 정도였다.

히스기야의 치세(왕하 18-20장; 대하 29-32장)

히스기야가 그의 아버지 아하스를 뒤이어 즉위한 것은 BC 715년으로[2] 사르곤이 사마리아를 쳐부순 후 꼭 6년 뒤의 일이었다. 이 선한 왕은 즉시 그 왕국에서 그때까지 보관해 오면서 우상으로 섬겨 온 모세가 만들었던 놋뱀을 포함해서 이스라엘의 멸망의 원인이 되어 온 모든 요소들을 제거하는 일을 착수했다(왕하 18:4). 그 결과 유다가 유다 나라의 역사상 보지 못했고 또한 유다가 그 이후에도 다시 보지 못한 그런 정도의 종교 개혁이 있었다. 심지어는 사마리아의 경건한 사람들도 예루살렘으로 와서 여호와 예배에 참석하도록 초청을 받았다(대하 30:1). 사마리아 사람들이 이와 같이 여호와 예배를 드리는 일은 200년 전 왕국이 분열된 이래 합법적으로는 도저히 할 수 없는 일이었다. 이 행동은 또한 그 나라를 정치적으로도 재통일시키려는 어떤 종류의 노력을 암시하는 것이기도 했다. 또한 만약 그렇다면 이것은 앗수르를 대항하는 노골적인 반란의 행동을 나타내는 것이 되었다. 왜냐하면 사마리아는 이 당시 앗수르의 속주였기 때문이다.[3]

아하스는 앗수르에 복종하는 상태를 유지해 왔지만, 히스기야는 부친의 대외정책들을 뒤집길 바라는 생각에서 유다를 앗수르의 지배에서 벗어나게 하려는 생각을 굳혔다. 히스기야는 사르곤이 다스리던 전(全) 기간에 걸쳐 좀더 많은 혁명을 생각하는 국내의 개혁들을 추진하는 자신의 프로그램들에 완전히 몰두해 있었지만, 산헤립이 왕이 되자 그는 의심할 여지 없이 그 지배 세력의 변화가 자신이 전개하는 운동들에 좋은 영향을 끼칠 것으로 생각했다. 게다가, 애굽은 한 차례 더 피앙키의 지도하에 강력한 체제를 구축했고 또한 그렇게 함으로써 앗수르의 위협을 제거하기 위해서 도움을 청하는 의지의 대상이 될 수 있었다. 그렇지만 이사야는 히스기야가 애굽 사람들과 아무런 관계를 맺지 않았다고 주장한다. 왜냐하면 그들은 의지할 만한 존재들이 아니었기 때문이다(사 31:1-3). 대신에 이스라엘 백성들은 하나님을 신뢰해야 했다.

---

2) 유다 열왕들에 대한 연대는, Edwin R. Thiele, *The Mysterious Numbers of the Hebrew Kings*, Chicago, University of Chicago Press, 1951을 참조한 것이다.

3) W. F. Albright, *The Biblical Period From Abraham to Ezra*, New York, Harper and Row, 1963, p. 77.

앗수르에 저항하는 첫번째 조치는 아하스 시대 이래 지불되어 왔던 공물을 내지 않기로 하는 것이었다(왕하 18:7).[4] 이 조치는 산혜립이 바벨론에서 므로닥-발라단으로 인해 겪는 어려움과 그가 사바코(Shabako) 치하(710-696)의 애굽인의 담대함으로 인해 겪는 어려움들을 통해 유다로서는 아주 시기 적절한 것이었다. 사실은, 므로닥-발라단도 앗수르를 대항해서 싸우는 자신의 군사 원정에 히스기야의 후원을 얻기 위해서 유다로 돌아왔다. 가령 두로와 블레셋 도시 국가들 중 일부 국가들과 같은 좀더 작은 다른 나라들도 휩쓸리어 유다와 함께 동맹을 결성하여서 그들이 어떤 앗수르의 보복이라고 생각하는 것에 저항했다. 이 시기에 히스기야는 예루살렘에 요새들을 재건했고, 또한 성들을 다시 쌓으며(대하 32:1-9), 성밖에 있는 기혼샘에서부터 성안에 있는 실로암 못에까지 물이 흘러들어가게끔 수로를 만들었다(왕하 20:20). 그는 자기들이 아무리 불리한 입장에 있을지라도 자기의 하나님께서 분명코 승리하실 것임을 마음으로 생각하면서 담대한 믿음으로 임박한 산혜립의 공격을 기다렸다.

701년에 산혜립은 저항하는 모든 세력들을 제거하면서 서부와 남부로 이동하여 마침내는 유다와 필리스티아에 이르렀다. 산혜립은 심지어는 엘드가(Eltekah)에 주둔하고 있는 애굽 군대를 쳐부쉈지만 애굽 본토에까지 쳐들어 가는 모험은 하지 않았다. 그뒤에 산혜립은 블레셋 도시들로 방향을 돌렸다. 그는 블레셋 도시 국가들을 쉽게 정복했고, 마침내 유다 정벌에 착수했다. 약 46일 걸려 유다 도시들을 정복한 뒤에 이제 예루살렘성에 근접했다. 히스기야가 예루살렘성의 파멸을 면하기 위해서 엄청난 양의 조공을 바치겠다는 조건에 응하여 타협을 본 것이 바로 이 시기였다(왕하 18:13-16).

그 시기 즈음에 히스기야는 중병에 걸렸고 그는 이제 곧 죽게 될 것으로 생각했다(왕하 20:1; 대하 32:34; 사 38:1). 히스기야는 필사적으로 하나님께로 향했고, 그리고 하나님께서는 이사야를 그에게 보내사 하나님이 그의 기도를 들으셨으므로 결국에는 그가 살게 될 것이라는 메시지를 전해 주셨다. 히스기야가 분명히 낫게 될 것이라는 증거로 하나님께서는 해시계를 10도 뒤로 물러가게 해서 그 날의 낮의 길이가 약 40분 정도 늘어나게 하셨다. 이 기적이 있은 뒤 바벨론의 므로닥-발라단이 표면상으로는 히스기야의 빠른

---

4) 이것은 Bright의 해석이다. op. cit., p. 267.

쾌유를 바라며 그를 방문하러 왔지만, 실상은 앗수르와 대항하는데 필요한 그의 후원을 얻으려는 데 있었다(왕하 20:12-13). 히스기야는 이것을 아주 기분좋게 자발적으로 맞이하고, 또한 가장 우호적인 태도로 바벨론측을 받아들여 그들을 그 성과 성전으로 안내하여 그들에게 거룩한 것과 속된 것 모두를 보여주었다. 선지자 이사야는 이 일에 대하여 히스기야 왕에게 장차 때가 되면 바로 이 바벨론 사람들이 파괴할 목적으로 예루살렘으로 들어가서는 그들이 이제 보는 거룩한 보물들을 빼앗아 갈 것이라는 예언을 하면서 몹시 책망했다(사 39:6-7).

그후 몇 년 지난 뒤 산헤립에 의한 제2차 대(對)-히스기야 군사 원정이 있었던 것이 분명하다. 왜냐하면 여호와의 천사가 앗수르의 군대를 파멸시킨 일에 대한 이야기, 즉 701년의 포위 공격에서는 발생할 수 없었던 이 사건은 틀림없이 그보다 나중에 일어났을 것이기 때문이다.[5] 이 두번째 기사는 의심할 여지 없이 이사야 36:2-37:36, 열왕기하 18:17-19:36, 그리고 여대하 32:9-21에 기술된 사건이다. 이 사건의 발생 연대는 BC 689년으로 거슬러 올라감이 틀림없다. 왜냐하면 그 포위 공격과 관련이 있는 것으로 언급된 애굽의 디르하가는 그 때에 왕위에서 통치하기 시작했기 때문이다.[6]

산헤립은 히스기야로 하여금 자발적으로 복종하게끔 설득시키기 위해서 그의 신하들 중 일부를 예루살렘으로 보냈지만, 그러나 히스기야는 타협하기를 거절했다. 그러면서도 히스기야왕은 일단 자신이 최악의 위기에 처해 있다고 생각하고는 이사야 선지자에게 신하들을 보냈다. 이전 701년 포위공격 당시에는 앗수르 사람들한테 굴복하라고 충고했던 것과는 반대로 이번에는 이사야 선지자가 히스기야왕에게 굳게 서라고 촉구했다. 그 이유는 하나님께서는 산헤립으로 하여금 유다를 지원하는 또 다른 한 세력이 유다에게 몰려오고 있다는 풍문을 듣게끔 함으로써 산헤립의 마음을 낙담케 할 것이기 때문이라는 것이었다(사 37:7).

그러나 그 앗수르 왕은 애굽의 에티오피아인 왕인 디르하가가 다가오고 있다는 소식을 들었을때조차도 예루살렘을 멸망시키려는 자신의 계획을 포기

5) 이 기간의 역사적, 연대기적 문제들에 관한 브라이트의 광범위한 보주(補註)를 보라. op. cit., pp. 282-287.
6) Martin Noth, *The Old Testament World*, Philadelphia, Fortress Press, 1964, p. 249.

하길 거절했다.[7] 다시금 앗수르 왕은 히스기야에게 할 수 있는 한 항복하라고 최후통첩을 보냈다. 이때 이사야 선지자는 유다의 하나님을 앗수르가 일찍이 정복했던 열방들의 무능한 신들에 비교하면서 산혜립이 유다의 하나님을 모독했기 때문에 앗수르가 예루살렘에 들어가지 못하고 수치스럽게 본국으로 철수할 수밖에 없게 될 것이라고 답변했다. 그날밤 여호와의 천사가 앗수르 군대를 덮쳐 18만 5000명의 군사를 죽였다. 산혜립은 이 재난으로 인해 본국으로 돌아가는 수밖에는 선택의 여지가 전혀 없었다.[8]

니느웨로 돌아간 지 몇 년 뒤 산혜립은 두 명의 그의 아들들에게 니스록 신전에서 살해되었고, 그의 왕위는 그의 셋째 아들 에살핫돈이 계승했다 (681-669).[9] 이 유능한 통치자는 바벨론의 주신(主神)인 마르둑의 정당성을 인정함으로써 바벨론에 불안정한 상태의 정권을 안정시키고, 또한 그렇게 함으로써 앗수르를 위한 일반 국민의 지지를 얻어냈다. 에살핫돈은 나중에 에티오피아 왕조인 25왕조가 세워진 이래 계속해서 그 지역 때문에 생기는 괴로움을 제거하려는 바람에서 계속해서 애굽에 압력을 가했다. 671년 즈음에 그는 디르하가를 쳐부수었고, 멀리 그가 점령한 멤피스까지 가서 그곳을 그의 애굽 영지의 중심지로 삼았다. 그렇지만 그의 군대가 떠난 뒤 디르하가가 반란을 일으켰다. 에살핫돈이 그 반란을 진압하려고 되돌아 오는 도중에 병에 걸려 죽었다. 그의 아들 앗수르바니팔(669-633)이 그 일을 계속해서 진행하여 디르하가를 성공적으로 참패시키고 또한 결국은 (663년경) 멀리 남쪽 테베까지 진출하였다.

히스기야는 그의 생애 말년 10년 동안을 그의 아들 므낫세와 공동통치하였다. 그가 죽자 그의 젊은 왕자는 즉각적으로 왕위를 승계할 준비가 되어

---

7) 산혜립은 그가 히스기야를 "마치 새장 안에 든 새처럼" 예루살렘에 가두었노라고 진술한다. the text of the Taylor Prism in D. Winton Thomas, *Documents From Old Testament Times*, London, Thomas Nelson and Sons, Ltd., 1958, pp. 66-67을 보라.

8) 헤로도투스는 한 앗수르 부대가 전염병으로 인해 대패한 사실을 기술했는데, 성경 기사 가운데는 전염병에 대한 증거가 전혀 나오지 않는다. 우리로서는 이적으로 받아들이는 것 외엔 다른 대안이 전혀 없다. Merrill F. Unger, *Archaeology and the Old Testament*, Grand Rapids, Zondervan Publishing House, 1954, p. 269를 참고하라.

9) 니느웨에서 발견된 [The Prism of Esarhaddon]이 이것을 확증한다. Thomas, op. cit., p. 72을 보라.

있었다. 므낫세는 부왕과의 공동통치 기간을 포함하여 55년간 통치했다
(695-642). 그는 즉위한 지 얼마 안 되어서 바알 제단을 짓고 아세라 신상을
만듦으로써 대대적인 배교 정책을 펼친다는 유다 역사에 새로운 기록을 남길
사실을 알렸다. 게다가 그는 하늘의 일월 성신(日月星辰)을 숭배하며 섬겼
고, 또한 여호와의 전 안에 그것들을 위한 단들을 쌓기까지 했다(왕하 21:3-
7; 대하 33:2-7). 므낫세는 아하스처럼 자신의 자녀들을 힌놈 골짜기에서 희
생 제물로 드렸고, 또한 신접한 여자들과 하나님께서 가증히 여기시는 악한
활동을 하는 그밖의 다른 사람들을 찾아가 조언을 구하였다. 사실, 이스라엘
이나 유다의 왕 중에 이 므낫세만큼 죄악의 규모나 성질이 악했던 왕은 없었
던 것으로 우리는 안다.

열왕기는 우리에게 므낫세가 한번도 죄를 회개한 적이 있다는 말을 하지
않지만, 역대기는 앗수르 사람들이 쳐들어 와서 그를 결박한 채 앗수르로 데
려갔다는 사실을 강조해서 말한다(대하 33:11).[10] 이 일이 언제 있었는지 우
리가 말할 수 없지만, 분명한 것은 그 일을 겪으면서 그 왕이 겸비하게 되었
고 따라서 그가 고국으로 돌아왔을 땐 여호와께로 돌이켜 모든 이방 제단들
과 신상들을 없애고 소홀히 했던 여호와의 제단을 복구시켰다는 사실이다.
그러나 이 모든 개혁의 조치들이 예루살렘이 사마리아가 취급 당했던 방식대
로 똑같이 취급 당하게 될 것이라는 선지자의 선포를 무효화시키기에는 충분
한 것이 못 되었다(왕하 21:10-16). 히스기야의 지도력 하에서의 부흥은 아
하스와 므낫세 사이의 틈을 일시적으로 중단시켰을 뿐이다. 므낫세의 오랜
통치로 인해 의를 추구하는 그 어떠한 시도도 완전히 사그라졌고, 그로 인해
유다에는 멸망의 전조가 보였다.

이 시대의 선지자들(725-675년)

이사야

사마리아가 붕괴되고 그 거민이 포로로 잡혀가기 전부터 벌써 유다에는
예언자의 직무를 감당하는 일에서 역사상 가장 뛰어난 인물들 중 한 사람으
로 평가 받게 될 한 사람이 일어났다. 아모스의 아들 이사야는 유다 왕 웃시

---

10) 이와 일치하는 의견으로는, Thomas, op. cit., p. 74를 보라. 하지만 이 역대
   기 구절은 앗수르바니팔(Ashurbanipal)의 정복을 가리킬지도 모른다.

야가 죽던 해인 BC 739년경에 하나님의 소명을 인식하게 되었다(사 6:1). 디글랏빌레셀에 의한 사마리아 정복으로 인해 믿을 수 없을 만큼의 어려운 나날들이 계속되어 나중에는 유다의 아하스와 히스기야가 통치하던 기간에도 계속되었는데, 이런 역경의 기간 내내 이 담대한 선견자는 하나님의 뜻을 전하였다. 예레미야를 빼놓고 이사야보다 그 선지자의 생애나 활동에 대해서 더 잘 알려진 선지자는 없었고 또한 선지자가 선포한 예언의 메시지에 나타난 힘과 아름다운 점에서 이 이사야 선지자를 능가할 자는 아무도 없었다.

이사야는 예루살렘 성 내의 상위 계층 출신이었던 게 분명하다. 전 생애를 통해서 그는 궁중과 교류를 했고, 또한 정책을 입안하고 결정하는 과정에 관여할 수 있는 절호의 기회를 누리고 있었다. 특히 요담, 아하스, 그리고 히스기야는 이 이사야 선지자를 아주 가까이 알고 지내며 이루 말할 수 없을 정도로 이사야를 의지했다. 물론 그의 조언이 괄시된 적이 종종 있긴 했다. 그러나 그는 유복한 가정 환경에서 자랐는데도, 그의 눈은 가난한 자와 억눌림을 받은 자의 절박한 상황을 놓치지 않았다. 그는 그 당시의 사회 부조리와 악을 담대하게 그리고 열렬하게 질책했다. 그가 이렇게 한 것은 사회 개량가였기 때문이 아니라 이러한 악습들이 그 백성의 영적 생활에 배어 있음을 나타내주는 것에 지나지 않는다는 사실을 인식하고 있었기 때문이었다 (1:3-9). 고대 이스라엘 사회에서는 속된 것(사람)과 거룩한 것(사람) 사이의 구분이 전혀 없었다. 하지만 신정국가 체제에서의 어떤 부분이 허약함은 곧 몸 속의 병균과 같았다.

이사야 선지자는 우선적으로 정치적인 문제에 개입을 했다. 적어도 그것이 중대한 의미를 갖는 것이라면 그렇게 했는데, 그 한 실례로 베가-르신 동맹체가 유다와 맞서 싸우는 시기였다(735-732). 우리가 전에 말했듯이, 아하스는 자신이 취할 수 있는 유일한 대안은 디글랏 빌레셀 3세를 찾아가 원조를 구하는 일뿐이라고 결심했다. 그렇지만 이사야는 만약 아하스가 조용히 하나님만을 의지한다면 그 아람(수리아)-이스라엘 동맹은 수포로 돌아갈 것이라는 것을 알았다(7:4). 그러나 아하스가 하나님께로부터 이에 대한 특별한 징표를 받고도 믿지 않으므로 이사야는 아하스에게 디글랏-빌레셀에게 지원을 요청한 때문에 유다가 앗수르의 지배를 받게 될 것이라고 말하지 않을 수 없었다. 물론 그 징표란 처녀가 잉태하여 아들을 낳고 그의 이름을 임마누엘("하나님이 우리와 함께 계심")이라 부르게 될 것이라는 것이었다. 이

예언은 당연히 아하스 당시의 젊은 여자와 관계가 있는 것이지만, 그러나 그
궁극적인 성취는 예수 그리스도 곧 성육신 하신 하나님 안에서 이루어질 것
이다(7:14; 참조. 마 1:23).[11]

또 다른 한 아이가 태어났는데, 이번에는 선지자 이사야와 그의 아내 사
이에서 난 아들로, 또한 여호와께서는 이사야에게 북왕조가 그 아이가 성인
이 되기 전에 멸망할 것이라고 말씀하셨다(8:3). 이 불길한 내용의 예언들이
있는 가운데서도 이사야는 하나님이 결국에는 "평강의 왕"(9:6)이 될 거룩한
한 아이를 통해서 그의 백성을 회복하실 것임을 굳게 믿었다. 동시에 유다와
및 온 세상을 위협하는 앗수르는 그 나라를 하나님의 친 백성을 징벌하는 막
대기로만 사용했던 하나님에 의해서 파멸을 당할 것이다(10:5). 바벨론, 모
압, 수리아(아람), 에티오피아, 애굽, 아라비아, 그리고 두로 등도 이사야
선지자의 책망의 대상에 포함되어 있었다. 이 모든 나라들은 자만심과 뽐내
는 행동으로 인해 파멸에 처할 운명에 놓여 있었다.

이스라엘과 유다는 그들이 하나님의 진노에서 면제되지 않았다는 사실
을 알아야 했다. 애굽을 의뢰할지라도 도움을 얻지 못하게 될 것은(30:1-
17), 애굽은 사람이요 신이 아니며 그 말들은 육체요 영이 아니기 때문이다
(31:1-3). 그 두 나라들이 회개하고 하나님께로 돌아갈 때만이 그들의 지속
성 있는 존속과 새 하늘과 새 땅의 약속과 함께 밝은 미래를 맞이하게 될 것
을 확신할 수 있다(35장).

사마리아가 멸망할 시간이 임했다. 그래서 이사야는 그의 온 관심을 유
다에 쏟으며 그 어리석은 왕국을 향해 그 북왕국의 백성들이 죄를 거듭해서

---

11) 'almah'라는 단어가 "젊은 여자(young woman)" 또는 "처녀(virgin)"를 의미
할 수 있기 때문에, 이 구절은 분명히 이중적인 적용이 가능했던 것으로 보인다.
그렇지 않다면 동정녀 탄생 측면은 아하스에게는 아무런 의미 없는 것이 되었을
것이다. 그럴더라도, 이 중요한 언급은 그리스도의 동정녀 탄생을 가리켰다고
보아야 할 것이다. 왜냐하면 마태가 우리에게 그 점을 분명하게 진술하고 있기
때문이다. 여기서 기자가 그리스도의 탄생만을 염두에 두고 있었을 것이라는 견
해에 대해서는, Edward J. Young, *The Book of Isaiah*, Vol. 1, Grand
Rapids, Wm. B. Eerdmans Publishing Company, 1965, pp. 289-291을
보라. 이것이 아하스 시대의 한 여인을 가리키면서 동시에 또한 미래의 처녀(마
리아)를 가리키는 것으로 보는 견해에 대해서는, Robert Jamieson, A. R.
Fausset, and David Brown, *Commentary on the Whole Bible*, Grand
Rapids, Zondervan Publishing House, n.d., p. 437을 보라.

짓고 있다는 사실을 경고했다. 히스기야가 왕이 되자, 선지자는 기꺼운 마음으로 히스기야가 왕이 된 일과 관련한 하나님의 뜻을 약술할 수 있었다. 선한 왕 히스기야의 활동에 대해서 이미 우리가 앞에서 살펴보았지만 아무튼 선한 왕 히스기야는 즉위 첫 해에 이사야 선지자로부터 앗수르가 결코 예루살렘에 해를 입히지 못할 것이라는 보장을 받았다(14:4-23).

714년 사르곤 2세의 침략이 발생했을 때, 이사야는 히스기야에게 애굽 사람들이나 블레셋 사람들을 의지하지 말라고 경고했다. 이사야는 그 근거로 이 사람들(애굽 사람들과 블레셋 사람들) 자체가 앗수르의 노예가 될 것임을 들면서 그렇게 경고했다(20:4). 유다가 앗수르를 대항하는 일에 도움을 찾아서는 안 되지만, 그들은 하나님을 믿는 그들의 신앙을 통해서 그 압제자를 대항해야 한다(31:5).

689년의 산헤립 침략 당시, 이사야는 히스기야가 굳게 서서 여호와께서 가져다 주실 이적적인 구원을 바라볼 것을 권했다(37:33). 앗수르의 군사 18만 5000명의 죽음은 하나님께서 기도에 응답하셨다는 것과 하나님께는 그의 친 백성을 위한 그 이상의 목적이 있다는 사실을 입증했다. 히스기야는 그가 추구하고 있는 앗수르와의 모든 관계들을 통해서 이사야 선지자에게 위안이 되며 또한 능력 있는 의지가 되는 것이 있음을 발견했다. 히스기야가 죽은 뒤 우리는 이사야로부터 그에 관한 더 이상의 아무런 이야기를 듣지 못한다. 유대의 전통은 그가 불신앙적인 므낫세에게 순교를 당한 것으로 말하고 있다.[12]

이사야서 마지막 27장(40-66장)은 그 선지자의 활동에 아주 다양한 접근을 나타낸다. 전반부는 다양한 하나님의 예언의 말씀들을 빽빽하게 수놓고 있지만 아무튼 주로 역사적인 것에 비하여, 이 부분의 후반부는 주로 이스라엘의 종말론적인 측면들에 특별한 주의를 기울이는 예언적인 것들이다. 최근의 고등 비평학자들은 이사야서의 이 부분의 내용들은 이사야가 썼다는 것을 부인하지만, 그 증거는 아주 빈약하다. 초기 유대인-그리스도인 저술가들은 이 이사야서 전체의 통일성을 믿었던 것이 의심할 여지가 없으며, 또한 물론 예수님과 및 사도들도 변함없이 이사야서의 이 마지막 부분들을 이사야 선지

---

12) George L. Robinson, "Isaiah," *The International Standard Bible Encyclopedia*, Vol. 3, Ed. by James Orr, Grand Rapids, Wm. B. Eerdmans Publishing Company, 1960, p. 1496.

자의 글로 돌렸다(요 12:38; 눅 4:17; 마 3:3; 요 1:23; 롬 10:16, 20). 물론 이사야서 자체의 증거들이 그 점을 언급하고 있다는 것을 살피기에는 너무나 복잡하고 장황한 일이므로 여기선 할 수 없지만[13] 선지자 이사야가 이사야서 전체를 썼다는 것은 피할 수 없는 결론임을 지적한다.

이사야서의 이 부분에 대한 이사야의 저자됨을 부인하는 가장 주된 이유는 이사야가 그것을 썼다는 것을 믿도록 하기 위해서 초자연성을 전제 조건으로 내세우는 것 만큼의 많은 수의 상세하고 구체적인 예언들이 있기 때문이다. 이에 대한 비평가들의 유일한 대안은 이 부분은 역사에 해당하는 내용이지 예언이 아니라는 것이다.[14] 그러나 만약 우리가 성경에 대한 축자 영감 교리를 따른다면 이 주장에 따라오는 어려움들은 불식될 것이다.

우리는 이사야의 저술 목적이 포로들과 임박한 포로 생활의 위험에 직면하여 여전히 살고 있는 사람들을 위로하려는 데 있다는 것을 알 수 있다(40:1). 하나님의 영광이 나타나고 또한 "우리 하나님의 말씀이 영영히 설" 때가 임할 것이다(40:8). 이 일은 하나님의 신으로 충만하게 되어 이방 나라들을 심판할(42:1; 참조. 마 12:18) 여호와의 종(42)을 통해서 성취될 것이다. 우상 숭배하는 자들의 어리석음이 드러나게 될 것이요(44:9), 또한 그들은 과연 멸망받게 될 것이다. 하나님의 쓰임을 받는 도구들 중에 고레스가 장차 하나님의 뜻을 이행할 것이다. 이 고레스 왕은 예루살렘에 여호와의 전을 건축하는 일에 기여하는 인물이 될 것이다. 그는 또한 바벨론을 파멸시키는 일을 할 것이요, 이 일로 인해 하나님의 택함을 입은 백성들이 구원을 얻게 될 것이다(44:28; 45:1).

이 영광스러운 장들 가운데서 가장 영광스러운 면은 틀림없이 52:13-53:12에서 보듯이 여호와의 종 개념의 정교함일 것이다. 여호와의 종은 하나님의 백성의 모든 죄들을 대신해서 굴욕을 당하고 매맞고 또한 죽임을 당하게 될 것이다. 그는 인류에게 죄사함을 가져다 줄 수단이 될 것이요 또한 결국에는 죄와 사망까지도 정복할 것이다. 이것이 우선적으로 메시야를 가리키는 말이라는 데는 대부분의 성경 해석자들이 동의한다. 물론 많은 사람들이

---

13) O. T. Allis, *The Unity of Isaiah*, Philadelphia, The Presbyterian and Reformed Publishing Company, 1950.
14) Bernhard W. Anderson, *Understanding the Old Testament*. Englewood Cliffs, Prentice-Hall, 1957, pp. 399 ff.

여호와의 종은 이상적인 인물을 가리키거나 또는 장차 세상을 구원하는 하나님의 방편이 될 미래의 이스라엘 백성에 대해서만 이야기하는 것이라고 말하지만 말이다.[15] 그리스도 안에서의 성취와 결부되어 있는 이 구절의 불가피한 개인주의는 의심할 여지 없이 이사야가 예언상의 미래에서 하나님의 아들을 실제적이고 중대한 역할을 강력하게 현실적인 윤곽과 색채로 묘사하고 있다는 것을 암시한다.

이사야서의 남은 부분의 장들은 여호와의 종의 다양한 사역을 통해서 얻어지게 될 유익들을 약술한다. 그러한 유익들 가운데는 목마른 자들을 위한 충족(55:1), 회개하는 자들에겐 사죄함(57:13), 이방인들에게는 구원(60:3), 그리고 예루살렘과 이스라엘 및 온 땅이 하나님과 그의 성도들이 영구히 거할 처소로 재건될 것(65:17-66:24) 등이 포함되어 있다. 자기들의 집과 땅에서 뿌리째 뽑혀졌던 백성들을 향한 이보다 더 큰 위로의 말이란 거의 생각할 수 없는 일이다. 이 사상을 묘사하는 데 발휘된 상상력과 시적인 천재성은 영광스러운 약속들의 숭고함을 더할 뿐이다.

이사야서 내용 분해

I. 반란(1:2-6:13).

II. 징벌(7:1-12:6).

III. 이방 세력들에 대한 보복(13-27장).

IV. 회개(28-39장).

  1. 에브라임을 향한 경고(28장).

  2. 시온이 강대해지고 확장됨(29장).

  3. 이스라엘이 맹약을 맺은 일로 책망 받음(30-31장).

  4. 이스라엘이 선과 심판으로 약속을 받음(32).

  5. 하나님의 대적들이 보응으로 경고를 받음(33장).

  6. 대적들에게 경고가 주어지고 이스라엘에게는 약속이 주어짐(34-35장).

  7. 현 역사가 묘사됨(36-39장).

---

15) Otto Eissfeldt, "The Prophetic Literature," *The Old Testament and Modern Study*, Ed. by H. H. Rowley, Oxford, Clarendon Press, 1951, pp. 147-151.

Ⅴ. 회복(40-66장).
  1. 이스라엘의 주님과의 관계(40-48장).
  2. 이스라엘의 세상과의 관계(49-66장).

미가

예루살렘에 이사야와 동시대 인물로 선지자 미가가 있었다. 미가는 이사야보다는 좀 작은 인물이지만 그래도 그의 삶은 그의 동료 이사야의 삶에 거의 필적할 만했다. 이 미가 선지자도 이사야처럼 그 당대의 사회적, 도덕적 탈선을 통렬히 비난했다. 특히, 당시의 타락한 통치자들과 제사장들, 그리고 평강의 요소가 전혀 없는데도 "평강"을 외치는 거짓 선지자들에게 특별한 주의를 기울여 책망했다(3:5). 그 당시의 사람들은 그들의 종교 의식을 신뢰하고 있었지만 그 모든 배후에 담겨 있는 정신은 모조리 잊었다. 그래서 선지자 미가는 그들에게 그들의 외식주의적인 희생 제물들이 하나님께는 아무런 소용이 없다는 말을 아주 가혹한 용어들을 써가면서 그들의 헛된 형식주의를 엄히 책망하였다. 하나님이 요구하신 것은 그들이 "공의를 행하며 인자를 사랑하며 겸손히 네 하나님과 함께 행하는 것"이었다(6:8).

그러나 유다가 이스라엘의 전철을 밟아 재난 속으로 곤두박질해서 뛰어들어감에도 불구하고, 하나님께서는 언젠가 그의 백성을 영구히 기억하실 것이다(4:1-7). 여호와의 전의 산이 온 땅 꼭대기에 서게 될 것이며, 이방들이 모두 전쟁과 싸움을 잊고 예루살렘으로 몰려갈 것이요, 그리고 주께서 영원토록 항상 왕노릇하게 되실 것이다(4장). 와서 이것을 성취하고 게다가 앗수르와 사악한 나라들을 멸망시킬 그의 통치자는 베들레헴 에브라다(유다의)에서 나올 것이다. 하나님께서는 그의 백성들에게 그가 그들의 죄를 불쾌하게 여기신다는 것을 가르치기 위해서 한동안 그의 백성들의 황폐를 허락하실 것이다(5:2-3). 그 뒤에, 그는 그의 놀라운 은혜의 표시로 그들을 불쌍히 여기사 아브라함 및 야곱과 맺은 그의 영원한 언약을 기억하실 것이다(7:19-20).

미가서 내용 분해
1. 우상 숭배에 대한 책망(1장).
2. 백성들의 타락(2장).
3. 지도자들의 간악함(3장).

4. 왕국의 완성(4장).

5. 메시야의 정복(5장).

6. 백성과의 논쟁(6장).

7. 백성에 대한 위로(7장).

유다의 말년

앗수르바니팔은 앗수르의 세력을 그의 전임 어느 왕들보다 강력하게 신장시켰지만, 그러나 그의 제국의 종말은 예상보다 아주 빨리 찾아왔다. 그것은 물밀듯 쇄도하기 시작한 몇몇 국내적인 그리고 국제적인 사건들 때문이었다.[16] 애굽에서는 프삼메티쿠스 1세가 26왕조를 창건하여 통치하기 시작했다 (663-609). 이 유능한 통치자 프삼메티쿠스 1세는 디르하가 치하의 앗수르를 괴롭히는 독립 정책들을 시행하였다. 앗수르바니팔은 바벨론(그의 형이 그곳의 왕으로 있었지만) 사람들, 엘람 사람들, 그리고 북쪽 경계 지역에 있는 야만족들에게 몰두한 나머지 남쪽에 대한 자신의 관심에 신경을 쓸 여력이 없었다. 북쪽에서 온 신출내기들 가운데 주된 사람들은 메대 사람들이었다. 이 메대 사람들은 앗수르의 궁극적인 붕괴에 아주 두드러진 역할을 했던 사람들이었다.

그렇지만, 앗수르바니팔은 불시에 일어나는 긴급한 사태들과 일련의 전격적인 움직임들에 대해서 적절하게 대응할 능력이 있었기 때문에 적어도 옛 앗수르의 결속을 상당한 정도로 회복할 수 있었다. 그는 친형한테서 바벨론을 빼앗아 엘람족들을 진압했고, 또한 유다의 므낫세를 자신의 확고한 통치하에 되돌려 놓았다. 물론 프삼메티쿠스 편에서는 그에 해당하는 노력을 어느 정도 기울이기는 했다(대하 33:11). 그뒤 그는 그의 남은 여생을 고대의 유물들을 수집하며, 또한 도서관과 기록물 보관소를 건립하는 데 바쳤다. 이런 방면에 노력을 기울인 그의 노고 덕분에 무수한 고대 역사적 전설적 자료들을 나타내고 있는 다수의 종류가 다양한 서판들뿐 아니라 양호한 형태로 보존되어 오고 있는 유명한 바벨론 창조-홍수 서사시[17] 등을 오늘날 우리들

---

16) Bright, op. cit., pp. 291 ff.

17) 이 본문들을 위해서는, James Pritchard, ed., *Ancient Near Eastern Texts Relating to the Old Testament*, Princeton, Princeton University Press, 1950, pp. 60-99을 보라.

손에 넘길 수 있게 되었다.

앗수르바니팔의 아들 앗술-에틸-일라니(633-629)의 치세는 아주 불분명하며 또 그 통치가 성공적으로 지속되지 못한 것이 분명하며, 그의 형 신-사르-이스쿤(629-612)이 그 뒤를 이어서 왕위를 차지했다. 신-사르-이스쿤은 그의 생전에 그의 왕국이 비틀거리다가 몰락하여 거의 역사의 무대에서 사라지게 되는 꼴을 보았다. 메대 왕 키악사레스(Cyaxares, BC 625-585)는 왕위에 오르자마자 앗수르를 괴롭히기 시작했고, 또한 그의 동맹인 바벨론의 나보폴라살(626-605)은 실지로 앗수르로부터 독립을 선언하고는 바벨론에서 신-사르-이스쿤의 군대를 패배시켰다. 이러는 동안에 애굽은 앗수르의 우방이 되었다. 필시 약하지만 살아있는 앗수르가 북동쪽에 있는 무적의 메대-바벨론 전선보다는 낫다는 판단을 했을 것이기 때문이다. 아무튼, 프삼메티쿠스는 616년 메소포타미아에서 바벨론 군대들을 공격했고, 그렇게 해서 앗수르를 좀더 오랫동안 보존했다. 그렇지만 2년 뒤 키악사레스가 앗술-노시를 빼앗았고, 또 그후 또 2년 뒤에는(612) 바벨론 사람들과 메대사람들이 연합하여 수도인 니느웨를 빼앗았다. 신-사르-이스쿤은 니느웨 전투에서 죽었고, 그의 왕위는 앗술-우발릿 2세(612-609)가 뒤이었다. 사투를 벌이는 비참한 지경에 처한 앗수르를 맡게 된 불행한 상속자 앗술-우발릿 2세는 금방 하란 지역을 빼앗겼고, 609년쯤 되어서는 앗수르의 모든 영광의 자취는 역사 무대에서 사라져 버렸다.[18]

므낫세가 죽은 뒤(642), 젊은 아들 아몬이 유다의 왕위를 계승하여 짧은 기간 통치했다(642-640). 부모를 꼭 닮은 이 아몬은 그 땅에 다시금 우상숭배가 가득하게 하였고 그 뒤 그의 궁전에서 그의 신하들에게 살해되었다(대하 33:24). 아몬의 아들로서 왕위를 계승한 자는 요시야였다(640-609). 요시야 왕은 불과 7세의 소년으로 하나님께 대한 경건심과 열심이 그의 아버지와 조부 그 반대의 면에서 유명했던 것만큼 유명했다. 성인이 되자 그는 여호와의 전을 수리하는 일에 착수했다. 그 동안 하나님의 전은 아주 부끄러울 정도로 파손된 상태에 있었다. 그런데 이 복구 작업을 진행하는 과정에서 성전 건물 벽에 오래 전부터 숨겨져 있던 두루마리 하나를 발견했다(왕하

---

18) 앗수르의 말기 몇 년의 역사에 대해서는, William W. Hallo, "From Qarqar to Carchemish: Assyria and Israel in the Light of New Discoveries," *Biblical Archaeologist*, 23:34ff, May, 1960을 보라.

22:8). 요시야왕은 그 일을 조사하자마자 그것이 모세의 율법의 사본이라는 사실을 확인했다. 그 사본은 적어도 히스기야 시대 이래로 한번도 회람된 적이 없었던 것이었다. 이것이 모세 율법 전체 분량이었는지 아니면 신명기처럼 오직 그 일부였는지 우리는 확실히 말할 수 없다. 물론 율법의 일부분만 므낫세에 의해서 강제적으로 폐지되었거나 혹은 그렇지 않으면 유실되었을 가능성은 없어 보인다.[19]

왕은 그 내용이 자기 개인과 국민 전체에 대해서 무시무시한 비난을 담고 있다는 사실을 알았다. 따라서 그는 그에 대한 반발로 그것을 제사장 힐기야한테 보냈다. 그러자 그 제사장은 그것을 가지고 여선지자 훌다에게 나아갔다. 이 경건한 여자는 그 두루마리의 내용을 보고는 그 속에 쓰여 있는 저주들이 유다에 미칠 것이라고 예언했다. 그 이유는 유다가 하나님과 맺은 언약을 부당하게 어겼기 때문이라는 것이다. 그렇지만 요시야왕 만큼은 일찍이 회개하며 하나님 앞에서 스스로 겸비하였기 때문에 유다의 비극을 보지 않고 죽을 것이었다. 이를 위해서 그 나라는 그가 그의 날을 다 살기 전까지는 지속될 것이다(대하 34:24-28).

그 뒤 그 왕은 그 율법을 취하고 모인 백성들 앞에 서서 그들이 그것을 듣도록 읽어내려가기 시작했다. 백성들은 목소리를 합하여 하나님께 대한 자신들의 믿음을 재천명함으로써 응답했다. 그리고 그들은 히스기야 왕의 치세 동안에 있던 부흥처럼 전반적이고도 철저한 부흥을 적어도 피상적으로나마 경험했다. 그것이 피상적이었던 이유는 그것이 지속적인 열매를 내놓지 못했기 때문이요, 또한 그것이 하나님께서 이사야와 미가를 통해서 약속하신 그 저주를 철회하실 만큼 충분한 이유로 받아들일 만한 징표를 나타내지 못했기 때문이다. 그래도 이방신 숭배의 도구들을 완전히 파괴했고, 돈을 받고 일하는 제사장들을 제거하였는가 하면, 또한 골짜기들과 높은 곳에 있는 신상들과 제단들을 파괴하고 불태웠다. 유다 출신 하나님의 사람이 수세기 전에 예고했던 대로 요시야왕조차 벧엘을 중심으로 한 예배를 폐했다(왕하 23:15; 참조. 왕상 13:3). 이 모든 일은 거대한 유월절 행사에서 그 절정에 달했다. 사무엘 시대 이래 그 나라에서 보아 온 것 가운데 가장 큰 규모의 행사였던

---

19) Martin Kegel, *Die Kultusreformation des Josias*, cited in Gleason Archer, *A Survey of Old Testament Introduction*, Chicago, Moody Press, 1964, p. 92.

것이다. 이스라엘 역대 왕들 중에 하나님을 위해서 그렇게 많은 것을 하고 또한 그렇게 짧은 기간에 그렇게 열심으로 행한 왕은 없었다. 그런데도 그 나라는 구원을 받을 수 없었다. 그 백성의 죄가 그 나라의 뛰어난 왕의 경건을 통해서 얻을 수 있는 그 어떤 유익들보다 더욱 심각했던 것이다.

앗수르의 앗술-우발릿이 바벨론인들로부터 하란을 재탈환하기 위해서 갔을 때, 그는 애굽의 느고 2세로부터 지원을 받았다. 애굽의 느고 2세(609-594)는 그 일을 위해서 팔레스타인을 통해 진격했다. 요시야왕은 이번엔 확실하게 앗수르의 침략에서 벗어나려는 바람과 바벨론과의 약속을 철저히 준행하려는 뜻에서 므깃도에서 느고를 대항해 싸우기로 결심하고, 또한 앗수르인들에게 그 어떠한 도움이라도 되기 위해서 때를 맞춰 하란에 도착하려는 느고의 시도를 저지하기로 결심했다. 이 용감한 왕은 이 전투에서 치명적인 부상을 입고 죽은 시체로 예루살렘으로 되돌려졌다(왕하 23:29). 그렇지만 이 전략이 느고의 작전을 충분히 지연시키므로, 애굽인들이 전쟁터 갈그미스에 도착했을 때는 이미 바벨론인들과 그의 동맹자들은 앗수르인들을 정복하고 그들을 역사의 무대에서 영원토록 제거해 버렸다.[20]

바벨론인들이 유프라테스강 동쪽에서 자신의 지위를 굳게 하고 있는 동안 애굽인들은 그 상황을 이용하여 팔레스타인과 수리아에서 자리를 잡았다. 그들은 요시야왕을 살해하고 그 대신에 왕을 지명하는 책임을 떠맡아 그의 친 아들 여호아하스를 왕위에 앉혔다(왕하 23:30). 임명을 받은 이 여호아하스는 어떤 형태의 불순종 때문이었는지는 몰라도 아무튼 아주 짧은 기간에 왕의 자리를 박탈당했고, 또한 수리아의 리블라에 있는 애굽의 속주의 주도(主道)로 소환당한 뒤 그곳에서 애굽으로 붙잡혀가 거기에서 죽었다(왕하 23:33; 대하 36:4). 그뒤 느고는 요시야의 또 다른 아들 엘리아김(609-597)을 왕위에 앉히고 그의 이름을 여호야김으로 바꾸었다. 여호야김은 왕위에 나가는 조건으로 과도한 세를 징수하여 애굽으로 보낼 것을 요청받았다. 백성들은 이 터무니 없이 과도하게 징수하는 세금 때문에 몹시 분개했다.

여호야김 치하에 요시야왕의 최근의 개혁은 거의 까맣게 잊혀졌다. 왜냐하면 여호야김은 결코 영적인 지도자가 아니었기 때문이다. 그 당시의 종교 상황에 대해서 및 여호야김이 모든 면에서 약했던 점에 대해서는 특히 예레

20) Hallo, op. cit., p. 61.

324

미아서를 통해서 보게 된다. 여호야김은 그가 갖고 있는 속주의 군주로서의
정권을 계속 유지하기 위해서 그의 애굽 대군주들의 바라는 것들을 충족시켜
주려는 데만 관심이 있었다. 그러나 그의 정권은 이번엔 바벨론인들에 의해
서 위협을 받게 되어 있었다. 이 당시 바벨론인들은 유프라테스 강 남부에
압력을 가할 시간과 재원들을 확보하고는 애굽이 겨우 4-5년 동안 보유하고
있었던 영토로 내려갔다.

바벨론 군대의 젊은 사령관 느부갓네살은 605년 팔레스타인으로 관심을
돌리기로 결심하고는 갈그미스에서 별로 힘들이지 않고 애굽인들을 쳐부쉈
고, 또한 그들을 추적하여 팔레스타인 깊숙이 추적하였다.[21] 후방 바벨론에
서는 나보-폴라살이 죽었고, 또한 그 사망 소식을 전해 들은 느부갓네살은
그곳에서의 자신의 이권을 지키기 위해서 수도 바벨론으로 철수하지 않을 수
없었다. 그는 수도에 돌아와서 왕위의 자리에 오르게 되었고(605-562), 그
뒤 곧바로 군대를 이끌고 팔레스타인 지역으로 되돌아가 그곳에서의 군사 원
정 작전을 재감행하였고, 그곳에 3년 동안 남아 있었다. 여호야김은 그의 첫
번째 공격때 그에게 복종했다가 느부갓네살이 이전에 국내 사정으로 철수하
지 않으면 안 되었을 때 3년간 배반했고(왕하 24:1), 그 뒤 바벨론인들이 그
의 두번째 군사 원정을 마쳤을 때 다시금 항복했다. 605년에 있었던 이 항복
이 있을 때 다니엘과 그의 친구들을 포함한 유다의 수많은 사람들이 바벨론
으로 국외 추방 당하는 일이 발생했을 것이다(단 1:3). 또한 그것은 예레미
야에 의해서 예고된 유다의 70년 포로 생활의 시작을 고하는 것이 되었을 것
이다(렘 25:11).

601년에 느부갓네살은 다시금 애굽 국경 부근에서 느고와 대치했다. 분
명히 이번엔 느고가 크게 승리를 거둠으로써 바벨론인들은 후퇴해야 했고 또
한 팔레스타인은 몇 년간 무방비상태에 놓일 수밖에 없었다. 마침내 그들은
597년 다시금 서쪽으로 진격했지만, 그러나 그들이 배반자 여호야김을 처벌
하려고 예루살렘에 도달하기 전에 그는 이미 죽었다. 아마도 그는 암살 당했
을 것이다(렘 22:18). 그의 아들 여호야긴은 겨우 석달을 버티다가 마침내는
그와 그의 가족들과 그리고 그밖의 다른 요직에 있던 인사들과 함께 바벨론

21) David Noel Freedman, "The Babylonian Chronicle," *Biblical Archaeologist*, 19:50-60, September, 1956.

으로 추방당했다(왕하 24:10). 이때 추방당한 사람들 중에 선지자 에스겔이
포함되어 있었던 것으로 보인다(겔 1:2). 여호야긴에 대하여 말한다면, 그는
바벨론으로 사로잡혀 간 뒤 느부갓네살이 왕위에 있는 동안 내내 집 지하에
서 감옥살이를 하다가, 그 왕을 뒤이어 에윌므로닥이 즉위한 뒤(562-560),
에윌므로닥은 그를 감옥에서 석방시키고 그를 포로로 잡혀온 다른 왕들 중에
서 가장 높이고, 그리고 심지어는 그에게 평생 생활 보장을 해주었다(왕하
25:27-30).[22]

여호야긴의 숙부인 맛다니야(597-586)가 유다의 실권 없는 왕의 자리에
앉혀졌고, 드기야라는 새 이름을 받았다(왕하 24:17). 이 쓸모 없는 꼭두각
시는 아마도 신념이 뚜렷하지 못한데다가 자기 방백들의 비위나 맞추는데만
신경을 썼던 것으로 보이며(렘 38:5), 또한 비록 바벨론에서 포로의 몸으로
지만 아무튼 여호야긴이 여전히 살아 있기 때문에 유다의 진정한 왕으로 간
주되지 못하고 있다는 문제도 있었다. 그러니 그가 느부갓네살을 거스려 성
공적으로 반란을 일으킬 수 있었던 것은, 주로 느부갓네살이 바벨론에 있는
유대인 포로들로 인해 갖는 문제들 때문이기도 하고, 또한 백성들에게 아주
짧은 시일 내에 바벨론의 압제에서 벗어나게 될 것이라고 예고하면서 예루살
렘에 남아 있는 백성들을 고무시키던 예루살렘의 몇몇 거짓 선지자들 때문이
기도 하다. 예레미야는 그러한 견해들을 거절했다. 왜냐하면 그는 일찍이 바
벨론 포로 생활이 70년을 지속하게 될 것이라고 분명하게 가르쳤기 때문이
다. 예레미야는 바벨론의 종주권에 온건하게 순복하는 것, 다시 말해서 588-
86년에 있던 포위 공격하에서 예루살렘이 굴복했던 때조차 그가 지지했던 그
런 상태 외엔 다른 대안이 없다는 암시를 주었다.

우리가 라기스 서신(Lachish Letters)에서 볼 수 있듯이[23], 느부갓네살
이 유다를 최종 정복한 이 일은 라기스, 아스가, 다른 그 주변의 주둔지들을
파괴하는 것을 우선 포함했다. 다른 아무 것도 남지 않고 오직 예루살렘만
남았을 때 이제 예루살렘은 주 공격의 대상이 되었다(렘 34:7). 그러는 동안
에 애굽인들은 바벨론인들과 교전하기 위해 북으로 진군했지만, 그러나 그들
은 바벨론인들의 정복 사업을 중지시키는 데 완전히 실패했다. 그들은 그들

22) 여호야긴 서판에 대해서는, Thomas, op. cit., p. 86을 보라.
23) Ibid., pp. 213-216.

의 새로운 왕 호브라(Hophra)나 아프리에스(Apries)와 함께(588-568) 유다를 느부갓네살의 처분에 맡겨두고는 철수할 수밖에 없었다.[24] 바벨론의 왕은 자비를 베풀 마음이 없었고, 급히 명령하여 그는 그 성을 탈취하고 시드기야를 체포하여 그를 립나로 보내고 그 뒤 그가 보는데서 그의 아들들을 처형하고는 그의 두 눈을 빼었다(왕하 25:6-7). 이 불운한 왕은 결국에는 바벨론에서 죽었다.

그후 한 달 뒤 바벨론의 시위대 장관 느부사라단이 예루살렘으로 돌아와 그곳의 가옥과 건물들을 모조리 불살랐다. 그 땅의 가난한 자들만 그 땅을 관리하도록 남겨두고, 나머지 사람들은 그 성전의 진귀한 물건들과 함께 바벨론으로 사로잡아 갔다. 또 지도층들 가운데 다른 사람들을 붙잡아 억지로 립나로 데려가 그곳에서 처형했는데, 이렇게 한 이유는 필시 그 처형을 당한 사람들이 느부갓네살한테 완강히 저항하는 세력의 주모자들이었을 것이기 때문일 것이다. 그들 중 가령 선지자 예레미야와 같은 일부 사람들은 그 성에 남아 있도록 허락되었는데, 그 이유는 그들이 친-바벨론적인 활동을 해왔기 때문일 것이다. 물론 예레미야의 경우는 그렇지 않다.

왕이 부재하므로 공식적으로는 그 나라가 끝이 났지만, 느부갓네살은 그달리야를 총독으로 임명함으로써 어느 정도 새로운 속주를 보존하기로 결정했다(왕하 25:22). 그달리야의 정권 보유 기간은 너무 짧았는데, 그 이유는 잔존자들을 위로하는 그의 노력 때문에 그는 유대인들의 대의명분에 벗어나는 반역적인 행동을 하는 자로 낙인찍혔고 또한 일찍이 암몬으로 도피했던 왕가 출신인 이스마엘에게 살해되었기 때문이다. 그 사건이 있은 뒤 그 일에 가담했던 일당들은 암몬으로 도망했고, 반면에 그달리야의 친구들은 선지자 예레미야를 데리고 애굽으로 갔다. 물론 그들이 느부갓네살이 그 발생한 일들에 대해서 그들에게 어느 정도 책임을 물을 것을 두려워해서 였을 것이다. 이 일 후에 유다에 어떤 일이 일어났는지는 우리가 알 수 없다. 그 속주의 지위가 오랫동안 지속되지 않았을 것이며 따라서 사마리아나 유다나 모두 일개의 속주로 합병되었을 것으로 추측되긴 하지만 말이다.

---

24) Martin Noth, *The History of Israel*, New York, Harper and Brothers, 1958, p. 285.

유다의 선지자들(650-585년)

이 전체 시기에 유력한 인물은 단연코 선지자 예레미야였지만, 이스라엘 역사상 이런 위기의 시기에 나라에 커다란 영향을 끼친 몇몇 그 밖의 다른 선지자들이 분명히 있었다. 이 당시의 상황은 어림잡아 아모스, 호세아, 이사야, 그리고 미가가 활동하던 시대의 북왕국의 상황과 비슷했고, 또한 그렇기 때문에 우리는 북왕국의 경우에서 보았던 사회적, 영적 쇠퇴의 요소들을 여기서도 많이 발견하리라 생각된다. 이들 후자의 선지자들은 그들의 이전 형제들 못지 않게 큰 소리로 용기 있게 외치며 비난의 소리를 높였다. 동시에 그들의 메시지는 소망과 회복의 메시지를 담고 있었다. 하나님께서 유다를 반드시 벌하실 것이지만, 그의 영원한 언약은 하나님이 황폐한 상태에 있는 그들을 기억하고 그들을 자신과 고국으로 다시 모을 것을 요구한다고 그들은 말했다. 무엇보다 중요한 것은 하나님이 그들을 구원하실 것이요, 또한 그들을 통하여 그리고 그 모든 선지자들에 의해서 알려진 이스라엘의 그 기름부음 받은 자에 의해서 세상이 구원을 받게 될 것이라는 사실이다.

나훔

나훔서에 대해서 그 저작 연대를 정확히 밝힌다는 것은 불가능한 일이다. 왜냐하면 나훔서의 저작에 관한 그 책의 내적 외적 증거가 부족하기 때문이다. 나훔 선지자의 메시지가 앗수르의 수도인 니느웨가 멸망하게 될 것을 내용으로 하는 예고를 담고 있는 것으로 우리가 알고 있지만 말이다(3:1-5). 그렇다면 나훔서는 틀림없이 612년보다 훨씬 일찍 쓰여졌던 책일 것이다. 왜냐하면 612년에 니느웨가 나보-폴라살과 메대 사람들로부터 엄청나게 큰 해를 입었던 해이기 때문이다. 그리고 그것은 테베(노)의 멸망 이후임에 틀림없다. 왜냐하면 나훔은 니느웨의 파멸을 테베(Thebes)의 파멸과 비교하고 있고(3:8), 또한 이 테베는 이미 앗수르바니팔의 습격을 받아 망했기 때문이다(BC 663). 그래서 우리는 나훔이 7세기 후반부에 살았을 것으로 단정할 수 있다. 비록 우리가 실제로는 그 사람에 관해서 그 밖에 다른 아무 것에 대해서도 알지 못하고 있지만 말이다.

나훔서는 처음에는 하나님의 친 백성에게 자비를, 그리고 이방 나라들에게 심판을 보이시는 것에서 볼 수 있듯이 하나님의 엄위로우심을 그린다(1:2-7). 그 다음엔 엄청나게 많은 수의 병거와 보병이 니느웨 도시를 완전

히 침공함으로써 니느웨가 정복당하게 되는 장면을 아주 극적으로 묘사한다
(2:4-13). 마지막으로 그는 앗수르가 회복할 가능성이 전혀 없을 것이라는
내용의 진술을 한다. 왜냐하면 앗수르가 비록 하나님의 손에 쓰임을 받은 도
구였지만 마치 예후가 하나님을 뜻을 이행하는데 너무 지나치게 행동하였던
것처럼 이 나라도 지나치게 많은 피를 흘렸기 때문이다.

나훔서 내용 분해

1. 찬양의 시(1장).
2. 패배에 대한 예고(2장).
3. 패망의 파노라마(3장).

스바냐

스바냐 선지자는 우리들에게 그 자신이 유다 왕 요시야가 다스리던 시대
에 살았음을 분명하게 밝힌다(1:1). 추측컨대, 622년에 있었던 요시야 왕의
대 부흥운동 이전이었을 것으로 여겨진다. 왜냐하면 이 스바냐서에는 이 사
건에 대한 언급이 전혀 나오지 않고 있기 때문이다. 스바냐의 메시지는 요엘
의 메시지처럼 여호와의 날이라는 주제 주위를 맴돌고 있다. 비록 스바냐의
경우에 이 여호와의 날이란 유다의 심판만을 언급하긴 한다. 그 날은 분노의
날이요 환난과 고통의 날이요 황무와 패괴의 날이요 캄캄하고 어두운 날이
요, 구름과 흑암의 날이요, 나팔을 불어 경고하며 견고한 성읍을 치며 높은
망대를 치는 날이 될 것이다(1:15-16). 또한 그 날은 블레셋인들, 모압인들,
암몬인들, 에티오피아인들, 그리고 앗수르인들을 포함하는 날이 될 것이다.
왜냐하면 이들 모든 나라가 온 땅의 주님을 거스르며 죄악된 거만함 속에서
뽐냈기 때문이다.

예루살렘의 지도층들은 타락하여 돈에 좌우되는 자들이었으며, 따라서
형벌 외엔 다른 기대할 만한 것이 없었지만(3:1-7), 하나님은 어느 날 그의
흩어진 백성을 기억하시고 그들을 구원하시기 위해서 그들 가운데 계실 것이
요(3:17), 또한 그들에게 하나님의 복을 주심으로써 그들을 온 세상 가운데
서 쓸모 있는 백성이 되게 하실 것이다(3:20).

하박국

이 선지자는 우리에게 그 작은 책 하박국이 언제 쓰였는지에 관한 아무런 확실한 암시를 주지 않는다. 그러나 그가 자주 쓰는 바벨론(갈대아)인들의 일어남이라는 용어를 통해서 즉, 그가 의심할 여지 없이 임박한 것으로 여긴 사건인 바벨론인들의 일어남이라는 그 사건을 자주 언급하는 것을 통해서 그 책이 BC 630년경 어느 시기, 즉 나보-폴라살이 신-바벨론 제국을 창건하기 바로 직전에 쓰여진 것임을 암시한다(1:6).

그의 메시지의 내용은 하나님께서는 앗수르인들과 유다인들을 징벌하시려는 하나님의 뜻을 집행할 바벨론인들을 일으키시리라는 것이다. 하나님께서 그 동안 이스라엘을 괴롭게 하시기 위해서 앗수르인들을 자주 일으키셨던 것처럼 말이다. 그러나 그들도 결국에는 하나님의 뜻에서 지나치므로 그들의 그러한 주제넘은 짓 때문에 형벌을 받게 될 것이다. 그들의 잔학, 그들의 취태, 그들의 우상숭배, 이 모든 것들이 그들을 서서히 망하게 하는 길로 가게 할 것이요 결국에는 그들도 멸망하여 역사의 무대에서 사라지게 되고 말 것이다(2:12). 이 모든 과정으로 인해 결과적으로는 하나님의 이름이 찬송을 받게 될 것이요, 하나님을 믿는 모든 자들에게는 구원이 될 것이다. 이 하박국서 마지막 부분에, 이 글을 찬양대 지휘자(영장)에게 바친다는 취지로 기록되어 있는 흥미로운 부분의 글은 어쩌면 하박국 자신이 선지자이면서 동시에 음악가였음을 암시하는 것일지도 모른다(3:19).

예레미야

이사야 선지자가 이스라엘 역사의 마지막 날들의 시기에 자기 당대의 사람들보다 훨씬 뛰어났던 것과 똑같이 그 후 100년 뒤에 활동한 예레미야도 유다의 마지막 날들의 무대에서 거장의 모습을 드러낸다. 그의 자서전적인 방대한 언급들로 인해 다른 어떤 선지자보다는 그에 관해서 알려져 있는 바가 단연코 많지만, 그의 글이 연대적인 순서 면에서 일관성 없이 기록되어 있다는 점 때문에 성경 가운데 또한 그의 글만큼 이해하기 어려운 책도 없는 게 사실이다. 따라서 우리로선 예레미야서에서 주로 요시야, 여호야김, 그리고 시드기야 왕 등의 치세 기간과 관련해서 구분한 시대들에 따라서 그의 생애를 추적하는 것과 또한 그 각 시대와 관련된 예언들을 고려하는 것이 결국은 최상의 방법이 될 것이다.

예레미야는 예루살렘의 정북에 위치한 아나돗에서 태어났으며, 또한 제사장 가문에서 태어난 것으로 여겨진다(1:1). 예레미야는 아주 이른 나이에 예언자로 부름을 받았다. 실은, 하나님께서는 그가 아직 태어나기도 전에 그를 택하셨다고 그에게 말씀하셨다. 그의 사명은 아주 분명했다. 그는 "뽑으며 파괴하며 파멸하며 넘어뜨리며 건설하며 심어야" 했다(1:10). 그는 처음부터(BC 627년; 참조. 1:2) 그 백성의 마구 짓는 죄악으로 인해 예루살렘이 북으로부터 오는 한 세력에게서 심한 해를 입을 것이라는 사실을 알았다. 이일이 발생할 때 애굽은 그들에게 아무런 도움을 주지 못할 것이요(2:18), 또한 그들의 우상들도 그들을 후원해 주지 못할 것이다(2:28). 오직 회개하는 길만이 살 길을 찾는 길이 될 것이다(4:1). 하지만 틀림없이 이 일이 갑작스럽게 생길 것은, 이미 전쟁의 나팔소리와 경보가 울리고 있기 때문이다(4:19).

예레미야는 그의 동시대인들처럼 병든 나라의 조짐을 분명하게 읽었다. 부자들은 가난한 자들을 압제했고, 선지자들은 거짓을 가르쳤으며, 또한 제사장들은 어떻게 해서든지 물질적인 이를 추구하며 제사장의 일을 했다. 설상가상으로, 그 백성들은 또한 그들이 일을 그런 식으로 하는 것을 좋게 받아들였다(5:31)! 따라서 그들의 희생 제사들은 겉만 번드르 하고 아무런 신앙상의 의미가 담기지 않은 것이었고(7:21-24), 또한 그들은 그들의 간악함에도 불구하고 그 땅에 평강이 있을 것으로 믿었다(8:11). 이런 모든 종교적인 일들이 예레미야의 마음에는 하나도 기쁨의 요소가 되지 않았다. 과연

"눈물의 선지자"인 그의 눈에는 눈물이 그치지 않았을 것이고 또한 그것이 유다가 처한 상태에 대해서 자신이 얼마나 슬퍼하고 있는지 나타내기를 소원했을 것이다(9:1-2).

선지자들 가운데 말만으론 뜻을 전달하기 어렵다는 것을 알고서 시각적으로 가르치기 위해서 예레미야만큼 실물 교육법을 많이 사용했던 선지자는 없을 것이다. 예를 들면, 예레미야는 그가 일찍이 한 구덩이에 묻었던 베로 만든 띠를 가지고 갈기갈기 찢겨지고 또한 난타당하게 된 유다의 상황을 실례를 들어 설명했다(13:1-11). 그 뒤 그는 점토로 만든 그릇 한 개를 깨뜨려 작은 조각들이 되도록 함으로써 유다가 얼마나 처참하게 파멸될 것인지를 보여 주었다(19:1-2). 그는 결국에는 나무로 멍에를 만드는 데까지 나아갔다. 그리고 그는 그것을 목에 얹고 속박의 상징을 나타냄으로써 그 백성이 하나님께 대한 고집스런 반항 때문에 반드시 그와 같은 속박과 압제를 받은 상태에서 입제자를 섬기게 될 것임을 기르쳤다(27:1-2).

요시야왕이 죽은 뒤, 곧 바벨론 포로 생활 시점에 훨씬 가까웠을 때일 뿐 아니라 여호야김의 치하에서 요시야의 개혁 원리들이 전도되었기 때문에 그 포로 생활이 좀더 확실하고 필연적이 되어버리기 시작한 후부터는 예레미야 선지자의 사역이 좀더 강력해졌던 것으로 보인다. 예레미야에 따르면 이 악한 왕은 변사를 당할 것이요, 또한 그의 죽음에 대해서 그의 친 백성도 애도하지 않게 될 것이다(22:18). 그의 아들 여호야긴(고니야)은 쇠사슬에 결박된 채 예루살렘으로 가게 될 것이고 또한 다윗의 위에 앉을 상속자도 없이 죽을 것이다(22:30). 그렇지만 그 대신에 의로운 한 가지가 자라서 하나님의 백성을 구원하고 또한 그 언약을 계속해서 유효하게 할 수단이 될 것이다(23:5-8). 물론 이 가지란 메시야, 곧 이사야가 '마른 땅에서 나온 줄기'로 예언한 바로 그 분일 것이다(사 53:2).

예레미야는 구체적으로 예언했다. 유다는 느부갓네살에 의해서 끌려가 70년 동안 바벨론을 섬길 것이라고 예고했다(25:11). 물론 예레미야로선 23년간이나 최선을 다해서 그 백성들에게 당할 이 일에 대해서 경고하며 또한 그들에게 회개를 촉구했다. 다른 나라들도 갈대아인들의 압제하에 떨어지고 말 것이요, 그렇기 때문에 그런 사람들을 의뢰한다는 것은 물론 심지어는 애굽인들을 의뢰하는 것조차도 쓸 데 없는 일이 될 것이다. 그러한 내용을 담은 메시지가 자부심이 강한 왕인 여호야김과 꿈이 없는 그의 방백들한테는 달갑지 않은 것이었고, 그래서 솔직하게 기탄없이 말하는 그 선지자는 체포를 당하여 (26:8-24) 죽음만 간신히 모면하였다. 옥에 있는 동안 예레미야는 두루마리에 글을 써서 (추측컨대, 성경 가운데 현존하는 그의 글의 많은 부분에 해당하는 것) 그의 종이자 서기관인 바룩에게 보내어 그것을 성전에서 낭독하도록 하였다. 그렇지만 바룩은 당국자들한테 체포당하였고, 또한 그 두루마리는 압수당하여 여호야김 왕에게 보내어졌다. 그 왕은 그 내용을 읽는 것을 듣고는 그 두루마리를 취하여 조각조각 찢어서 화로불에 던져 불살랐다. 그 후 곧 하나님께서는 예레미야에게 명하사 동일한 두루마리를 기록하라고 하셨다. 하나님의 명령을 들은 예레미야는 그것을 썼고, 또한 거기에다가 그밖의 다른 많은 말들도 추가해서 썼다. 게다가 예레미야 선지자는 최대의 역경 앞에서 끈기를 보임으로써 이 사건은 오늘날 우리에게 성경이 어떻게 기록되었는가를 보여주는 아주 좋은 교훈이 된다.[25] 특히 계시된 메시지의 축어적인 측면들을 강조하는 그 진술들이 의미심장하다 (36:17-18; 28, 32).

예레미야의 사역의 세번째 국면은 그와 시드기야왕의 관계에 관한 것이었다. 시드기야가 느부갓네살의 허락이나 또는 심지어는 명령에 따라 유다의 왕위를 차지했을 때, 예레미야는 즉각적으로 반항했다. 바벨론인들이 그를 응징하기 위해서 남쪽으로 왔을 때, 그와 그와 함께 있던 다른 사람들은 북쪽으로 진출하고 있는 애굽인들이 느부갓네살의 진노에서 유다를 구할 수 있을 것이라고 생각했다. 그러나 예레미야는 한 가지 분별 있는 방책은 바벨론에게 순복하고 애굽을 신뢰하지 않는 것이라고 단호하게 주장했다 (37:6-10). 바벨론인들이 애굽인들의 요구에 부응하기 위해서 예루살렘을 떠나자 예레미야는 바벨론에 동조하는 사람이라고 해서 체포당하였다 (37:14-15). 애굽인들이 도와주려고 하다가 결국에는 실패로 돌아갔을 때, 예레미야 선지자는 풀려났다. 왜냐하면 왕으로서 자질을 갖추지 못하고 있는 시드기야는 예레미야를 감금하는 것보다는 풀어주는 것이 시드기야 자신에게 훨씬 유익하다는 것을 알았기 때문이다. 시드기야는 유다의 반발을 완전히 두려워 한

---

25) 이에 관한 흥미로운 논의를 위해서는, J. Philip Hyatt, "The Writing of an Old Testament Book," *The Biblical Archaeologist Reader*, Vol. 1, Ed. by G. Ernest Wright and David Noel Freedman, Garden City, Doubleday and Company, Inc., 1961, pp. 22-31을 보라.

나머지 그를 감히 놓아주려고 하지는 못했다(38:19). 그 후 예레미야는 예루살렘이 함락되는 날까지 시위대 뜰에 머물렀다.

　　예레미야가 투옥 당하고 있는 동안 바벨론에 의한 포로 생활은 피할 수 없는 일이고(21:3-10) 또한 그 결과 그 왕도 죽을 것이라는(21:7) 달갑지 않은 메시지를 계속해서 전했다. 그러면서도 그는 남은 자는 구원을 얻으리라고 선언했다. 즉 좋아 보이는 무화과 몇 그루들이 베임을 당할 것이지만 그러나 다시금 돌아와서는 새로운 왕국의 핵을 이룰 것이라고 선언했다(24장). 그밖의 다른 선지자들은 이와 반대로 예언했다. 그래서 그들은 바벨론인의 응징이 곧 끝나게 될 것이요 아마 두 해가 차기 전에 그렇게 될 것이요(28:1-4), 또한 여호야긴은 그의 보좌로 되돌아올 것이라고 주장했다. 특히, 하나냐 선지자가 그렇게 예언했다. 예레미야는 이에 대해 물론 이의를 제기하고, 또한 그 대신에 거짓 선지자의 죽음을 예고했다. 그리고 그 예고대로 하나냐가 그 해에 숙는 사고가 생겼고 예레미아의 입징은 오히려 강회되었다(28:15-17). 예레미야는 좀더 적극적으로 바벨론에 있는 포로들에게 편지까지도 써 보냈다. 그 편지에서 그는 그들이 지금 있는 그곳에서 정착하여 살 것을 촉구했다. 왜냐하면 그들이 포로살이에서 되돌아 올 조그마한 희망이라도 엿보이기 전까지 70년이라는 포로 기간이 반드시 경과되어야 했기 때문이다(29:1-23). 그들 가운데 그밖에 다르게 예언하며 또한 악한 생활을 하고 있는 선지자들이나 제사장들은 여호와의 날에 고통을 당할 것이다(29:32).

　　그러나 그들은 돌아올 자가 아무도 없을 것이라는 동일한 그릇된 인상을 틀림없이 받지 못했을 것이다. 왜냐하면 이것은 단연코 사실이 아니었기 때문이다. 이스라엘은 회복될 것이고 또한 새 언약에 참여할 것이다. 또한 이 새 언약은 돌에 새겨질 것이 아니요 사람들의 마음에 새겨질 것이며(31:31-34), 또한 기쁨과 번성이 수반될 것이다(33:1-18). 예레미야는 이스라엘 백성의 포로 귀환을 믿는다는 개인적인 신뢰의 표로서 한 귀퉁이 땅을 대금을 주고 무르고는 그의 상속자들이 틀림없이 그 땅으로 돌아와서 그 소유권을 주장하게 될 것을 기대하면서 그 매매 증서를 흙으로 만든 그릇에 감추었다. 그가 지불한 그 땅의 대금은 고액이었다. 이는 그 땅이 머지 않아 바벨론에 함락될 것이지만 결국에는 포로 살이에서 귀환할 자들이 그것을 아주 풍부하게 사용하게 될 것이므로 그에게는 그 땅이 결코 쓸모 없는 땅이 아니었음을 증거한다(32:6-15).

마침내, 그 성은 함락되었고, 시드기야는 체포되어 립나로 보내어졌고 거기에서 두 눈을 뽑혔다. 그러나 예레미야는 바벨론인들에게조차도 그들의 동료로 인식된 나머지 처형을 당하지 않고 목숨을 유지하고 심지어는 유다에 남도록 허락받았다. 우리가 앞에서 언급했던 대로 예레미야는 그 땅에 남아 있었지만 아주 짧은 기간 동안이었다. 왜냐하면 그달랴에 대한 암살 사건이 있은 뒤 그는 그달랴의 다른 친구들에 의해서 강압적으로 납치되었기 때문이다. 그는 그곳으로 가서 남은 여생을 그곳에서 보냈다. 혹시 그가 열왕기 전체를 기록할 만한 오랜 나날을 그곳에서 살았을지도 모른다(BC 560년경). 물론 이런 견해는 의심스러운 견해일지도 모르지만 말이다.

예레미야는 느부갓네살이 애굽을 정복하게 될 것(43:8-13), 블레셋의 멸망(47장), 모압의 멸망(48장), 그리고 그밖의 다른 나라들의 멸망(49장) 등을 예고하면서 애굽에서 그의 선지자로서의 사역을 계속했다. 특히, 바벨론이 여호와를 하나님으로 인정하기를 거절하는 고집 때문에 하나님에 의해서 멸망을 당하게 될 것이라고 예고했다(50-51장). 마르둑과 벨은 메대인들과 페르시아(바사)인들이 압제자로 행세한 대가로 받게 될 파멸을 피하는데 전혀 도움을 줄 수 없는 존재일 뿐이다.

이렇게 해서 하나님의 용맹스러운 사람 예레미야는 그의 여생을 낯설고 조국에서 멀리 떨어진 나라에서 살며 그가 사랑하는 예루살렘 성으로 결코 돌아오지 못했다. 친구와 대적에게 오해를 받은 예레미야는 진리를 선포하던 극소수의 다른 사람들이 당했던 것처럼 고통을 당했다. 그러나 그는 굳센 마음을 굽히지 않고, 하나님께 대한 신앙을 계속 지켰다. 눈물의 선지자(예레미야)는 승리의 하나님께서 그들을 완전히 멸하실 날을 알았다.

예레미야서 내용 분해

I. 예루살렘 멸망 전의 유다(1-38장).

1. 예레미야의 사명/임무(1장).

2. 유다의 죄(2:1-3:5).

3. 심판의 경고들(3:6-6:30).

4. 회개를 촉구함(7-10장).

5. 베 띠(11-13장).

6. 바벨론 포로와 관련된 약속(14-17장).

예레미야 애가

애굽에 있는 동안 또는 그가 그곳으로 가기 얼마 전에 예레미야는 사랑하며 아끼는 성이 느부갓네살의 압제의 손아귀에 놓이게 되자 그 성에 대한 시적인 글을 썼다. 성경의 선지서들 가운데 이 예레미야 애가보다 더 우리의 심금을 울리는 선지자의 글은 없다. 왜냐하면 이 예레미야 애가만큼 의미나 중요성이 강렬하게 묘사된 글로 가득 찬 선지서는 없기 때문이다. 이 예레미야 애가는 단순히 아름답고 당당하고 오래된 한 성에 대한 묘사가 아니라 — 비록 그것을 기록하고 있는 게 전부일지라도 — 그것이 언약 백성의 마음과 연관이 있듯이 여호와의 날에 대한 묘사이다.

상징적으로 예루살렘은 유다인들에게 그들의 산산조각이 난 희망, 소원, 그리고 야망을 뜻했다. 그것은 유다인들이 암울하게도 하나님을 섬기지 못하게 될 것과 관련성 있게 말했다. 그 연기와 재는 그 나라의 목표가 산산조각이 남을 암시했다. 그 백성이 이제 할 수 있는 전부는 그들이 처한 상황에 대해서 슬퍼하고 하나님의 자비하심을 의지하며 하나님께서 그 백성들에게 이것이 모든 것이 아니라는 한줄기 빛과도 같은 확신이라도 주실 것을 기대하면서 하나님께 성실한 인내와 믿음으로 나아가는 것이다. 물론, 그 상황이 바뀔지도 모른다는 암시는 전혀 없다. 적어도 이 예레미야 애가에서는 그러한 암시가 전혀 나타나지 않는다. 왜냐하면 이런 암시를 주는 것이 예레미야 애가의 저작 의도가 아니기 때문이다. 그러나 선지자들의 예언의 글 가운데 들어 있는 회복에 대한 불타오르듯이 선명한 약속들에 익숙해 있는 독자들에겐 이 황폐하고 황량한 국면은 어느 날 바뀌게 될 것이며, 그래서 모든 사람들이 구원을 위해서 하나님의 영광스러운 임재하심으로 새롭게 된 다윗 성으로 향하게 될 것이다.

제 10 장

귀환과 갱신

바벨론-페르시아 전쟁

느부갓네살이 유다를 정복하는데 종사하고 있는 동안 메대 왕 키악사레스(Cyaxares)는 자신의 영토를 늘려가고 있었다.[1] 그는 멀리 소아시아까지 가서 바벨론의 서부와 북부의 전 영토를 점령했다. 그가 죽은 것은 예루살렘이 함락될 즈음이며(585년경), 또한 그를 뒤이어서 아스타게스(585-550)가 왕위에 올랐다. 아스타게스는 느부갓네살의 전(全) 치세 동안 바벨론과 평화로운 관계를 유지할 수 있는 능력이 있었다. 남쪽에서는 애굽의 호브라의 통치하에 팔레스타인에 있는 바벨론의 영토를 계속해서 위협했다. 호브라 왕이 세력을 잡고 있는 한 애굽은 응징을 받지 않았지만, 그러나 아마시스(Amasis)가 쿠데타로 왕위를 차지하자 느부갓네살은 애굽을 쳐들어가 그 새 왕에게 결정적인 일격을 가했다. 이 일로 애굽인들의 야망을 한풀 꺾이게 하는 데 성공한 것으로 보인다. 왜냐하면 애굽이 BC 525년 페르시아인들의 수중에 떨어지기 전까지는 애굽은 비교적 평온을 유지했기 때문이다.

---

1) 이 기간의 역사적 배경에 대해서는, John Bright, *A History of Israel*, Philadelphia, Westminster Press, 1959, pp. 332 ff.를 보라(「이스라엘 역사」-본사 역간). 여기에 나오는 연대나 날짜들은 주로, Edwin R. Thiele, *The Mysterious Numbers of the Hebrew Kings*, Chicago, University of Chicago Press, 1951, pp. 153-166에 근거를 둔 것들이다.

느부갓네살이 왕위에 오르고 나서부터 바벨론 제국은 급속하게 붕괴되기 시작했다. 그의 아들 에윌-므로닥은 여호야긴을 옥에서 풀어준 왕으로서 단 2년 동안만 재위했다(562-560). 그를 뒤이어 네리-글리살(560-556), 라바쉬-말둑(몇 주), 그리고 마지막으로 그의 왕가에 속했던 자 중에 한 사람이었다가 왕위를 찬탈한 나보니두스(556-539) 등이 즉위했다. 이 나보니두스는 하란 출신의 사람으로, 달신인 신(Sin)을 숭배했다. 그는 이 신의 신상들을 바벨론으로 가져갔는데, 이 행위는 바벨론인들을 몹시 화나게 만들었다. 게다가, 그는 바벨론의 종교 의식들을 무시하고 그 반면에 정복 사업과 고대 유물 탐사에 대한 욕심이 그칠 줄 몰랐고 또한 그러한 유물들을 수집하여서 박물관들에 보관했다. 결국 그는 아라비아 사막의 조그마한 땅인 테이마(Teima)에 거처를 정하고, 아들 벨사살을 자기 대신에 바벨론의 통치자로 앉혔다.

바벨론 제사장들이 가장 못마땅하게 여긴 일은 나보니두스가 국가적인 종교 행사에 참석하지 않는 것이었다. 특히, 신년 제사에 참석하지 않는 것이 그들을 성나게 했다. 이 신년 절기에는 그 신들을 앞세운 커다란 행렬 행사가 거리에서 진행되었고, 또한 사람들은 그 신들에 대한 헌신을 재선언했다. 왕이 이런 의식들을 소홀히 하자 백성들은 분명코 이에 따른 그 신들의 진노가 있을 것이므로 자기들의 나라가 위험에 처해 있다고 느꼈다. 실제로, 페르시아의 고레스(Cyres)가 539년에 바벨론을 기습하여 사로잡았을 때 그는 바벨론의 주신 마르둑(Marduk)을 믿었는데, 이는 나보니두스가 그 신을 믿는 일을 저버렸기 때문에 자기에게 승리를 가져다 줄 것으로 믿었기 때문이다.[2]

그러는 사이에 페르시아의 고레스 치하(550-530)의 제국에 대해서 남부 메대 속주인 안산이 반란을 일으킬 때까지 메대의 위협은 증가 일로에 있었다. 고레스는 신속하게 전(全) 옛 메대 제국을 빼앗고 서쪽으로 압력을 가하면서 소아시아로 밀고 들어가기 시작했다. BC 546년 즈음에 그는 멀리 에게 해까지 갔고 심지어 한동안은 그리스까지 위협했다. 동쪽으로 좀더 영토를

---

2) 이 정보는 그 유명한 고레스의 원통(Cylinder of Cyrus)에서 얻은 것이다. 그 원문을 위해서는, D. Winton Thomas, *Documents From Old Testament Times*, London, Thomas Nelson and Sons, Ltd., 1958, pp. 92-94을 보라.

확장한 뒤에 고레스는 바벨론인들의 분열되고 비틀거리며 있는 제국을 규합하기 시작했다. 그는 이전의 바벨론 장군인 고브리아스(Gobryas)를 임명하여 지휘권을 갖게 했고, 또한 그의 옛 수도에 진군하도록 명했다. 고브리아스는 539년에 그 수도를 에워쌌고 또한 그러는 동안 내내 거의 아무런 저항을 받지 않았으며 또한 그 성은 전투를 포기한 채 항복했다. 나보니두스는 놀라서 도망했지만, 나중에 다시 붙잡혔고, 벨사살은 목숨을 잃었다. 이렇게 해서 역사의 새로운 장이 시작되었다. 이 새롭게 열리는 역사의 장은 하나님의 백성의 운명을 변화시키는 데 영향력을 끼칠 수밖에 없는 신기원을 이룩하게 되는 것이었다.

포로기 시대

선지자 에스겔

BC 605년에 있던 예루살렘 거민들의 1차 추방에 따른 유대인들의 포로 생활에 대해서는 많은 것이 알려져 있지 않다. 우리는 이때 유다에 남은 유대인들의 숫자가 아주 적은 것으로 알고 있다. 올브라이트(W. F. Albright)에 따르면 불과 2만이 남았던 것으로 추정되는데, 이들 중 대부분은 이 사회의 하위층에 속한 사람들이었으며, 이들은 그 땅과 농작물들을 관리하도록 남겨졌다.[3] 제국의 다른 지역에 있는 사람들이 유다로 보내지지 않았던 것이 분명하며, 그래서 596년 그 도시가 파멸된 시간부터 약 535년경에 일어났던 첫번째 귀환 이주가 있기 전까지는 그 땅에는 아무튼 거의 변화가 없었다.

그러나 이런 현상이 바벨론, 애굽, 그리고 그밖의 다른 지역에서는 똑같지 않았다. 왜냐하면 이들 지역에서는 유대인들의 엄청나게 많은 수가 식민지 생활을 하면서 대규모의 거주지를 형성하며 정착하기 시작했기 때문이다. 우리는 그 포로 생활이 소유권을 박탈당한 유대인들이 대규모의 캠프시설이나 그와 같은 종류의 어떠한 시설에 수용되는 그런 형태의 생활이었던 것으로 상상해서는 안 된다. 오히려 그들에게는 자신들의 집을 소유하는 사유재산권이 인정되었고 또한 이런저런 직업에 종사할 수도 있었고, 성전은 없지만 가능한 한 힘껏 행할 수 있는 종교 행사를 자유롭게 거행할 수 있는 자유

---

3) W. F. Albright, *The Biblical Period From Abraham to Ezra*, New York, Harper and Row, 1963 p. 87.

가 주어졌던 것으로 이해해야 할 것이다(렘 29:5-7; 겔 8:1). 참으로, 이 시기에 성전의 유실을 보상하고 또한 경건한 사람들이 하나님의 말씀을 연구하며 듣기 위해 회집할 수 있는 한 장소를 공급하기 위해서 회당이 생겼다. 유대인들이 나일강의 한 섬에서 커다란 공동체 생활을 하였던 상(上)-애굽의 엘레판틴에 한 성전이 세워졌다는 증거까지도 있다. [4]

포로들 가운데 일부 사람들은 그들의 정부, 사업 그리고 그밖의 다른 국민 생활 분야에서 유력한 자들이 되었고, 그래서 포로 생활 70년이 지나고 그들이 예루살렘으로 돌아갈 수 있는 때가 되어서는 그들 중 많은 사람들은 그렇게 귀환하고 싶다는 생각을 거의 갖지 않았다. 그들 중 많은 사람의 경우에는 그 포로 기간이 오히려 고향에 있었을 땐 한번도 가져보지 못했던 물질적인 면에서의 번영을 갖는 기회가 되었을지언정 결코 억압받는 생활이 아니었다. [5] 가장 커다란 위험 중 하나는 그 백성이 포로 기간 동안에 한 민족으로서의 존재가 사라지게 될 것이라는 데 있었던 것이 아니라, 그들 중에 그곳을 떠나서 고국으로 돌아가서 약속의 땅을 점유하고 살기를 원하는 사람의 수가 충분치 않았다는 점이었다. 에스겔, 다니엘, 에스라, 그리고 느헤미야와 같은 사람들이 집요하고도 계속적으로 격려하며 회복을 확신시켜주는 일을 했는데도 그들의 지도력과 함께 팔레스타인 운동으로서의 유대교는 때때로 실패의 위험에 처했던 것으로 보인다.

에스겔의 증거에 따르면, 그는 597년 성이 함락될 때 포로들 사이에 끼어서 여호야긴 왕과 함께 붙잡혀 있었다(1:2). 에스겔과 그의 아내는 유대인들의 집단 거주지에 살았던 게 분명하다. 이들 유대인들의 집단 거주지는 바벨론에서 몇 마일 떨어진 곳에 위치한 그발 강 둑에 자리잡고 있었다. 우리가 아는 바대로는 그는 BC 592년부터 약 560년경까지 말씀을 전하는 일과 집필하는 일을 하면서 그곳에서 전 생애를 보냈던 것으로 여겨진다. 또한 그는 좀 별난 삶을 살았다. 선지자 중에 에스겔처럼 그렇게 상징적인 상을 그

---

4) 100년 전에 처음으로 발견된 엘레판틴 파피루스는 애굽에 있었던 유대인 공동체 내에서 발생했던 일들에 관해서 이야기한다. 이 기록 내용들 중 일부는 멀리 BC 5세기 초까지 거슬러 올라간다. Thomas, op. cit., pp. 258-268을 보고, Emil G. Kraeling, "New Light on the Elephantine Colony," *Biblical Archaeologist*, 15:50-67, September, 1952도 보라.

5) John Gray, *Archaeology and the Old Testament World*, New York, Harper and Row, 1962, p. 189.

리면서 글을 쓴 선지자는 하나도 없다. 묵시문학을 첫번째로 광범위하게 사용한 공적은 에스겔에게 돌려야 할 것이다.[6]

에스겔은 이 묵시문학적인 방법을 통해서 미래에 일어날 정치적, 영적 사건들을 "감춰어진" 방법으로 나타내려고 했다. 다시 말해서 이 묵시문학적인 표현 방법은 그 해석이 즉각적으로 분명하게 밝혀지지 않는 방법이었다. 게다가 거기에는 또 다른 특성이 있었는데, 그것은 주기적인 형태의 시간을 한 시대에서 그 다음에 걸쳐 다소 반복해서 나타나는 일련의 사건들로 간주하지만 그러나 그 일련의 사건들은 역사 속에 개입해 들어가시는 하나님의 간섭하심과 또 다른 영적 질서의 확립에서 그 절정에 달하게 될 것이라는 데 있었다. 그것은 상상과 상징을 아주 많이 사용하며 말세에 하나님께서 극적으로 스스로 시작하시는 방문에 강조점을 두는 성경의 보통 예언 구절들과는 다르다. 많은 묵시문학들은 그 자체에 대한 이성적인 해석은 금하지만, 그러나 거기에 솜더 분녕한 구절들과 직적의 종말론적 원리들을 가미하게 될 때 그것의 의미는 아주 풍부하게 살아나게 된다.

스랍과 바퀴에 대한 첫번째 환상이 있은 뒤에 제사장 겸 선지자인 에스겔은 그의 선지자적 임무를 부여받았다. 그는 함께 포로 생활을 하고 있는 그 백성들에게 회개를 촉구하는 메시지를 말했을 것임에 틀림없다(2:3). 그들을 그곳으로 보내신 하나님의 심판에도 불구하고, 그들은 하나님을 향해 그들의 마음의 문을 열고서 그들의 많은 죄들을 인정하기를 고집부리며 계속 거절했다. 파수꾼의 한 사람으로서 에스겔은 그 백성의 피에 대한 죄책을 면하고 자신의 영혼을 구원하기 위해서 경고의 메시지를 선포해야만 했다. 만약 그들이 그러한 메시지를 듣고 응답을 보인다면 모든 사람들이 잘 될 것이지만, 그러나 만일 그렇지 않게 된다면 적어도 그 선지자는 하나님의 심판에 관하여 그 백성을 경각시키는 사명 수행을 하지 않았다고 하는 비난은 면할 수 있게 될 것이다(3:17-21; 33:7-16). 그 다음에 두 가지의 상징적인 행동 —예루살렘이 함락될 것의 본보기를 보이는 행동과 그의 머리카락을 자르고 나누는 행동 — 을 통해서 에스겔은 그 성이 느부갓네살에 의해서 어떻게 침공을 받게 될 것이며, 또한 그 성 주민의 일부가 불에 타 죽고 또한 그 일부

---

6) Rowley가 넌지시 말하는 대로, 이것은 BC 3세기 또는 2세기에서 온 좀더 후기의 발전이 아니었다. H.H. Rowley, *The Growth of the Old Testament*, New York, Harper and Row, 1963, p. 92을 참조하라.

는 칼에 의해서 살해되고 또한 나머지 다른 사람들은 사방의 세력에 의해서
흩어짐을 당할 것이며, 그리고 조금 남은 자는 새로운 민족의 핵을 이루기
위해서 어떻게 구원을 받게 될 것인지를 생생하게 보여준다(5:3-4).[7]

에스겔은 그 땅에서 유다 백성들이 제거되도록 하는 원인이 되었으며 또
한 그들의 거룩한 성이 난폭하게 공격을 받아 황폐하게 되는 일을 초래한 우
상숭배를 지적하면서 유다에 절실히 요구되는 것과 그들의 상태에 대해서 직
접적으로 이야기했다. 그는 그들이 성전 예배시 유대인들이 혐오스러운 관행
을 따르고 있음을 지적했다(8:10). 또한 지도자들이 악한 꾀를 베풀고 있음
(11:2), 그리고 거짓 선지자들의 속임을 언급했다(13:2). 그 상황은 너무나
도 절망적이었다. 그래서 혹시 노아, 다니엘, 그리고 욥이 나서서 그들을 위
해서 중보한다고 해도(14:14), 유다의 백성들은 용서 받을 수 없을 것이었
다. 유다는 그 자매 사마리아보다 더욱 악했고 또한 그 선조들 가운데 어느
누구보다도 악했다(16:47). 그리고 유다가 형벌을 반드시 받게 될 것은 그
선조들의 죄 때문이 아니라 그 자신의 죄 때문이었다(18:4). 또한 하나님께
서 유다에게 은혜를 베푸셨다는 사실에도 불구하고 유다는 하나님을 인정하
지 않고 하나님께로부터 등을 돌렸다. 그럴지라도 하나님께서는 유다를 잊지
않으시고 그 악한 백성을 깨끗케 하시고 결국에는 그 백성을 하나님 자신에
게로 돌아오게 하실 것이다(20:33-44).

유다만이 하나님의 진노의 막대기로 교훈을 받는 것은 아니었다. 암몬인
들, 모압인들, 에돔인들, 블레셋인들(25장), 두로인들(26-28장), 그리고 애
굽인들(29-32장) 등은 모두 하나님의 책망을 의식했을 것이고 또한 그분이
온 세상의 하나님이신 사실을 깨달았을 것이다. 이런 일을 겪게 된 이유는
그들이 하나님의 백성을 대항해서 대적했기 때문이었다. 왜냐하면 하나님께
서 그들의 그와 같은 대적 행위를 허락은 했지만 그와 같은 허락을 남용하는
것에 대해서는 인정하지 않으셨기 때문이다. 게다가, 이 모든 나라들은 이스
라엘의 하나님이 참 신이신 사실을 인지하지 못했다. 그들은 하나님께서 그
들에게 주신 빛을 의식적으로 거절했다.

에스겔서의 주요 주제들 중 하나는 미래 언약에 관한 주제이다. 에스겔

---

7) C.F. Keil, *Biblical Commentary on the Old Testament; Ezekiel*, Grand Rapids, Wm. B. Eerdmans Publishing Company, 1948, pp. 84-85.

선지자는 특히 예레미야 선지자같이 현재의 모든 사건들의 양상을 과거 이스라엘의 영광스러운 약속들과 조화시켜야 했다. 하나님께서는 일찍이 아브라함에게 하나님이 그로 하여금 큰 민족을 이루게 하시겠다는 말씀을 하셨고, 또한 하나님께서는 이 언약을 이삭과 야곱과 더불어 재차 확언하셨고, 그리고는 모세를 통해서 신정정치의 원리들을 계시하셨다. 모세를 통해서 계시된 이 신정정치의 원리들은 그 언약 관계에 좀더 구체적이고 — 이적적으로 출애굽하여 시내에서 조직한 — 하나의 나라 형태를 띤 구조를 제시했다. 게다가 하나님께서는 다윗에게 다윗 왕 계열에 대해서 말씀하셨다. 즉 그 왕의 계열이 영원히 하나님 나라에서 왕노릇 할 것이라고 말씀하셨다.

　그리고 그 나라가 물론 영원토록 지속될 것이라는 구체적인 진술을 하셨다. 722년의 앗수르인들의 사납게 날뛰며 쳐들어 오는 침략 행위는 이스라엘 백성들의 소망을 무너뜨리는 혹독한 일격이 되었다. 왜냐하면 그 공격이 있은 뒤 그 나라는 언약에서 이야기하는 나라의 겨우 일부분만의 명맥을 유지할 수 있게 되었기 때문이다. 비록 희박하게나마 유다라고 하는 다윗 계열의 지파가 여전히 존재하고 있었던 것이 사실이기는 하지만 말이다. 그렇지만 이제 유다조차도 사라지고 정치적인 존재로서의 나라는 더 이상 존재하지 않게 되었다.

　대부분의 백성들은 하나님께서 그들과의 언약을 어기셨다고 생각했다. 그리고 이제 이스라엘이 회복할 수 있는 가망이 전혀 없다고 생각했다. 비록 선지자들은 이런 사건들을 이런 시각에서 보지 않았지만 그들도 역시 뿌리째 뽑히게 된 나라에 대해서 충격을 받았다. 선지자들의 딜레마는 추방당하는 그 백성과 하나님의 변치 않는 언약을 조화시키는 문제였다. 그런데 그 문제의 해결은 하나님의 계시를 통해서 명백해졌다. 이스라엘 나라는 실제로는 사라졌지만, 그 언약이 잊혀진 것은 아니다. 다만 그것(이스라엘 나라)이 계속되겠지만 다른 형태로 나타날 것이었다. 흩어졌던 유대인들이 그들의 고국으로 돌아오되, 그들의 옛 관계를 회복하기 위해서는 아니다. 오히려 그보다는 그들은 새로운 언약을 체결하게 될 것이다. 이 언약은 이전 언약들을 좀더 보충해서 해석하는 것이 될 것이다(34:20-31). 장차 하나님께서 "그들 위에 물을 뿌리실 것이며", 또한 그들은 "새 마음"을 받게 될 것이요, 그리고 이 새 마음에 하나님의 신을 간직하게 될 것이다(36:25-38). 이스라엘 나라의 이와 같은 회복과 성령에 의해서 그 백성이 받게 될 영감을 에스겔 선지자는 마른 뼈들이 가득한 한 골짜기에서 일어나는 부활 현상으로 묘사하고 있다(37장). 도저히 생명력을 발휘할 수 없는 마른 뼈들과 같은 이스라엘이 하나님의 신으로 다시 모이게 되고 활력을 되찾게 될 것이요, 또한 다윗이 그 나라의 위에 앉게 될 것이며, 이렇게 해서 이제 그 나라가 한 백성으로 연합하게 될 것이다.

그러나 이와 같은 이스라엘의 최종 회복은 주님과 그의 언약 백성들을 대항해서 일어나는 대규모의 국제적인 움직임들이 먼저 있은 뒤에 뒤따라서 오게 될 것이다. 곡과 마곡(세상의 세력을 상징하는)이 종말의 날들에 팔레스타인을 급습할 것이요 성도들을 파멸하려고 할 것이다(38장). 그렇지만 하나님은 그들로 하여금 이스라엘의 북쪽 산들을 덮치게 할 것이요 그들을 전면에 걸쳐 완전히 멸하시므로 그 시체를 장사지내는데 7개월이 걸리게 될 것이다(39:12). 이방 나라들에 대한 하나님의 원수 갚으심, 하나님의 보호하심, 하나님의 소유인 작은 왕국(이스라엘)의 회복 등을 나타내는 이런 종말론적 상은 선지자들이 전파한 극히 적은 수의 남은 자와는 아주 거리가 먼 것으로 보였을 것이 틀림없다. 왜냐하면 그 힘센 이방 나라들은 여호와와 그 언약들을 비웃는 것으로 보였을 것이기 때문이다. 그렇더라도 선지자들은 이 영원한 언약이 참된 것이며 따라서 이스라엘은 물리적인 면에서나 영적인 면에서 새롭게 힘을 발휘하여 세상에서 압도적인 위치에 있게 될 가능성을 확실히 내다보면서 주장했다.

에스겔은 또한 제사장으로서 미래의 언약에 좀더 많은 제의적인 측면이 들어 있는 것에 커다란 관심을 보인 것은 당연한 일이다. 그래서 우리가 에스겔서를 보면 많은 부분(40-48장)이 미래의 영광스러운 성전, 그 제단들과 도구들, 새로운 제사장직, 그 땅의 구분, 예배와 의식의 순서, 그리고 그밖의 다른 문제들에 관한 묘사에 할애되고 있음을 보게 된다. 이 예언의 일부는 포로로 잡혀갔다 귀환한 사람들이 스룹바벨의 인도하에 성전을 다시 지음으로써 성취되었지만, 그 예언의 거의 대부분은 세상 끝 종말의 날에 대해서 말한 것이다. 에스겔이 한 말이 문자적인 뜻 그대로 한 것인지 상징적인 의미로 말한 것인지 논란이 많이 되고 있지만, 의심할 여지가 없는 분명한 사실은 그밖의 다른 곳에서처럼 여기서의 주제도 하나님께서 모든 시대의 그의 백성들에게 하신 놀라운 약속들이 성취된다는 점이다. 현 역사의 질서는 비록 지금은 그것이 의와 진리를 압도하고 있는 게 분명하지만 장차는 열방들의 일에 직접 간섭하시는 하나님의 간섭으로 말미암아 버려지고 그 대신 한 새로운 질서가 생겨 확립될 것이다. 이 새로운 질서는 하나님께서 하나님의 언약 백성과 영원한 친교를 갖게 되는 것으로 특징지어질 것이다.

에스겔서 개요

I. 선지자의 소명과 위임(1-3장).

II. 유다를 향한 예언들(4-24장).
    1. 징조와 상징으로 예고된 파멸(4-7장).
    2. 예루살렘의 죄와 형벌에 관한 환상(8-11장).
    3. 형벌의 필요성(12-19장).
    4. 예루살렘의 멸망 전의 마지막 경고(20-24장).

III. 주변 국가들을 향한 예언들(25-32장).
    1. 암몬(25:1-7).
    2. 모압(25:8-11).
    3. 에돔(25:12-14).
    4. 블레셋(25:15-17).
    5. 두로(26:1-28:19).
    6. 시돈(28:20-26).
    7. 애굽(29-32장).

IV. 마지막 회복
    1. 왕국의 확립 전의 사건들(33-39).
    2. 왕국에서의 예배(40-48장).
        1) 성전(40-43장).
        2) 예배(44-46장).
        3) 땅(47-48장).

다니엘

여호야김이 왕위에 있을 때 행해진 느부갓네살의 1차 군사 원정때 (605), 다니엘, 하나냐(사드락), 미사엘(메삭), 그리고 아사랴(아벳느고) 등을 포함한 몇몇 선발된 젊은 사람들이 바벨론으로 붙잡혀 갔다. 그들은 이방 나라의 왕궁에서 근무하도록 훈련을 받았다. 그렇지만 적어도 이 4명의 사람들은 바벨론의 상황에 적응하도록 하기 위해서 그들의 선조들의 법이나 풍습을 버리라고 하는 요구를 거절했다. 이런 위기를 잘 감당하기 위해서 하나님께서는 그들에게 크신 복을 내리셨고 그 결과 그들은 지식, 학문, 그리고 지혜가 남달리 탁월한 습득력을 발휘하게 되었다. 게다가 다니엘은 꿈이나 환상의 문제를 처리하는 데 권위자가 되어서, 심지어는 이 분야에 특별한 능력을 발휘하고 있는 그 나라의 지혜자들을 훨씬 능가했다(1:17-20).

다니엘은 605년 바벨론으로 잡혀갈 당시엔 일개 소년에 불과했던 것이 분명하다. 왜냐하면 그가 적어도 BC 539년까지 예언 활동을 계속했기 때문이다. 따라서 그의 사역은 느부갓네살 통치 때부터 나보니두스와 벨사살 치하의 그 제국의 말기에 이르기까지 바벨론의 모든 왕들의 치세 동안에 걸쳐 이루어졌을 것이다. 그리고 다니엘은 페르시아 왕 고레스와 고레스가 임명한 바벨론 총독인 메대 사람 다리오(다리우스)가 통치하던 시기에도 살았다. 그의 책은 일부는 히브리어로 또한 일부는 아람어로 쓰여져 있으며 크게 두 부분으로 구분된다. 처음 부분은 6장으로 다니엘 자신의 경험과 관련이 있으며, 나중 부분 6장은 미래에 관한 그의 환상들을 묘사하고 있는 내용이다. 다니엘이 선지자 직분을 갖고 있지 않았기 때문에 그를 선지자 중에 넣지 않지만, 그러나 그가 예언의 은사를 소유하고 있던 까닭에 그가 쓴 다니엘서는 대선지서에 넣는다. 정치가로서 그는 그의 시대에 가장 큰 영향력을 끼쳤다. 물론 이런 영향력은 그가 전하거나 해석한 메시지를 통해서 끼친 것이다.

다니엘은 느부갓네살에게 존경의 대상이 되기도 하고 또한 두려움의 대상이 되기도 했던 것으로 보인다. 느부갓네살이 부왕의 왕위를 이어 바벨론의 왕좌에 오른 직후 얼마 안 있어 그가 한 꿈을 꾸었는데, 그는 이 꿈이 무슨 뜻인지 해석할 줄 몰랐을 뿐 아니라 심지어 그는 잠에서 깨어난 시간에는 아예 그가 꾼 꿈의 내용까지 잊어버리고 말았다. 고압적인 이 왕은 그가 데리고 있는 가장 지혜로운 조언자들을 오라고 했지만, 그들은 그 꾼 꿈의 내용도 모르고는 도저히 그것을 해석할 수 없다고 이의를 제기했다(2:8-9). 정당한 변명을 했는데도 이것을 못마땅하게 여긴 왕은 그 지혜자들을 처형할 것을 명했다. 그렇지만 다니엘이 간신히 어떻게 해서 느부갓네살에게 말할 기회를 얻어 그 대량 학살을 적시에 예방했다. 그 뒤 다니엘은 자신의 지혜의 근원이 하나님이심을 그 왕에게 충분히 인지시키고 난 뒤 그 꿈의 내용과 또한 그 의미까지도 나타냈다. 이 일에 감동을 받은 왕은 그 젊은 조언자를 승진시켰고, 그래서 다니엘은 그 지혜자들의 우두머리가 되었다.

그 후 몇 년 뒤 느부갓네살은 눈에 잘 띄는 한 장소에 약 27m 높이의 금상을 세우고, 모든 사람으로 하여금 미리 알려준 신호에 따라 그것에 절하라는 명을 내렸다. 마르둑의 대리자로서의 바벨론의 왕 개념이 여기에서 분명하게 나타나며, 또한 다니엘은 이방 신에 대한 그 어떠한 존경의 표시도 나타내려고 하지 않았다.[8] 다니엘이 어떻게 그 결과를 피했는지에 대해서는 아무런 언급을 볼 수 없지만, 다니엘의 세 친구들은 그들이 그 왕의 신상에 대한 복종을 나타내길 거절할 때 적발되었다. 상상못할 정도로 엄한 이 왕은 이 세 사람을 커다란 풀무에, 그것도 그 풀무의 온도를 가장 뜨겁게 해 놓고서 거기에 던져 넣어 죽이라고 명했다. 그러나 그들을 던져 넣은 풀무불 가운데 "하나님의 아들 같은" 자가 나타나서 그 신실한 젊은이들을 보호하였고, 그래서 그들은 조금도 상한 데가 없이 거기에서 나왔다. 이 일을 목격한 느부갓네살 앞에 여호와께 대한 명성이 높아지지 않을래야 않을 수 없었고, 그때 히브리인들의 하나님을 그 지역에서 받아들일 만한 신으로서 충분히 인정해야 한다는 명을 내렸다(3:29).

느부갓네살이 그의 재임 기간 중 어느 때 또 한 가지 꿈을 꾸었는데, 이 꿈 속에서 그는 큰 나무 한 그루가 가지들과 잎사귀는 없어지고 그 밑둥만 남게 된 것을 보았다. 그 뒤 이 밑둥은 7년 동안 마치 야수처럼 되어서 풀을 먹고 이곳저곳 쫓겨다니며 지냈다. 다니엘은 느부갓네살이 그의 꿈에서 보았던 그 나무로 상징된 그 왕 자신은 미치광이가 될 것이요 그래서 자기 왕국은 말할 것도 없고 자신조차도 제어할 수 없는 상태에서 야수처럼 방황하며 다니게 될 것이라고 예언했다. 7년이 지나면 그의 미치광이 상태가 정상으로 되돌아 와서 전능하신 하나님의 높으심을 인정하게 될 것이다. 이 일은 다니엘의 예언대로 일어났다. 물론 이 시대에 나온 세상 문서들 가운데 느부갓네살의 7년이라는 실격의 기간을 입증할 만한 문서들이 전혀 없다.[9] 그리고 우리는 이 시간부터 그 왕이 여호와께로 돌아온 자가 되었는지 의심하지 않을

---

8) Sabatino Moscati, *Ancient Semitic Civilizations*, New York, G. P. Putnam's Sons, 1960, p. 88.

9) 이 시대의 기록물로 보존되어 내려오는 것들이 극히 드물다는 사실에 비추어 볼 때 이 사실은 놀라운 일이 못된다. David Noel Freedman, "The Babylonian Chronicle," *Biblical Archaeologist*, 19:59, 1959을 보라.

수 없다. 오히려 그 당시의 관례대로 그는 이제 이전에 했던 것보다 더욱 분명하게 여호와가 크신 신이시라는 사실과 과연 히브리인들의 여호와가 실제로 마르둑이나 바벨론의 어떤 주신(主神)과 같은 뜻의 신이신 사실을 인정했을 뿐이다.

다니엘의 후대의 생애는 특히 나보니두스의 아들 벨사살과 바벨론의 마지막 섭정과 연관이 있었다.[10] 이 불경건한 왕자는 그의 부친이 부재하고 있을 때 통치를 하였는데 한번은 큰 연회를 베풀었다. 그리고는 그 연회에서 솔로몬의 성전에서 가져온 그릇들을 사용하여 술을 마심으로써 그 신성한 그릇들을 더럽혔다(5:2-3). 이 신성모독적인 행위는 벨사살의 치세 맨 마지막 날 밤(BC 539년)에 있었던 일임이 분명하고, 또한 그 결과 이스라엘의 하나님을 몹시 진노케 만들었으며, 따라서 하나님께서는 그 연회장 벽에 사람의 손가락이 나타나서 읽을 수도 해석할 수도 없는 전혀 생소한 글을 쓰게 하셨다. 이 글의 내용은 그날 밤에 막강한 바벨론 제국이 전복될 것을 예고하는 내용이었다.

다니엘은 그 알려지지 않은 생소한 문자들을 해석하도록 부름을 받았다. 그래서 다니엘은 그 왕자한테 그가 그의 선왕 느부갓네살의 그 자만스럽고 신성모독적인 전철을 되밟고 있다고 꾸짖은 뒤에 그 왕자와 그의 성의 운명을 선언했다. 바로 그날 밤 고브리아스[11] (혹시는 메대인 다리오와 동일 인물일지도 모름)의 지휘하에 페르시아인들과 메대인들이 그 성을 침입하여, 아무런 저항도 받지 아니하고 그 성을 점령하고 또한 그 왕자를 살해했다. 그 나라에서 일찍이 서열 제3위(나보니두스와 벨사살 다음)로 승진한 다니엘이 아무런 해를 입지 않았던 것은 다리오가 다니엘이 자신의 새로운 제국의 공고화를 위해 유용한 인물이 될 수 있을 것이라는 판단을 했기 때문이다.

다니엘이 페르시아인들을 겪으면서 당한 여러 경험들은 비록 그 내용이 간략하지만 여러 차례 위기에 처했던 일들과 또한 그러한 위기 가운데서 하나님으로 말미암아 놀라운 구원을 받았던 일들로 가득하다. 다니엘은 그 성에서 고위직에 임명되었다. 그러나 다니엘의 자리를 시기하는 다른 고관들은 왕을 부추겨 누구든지 일정한 기간에 왕의 신상에 절하지 않으면 사형에 처

---

10) 벨사살을 언급하는 원문들에 대해서는, Thomas, op. cit., p.90을 보라.

11) John Whitcomb, *Darius the Mede*, Grand Rapids, Wm. B. Eerdmans Publishing Company, 1959.

하도록 하는 법령을 만들게 했다. 물론 다니엘은 매일 하나님께 기도드리는 일을 그치지 않았고, 그래서 결국에는 왕 앞에 끌려가 사형을 선고받았다. 왕은 틀림없이 다니엘을 면제해 줄 방도를 찾기 위해서 안간힘을 다 했을 것이지만, 역행할 수 없는 페르시아 법은 왕까지도 지켜야 하는 것이어서 도저히 어떻게 피할 수 없었다. 따라서 그 나이 많은 선견자를 하는 수 없이 사자들이 우글거리는 굴에 던져 넣었다. 그러나 그는 하나님께서 함께 해 주심으로 말미암아 몹시 굶주려 있는 그 맹수들한테서 보호를 받았다. 그와 같은 아주 극단의 상황에서 구출받은 다니엘의 구원은 그 왕에게 다니엘의 하나님이 그가 인정하는 다른 신들과 맞먹는 수준의 일등급 신인 것이 분명하다는 확신을 갖게 했다(6:26-27).

다니엘이 직접 꾼 꿈과 환상들이나 왕을 위해서 그가 해석한 꿈이나 환상들은 중대한 주제의 바탕이 된다. 즉, 세상 나라들과 하나님의 언약 백성과의 그들의 관계라는 주제의 바탕이 된다. 느부갓네살은 일찍이 한 큰 신상을 본 적이 있는데, 그 머리는 금, 그 가슴과 팔은 은, 그 배와 넓적다리는 놋, 그 종아리는 철, 그 발은 얼마는 철이고 얼마는 진흙으로 되어 있었다. 다니엘은 느부갓네살이 금으로 된 머리이며, 또한 그밖의 다른 부분들은 그를 뒤이어서 계속해서 일어날 왕국들임을 나타냈다. 그런데 거기에 손으로 깎지 아니한 한 돌이 나타나서 그 신상을 부숴뜨릴 것이다. 이 돌은 세상 나라들을 쳐부수고 그들 대신에 영원히 다스릴 하나님 나라를 상징했다(2:44-45). 이것은 다니엘이 큰 네 짐승에 관해서 본 환상을 기록하고 있는 다니엘 7장에서 좀더 확대된 내용으로 언급되고 있다.

첫째는 사자와 같은데 이는 첫번째 왕국 곧 바벨론의 느부갓네살의 왕국(곧, 금으로 된 머리)을 가리킨다. 둘째는 곰과 같은데 이는 메대-페르시아(메대-바사)였고, 또한 그 몸 한편을 들고 있는 모습은 페르시아가 메대(메디아)보다 우세함을 암시했다. 이것은 신상의 은으로 된 가슴과 팔에 해당하는 것에 필적했다. 세번째 짐승은 표범을 닮았고 머리 4개와 새의 날개 4개를 가졌으며, 따라서 우리는 그것이 그리스(또는 신상의 놋으로 된 배와 넙적다리)를 가리키는 것으로 안다. 네번째 짐승은 막상 뭐라고 형언할 수 없지만, 그 철로 된 이는 우리에게 느부갓네살의 신상의 마지막 철로 된 부분에 필적함을 보여준다. 그것의 10개의 뿔이 7개로 줄어들고 한 뿔이 새로 첨가되어 모두 8개가 되었다(7:24). 이 마지막 한 뿔은 찬탈자로서 그것이 하나님 나라(사람의 손으로 하지 아니하고 뜨인 돌)에 의해서 멸망당하기 전까지 "지극히 높으신 자"를 대적하는 말을 했다.

8장에서는 다니엘이 두 짐승 곧 수염소와 수양을 본 환상을 기록하고 있다. 수양(메대-페르시아)은 한동안 사방으로 세력을 뻗다가 마침내는 수염소(그리스)에게 정복을 당했다. 이 수염소는 그 눈 사이에 커다란 뿔(통치자)을 갖고 있었지만, 후에 수염소의 큰 뿔이 꺾이고, 다른 네 뿔이 대신하였다. 이 네 뿔들 가운데서 한 뿔에서 또 다른 한 통치자가 일어나서 하나님의 백성을 대적하였지만, 이 통치자도 결국에는 깨어지게 된다. 이것은 활발한 정복사업을 벌이다가 한창 활동할 나이에 죽은 마게도냐 제국의 주왕인 알렉산더 대제(BC 322년에 죽음)를 가리킬 가능성이 크며, 또한 이 제국은 알렉산더 대제 이후에 그의 4명의 장군에 의해서 분할 통치되었다. 또한 이들 분할된 영토 중 하나인 셀류코스에서 안티오쿠스 에피파네스(안티오쿠스 4세)가 나와서 BC 175-163년까지 통치했다. 이 사악한 왕이 예루살렘 성전을 탈취했고, 그 제단 위에서 돼지 제사를 드렸고, 심지어는 그 성전 울타리 내에 제우스 신상을 세웠다. 그뒤 유다 마카베오 치하의 유대인들이 반란을 일으키고 그 성전을 도로 찾아서 제 용도에 맞게 썼다.[12]

사람들을 완전히 깜짝 놀라게 할 정도로 이목을 끄는 이 예언(여기서도 보게 되고 또한 11장에 가서는 좀더 자세하게 보게 되는데)은 비평학자들이 다니엘서의 역사성을 부인해야만 했던, 또는 최소한 이 책이 BC 6세기 정도 일찍이 기록되었을 가능성을 부인해야만 했던 이유가 된다. 그것이 그리스와 셀류코스 왕조의 역사에 대해서 그런 일이 실제로 일어난 것만큼 분명하게 요약하기 때문에 그것에 대해서 BC 165년 이후에 한 익명의 저자가 그 책(다니엘서)을 기록했다고 보는 것이 가장 널리 받아들여지는 해명이었다.[13] 우리는 이에 대해서, 본격적으로 무슨 논의도 해보기 전에 아예 다니엘의 저작권을 거부하는 유일한 정당한 이유는 축자영감설의 불가능성이라고 단순히 말할 수도 있을 것이다. 그러나 성경에 관한 이러한 고등 견해를 받아들이는 사람들은 하나님께서 이 놀라운 사건들을 그것들이 발생하기 수백 년 전에

12) Flavius Josephus, *Antiquities of the Jews*, XII, 5-6, *Josephus' Complete Works*, Trans. by William Whiston, London, Tallis, n. d.
13) William O. E. Oesterley, *An Introduction to the Books of the Old Testament*, New York, The Macmillan Company, 1934, pp. 334-337.

계시하셨다는 사실을 믿는데 어려움이 전혀 없다.

다니엘서 9장에서는 다니엘은 절정에 달하는 종말론적인 그 날이 이루어지기 전에 반드시 칠십 이레가 지나야 한다는 사실을 예고했다. 여기서 이레(week)라는 말은 7일을 가리키는 것이 아니라 7년을 가리키는 것으로 또한 따라서 칠십 이레는 490년을 가리키는 것으로 일반적으로 받아들인다. 이 기간은 성전 재건 명령과 함께 시작할 것이었고, 또한 3 차례의 시기를 거치게 될 것이었다. 일곱 이레(49년)가 지난 뒤 예루살렘성이 다시금 재건될 것이고, 62 이레(434년)가 더 지난 뒤에는 기름부음을 받은 자(메시야)가 제거될 것이요, 또한 그뒤 한 이레(7년)가 지난 뒤에는 지극히 거룩한 자의 기름부음을 포함한 그 밖의 모든 것이 성취될 것이다. 이 구절은 가공의 묵시적인 것이므로 그것에 무슨 예언으로서의 가치를 부여할 필요가 하나도 없다고 주장하는 이들 비평 학파 외에도 우리에겐 두 가지의 유력한 견해가 있다.

무천년 왕국설은 이 기간들을 상징적인 것으로 보지만 그러나 여기에 주님의 죽으심과 부활과 교회를 통한 영원한 하나님 나라의 수립으로 대표되는 궁극적인 회복에 대한 상이 나오는 것으로 보는 견해이다.[14] 전천년 왕국설은 이 기간을 문자적인 것으로 간주하여 BC 458년의 아닥사스다 칙령에 기원하는 것으로 보고, 또한 그리스도께서는 그후 483년 뒤에 죽은 것으로 본다. 다만 그 칠십 이레가 그리스도께서 죽으신 이후에 즉시 이루어졌는지 혹은 그리스도께 죽으신 이후에 어느 정도 시간의 경과가 있었는지에 대해서는 견해가 일치하지 않는다. 따라서 또한 이 칠십 이레는 성경이 7년간 계속하리라고 가리키고 있는 대환난의 기간에 성취될 것으로 아직 남아 있다고 본다.[15] 아무튼, 그 세부적인 내용들은 놀라운 내용들이고, 그런 내용들이 기록된 목적은 명확하다. 즉, 하나님께서는 인간의 왕국이 어느 정도 오랜 기간 지속하도록 허락하실 것이고, 그뒤에 하나님께서 간섭하시사 그의 아들을 통하여 영원한 평강과 의를 소개하실 것이라는 것이다.

---

14) Herbert C. Leupold, *Exposition of Daniel*, Columbus, Wartburg Press, 1949.
15) Robert D. Culver, *Daniel and the Latter Days*, Chicago, Moody Press, 1954.

다니엘서 개요

Ⅰ. 국외 추방(1장)

   1. 유다의 사로잡힘(1-2).

   2. 어린 아이들이 선발됨(3-7).

   3. 다니엘의 신념(8-16).

   4. 네 소년의 재능(17-21).

Ⅱ. 거대한 신상(2장)

   1. 느부갓네살의 꿈(1-13).

   2. 다니엘의 요구(14-23).

   3. 그 꿈에 대한 묘사(24-35).

   4. 그 꿈에 대한 해석 및 선언(36-45).

   5. 다니엘의 영예(46-49).

Ⅲ. 느부갓네살의 칙령(3장)

   1. 느부갓네살의 명령(1-7).

   2. 세 소년의 행위(8-12).

   3. 그들의 불복종의 결과(13-25).

   4. 느부갓네살의 고백(26-30).

Ⅳ. 느부갓네살의 굴욕(4장)

   1. 느부갓네살의 조서 발표(1-3).

   2. 느부갓네살의 문제(4-18).

   3. 느부갓네살의 전망(19-27).

   4. 느부갓네살의 형벌(28-37).

Ⅴ. 바벨론의 파멸(5장)

   1. 그 왕국의 오욕(1-4).

   2. 그 왕국에 대한 선언(5-29).

   3. 그 왕국의 파멸(30-31).

Ⅵ. 다니엘의 신앙(6장)

   1. 다니엘에 대한 호의(1-3).

   2. 다니엘의 대적들(4-9).

   3. 다니엘의 신앙(10-23).

   4. 다니엘이 풀려남(24-28).

페르시아 제국

고레스 대왕 치하의 페르시아인들의 바벨론 정복은 유대인들의 국민 생활의 또 다른 국면의 시작을 가져다 주었다. 이 강력한 황제는 세력을 넓힘으로써 지금까지 알려진 것 가운데 가장 큰 영토를 다스렸으며, 또한 BC

16) Bright, op. cit., pp. 356 ff.

539년경에 이르러서는 동쪽 지역으로 그 판도를 넓혀갔다.[16] BC 538년에 고레스(키루스)는 그의 포로된 모든 백성들이 그들의 고국으로 돌아가도 좋다는 그의 유명한 칙령을 발표했고, 이렇게 함으로써 앗수르인들의 피압박 민족에 대한 압제 정책을 완전히 뒤엎었으며 또한 그보다 좀더 작은 정도로는 바벨론인들의 압제 정책을 뒤엎었다. 이 칙령의 내용은 흔히 고레스의 원통(Cylinder of Cyrus)이라고 하는 지난 세기에 발굴된 커다란 점토 기념물 속에서 볼 수 있으며, 또한 물론 성경 역대기하(36:22-23)와 에스라(1:1-4)에서도 볼 수 있다. 이 현군인 고레스는 포로들로 하여금 그들의 고국으로 돌아가서 외부의 어떠한 간섭을 받음이 없이 그들의 종교적, 문화적 관행을 되찾도록 하는 것이 고레스 자신의 이익에 좀더 이바지하는 것이 된다고 판단했다. 한 백성이 내부적으로 독립해 있고 또한 행복스럽게 살 수 있을 때 그 백성들이 그 제국의 치하에서 동요를 일으킬 가능성이 훨씬 적어질 것이다. 이렇게 해서 유대인들에게도 예루살렘으로 귀환할 수 있는 여건이 주어지게 되었다.

고레스는 BC 530년까지 통치하다가 전쟁에서 전사해 죽었다. 그의 아들이자 왕위 계승자인 캄비세스(530-522)는 그의 부친의 영토를 그대로 유지할 뿐 아니라 심지어는 더 나아가 애굽을 정복하여 영토를 더욱 확장시켰다(525년). 애굽의 왕 아마시스는 페르시아의 정복 전쟁 과정에서 죽었고, 그의 아들 프삼메티쿠스는 겨우 몇 달을 버텼다. 마침내 그가 패배함으로써 애굽은 페르시아의 속주로 전락하여 이런 상태에서 1세기를 보냈다. 캄비세스는 아우 바르디아를 살해하고 먼저 왕이 되었지만, BC 522년 캄비세스가 자리를 비운 사이에 스메르디스(또는 가우타마)라고 하는 한 사칭자가 살해된 바르디아인 체하며 페르시아의 왕위를 장악했다. 그 소식을 전해 듣고 깜짝 놀란 캄비세스는 자살했고, 또한 그의 부관 다리우스 히스타스페스(Darius Hystaspes)가 지휘권을 이어 받았다. 다리우스는 세력 면에서 거의 압도적으로 우세했고 또한 제국 전체가 온통 동요에 휩싸였지만 간신히 스메르디스를 살해하고 자신을 왕으로 선포할 수 있었다(521-486).

1-2년이 지난 뒤 다리우스는 몇 년 동안 붕괴 직전에 있었던 제국을 공고히 하는데 성공했다. 그는 군사 작전에 직접 참가했을 뿐 아니라 페르세폴리스(Persepolis)에 새 성읍을 건설하는 일을 포함하여 나일강에서부터 애굽의 홍해를 잇는 운하 건설, 그리고 그의 거대한 제국 영토 전체를 연결하는

광범위한 도로망 건설 등의 유명한 건설 사업을 이룩했다. 그의 생애 말년 무렵에는 그리스를 자신의 영토에 합병시키려고 노력했지만, 그러나 그리스의 마라톤(Marathon) 전투에서 완패했다(490년). 그의 아들 크세르크세스(486-465)는 성경 에스더에서 아하수에로라는 이름으로 잘 알려진 인물로 그의 부왕의 그리스 군사 원정 사업을 계속해서 추진했지만, 어느 정도 성공을 거두어 육군은 데모필레(Thermopylae)의 그리스 요새도 무너뜨리고 또한 실제로 아테네 도시까지 진격했지만 살라미스(Salamis) 해전에서 크게 패했다. 그런데다가 그는 또한 애굽인들과 바벨론인들의 반란으로 인해 몹시 곤란에 빠졌고 마침내는 암살자에 의해서 변사를 당하고 말았다.

크세르크세스의 아들들 가운데 하나인 아르타크세르크세스(464-423)가 그를 뒤이어 왕이 되었고, 그는 그의 치세 거의 대부분에 걸쳐 실패를 거듭하고 말았다. 그는 그의 애굽 속주를 소유하고 있으면서 걱정거리가 끊이지 않았고, 그리스인들을 대항해서 서쪽으로 쳐들어 가는데는 완전히 실패하고 말았다. 실은 이 시기 즈음에 페르시아는 세상에 대한 대제국으로서의 통제력을 상실하고 퇴보하기 시작했다. 이와 같이 국력이 기우는 일은 1세기 뒤에 알렉산더 대제에 의해서 파멸당함으로써 그 절정에 달했다. 이런 추세를 중단시킨 유일한 장애물은 다리우스 2세의 치세였다(423-404). 다리우스 2세는 소아시아에서 페르시아의 지배 권위를 다시금 세우며 또한 한동안 아테네 도시를 정복하기까지 하는 능력을 타고난 왕이었다. 그의 뒤를 이어 왕위를 물려 받은 자는 아르타크세르크세스 2세(404-358)였으며, 그는 점차 그의 제국에 대한 지배력을 잃었고 그가 지배력을 행사하는 전역에서 소요가 일어났다. 그렇지만 이 시기 또는 그 다음 시기에 발생했던 일들에 관한 상세한 기록들은 우리가 본서에서 논하고자 하는 범위에서 벗어나는 것이므로, 우리는 역사적 배경에 관한 논의를 여기에서 끝맺으려고 한다. 다만 알렉산더 대제 치하의 마게도냐인들은 BC 331년 아르벨라(Arbela)의 전투에서 페르시아 제국의 숨통을 끊어 놓았다. 이 새로운 제국은 이번에는 BC 322년에 파멸을 당하여 적어도 4개로 분할되었다. 그뒤 비록 헬라의 영향력이 일백년 넘게 끼쳐졌지만, 3세기 이후에 로마가 역사의 무대에 강력하게 등장하기 전까지는 제국 형태의 나라는 이미 존재하지 않았다. 로마 제국은 BC 63년에 이르러서는 극동 지역의 거의 모든 나라들을 합병시키고는 그 맹주권을 잡았다. 이와 같은 상황이 신약성경의 정치적 기반을 놓는 것이다.

바벨론에서의 첫번째 귀환

고레스는 유대인들에게 예루살렘으로 돌아가도 좋다는 것을 정식으로 허락하는 칙령을 발표했다. 그는 또한 유대인들에게 그들이 고국으로 돌아가는데 필요한 물품과 또한 그들의 조국을 새롭게 건설하기 시작하는 데 필요한 물자를 제공했다. 고레스는 세스바살을 세워서 포로들을 다스렸고, 나중에는 그를 유대 지방의 총독으로 삼았다. 이 세스바살은 아마도 여호야긴의 아들이었을 것이다(대상 3:18). 이때 포로로 잡혀갔다가 돌아온 자들의 수는 7000명이 넘는 노예들을 포함하여 모두 5만명이 넘었다. 세스바살 외에도 두 명의 주요 인물이 있었는데 하나는 제사장 여호수아였고 또 다른 하나는 그 직후에 돌아온 스룹바벨이었다. 이 두 명의 신앙의 인물들은 더럽게 된 성전의 폐허에 있는 여호와의 무너진 제단을 세우는 일에 지도력을 발휘했고 또한 실제로 사람들로 하여금 그 옛 성전이 있던 부지에 새 성전을 지을 기초를 놓는 일에 분발하도록 했다(스 3:9-10). 이 성전 재건 사업의 시작과 함께 동반되는 기쁨이 얼마나 컸을 것인지는 그간 50년 동안 희생을 전혀 드리지 못했던 사실을 감안할 때 가히 상상할 만하다. 이 일은 그들에게는 신기원의 시작이었다. 이 신기원의 시대가 열리면서 이제 하나님께서는 그 동안 선지자들을 통해 예언해 왔던 포로 귀환과 재건으로 야기되는 영광스러운 미래에 관한 약속들을 참으로 성취하기 시작할 것이다.

에스라서-느헤미야 책들에 나오는 연대기는 약간 복잡하게 얽혀있으며, 특히 이 시점에서 그렇지만(4장), 그러나 우리가 보는 그 다음의 역사 사건들은 페르시아 다리우스의 시기, 좀더 구체적으로 말하자면 다리우스가 왕이 된 직후에 왔을 가능성이 있다.[17] 우리가 갖고 있는 이 신기원의 시기의 출발에 관한 유일한 정보 자료들은 선지자 학개와 스가랴가 전하는 선지서들의 내용들이 전부이므로, 따라서 이제 그들에 대해서 여기서 간략하게 언급하는 것이 좋을 것이다.

학개

성전 재건이 시작된 시간(536년경)부터 학개가 선지자로서 활동을 개시

---

17) 에스라가 느헤미야보다 시대적으로 앞섰을 것이라는 견해에 대해서는, Gleason Archer, *A Survey of Old Testament Introduction*, Chicago, Moody Press, 1964, pp. 396-398을 보라.

(520년)할 때까지 16년이라는 시간의 경과가 있었다. 그 기간 동안에 성전 재건에 힘을 기울이던 백성들의 처음 열심은 식어졌고, 공사를 추진하다가 중단된 상태의 기초들은 과업이 미완성된 상태로 남은 아주 추한 모습을 드러냈다. 백성들은 자신들의 거처를 준비하기 시작했고 또한 고레스와 캄비세스의 지지하에 그리고 하나님의 은혜하에 회복을 위한 좋은 출발을 했었다. 하지만 지금은 그 많은 일을 해결하겠다는 정신이 동요하고 있는 것이다. 그렇지만 이것은 또한 학개로 하여금 말하게끔 하는 동기가 된다. 백성들은 하나님의 성전이 미완성된 상태에 있는 동안 자신들의 사적인 필요들을 돌아볼 권리가 전혀 없었다(1:4-6). 그의 메시지는 아주 좋게 받아들여졌고, 그 결과 그 백성들은 즉시 그 일의 속행에 착수했고, 그리고 그 뒤 5년 안에 그 일을 완성했다(516년 경). 이렇게 해서 예레미야가 말했듯이 포로 생활은 70년 동안 계속되었다. 이런 포로기 동안에 성전이 없었으므로 하나님께서는 희생을 통해서 영광스럽게 될 수 없었나.

그 당시 사람들 가운데 솔로몬의 성전의 그 웅대함에 대한 생생한 기억을 간직하고 있던 사람들이 있었던 것이 사실이며, 이제 이들은 이처럼 빈약한 구조를 가진 성전의 상태와 비교하면서 애통해 하고 있는 것이다(2:3). 그러나 학개는 이 집이 옛 성전보다 훨씬 큰 정도로 여호와의 영광으로 가득하게 될 것이라고 단언하면서 그들의 용기를 북돋웠다. 그 백성들은 고향 집으로 돌아왔고, 또한 하나님께서는 그들과 맺었던 자신의 언약을 기억했다(2:9).

학개서 개요

I. 성전 재건을 격려함(1장)
   1. 백성들의 변명(1-2).
   2. 선지자의 권고(3-11).
   3. 탄원의 결과(12-15).

II. 회복을 격려함(2장)
   1. 성전들의 비교(1-3).
   2. 하나님의 언약(4-9).
   3. 백성들에 대한 책망(10-19).
   4. 유다를 택하심(20-23).

스가랴

스가랴 선지자는 학개와 동시대 인물로서 역시 성전을 재건해야 할 짐을 안고 있었지만, 주로 묵시적인 용어로 표현된 그의 이상은 그 자체보다는 훨씬 광의적인 것이었다. 그는 물리적인 예루살렘뿐 아니라 영적인 예루살렘 다시 말해서 모든 인류를 위한 구원을 찾을 수 있는 곳이 될 영적 도성으로서의 예루살렘으로서도 보고 그 수치와 재건에 대해서 생각했던 것이다 (2:11-12). 이 구원은 순(the Branch) 곧 하나님의 기름부음 받은 사람을 통해서 가능해질 것이요, 이 하나님의 기름부음 받은 자가 하나님의 성전을 세울 것이다(3:8). 그 성 자체는 참된 하나님의 백성이 될 기쁨의 사람들로 가득하게 될 것이다(8:8). 또한 방언이 다른 열국 백성 열 명이 유다 사람 하나의 옷자락을 잡고 자신들에게 구원의 길을 계시해 달라고 구하는 때가 이를 것이다(8:23).

그 성의 왕이 겸손한 모습과 공의로운 왕으로서 그 성에 임할 것이며, 그런데도 하나님의 대적들을 파멸시키는 일을 성취하실 것이다(9:9). 예루살렘에서 우상이 사라질 것이요 또한 속이는 일을 업으로 삼는 거짓 선지자들도 없어질 것이다(13:2). 그러나 에스겔이 가르친 대로 이 영광스러운 미래는 반드시 그 환난을 통해서 그 도래가 알려질 것이다. 예루살렘은 이 마지막 날들에 열방의 진노를 겪고 하나님의 구원하심을 기다려야 할 것이다 (14:1-3). 그러나 그 구원은 하나님의 발이 감람산 위에 서시고, 그 산이 둘로 갈라질 때 어김없이 임할 것이며, 또한 거기에서 예루살렘을 대항하여 전쟁하기 위해서 모인 열방에 대한 심판의 메시지를 선포하실 것이다(14:4-11). 사악한 자들은 다 진멸될 것이요, 하나님의 절기들이 다시금 지켜지게 될 것이요, 또한 모든 것들이 하나님께 거룩하게 될 것이다(14:20-21).

스가랴서 개요

Ⅰ. 일련의 이상들(1-6:8)
   1. 회개를 촉구하심(1:1-6).
   2. 말들(7-17).
   3. 뿔들과 공장(工匠)들(18-21).
   4. 척량(2장).
   5. 제사장을 정하게 하심(3장).

　　성전 재건의 완성에 관해서 우리는 에스라서로 돌아가 보아야겠다. 거기에서 우리는 그 부분에 대해서 좀더 충분하게 논의하고 있는 것을 발견하게 된다. 그 땅의 거민들 곧 사마리아인들은 자기들도 그 성전 재건 사업을 도울 수 있도록 해달라는 요청을 일찍이 했지만, 그들의 요구는 이 성전 재건 사업은 어디까지나 순수한 유다 백성의 사업이라는 이유로 거절을 당했다(4:1-6). 사마리아인들은 유대인들보다 못한 사람들이므로 따라서 이 새로운 국가를 육성하는데 참여할 자격을 구비하지 못했다는 이러한 암시는 두 백성들 사이에 알력을 낳았고, 또한 이러한 알력은 시간이 흐름에 따라 더욱 심화되어 갔으며 훗날 예수님 당시에는 아주 명백하게 그 실체를 드러냈다(요 4장).

　　사마리아인들과 아라비아인들 그리고 암몬인들로 구성된 그들 동맹국들은 그 당시 그 재건 사업을 망치게 하려고 방해를 놓았고, 학개와 스가랴가 유다 백성들을 재촉하고 격려하여 다시금 그 재건 사업이 새로이 시작되기 전까지 계속해서 그 사업이 지연된 데는 여러 가지 이유들이 있었지만 그 중 하나가 바로 이런 방해 때문이었을 것이다. 그 재건 사업이 재개되자 페르시아의 유브라데강 서편 총독인 닷드내는 다리오 왕에게 편지를 보내 유대인들의 활동을 알리고 또한 그 왕에게 공식 문서들을 조사하여 유대인들이 그렇게 활동하고 있는 것에 대한 합법적인 근거가 조금이라도 있는 것인지를 확인해 달라는 부탁을 했다(5:6-17). 다리오 왕은 이를 시행했고, 또한 고레스의 칙령을 발견하고는 그 반대자들에 대한 원통한 생각에서 유대인들로 하여금 이 재건 사업을 속행하도록 권한을 부여했을 뿐 아니라 그들에게 도움을 제공해 주기도 했다. 따라서 다리오는 반대 행위를 중지하고 닷드내에게 유대인들에게 그들에게 부족한 것들을 공급하라고 명했다(6:8). 그뒤 6년 안에 성전 재건은 완성되었다. 비록 예루살렘 성은 여전히 대부분의 지역이 잡석이나 거친 돌로 가득하였고, 또한 그 성벽 허물어진 것들이 남아 있었다.

에스더

다리오 치세의 남은 기간과 크세르크세스의 치세 동안에 일어난 사건들에 대해서는 아주 불분명하다. 유다 나라가 비록 여전히 여러 면에서 몹시 괴롭힘을 당하고 있으면서도 성전 재건 사업을 계속해서 추진하고 있었다고 우리가 단정해도 좋을 것이다. 포로 생활 중에 있던 유대인들은 대부분이 번성하였지만 그러나 자신들 스스로 느끼기 시작한 어떤 반-유대인 풍조가 있었다. 이것이 바로 에스더서의 주요한 요지이다. 이 에스더서는 여느 성경의 책들에 비해서 다소 색다르게 쓰여진 책으로서, 하나님의 이름에 대한 언급은 하나도 나오지 않으면서도 그 페이지 하나하나가 하나님의 포로된 백성들을 위한 하나님의 임재와 능력에 대한 강력한 인식이 반영되어 있다.

이 에스더서의 사건들은 아하수에로(크세르크세스)의 치세 동안에 있던 일들이다. 그리고 에스더서에 첫번째 나오는 사건은 그의 치세 제3년(483년)에 있던 일이다. 아하수에로 왕은 7일 동안 계속되어 온 엄청나게 큰 잔치를 벌리고 있었던 듯하다. 그 제국의 모든 군주들과 부인들이 거기에 참석하였고 또한 사람들은 아주 신이 나 있었다. 그 주간 끝무렵 왕은 술에 거나하게 취해 있었는데, 그 부하들이 가까이 찾아와서는 그의 왕후 와스디를 청하여 그 아리따움을 뭇 백성과 방백들에게 보이게 하라고 재촉했다. 왕은 분별없이 그 요구에 응했지만, 당당한 와스디는 그 청을 받고 오기를 거절했다(2:12). 그러자 방백들은 왕에게 그녀의 불순종 까닭에 와스디를 폐해야 할 것이라고 충고했다. 왜냐하면 만일 이 말이 그 왕국내에 들리게 되면, 모든 부인들이 각각 제 남편에게 불순종할 암시를 받게 될 것이기 때문이었다. 크세르크세스는 별로 탐탁하게 여기지 않으면서도 그 충고를 따랐고, 또한 누가 되었든지 불순종하는 아내는 이런 식으로 처벌을 받게 될 것이라는 칙령까지 발표했다.

다음에 왕은 또 다른 왕후를 찾는 일에 착수했다. 왕국 전역의 모든 아름답고 교양 있는 처녀들이 그 앞에 부름을 받았다. 그리고 그 가운데 특히 왕의 눈에 든 사람이 있었는데 유대인 모르드개의 젊은 조카인 에스더였다. 왕의 새로운 혼인이 있은 직후 모르드개는 그 왕을 모살하려는 한 음모를 엿들었다. 그는 이 정보를 그의 조카인 에스더에게 전했고, 에스더는 그 사실을 모르드개의 이름으로 자기 남편에게 이야기했다. 그러는 동안에 하만이라는 욕심많은 사람이 제국에서 아주 높은 지위를 얻어 승진하는 일이 있었다. 모든 사람들은 그가 모습을 나타내면 그 앞에서 절을 함으로써 그의 높은 지위를 인정했다. 모든 사람이 그렇게 했지만 유독 모르드개만 예외였다. 이 일로 하만은 몹시 격노했고, 그래서 하만은 이 괴롭히는 존재인 유대 사람을 제거할 묘책을 짜는 일에 착수했다. 모든 다른 계획들이 실패로 돌아가자, 그는 전국에 있는 유대인들을 모조리 숙청하는 것이 가장 좋은 방안이라는 판단을 하고는 왕에게 찾아가 유대인들은 반란을 일으킬 수 있다고 말함으로써 왕으로 하여금 그러한 칙령을 선포토록 확신시켰다(3:8-9).

한편 크세르크세스는 평소에 무슨 일을 성급하게 행동으로 옮기는 사람으로 보이는데 아무튼 그는 그가 사랑하는 에스더가 유대 여자라는 사실을 알지 못하고 있었다. 만일 그가 이 사실을 알았더라면 이 변개할 수 없는 칙령을 결코 선포하지 않았을 것이다. 모르드개는 자기 민족이 숙청될 날짜가 정해진 사실을 알자 그는 재빨리 에스더를 찾아가 그 새로운 정보를 전하고 그녀에게 그녀가 그녀의 백성들의 구원의 방도가 될 수 있을지도 모른다는 충고를 했다(4:14).

에스더는 이 충고를 신중히 살핀 뒤 그녀가 이 일에 응할 수 있겠다는데 동의했다. 그녀는 예고 없이 그녀의 남편에게 나아갈 것이다. 물론 이렇게 하는 것은 페르시아 관행에 따르면 그녀 자신의 죽음을 초래할 수 있을지도 모르는 모험적인 일이었다. 그리고 그녀는 왕과 하만을 며칠 연일 계속되는 연회에 초대할 것이다. 놀랍게도 왕은 그렇게 할 마음이 내켰고 또한 에스더가 날짜를 정한 때에 참석할 것에 동의했다. 하만은 유대인들을 제거하는 일을 아주 성공적으로 해내고 있다는 생각과 또한 그러한 중요한 연회에 자신이 초대를 받았다는 생각에 몹시 기뻐하면서 집으로 돌아갔다. 다만 집으로 가는 길에 그 미워하는 자 모르드개의 일이 마음에 걸릴 뿐이었다. 그 유대인 모르드개가 자신에게 절을 하지 않자 하만은 심히 노하여 집으로 돌아왔다. 그러던 차에 그 대적을 목매달 커다란 교수대를 세워놓자는 아내의 제안을 받아들였다.

그런데 그날 밤 왕은 잠을 이룰 수 없었다. 그래서 신하를 명하여 역대일지를 가져다가 자기 앞에서 읽혔다. 그는 자기 목숨이 모르드개라고 하는 어떤 사람에 의해서 구원 받은 적이 있었던 사실을 새삼스럽게 주목하게 되었다. 그때 왕이 그 일로 모르드개에게 무슨 포상을 했는지 묻자 아무것도 한 것이 없다는 대답이었다. 이른 아침에 왕궁에 도착해 있던 하만은 왕으로부터 왕이 존귀케 하기를 기뻐하는 사람에게 어떻게 하여야 하겠느냐는 질문을 받았다. 이기심이 가득한 하만은 왕이 존귀케 할 자로 생각하고 있는 사람은 틀림없이 자신일 것이라고 생각하고는 아주 큰 권위 있는 지위를 주고 또한 그에게 후하게 선물을 주어야 할 것이라고 조언했다. 그러자, 크세르크세스는 하만에게 모르드개에게 가서 그를 그렇게 존귀케 하라고 말했다 (6:10).

그 연회의 날이 되었고 하만은 거기에 왕과 왕후와 함께 참석했다. 그때 왕후가 왕에게 그녀의 민족의 목숨을 구해달라고 청했다. 그러자 이제 왕은 그 자신의 아내의 민족의 목숨과 함께 그녀의 목숨이 사형선고를 받은 상태에 있다는 사실을 드디어 깨닫기 시작했다. 왕이 그 사실 외에도 더 나아가 그런 일을 저지르고 있는 문제의 사람이 다름아닌 하만이라는 사실을 알고는 그 비열한 사람으로 하여금 그 사람이 친히 마련해 놓은 교수대에 처형당하도록 명했다. 왕은 또 다른 한 칙령을 반포했는데 그것은 비록 첫번째 칙령은 변개할 수 없는 것이지만 유대인들은 이제 자신들의 결백을 주장할 수 있을 것이라는 내용이었다. 이 일로 유대인들은 아주 큰 격려를 얻게 되었고 그들의 대적들은 낙담하게 되었으며, 그 결과 유대인들을 숙청하기로 지정한 날이 이르자 형세가 바뀌어 유대인들은 그들의 대적들의 궤계를 성공적으로 좌절시켰다. 유대인들은 하나님의 구원을 기념하여 부림절("제비 뽑는 일")을 절기로 기렸다. 그들의 죽을 순서를 정하기 위해서 그들의 압제자들이 던진 제비들이 그들에게 유리한 방향으로 떨어졌던 것이다 (9:26). 하나님의 신실한 종 모르드개는 자기를 해롭게 하려고 생각하는 사람의 영예를 즐겼다.

이와 같이 우리는 하나님의 백성이 심지어 국외에서 포로살이를 하고 있는 이런 상황 가운데서라도 그리고 우리가 추정하기에는 틀림없이 비슷한 사람이었을 다른 많은 사람들 사이에서 어떻게 놀랍게 보호하심을 받았는지를 보게 된다. 에스더서가 비록 고등 비평가들에게는[18] 호의로 간주되지 않지만, 물론 이렇게 간주하는데는 항상 그들의 주장에 따르면 에스더서가 갖고 있는 세속적인 어조와 도저히 믿어지지 않는 사건들의 전개 과정 때문인데, 아무튼 에스더서가 묘사하고 있는 사건들이나 인물들의 신빙성을 부정할 만한 역사적 혹은 그밖에 다른 어떤 이유나 근거는 없다.

유다의 배후에서 세스바살과 스룹바벨 치하에 있던 본래의(처음의) 거주자들은 일찍이 많은 면에서 좋은 기반을 닦아 놓았다. 적어도 그 나라의 물질적인 진척 상태와 관련하여 그러했다. 성전은 재건되었고, 또한 예루살렘 성을 요새화하는데 따른 약간의 노력이 기울여졌다. 그 백성들은 우리가 학개서와 스가랴서에서 보았듯이 만족할 정도로 편한 마음으로 지도를 따르고 있었고, 또한 페르시아의 지배를 받는 가운데서라도 어느 정도는 독립을 누리고 있었던 것이 분명하다. 물론 비록 그들의 이웃 사람들이 사방에서 그들을 계속해서 괴롭히고 있던 것 또한 그대로 사실이었을지라도 말이다. 정치는 비록 페르시아 왕의 임명을 받은 사람들이 관료로 있었더라도 고도의 제사장적인 통치로 이루어졌다. 유다 자체는 개별적인 정치적 존재가 아니라 유프라테스 강 서편 페르시아 영토로 구성되어 있는 좀더 큰 지방 영지의 일부였던 것이 분명하다.

세스바살, 스룹바벨, 그리고 제사장 여호수아는 BC 6세기 말엽엔 역사의 무대로부터 모두 사라졌고, 그들의 뒤를 이은 지도력은 그들의 지도력 수준에 훨씬 못미치는 것으로 보였다. 우리에겐 느헤미야의 시대에 이르기 전까지는 스룹바벨 이후의 통치자에 관한 기록이 전혀 없지만(444년), 그러나 대제사장 계열은 요아김(약 510-475)과 엘리아십(475-425?) 하에서 계속되었다. 이 사람들은 그처럼 절실히 요구되던 영적 지도력을 확립시킬 능력이 부족했고, 그 결과 제의는 곤경에 빠져들었다. 게다가, 그와 관련해서 백성

---

18) 예를 들어, Bernard W. Anderson, *Understanding the Old Testament*, Englewood Cliffs, Prentice-Hall, 1957, pp. 504-508을 보라(「구약성서이해」-본사 역간).

들은 그 땅의 원주민들과 섞이기 시작했고 그래서 심지어는 그 땅 족속의 사람과 혼인하는 일까지 생기게 되었다. 우리 추측에 이런 현상은 에스라가 예루살렘으로 돌아와서 큰 무리의 포로 귀환자 공동체를 이루기 전까지 50년 넘게 되어 오던 일로 보인다(스 7:6-10).

이 경건한 사람은 아론의 직계 후손으로 따라서 제사장직을 맡을 자격이 있던 사람이었다. 게다가, 그는 서기관이나 또는 율법 문제를 깊이 있게 연구하는 학자였으므로 따라서 율법을 해석할 권위와 율법을 베낄 자격이 있었다. 동시에 포로생활에서 돌아온 백성들이 장래에 관한 언약뿐 아니라 그들의 과거에 대해서까지도 잊기 시작했을 때, 에스라는 그들에게 나아가 그들을 새로운 방향과 목적 의식을 가진 백성으로 세웠다. 에스라가 유대교의 창시자[19]라고 말하는 것은 문제를 너무 과장해서 말하는 것임이 틀림없다. 왜냐하면 유대교란 단지 옛 구약 신앙에 대한 포로기 이후의 표현에 불과하기 때문이다. 그렇지만 그 표현이 일반적인 것이 아닌 특이한 표현이었고 또한 주로 에스라에 의해서 영향을 받은 것이라는 사실은 부인할 수 없는 사실이다. 율법과 의식에 대한 재강조, 토라 연구에 대한 세심한 관심을 병행한 회당 운동의 부활, 그리고 구약 정경의 최종 마무리 작업 등 이 모든 것들은 주로 에스라와 그의 영적 전승자들에 의해서 영향을 받았다.

우리가 에스라를 처음으로 보게 되는 경우는 아르타세르크세스(성경에는, 아닥사스다) 1세의 즉위 제7년(458년)에 이 왕의 권위과 원조 하에서 그가 바벨론에서 예루살렘으로 올라왔을 때이다. 그가 올라온 목적은 선조의 땅을 찾아 귀국 길에 오른 경건한 무리의 대상(隊商)들을 인도하기 위함 뿐 아니라 또한 여호와의 율법을 탐구하며 그것을 준행하고 그것을 또한 그 무리들에게 가르치기 위함이었다(스 7:10). 이 에스라의 운동에 나타난 교회적인 성격은 제사장들(10:15-44)과 또한 그와 함께 동행해서 예루살렘까지 갔거나 그의 지시를 받으며 그곳에 가서 정착한 다른 사람들로 구성된 긴 명단에 잘 나타난다. 그는 특히 그곳의 이스라엘 공동체 가운데 제사장들과 레위인들이 그 땅의 백성과 구분되어 살지 않는 것을 지적하여 언급했는데, 이는 비록 그들이 신앙을 저버리고 다른 신을 섬기지는 않았지만, 그들이 이방의

---

19) Jacob M. Myers, *The Anchor Bible: Ezra-Nehemiah*, Ed. by W. F. Albright and David Noel Freedman, Garden City, Doubleday and Company, Inc., 1965, p. lxii.

여인들과 혼인을 하였기 때문이다(9:1-2).

이 사실에 대해서 에스라는 아주 큰 충격을 받고는 그곳에 도착하자마자 갑자기 기도하면서 어그러진 길로 간 백성들을 위해서 중보의 기도를 드렸던 것이다. 그 결과 그 작은 나라 이스라엘 전역에서 백성들의 큰 무리가 모였고 이어서 전국민적인 차원에서 회개 운동이 일어났다. 이 일이 있은 뒤 이번에는 전체 국민으로 하여금 예루살렘에 소집하라는 공포를 내렸다. 만일에 이 명령에 따르지 않는 사람은 그 재산을 몰수당하게 될 것이라는 경고와 함께 온 백성에게 소집에 응할 것을 명했다. 그와 같은 소집을 하게 한 목적은 일찍이 언약에 어긋나는 혼인을 한 사람들로 하여금 이방인 아내들을 버리도록 하는 조치를 취하기 위해서 였다. 이 소집 명령을 듣고서 남녀노소 누구나 그리고 압도적인 수가 그대로 따랐던 것으로 나타나며, 이러한 반응은 에스라의 지도력하에서 그들이 진정한 부흥을 체험했음을 믿게 할 만한 모든 이유가 된다(10:12).

이때의 상황보다 좀더 나은 상황이 이후 10년 혹은 그보다 좀더 오랫동안 유지되었지만, 그러한 시기가 지난 뒤에 다시금 어려움들이 서서히 생기기 시작했다. BC 446-445년의 어느 때쯤인가 성벽과 하나님 전의 역사에 종사하고 있었으며, 이런 일이 서서히 진전을 보여 오다가 적의를 가진 이웃 사람들의 방해로 인해 중단되고 심지어는 이때 재건 사역을 해서 지어 놓은 것을 어느 정도는 파손했던 것으로 보인다(스 4:24; 느 1:3). 재건 사역에 적의를 가진 사람들은 아닥사스다에게 편지를 써 보내어 에스라의 지도하에 유대인들은 왕이 허락한 부분인 제의를 재확립할 뿐만 아니라, 예루살렘을 요새화함으로써 왕이 분명하게 제시한 명령의 한계를 벗어나는 일도 행한다고 알렸다. 그들은 유대인들은 선동적인 사람들로 유명하며 따라서 아닥사스다 왕은 그들이 그를 대항하는 공모를 꾸미고 그들이 새롭게 세운 성벽 뒤에 숨는 일을 방지하기 위해서 그들에 대한 관심을 기울이는데 조심해야 한다는 내용의 고발을 했다. 왕은 유대인들이 과거에 그들의 말대로 좋지 못한 평판을 갖고 있었다는 사실을 확인하고는 즉시 일단 그 다음의 지시가 있을 때까지는 그 전 역사를 중단하라는 명령을 내려 보냈다.

이처럼 전 역사를 중단시키는 낙담할 만한 말이 아닥사스다 궁전에서 컵 나르는 일을 하는 유대인 느헤미야에게 전해졌다. 이때 유다에서 온 몇몇 사람들이 수사에 있는 느헤미야를 만나러 왔던 것이다(BC 444년경). 느헤미야가 비록 예루살렘에 한번도 가본 적은 분명히 없지만, 그런데도 그의 마음 속 깊은 곳에는 자신의 조상의 고국에 대한 안녕을 바라는 마음이 항상 있었고 그래서 이런 소식을 듣고는 마음이 몹시 상했다. 예루살렘 성이 파멸된 상태에 있으므로 생긴 그의 근심은 곧장 그의 얼굴 표정으로 나타났고 그래서 왕은 느헤미야에게 그를 고통스럽게 하고 있는 것이 무엇인지를 물었다. 그러자 느헤미야는 하나님께 은혜를 구하는 기도와 함께 자신의 조국에서 일어난 모든 일들에 대해서 말했다. 그리고는 자신이 할 수 있는 일을 확인하기 위해서 거룩한 성 예루살렘으로 가는 일을 허락해 줄 것을 왕에게 구했다.

참으로 놀라운 것은, 바로 얼마 전까지만 해도 예루살렘의 재건을 중단하라고 명령했던 아닥사스다 왕이 자신이 신임하는 종에게 휴가를 허락하고 보냈던 것이다(느 2:6). 그 정도뿐 아니라, 왕은 그를 보내는 편에 그의 안전한 여행을 보장하는 내용뿐 아니라 예루살렘에서 그 재건 사역을 다시 재개할 때 필요할지도 모를 그 어떠한 물자들이라도 그 지방 총독한테 요청할 수 있도록 하는 내용까지 담은 편지를 갖고 가게 했다. 사마리아의 총독 산발랏과 암몬의 총독 도비야는 이와 같은 정반대로 급회전하는 왕의 정책을 듣고는 아연 실색했을 게 당연하겠지만, 그러나 그 일에 대한 왕의 재가 때문에 느헤미야의 주도하에 재개하는 그 일을 막기 위한 어떤 힘을 쓸 가망이 거의 없었다.

느헤미야의 첫번째 사역은 그동안 입었던 손해의 양을 평가하고 또한 그 거대한 일을 완성시키는 데 필요한 노동력과 물자들의 막대한 양을 미리 견적 뽑는 일이었다. 즉시 느헤미야는 하나님의 권위와 왕의 권위를 가지고 유대인들을 확신시키며 그들로 하여금 행동에 옮기도록 자극을 주었다. 그 일을 방해할 수 없었던, 그 사업에 참여할 기대를 가졌던 반대자들은 그 어느 쪽이건 간에 일부라도 참여하는 일을 금지당했다(2:17-20). 그 일에 참여하는 사람들은 그들의 토지, 주거지, 그리고 가족들에 따라서 무리를 지어 나뉘어졌고, 따라서 성벽의 각기 다른 부분들에 대한 책임을 각각 지었다. 우리들이 멈추어서 그 성벽들의 둘레나 많은 문들의 위치들에 대해서 추적할 수 없지만, 그러나 주어진 정보는 그 고대 성벽에 대한 고고학 탐사에 의해서 아주 잘 입증되어 왔다.[20]

산발랏, 도비야, 그리고 그들의 동맹자들은 그들이 느헤미야로 하여금 그 사업을 그만두도록 설득시킬 수 없다는 것을 알고는 그들은 점점 더 과격한 행동으로 나아갔다. 처음에는 그들은 유대인들이 그 일에 애쓰는 것을 보고서 그 일이 "부실 공사"가 될 것이라며 업신여기고 비웃었다. 그들은 말하기를, 유대인들이 공사하고 있는 그 성벽들은 여우가 올라가도 곧 무너질 것이라고 했다(4:3). 조소가 사라지고 그 일이 거의 완성되었을 때, 몇마디의 말 정도로는 그 일을 막을 수 없다는 것이 분명해졌다. 그 일을 방해하지 말라는 아닥사스다의 칙령에 관심을 기울이지 아니한 사마리아인들, 암몬인들, 아라비아인들, 그리고 그밖에 다른 사람들은 무기를 들고 재건 사업을 물리적으로 방해하기 시작했다. 이런 적극적인 방해 활동은 오히려 느헤미야로 하여금 더욱 그 사업에 열을 올리도록 하게 할 뿐이었다. 놀라운 인내심과 용기를 발휘한 느헤미야는 자기 사람들에게 주야 교대로 끊임없이 일을 할 것과 그들이 한 손으로는 건축 일을, 그리고 또 다른 한 손으로는 전투를 하며 그 일을 쟁취해 나갈 것을 명령했다. 과연 그 성전의 벽이 겨우 52일만에 세워졌다는 것은 결코 놀라운 일이 아니다.

여전히 대적들은 고집을 부렸다. 예루살렘의 요새화를 막을 모든 가능성이 사라져 버렸는데도 그들은 느헤미야로 하여금 그들과 중립 장소에서 협상에 응하도록 설득할 수 있기를 기대했다. 그러나 그 유대인 지도자가 있는 한 협상의 여지는 조금도 없었다. 왜냐하면 그는 우세한 위치에 있었기 때문이다. 기가 조금도 꺾이지 않은 그들은 공식 서한을 작성하여 일반 대중의 관심을 끌기 위해서 성 밖을 향해 큰 소리로 낭독했다. 그 공식 서한을 통해서 그들은 그 성의 벽을 쌓는 목적이 느헤미야로 왕이 될 수 있도록 하기 위해서 그 유대인들로 하여금 페르시아를 대항하는 반란을 일으키는 일을 허락하는 데 있다는 것을 주장했다(6:6-7). 느헤미야는 이 조소적인 비난을 강력하게 부인했고 또한 백성들은 재빨리 그 배후에 담긴 민감한 뜻을 간취했다. 마침내 그들은 느헤미야로 하여금 그처럼 유능한 인물이 자신을 드러내는 것은 위험스런 일이라고 주장하면서 하나님의 성전의 성소에 숨도록 유혹하는 시도를 함으로써 그로 하여금 백성들 가운데서 얻은 좋은 평판을 잃게 되도록 하려는 시도를 했다. 그러나 느헤미야는 이 일의 정체를 아주 잘 파악하

---

20) J. Garrow Duncan, *The Accuracy of the Old Testament*, London, Society for Promoting Christian Knowledge, 1930, pp. 105 ff.

고는 그 모든 사람들에게 자신에게 이 충고를 한 사람은 자신으로 하여금 겁쟁이로 보이게 함으로써 자신의 입지를 약화시키려고 했던 반대자의 일당이었음을 발표했다.

　마침내, 물리적인 면에서의 재건은 아주 성공적으로 완성이 되었다. 그래서 느헤미야는 그의 관심을 그보다 더 중요한 다른 문제들에 기울일 수 있는 시간을 가질 수 있게 되었다. 에스라의 대부흥 역사가 있은 뒤부터 약 25년 동안에 사회적, 종교적 타락 현상이 모든 면에서 나타났다. 이런 일은 이해하기가 어려워 보이며, 또한 실로 이런 일로 인해서 존 브라이트와 같은 일부 사람들은 에스라의 부흥을 느헤미야 이후로 보기도 한다. 왜냐하면 만약 에스라의 부흥이 에스라가 그의 책에서 말한 대로 성공적이었다면 왜 그렇게 빠른 시일 안에 또 다른 부흥이 필요했겠는가 하는 물음이 생기게 되기 때문이다. 이런 주장에는 어느 정도 인정할 만한 요소가 있지만, 그것이 결정적이라고 생각하지는 않는다. 첫째 이유로는, 그 문제들이 에스라가 좀더 일찍 직면했던 것과 완전히 똑같은 것으로 보이지는 않고, 이 당시의 주된 문제는 유대인들이 유대인들한테서 부당하게 고리대금을 거두고 있는 문제에 있었기 때문이다.

　에스라가 일찍이 다루었던 동일한 문제들의 일부가 다시금 다루어져야 했던 게 사실이지만, 우리는 유대인들이 역사적으로 부흥의 위치나 상태에서 급속히 심지어는 25년이라는 적은 시간 안에라도 이탈하기 쉬웠을 것이라는 사실을 주목해야 한다. 그런 일이 에스라가 뻔히 보는 앞에서 어떻게 발생할 수 있었는가에 대해서는 에스라가 이 시기 즈음에는 의심할 여지 없이 나이가 들어 있었으며 따라서 일이 어떻게 되어가고 있는지에 대해서 단지 민첩하지 못했을 것이라는 추정을 함으로써 설명할 수 있다. 느헤미야 자신이 그가 그의 개혁을 시작하기 전에 대략 10년 정도 배후에 있었던 게 사실이지만, 성벽을 쌓는 일과 성을 재건하는 일, 그리고 외부로부터의 커다란 반대에 직면한 상태에서 견고한 위치를 확보하는 일 등과 같은 일들은 그가 국내의 일이나 영적인 일에서 좀더 적극적인 역할을 감당하는 일을 쉽게 방해할 수 있었을 것이다.

　그는 우선 율법에 어긋나게 아주 과도하게 이자율을 부과함으로써 자신들의 동포 주민들을 착복하고 있는 사람들을 대항하여 맹렬히 공격하였다 (5:1-5). 그는 가난한 유대인들이 일찍이 주변의 이방인들한테 자신들을 팔았다가 또한 일찍이 포로 생활에서 돌아온 사람들에 의해서 구속함을 받았으므로 유대인들이 동족 유대인들에 대해서 대여금에 지불할 수 없을 정도의 이자율을 매김으로써 압박을 가한다는 것은 있을 수 없는 일이었다. 그는 자신은 총독으로 있을 때(444-433년) 무보수로 일을 했고 또한 다른 어떠한 면으로도 백성에게 짐을 지우지 않았다고 말했다. 그들이 할 수 있었던 최소한의 일은 그의 모범에 뒤지지 않으려고 애쓰며 그들의 공동의 멍에를 쉽게 하려는 것이었다.

느헤미야는 또한 그 백성들을 그들이 스룹바벨과 여호수아의 시대 이래 있던 대로 그들의 계보 기록에 기초해서 그들의 거주지를 정하는 일에 착수했다. 이 일이 있은 뒤에 큰 무리가 학사 에스라가 율법 읽는 것을 듣기 위해서 수문(Water Gate) 앞 광장에 모였다. 그러자 에스라는 특별히 만들어 세운 연단에서 율법책을 펼치고 나서 읽기 시작했고 거기에 모인 백성들은 그 앞에서 공손하게 서 있었다. 에스라는 아주 분명하고 명쾌하게 그 옛 언약의 진리들을 설명했고 거기 모인 백성들은 그들의 죄를 깨닫게 하는 교훈들을 듣고서 눈물을 흘렸다. 그러나 느헤미야는 그들에게 기뻐하라고 호소했다. 그 이유는 이 날은 기쁨의 날, 곧 그들이 이방에 포로로 잡혀갔다가 돌아온 사실을 기념하는 날이요, 또한 그들의 거룩한 공동체를 재확립하는 날이기 때문이었다. 그 다음 날에는 초막절을 지킴으로써 언약 갱신이 이루어졌다. 이 초막절의 가장 큰 특징은 에스라가 율법책을 날마다 낭독하는 것에 있었다. 이 일은 눈의 아들 여호수아의 시대 이래 이 절기가 지켜진 뒤 처음 있는 일이었다. 또한 이제 800년 뒤에 이것이 이스라엘의 새로운 신기원의 시작을 뜻하였다. 그들의 선조들의 신앙은 율법(여기서 말하는 율법이란 구약 전체를 가리킴)에 열중하였고, 또한 유대교는 율법책의 종교 그 이상의 종교가 되었다.

이 새로운 방향의 증거로서 우리는 그 백성들의 회개를 보게 된다. 그들의 회개는 그들이 모세의 가르침들을 신실하게 따르지 못했다는 데 대한 회개였다. 또한 그래서 동시에 우리는 우리가 오늘날 그들의 종교라고 부를 수 있을 유대교는 훨씬 초기의 유대교 조직과 무관한 것이 아니었음을 보게 된다. 기독교의 원천을 유대교와 구약성경에서 찾아야 하듯이 유대교의 뿌리는 하나님께서 이스라엘을 다루시는 역사적인 행동 안에서 찾게 된다. 레위인들이 한 목소리로 하나님께서 과거 이스라엘 백성들에게 베푸신 복들과 인도하심을 열거했고, 또한 자신들이 겪었던 과거의 비참한 역경의 나날들은 받아 마땅한 것이었음을 인정했다. 그러나 하나님은 그들에 대한 그의 언약 이행을 중단하지 않으셨다. 하나님은 일시적으로 그들에게 내리던 복을 보류하신 것 뿐이었다. 이제 그들은 하나님이 선지자들을 통하여 그들이 장차 어떻게 될 것이라고 말씀하신 대로 돌아왔다. 일들이 비록 그들이 포로 생활 이전의 상태와 결코 똑같지는 않았지만 하나님께서 그 언약을 저버리신 적이 없으셨다는 사실을 분명히 깨닫게 되었다. 하나님께서는 그들을 정결케 해서 하나님께 대한 그들의 의무 수행을 재개할 마음의 준비가 되어 있도록 하기 위해서 그들로 하여금 정화의 불을 통과하도록 했다. 이런 결과 그들은 자신들과 그 중대한 날에 그들이 소유하고 있던 모든 것들을 엄숙하게 다시금 하나님께 바쳤다(9:38).

느헤미야는 그 초막절과 그 다음에 이어진 언약 갱신 의식이 있은 직후에 수사로 되돌아 온 것이 분명하다(433년경). 그는 한동안 계속해서 그곳에 남아 있었고, 그뒤 다시금 왕(아마 아닥사스다 1세였을 것임)으로부터 예루살렘에 다녀오기 위해서 휴가를 얻었다. 그가 예루살렘 성에 도착하자, 그는 그가 자리를 비운 지 불과 몇 년 밖에 안 되었는데도 삶의 모든 영역이 온통 통탄할 지경에 이르렀음을 발견하게 되었다. 그 한 가지 일을 예로 들자면, 제사장 엘리아십이 도비야가 자기와 제휴하는 것을 금하지 않았을 뿐만 아니라 그 간악한 암몬 사람에게 하나님의 전 안에 방 하나를 마련해 주기도 했다. 이와 같은 일은 모세의 율법에서 명백하게 금하는 일이었다(13:4-5). 화가 난 느헤미야는 도비야를 내어 쫓고 그 더럽혀진 방들을 철저히 깨끗하게 하라고 명했다. 그 뒤 그는 그 백성들이 레위 사람들에게 마땅히 주어야 할 몫을 주지 아니하므로 그 레위 사람들이 그들의 가족들을 부양하기 위해서 밭에 나가서 일할 수밖에 없이 된 사실을 알게 되었다. 그 사실을 안 그는 그 백성들의 인색함에 대해서 심히 책망하고 그들로 하여금 레위 사람들이 받아야 할 응당의 몫을 돌려주도록 조치를 취했다.

안식의 날에 그 성에 와서 사고 파는 유대인들과 이방인들 모두가 안식일을 범하고 있었다. 느헤미야는 이런 행동을 중단할 것을 즉각 명령했지만, 그 대상(隊商)들은 주간의 첫날이 돌아와서 그들이 다시금 상업을 시작할 수 있게 되기를 기다리면서 안식일 동안 종일 성 밖에 계속 머물러 있었다. 느헤미야는 이것조차도 율법의 정신에 어긋나는 것으로 간주했고, 그래서 그는 이들 이방인 상인들에게 그에게 붙잡히지 않도록 예루살렘에서 충분한 거리를 유지하고 있으라고 경고했다. 마지막으로 그는 자주 발생하는 문제인 이방 족속과의 혼인 문제를 다루어야 했다. 비록 에스라가 30년 훨씬 더 이전에 그 백성들에게 이 문제에 대해서 확정지어 놓았는 데도 말이다(13:23). 이 문제는 아주 심각한 경지에 이르러서 이와 같이 이방 족속과의 혼인에서 낳은 자녀들은 이상하게 뜻을 알 수 없는 히브리어 반, 이방 언어가 반 섞인 말을 쓰게 되었다. 이 왕성한 개혁가는 짜증을 내면서 혼인의 순결의 법을 따를 것을 강력히 촉구했고, 그 결과는 눈에 띄는 성공을 거두었다.

이와 함께 느헤미야의 경력은 역사로부터 사라지게 된다. 사실, 구약 성경 역사의 과정은 이로써 그 완성에 이르게 된다. 그 기간에 대한 다른 유일한 암시들은 구약 성경의 맨 마지막 선지자인 말라기의 책에서 보게 된다.

말라기

에스라 시대와 그와 동시대 인물이었던 느헤미야 시대 직후에 규범적인 유대교 안에 좋지 못한 풍조가 있었던 사실을 알아보기 위해서 우리가 말라기서의 내용을 간략히 조사해 보아야 한다. 이 말라기 선지자의 비난의 내용들은 느헤미야 시대에 만연했던 동일한 현상들에 대해서 지적하고 있는 것으로 보이는데, 말라기 선지자는 그가 삶의 모든 현장에서 율법과 의를 아주 졸렬할 정도로 흉내내는 모습들에 대해 걱정스러워 하는 마음으로 질책을 퍼부었다. 유대인들은 포로 생활에서 돌아온 뒤에 우상 숭배를 결코 하지 않았던 것이 분명하지만, 또한 그들은 주님의 기대에 좀처럼 부응하는 삶을 살지 못했던 것도 사실이다. 말라기는 그 백성들이 주님께 제물을 드리되 아주 보잘 것 없는 동물들을 가지고 제물을 드린 사실들(1:8), 제사장들의 죄악됨, 그리고 그 백성들이 이방인과 혼인하는 일 등을 들어서 그러한 점들을 지적해 냈지만, 그러나 그 백성들은 "우리가 어떤 점에서 주께 범죄하였나이까?" 하고 답변할 뿐이었다.

그들은 포로 생활을 겪고 와서는 그들의 조국을 재건하였고 언약에 대한 의식을 다시 한번 새롭게 갖게 되었다. 그런데도 그들의 안전한 삶은 오히려 그들의 영적 삶의 무감각을 낳게 했고 결국에는 하나님께 대하여나 그들 서로간에 대하여 무관심과 냉담의 반응을 보이는 삶을 사는 결과를 초래했다.

그러나 말라기는 여호와의 날이 여전히 도래하고 있다는 사실을 조금도 불분명한 요소가 없는 말로써 진술했다. 이 날은 하나님께서 그들 가운데 나타나셔서 정화하시며 심판하실 날이다(3:1-3). 그때 그들은 그들이 지금은 그렇게 즐겨 드리려 하지 않았던 바람직한 제물 곧 의로운 제물을 드릴 것이다. 지금은 그들이 적합한 제물을 드리지 않으므로 하나님의 것을 도적질 하지만, 그러나 만일 그들이 하나님을 시험해 본다면 그들은 그들이 기대하는 것 이상으로 하나님께서 그들을 축복하실 수 있으시다는 사실을 알게 될 것이다(3:10). 주의 오심을 준비하지 못한 사람들은 하나님의 진노하심에 소멸될 것이지만, 순종하는 마음으로 기다리며 하나님을 경외한 자들은 치유와 구원의 은혜로운 복을 누리게 될 것이다. 주의 나타나심의 징조로 엘리야의 전파가 있게 될 것이다. 일찍이 이사야 선지자가 말했듯이 엘리야는 광야에서 심판과 회개와 소망의 메시지를 가지고 외치는 자의 소리가 될 것이다. 이 언약은 거듭 천명되어 오다가 심지어는 이 말라기 선지자의 시기까지도 다시금 확언되었지만, 그러나 그 성취와 완전한 실현이 있으려면 그에 앞서 광야에서 외치는 자의 소리를 기다려야 한다. 그리고 이 광야에서 외치는 자의 소리는 기뻐하며 또한 권위를 갖고 "보라 세상 죄를 지고 가는 하나님의 어린 양이로다" 하고 선포할 것이다.

말라기 개요

1. 그 백성에게 과거의 일들을 생각나게 함(1:1-5).
2. 하나님을 욕되게 한 증거들(6-14).
3. 제사장들에 대한 책망(2장).
4. 그 나라의 회복(3장).
5. 의의 태양의 통치(4장).

신구약 중간기 역사

요세푸스가 제시하는 확실치 않은 참고 자료들과 엘레판틴 파피루스 (Elephantine Papyri)와 같은 문서들을 제쳐 놓는다면, 페르시아 제국 시대 말기의 유대인들의 사건들과 헬레니즘 시대로 들어가 계속된 유대의 역사에 대해서 사실상 우리는 아는 바가 전혀 없다. 그렇지만 느헤미야서 맨 마지막 장과 말라기서 맨 마지막 장에서 볼 수 있는 그 동일한 양상이 마게도냐 제국이 붕괴될 때까지(BC 322년) 틀림없이 다소간 지속되었을 것이 거의 확실해 보인다. 그 후 애굽의 프톨레마이오스 왕조, 수리아와 바벨론의 셀류코스 왕조 등의 연이은 통치는 비록 작은 규모의 일이었던 게 분명하지만 아무튼 유대교 신앙에 변화를 가져오게 하였고, 이것은 예수 그리스도의 시대에 이르기까지 또한 그 시대를 포함해서 심지어는 그 시대 이후에까지도 지속해서 나타났다.

마카베오 지도하에 일으킨 유대인 독립 투쟁(167-135년)과 그것을 뒤이은 유대인 왕들로 구성된 하스모네 왕조(BC 135-63년)도 그 나라와 백성들에게 제 나름의 기여를 했는데, 특히 바리새파, 사두개파, 에세네파와 같은 파들을 일으킨 것이 그 현저한 현상이라 할 수 있다.[21] 따라서 로마 시대(63년 이후)의 유대교는 에스라 시대의 유대교와 많은 공통점을 갖고 있지만, 그러나 주로는 헬라 철학의 관점에서 기록된 문서들과, 제한적이긴 하나 페르시아 종교 개념들과 구전 율법(미쉬나)이 합성되어 이전의 유대교와는 아주 다른 후기 유대교를 만들어 내있딘 것이다.[22]

그리스도와 복음에 대한 유대교의 적의는 유대교와 기독교 사이의 대립으로 설명될 수 없고 오히려 그보다는 에스라 이래 4세기 동안의 역사에서 왜곡된 유대교와 그리스도와 사도들에 의해서 나타난 구약 성경의 유대교의 성취 사이의 대립으로 보아야 할 것이다. "때가 차매 하나님께서 그 아들을 보내신" 일은 온 역사상 가장 결정적이고 절정에 달하는 행위이며, 또한 우리가 지금까지 공부해 온 구약의 역사가 바로 이것을 향해서 전진해 오고 있었던 것이다.

---

21) 이 기간에 대해서는, F. F. Bruce, *Israel and the Nations*, Grand Rapids, Wm. B. Eerdmans Publishing Company, 1963; Werner Foerster, *From the Exile to Christ*, Philadelphia, Fortress Press, 1964을 보라.

22) W. F. Albright, *From the Stone Age to Christianity*, Garden City, Doubleday and Company, Inc., 1957, pp. 345-380. 여기저기 흩어져 있었지만 말이다.

374

참고문헌

A. 서적

1. 고고학과 본문들(Texts)

Albright, W. F. *The Archaeology of Palestine.* London, Penguin Books, 1956.

Barton, George. *Archaeology and the Bible.* Philadelphia, American Sunday School Union, 1937.

Bruce, F. F. *Second Thoughts on the Dead Sea Scrolls.* Grand Rapids, Wm. B. Eerdmans Publishing Company, 1964.

Burrows, Millar. What Mean These Stones? New York, Meridian Books, 1957.

Cadbury, Henry J., ed. *Annual of the American Schools of Oriental Research.* Vol. 10. New Haven, Yale University Press, 1930.

Driver, G. R. *Canaanite Myths and Legends.* Edinburgh, T. and T. Clark, 1956.

Garstang, John. *The Story of Jericho.* London, Hodder and Stroughton, Ltd., 1940.

Gray, John. *Archaeology and the Old Testament World.* New York, Harper and Row, 1962.

Hole, Frank and Robert Heizer. *An Introduction to Prehistoric Archaeology.* New York, Holt, Rinehart, and Winston, 1965.

Owens, G. Frederick. *Archaeology and the Bible.* Westwood, New Jersey, Revell, 1961.

Price, Ira. M. *The Monuments and the Old Testament.* Philadelphia, American Baptist Publication Society, 1907.

Pritchard, James, ed. *Ancient Near Eastern Texts Relating to the Old Testament.* Princeton, The Princeton Press, 1950.

Thomas, D. Winton. *Documents From Old Testament Times.* London, Thomas Nelson and Sons, Ltd., 1958.

Thompson, J. A. *The Bible and Archaeology.* Grand Rapids, Wm. B. Eerdmans Publishing Company, 1962.

Unger, Merrill F. *Archaeology and the Old Testament.* Grand Rapids, Zondervan Publishing House, 1954.

Wright, G. Ernest. *Biblical Archaeology.* Philadelphia, Westminster Press, 1957.

2. 주석

Barton, George. *A Critical and Exegetical Commentary on the Book of Ecclesiastes.* Edinburgh, T. and T. Clark, 1908.

Culver, Robert D. *Daniel and the Latter Days.* Chicago, Moody Press, 1954.

Davies, G. Henton, Alan Richardson, and Charles L. Wallis, eds., *The Twentieth Century Bible Commentary.* New York, Harper and Brothers, 1955.

Delitzsch, Franz. *Biblical Commentary on the Old Testament: Psalms.* Vol. 1. Grand Rapids, Wm. B. Eerdmans Publishing Company, 1948.

Biblical Commentary on the Old Testament: The Song of Songs. Grand Rapids, Wm. B. Eerdmans Publishing Company, 1948.

Fritsch, Charles T. "The Book of Proverbs." *The Interpreter's Bible.* Vol. 4. George Buttrick, *et. al.*, eds. New York, Abingdon-Cokesbury Press, 1951.

Gordis, Robert. *The Song of Songs.* New York, Jewish Theological Seminary of America, 1954.

Gray, John. *I and II Kings, A Commentary.* Philadelphia, Westminster Press, 1963.

Hengstenberg, Ernst. *Commentary on Ecclesiastes.* Trans. by D. W. Simon. Edinburgh, T. and T. Clark, 1876.

Jamieson, Robert, A. R. Fausset, and David Brown. *Commentary on the Whole Bible.* Grand Rapids, Zondervan Publishing House, n.d.

Keil, C. F. *Biblical Commentary on the Old Testament: Ezekiel.* Grand Rapids, Wm. B. Eerdmans Publishing Company, 1948.

Biblical Commentary on the Old Testament: Minor Prophets. Vol. 1. Grand Rapids, Wm. B. Eerdmans Publishing Company, 1948.

Keil, C. F. and Franz Delitzsch. *Biblical Commentary on the Old Testament: The Pentateuch.* Vol. 1. Grand Rapids, Wm. B. Eerdmans Publishing Company, 1948.

Biblical Commentary on the Old Testament: The Pentateuch. Vol. 3. Grand Rapids, Wm. B. Eerdmans Publishing Company, 1948.

Biblical Commentary on the Old Testament: Samuel. Grand Rapids, Wm. B. Eerdmans Publishing Company, 1948.

Kirkpatrick, A. F. *The First and Second Books of Samuel.* Cambridge: University Press, 1930.

Lange, John P. *Commentary on the Holy Scriptures: Samuel.* Ed. by Philip Schaff. Grand Rapids, Zondervan Publishing House, n.d.

Leupold, Herbert C. *Exposition of Daniel.* Columbus, Wartburg Press, 1949.

McNeile, A. H. *The Book of Exodus.* London, Methuen, 1908.

Moore, George F. *A Critical and Exegetical Commentary on Judges.* New York, Charles Scribner's Sons, 1895.

Myers, Jacob M. *Ezra-Nehemiah, The Anchor Bible.* Ed. by W. F. Albright and David Noel Freedman. New York, Doubleday and Company, Inc., 1965.

Pusey, Edward B. *The Minor Prophets.* Vol. 1. Grand Rapids, Baker Book House, 1950.

Rylaarsdam, J. Coert. "Exodus," *The Interpreter's Bible.* Vol. 1. Ed. George Buttrick, *et. al.* New York, Abingdon-Cokesbury Press, 1951.

Skinner, John. *A Critical and Exegetical Commentary on Genesis.* New York, Charles Scribner's Sons, 1910.

Terry, M. S. *Commentary on the Old Testament: Joshua to II Samuel.* Ed. by D. D. Whedon. New York, Hunt and Eaton, 1873.

Thomas, William Henry Griffith. *Genesis: A Devotional Commentary.* London, Religious Tract Society, n.d.

Young, Edward J. *The Book of Isaiah.* Vol. 1. Grand Rapids, Wm. B. Eerdmans Publishing Company, 1965.

3. 증거

Duncan, J. Garrow. *The Accuracy of the Old Testament.* London, Society for Promoting Christian Knowledge, 1930.

Haley, John W. *Alleged Discrepancies of the Bible.* Grand Rapids, Baker Book House, 1958.

Wilson, Robert Dick. *A Scientific Investigation of the Old Testament.* Chicago, Moody Press, 1965.

4. 일반적 연구

Anderson, Bernhard W. *Understanding the Old Testament.* Englewood Cliffs, Prentice-Hall, 1957.

Freedman, David Noel and Edward F. Campbell, Jr., eds. *The Biblical Archaeologist Reader.* Vol. 2. Garden City, Doubleday and Company, Inc., 1964.

Harrelson, Walter. *Interpreting the Old Testament.* New York, Holt, Rinehart and Winston, 1964.

Noth, Martin. *The Old Testament World.* Philadelphia, Fortress Press, 1964.

Rowley, H. H., ed. *The Old Testament and Modern Study.* Oxford, Clarendon Press, 1951.

Schultz, Samuel. *The Old Testament Speaks.* New York, Harper and Brothers, 1960.

Wright, G. Ernest, ed. *The Bible and the Ancient Near East.* Garden City, Doubleday and Company, Inc., 1965.

Wright, G. Ernest and David Noel Freedman, eds. *The Biblical Archaeologist Reader,* Vol. 1. Garden City, Doubleday and Company, Inc., 1961.

Young, Edward J. *Studies in Genesis One.* Philadelphia, Presbyterian and Reformed Publishing Company, 1964.

5. 지리

Baly, Denis. *The Geography of the Bible.* New York, Harper and Brothers, 1957.

Glueck, Nelson. *The Other Side of the Jordan.* New Haven, The American Schools of Oriental Research, 1940.

Pfeiffer, Charles F., ed. *Baker's Bible Atlas.* Grand Rapids, Baker Book House, 1961.

6. 역사

Albright, W. F. *The Biblical Period From Abraham to Ezra.* New York, Harper and Row, 1963.

From the Stone Age to Christianity. Garden City, Doubleday and Company, Inc., 1957.

Bright, John. *A History of Israel.* Philadelphia, Westminster Press 1959.

Bruce, F. F. *Israel and the Nations.* Grand Rapids, Wm. B. Eerdmans Publishing Company, 1963.

Foerster, Werner. *From the Exile to Christ.* Trans. by Gordon E. Harris. Philadelphia, Fortress Press, 1964.

Garstang, John. *Foundations of Bible History.* London, Constable and Company, 1937.

Gordon, Cyrus. *The Ancient Near East.* New York, W. W. Norton and Company, Inc., 1965.

Gray, John. *The Canaanites.* New York, Frederick A. Praeger, 1964.

Gurney, O. R. *The Hittites.* Baltimore, Penguin Books, 1964.

Harden, Donald. *The Phoenicians.* New York, Frederick A. Praeger, 1962.

Moscati, Sabatino. *Ancient Semitic Civilizations.* New York, G. P. Putnam's Sons, 1960.

Noth, Martin. *The History of Israel.* New York, Harper and Brothers, 1958.

Rowley, H. H. *From Joseph to Joshua.* London, Oxford University Press, 1950.

Thiele, Edwin R. *The Mysterious Numbers of the Hebrew Kings.* Chicago, University of Chicago Press, 1951.

Unger, Merrill F. *Israel and the Aramaeans of Damascus.* Grand Rapids, Zondervan Publishing House, 1957.

Whiston, William, trans. *The Complete Works of Flavius-Josephus.* London, Tallis, n.d.

Whitcomb, John. *Darius the Mede.* (International Library), Philadelphia, Presbyterian and Reformed Publishing Company, 1959.

Wilson, John A. *The Culture of Ancient Egypt.* Chicago, University of Chicago Press, 1963.

7. 개론

Allis, O. T. *The Five Books of Moses.* Philadelphia, Presbyterian and Reformed Publishing Company, 1943.

The Unity of Isaiah. Philadelphia, Presbyterian and Reformed Publishing Company, 1950.

Archer, Gleason. *A Survey of Old Testament Introduction.* Chicago, Moody Press, 1964.

Enslin, Morton Scott. *The Literature of the Christian Movement.* New York, Harper and Brothers, 1938.

Gray, G. B. *Forms of Hebrew Poetry*. London, Hodder and Stoughton, 1915.

Green, William H. *Old Testament Canon and Philology*. Princeton, Press, 1889.

Harris, Robert Laird. *Inspiration and Canonicity of the Bible*. Grand Rapids, Zondervan Publishing House, 1957.

Kuhl, Curt. *The Old Testament: Its Origins and Composition*. Trans. by C. T. M. Herriott. Richmond, John Knox Press, 1961.

Oesterley, William O. E. *An Introduction to the Books of the Old Testament*. New York, The Macmillan Company, 1934.

Pfeiffer, Robert Henry. *Introduction to the Old Testament*. New York, Harper and Brothers, 1941.

Rowley, H. H. *The Growth of the Old Testament*. New York, Harper and Row, 1963.

Ryle, H. E. *The Canon of the Old Testament*. London, Macmillan and Company, Ltd., 1895.

Warfield, Benjamin Breckinridge. *The Inspiration and Authority of the Bible*. Philadelphia, Presbyterian and Reformed Publishing Company, 1948.

Weiser, Artur. *The Old Testament: Its Formation and Development*. Trans. by Dorothea M. Barton. New York, Association Press, 1961.

Würthwein, Ernst. *The Text of the Old Testament*. Trans. by Peter R. Ackroyd. New York, The Macmillan Company, 1951.

Young, Edward J. *An Introduction to the Old Testament*. Grand Rapids, Wm. B. Eerdmans Publishing Company, 1958.

8. 종교와 신학

Ascham, John Bayne. *The Religion of Israel*. New York, The Abingdon Press, 1918.

Buber, Martin. *Moses*. New York, Harper and Row, 1958.

Eliade, Mircea. *The Sacred and the Profane*. New York. Harper and Row, 1961.

Guillaume, Alfred. *Prophecy and Divination Among the Hebrews and Other Semites*. New York, Harper and Brothers, 1938.

Hopkins, Edward W. *The History of the Religions*. New York, The Macmillan Company, 1918.

Johnson, Aubrey. *The Cultic Prophet in Ancient Israel*. Cardiff, University of Wales, 1944.

Kirkpatrick, A. F. *The Doctrine of the Prophets*. London, Macmillan and Co., Ltd., 1901.

Meek, Theophile J. *Hebrew Origins*. New York, Harper and Row, 1960.

Mendenhall, G. E. *Law and Covenant in Israel and the Ancient Near East*. Pittsburgh, The Biblical Colloquium, 1954.

Mercer, Samuel A. B. *The Religion of Ancient Egypt*. London, Luzac, 1949.

Moorehead, William G. *Studies in the Mosaic Institutions.* Dayton, W. J. Shuey, 1896.

Mowinckel, Sigmund. *The Psalms in Israel's Worship.* Vol. 1. London, Blackwell, 1962.

Noth, Martin and D. Winton Thomas, eds. *Wisdom in Israel and in the Ancient Near East.* Leiden, E. J. Brill, 1960.

Oehler, Gustave. *Theology of the Old Testament.* Grand Rapids, Zondervan Publishing House, 1883.

Pedersen, Johannes. *Israel, Its Life and Culture.* Vol. 2. London, Oxford University Press, 1954.

Rad, Gerhard von. *Old Testament Theology.* Vol. 1. Edinburgh, Oliver and Boyd, 1962.

Robinson, Theodore H. *Prophecy and the Prophets.* London, Duckworth and Co., 1923.

Vos, Geerhardus. *Biblical Theology.* Grand Rapids, Wm. B. Eerdmans Publishing Company, 1954.

Weber, Max. *Ancient Judaism.* Trans. and ed. by Hans H. Gerth and Don Martindale. Chicago, Free Press, 1952.

Young, Edward J. *My Servants the Prophets.* Grand Rapids, Wm. B. Eerdmans Publishing Company, 1952.

9. Science and the Bible

Clark, W. E. LeGros. *The Antecedents of Man.* New York, Harper and Row, 1963.

Messenger, Ernest Charles. *Evolution and Theology: The Problem of Man's Origin.* New York, The Macmillan Company, 1932.

Morris, Henry. *The Twilight of Evolution.* Grand Rapids, Baker Book House, 1963.
Studies in the Bible and Science, Philadelphia, Presbyterian and Reformed Publishing Company, 1966.

Putnam, William Clement. *Geology.* New York, Oxford University Press, 1964.

Ramm, Bernard. *The Christian View of Science and Scripture.* Grand Rapids, Wm. B. Eerdmans Publishing Company, 1954.

Reymond, Robert L. *A Christian View of Modern Science.* Philadelphia, Presbyterian and Reformed Publishing Company, 1964.

Ronan, Colin Austair. *Changing Views of the Universe.* New York, The Macmillan Company, 1961.

Schubert, Charles and Carl O. Dunbar. *Outlines of Historical Geology.* New York, John Wiley and Sons, Inc., 1947.

Whitcomb, John C. and Henry M. Morris. *The Genesis Flood.* Philadelphia, Presbyterian and Reformed Publishing Company, 1963.

B. 잡지

Albright, W. F. "The Hebrew Expression for 'Making Covenant' in Pre-Israelite Documents," *Bulletin of the American Schools of Oriental Research,* 121:21-22, 1951.

Callaway, Joseph A. "The 1964 'Ai (et Tell) Excavations." *Bulletin of the American Schools of Oriental Research,"* 178:27-28, April, 1965.

Eakin, Frank E. "Yahwism and Baalism Before the Exile." *Journal of Biblical Literature,* 84:413, December, 1965.

Freedman, David Noel. "The Babylonian Chronicle." *Biblical Archaeologist,* 19:50-60, September, 1956.

Gerstenberger, Erhard. "Covenant and Commandment." *Journal of Biblical Literature,* 84:50, March, 1965.

Glueck, Nelson. "Ezion-geber." *Biblical Archaeologist,* 28:70-87, September, 1965.

"The Seventh Season of Archaeological Exploration in the Negeb." *Bulletin of the American Schools of Oriental Research,* 152:18-38, December, 1958.

Hallo, William W. "From Qarqar to Carchemish: Assyria and Israel in the Light of New Discoveries." *Biblical Archaeologist,* 23:34ff, May, 1960.

Kassis, Hanna E. "Gath and the Structure of the Philistine Society." *Journal of Biblical Literature,* 84:259-271, September, 1965.

Kline, Meredith. "Law Covenant." *Westminster Theological Journal,* 27:19ff, November, 1964.

Kraeling, Emil G. "New Light on the Elephantine Colony." *Biblical Archaeologist,* 15:50-67, September, 1952.

Landes, George. "The Material Civilization of the Ammonites." *Biblical Archaeologist,* 24:65-86, September, 1961.

Lapp, Paul W. "Tell el Ful." *Biblical Archaeologist,* 28:2-10, February, 1965.

Malamat, Abraham. "The Kingdom of David and Solomon in Its Contact With Egypt and Aram Naharaim." *Biblical Archaeologist,* 21:96-102, December, 1958.

Mazar, Benjamin. "The Aramaean Empire and Its Relations With Israel." *Biblical Archaeologist,* 25:97-120, December, 1962.

Mendelsohn, I. "On Corveé Labor in Ancient Canaan and Israel." *Bulletin of the American Schools of Oriental Research,* 167:31-35, October, 1962.

Patai, Raphael. "The Goddess Asherah." *Journal of Near Eastern Studies,* 24:37-52, January-April, 1965.

Thompson, Clive A. "Samuel, The Ark and The Priesthood." *Bibliotheca Sacra,* 118:259-263, July-September 1961.

Van Beek, Gus W. "Frankincense and Myrrh." *Biblical Archaeologist,* 23:69-95, September, 1960.

Yadin, Yigael. "Excavations at Hazor." *Biblical Archaeologist,* 19:1-12, February, 1956.

"New Light on Solomon's Megiddo." *Biblical Archaeologist,* 23:62-68, May, 1960.

C. 사전과 백과사전

Brown, Francis, S. R. Driver, and Charles Briggs. *A Hebrew and English Lexicon of the Old Testament*. London, Oxford University Press, 1962.

Robinson, George L. "Isaiah." *The International Standard Bible Encyclopedia*. Vol. 3. Ed. by James Orr. Grand Rapids, Wm. B. Eerdmans Publishing Company, 1960.

Webster's New Collegiate Dictionary. Second Edition. Springfield, Mass., G. & C. Merriam Company, Publishers, 1953.

D. 기타

Hebrew Union College. Jerusalem, Israel. Lecture by G. Ernest Wright, July 21, 1965.

Holyland Hotel, Jerusalem, Israel. Lecture by Manasseh Harel, July 17, 1965.

Merrill, Eugene H. "An Investigation of the Person and Work of the Old Testament Prophet of God." Unpublished Ph.D. dissertation, Bob Jones University, Greenville, South Carolina, 1963.

Whitcomb, John C. "Chart of Old Testament Patriarchs and Judges." Winona Lake, Indiana, Grace Theological Seminary, 1963.

역사적 구약개요

조판 발행 1995년 2월 25일

중쇄 발행 2007년 10월 15일

───────────────────────────

발행처 **크리스챤다이제스트**

발행인 박명곤

주소 경기도 고양시 일산동구 정발산동 1193-2

전화 031-911-9864, 팩스 911-9824

등록 제 98-75호

판권 ⓒ 크리스챤다이제스트 1995

총판 (주) 기독교출판유통

전화 031-906-9191~4

팩스 080-456-2580

· 값은 표지에 씌어 있습니다.

● 본사 도서목록은 생명의 말씀사 인터넷서점 (lifebook.co.kr)에서 출판사명을 "크리스챤다이제스트" 로 검색하시면 됩니다.